En cours de route

En cours de route

Ruth Matilde Mésavage

Rollins College

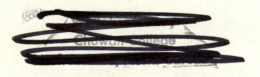

1817

HARPER & ROW, PUBLISHERS, New York
Cambridge, Philadelphia, San Francisco, Washington,
London, Mexico City, São Paulo, Singapore, Sydney

Sponsoring Editor: Robert Miller/Leslie Berriman
Development Editor: Marian Wassner
Project Editor: Brigitte Pelner/David Nickol
Text Design: Barbara Bert/North 7 Atelier, Ltd.
Cover Design: Lucy Zakarian
Text Art: Networkgraphics
Photo Research: Mira Schachne
Production Manager: Jeanie Berke
Production Assistant: Brenda DeMartini
Compositor: York Graphic Services, Inc.
Printer and Binder: R. R. Donnelley & Sons Company

Cover Illustration: Claude Monet. *Path in the Ile Saint-Martin, Vétheuil.* Oil on canvas, 31½" × 23¾". The Metropolitan Museum of Art, Bequest of Julia W. Emmons, 1956.

Credits for drawings and photographs are on page 460.

Library of Congress Cataloging-in-Publication Data

Mésavage, Ruth Matilde.
    En cours de route.

    Includes index.
    1. French language—Text-books for foreign
speakers—English.   2. French language—Readers.
I. Title.
PC2129.E5M47   1987   448.2'421   87-34
ISBN 0-06-044422-3

    88 89 90 9 8 7 6 5 4 3 2

Pour mon très cher K

Table des matières

Leçon 8: À table!   188

Leçon 9: Portraits   216

Leçon 10: L'imagination et les émotions   243

Preface

En cours de route is a direct-method text designed for the intermediate level. It provides a comprehensive review of French grammar, a variety of literary and expository reading selections, and materials for exploring culture and life in contemporary France and French Canada.

En cours de route aims to develop student proficiency in five areas: listening, speaking, reading, writing, and culture. It gives special attention to helping students achieve a degree of autonomy in speaking and writing French. Furthermore, *En cours de route* is written entirely in French, to encourage students to think in French and free them from their dependence on English. Thinking in French is the critical step in the transition from the beginning to the intermediate level of competence.

Each lesson of *En cours de route* contains two reading selections, the first literary and the second expository. A variety of French and French Canadian authors are presented, including Voltaire, Marcel Aymé, Françoise Mallet-Joris, André Gide, Samuel Beckett, Gaéton Brulotte, Ringuet, and Albert Laberge. The articles are drawn from a wide variety of journalistic sources, such as *Le Monde, Le Nouvel Observateur, Psychologies, Le Figaro,* and *Marie Claire.* A brief paragraph introduces each literary passage and its author and raises key questions for reflection so that students will read more actively.

Grammatical explanations are based on examples taken from the first reading selection in each lesson. This contextual presentation of grammatical concepts helps students understand how the structures are actually used in the language. Moreover, grammar is easier to retain when it is explained within meaningful frameworks rather than in isolation. The explanations themselves are presented inductively, so that students may discover general rules from the examples before verifying their intuitions. Ample practice in the form of situational exercises and creative, individualized activities is provided. This allows students to develop the degree of communicative competence appropriate to the intermediate level.

Each of the fifteen lessons features a theme that links the two reading passages and is a vehicle for grammar and vocabulary. The themes have universal appeal and also encourage reflection on cultural differences. They facilitate student involvement and provide a cultural context that offers many opportunities for discussion and composition. The *dessins humoristiques* and *bandes dessinées* expand the lesson themes by providing examples of French humor. Key questions based on these drawings guide students in their analysis of what makes the French people laugh.

An abundance of activities (*Conversation/Petit écrit; Activités; Mini-théâtre*) encourage students to move from structured sentence formation to more independent expression in both spoken and written language. Questions in the *Conversation/Petit écrit* sections develop the lesson theme and focus on students' personal experiences. The *Activités* section contains broader discussion and/or debate questions that evolve from the theme, grammar, and vocabulary studied during the course of the lesson. They show students how far they have developed in mastering the material. Discussion questions are polemical and encourage students to present and defend their ideas in French.

A unique feature of *En cours de route* is the attention it gives to developing writing skills at the intermediate level. The essay questions teach students the technique and art of writing effectively on a question of their choice. The parts of the essay are defined and illustrated; examples of possible sentences are provided as a guide. In this way, the *Résumé* and *Essai* sections promote structured, logical thought that leads to coherent and convincing writing.

En cours de route integrates, in one text, all the materials needed for an intermediate course. This efficient program eliminates the frustration of flipping back and forth from one volume to another and minimizes cost to the student. It can be taught in a semester, in two quarters, or in a year-long course. Although the lessons are largely independent and interchangeable, the earlier lessons feature simpler reading selections and avoid difficult grammatical structures.

LESSON FORMAT

The material in each of the fifteen lessons of *En cours de route* is organized as follows:

- *Étude du lexique* presents vocabulary items that will appear in *Texte I*. Each item is briefly defined, usually by means of a synonym in French, and an example sentence is given.
- *Texte I* is a reading passage selected to acquaint students with the literary use of the language. The passage is preceded by a brief paragraph introducing the author and the text and raising questions that encourage thoughtful reading.
- *Intelligence du texte* contains reading comprehension questions for *Texte I*.
- *Mise en œuvre du vocabulaire* offers brief exercises designed to reinforce the vocabulary items presented in the *Étude du lexique*.
- *Grammaire* presents grammatical material inductively. A series of examples, taken from the reading selection or related to its theme, is presented for the students to examine (*Observez*). This is followed by a concise explanation of the grammatical point (*Analyse*). Structural exercises, tied to meaningful situations, are provided for each grammatical point.
- *Conversation/Petit écrit* provides subjects and questions that encourage personal and creative expression by expanding the lesson theme. They may be developed either orally or in written form.
- *Étude du lexique* presents vocabulary items that will appear in *Texte II*.
- *Texte II* is a reading passage selected to introduce students to expository and journalistic prose as well as to questions of contemporary cultural interest.
- *Intelligence du texte* contains reading comprehension questions for *Texte II*.
- *Résumé* is a guided writing exercise that teaches students to reconstruct, in clear and simple prose, the major points of the article they have read.
- *Essai* shows students how to write a coherent, persuasive essay on a subject of their choice. The techniques of writing clearly and effectively are presented as students learn to structure their ideas.
- *Comment dirais-je?* consists of additional vocabulary items related to the lesson theme that students may use to develop their ideas in the *Essai* and *Activités*.
- *Activités* includes discussions, debates, and other class activities that encourage interaction among students on a more analytical level.
- *Mini-théâtre* provides scenarios that allow students to role-play in French and to examine other points of view.

SUPPLEMENTARY MATERIALS

En cours de route may be used in conjunction with the following supplements:

Audio program. The audio program contains aural discrimination and listening comprehension exercises, pronunciation practice, dictations, and structural exercises that develop correct speaking and writing patterns.

Cahier d'exercices oraux et écrits. The combined laboratory manual and workbook includes, for each lesson, (1) laboratory exercises that are coordinated with the taped material and (2) writing exercises and activities that give students practice in the kinds of real-life situations they may expect to encounter when visiting a French-speaking country, such as reading train and plane timetables, writing out a check, deciphering a street map, or choosing courses in a foreign university. The *Cahier d'exercices oraux et écrits* stresses active, meaningful communication.

Manuel du professeur. This instructor's manual provides many valuable suggestions for enriching the course and adapting the materials to a variety of student interests. It contains syllabi for teaching *En cours de route* in one-year, two-quarter, and one-semester course formats, as well as a sample lesson plan, many practical teaching tips, and a complete tapescript.

I would like to thank the following reviewers for their many valuable suggestions:

Betsy K. Barnes
University of Minnesota

Edward Benson
Western Illinois University

Gaéton Brulotte
University of South Florida

Frank Collins
University of Ontario

William L. Hendrickson
Arizona State University

Carol Herron
Emory University

JoAnn James
Florida State University

Don C. Jensen
Brigham Young University

Tobin H. Jones
Colorado State University

Margo R. Kaufman
University of California–Davis

Norma E. Klayman
State University of New York at Buffalo

Sylvian Massé
McGill University

Diana Teresa Mériz
University of Pittsburgh

Monique M. C. Périssé-Zavinski
Kent State University

Nicole Schott-Desrosiers
Lenox Memorial High School

Jacqueline Simons
University of California–Santa Barbara

Chantal P. Thompson
Brigham Young University

Thomas R. Vessely
The University of Texas at Austin

Owen Wollam
Arizona State University

R.M.M.

Les jeunes

1

Étude du lexique

1. **jouer d'un instrument de musique**
   Daniel joue du piano; son amie joue de la guitare.
   jouer à un jeu
   Il n'aime pas jouer aux cartes; il préfère jouer aux échecs.

2. **un accueil**   manière de recevoir, de traiter quelqu'un
   Je vous remercie de votre accueil enthousiaste.

3. **avoir du bon, du mauvais**   avoir un côté positif, négatif
   Tout rapport humain a toujours du bon et du mauvais.

4. **un soupir**   respiration forte occasionnée par une émotion
   soupirer   pousser des soupirs
   —Qu'elle est belle! soupire Daniel.

5. **supporter**   endurer, tolérer
   Il faut supporter avec courage ce qu'on ne peut pas changer.
   Ses questions indiscrètes sont difficiles à supporter.

6. **amener**   accompagner quelqu'un à un endroit
   Mon frère amène souvent ses amis à la maison.

7. **avertir**   informer quelqu'un de quelque chose, annoncer
   Avertis-moi de tes projets pour la semaine prochaine.

8. **s'attacher à**   prendre de l'attachement pour quelqu'un ou quelque chose
   Les jeunes s'attachent rapidement à leurs camarades.
   Je me suis beaucoup attaché à ce pays.

9. **se brouiller (avec quelqu'un)**   cesser d'être amis, se fâcher
   Ils se sont brouillés à cause d'un malentendu.

10. **au fond**   en réalité
    Il se comporte de manière capricieuse, mais au fond, c'est un bon ami.

11. **s'inquiéter**   se faire des soucis, s'alarmer
    Ne vous inquiétez pas, je vous téléphonerai demain.

12. **une tenue**   manière dont une personne est habillée
    Quelles tenues extravagantes! Ce sont des punks!

13. oser essayer quelque chose avec audace, avec courage

Il n'a pas osé lui demander son numéro de téléphone.

En lisant *La Maison de papier* de Françoise Mallet-Joris, repérez en soulignant les mots du lexique que vous venez d'apprendre.

La Maison de papier

Françoise Mallet-Joris

Romancière française d'origine belge, Françoise Mallet-Joris est née en 1930 à Anvers. Elle passe son enfance en Belgique, puis séjourne en Amérique pendant deux ans et y finit ses études avant de se fixer en France. Elle fait son début littéraire très remarqué avec Le Rempart des Béquines *(1951) où elle étudie l'âme adolescente face au monde des adultes. Les personnages de ce livre poursuivent leur aventure dans* La Chambre rouge *(1955). D'autres romans et nouvelles suivent. En 1970,* La Maison de papier *paraît et Françoise Mallet-Joris est élue à l'Académie Goncourt.*

Dans le passage suivant, extrait de La Maison de papier, *la narratrice présente son fils Daniel qui a 20 ans. Qu'est-ce qui caractérise le comportement d'une personne de son âge selon le texte? Connaissez-vous des gens qui lui ressemblent?*

Jeunes filles

Daniel amène **parfois** des jeunes filles à la maison. Elles font de la musique, dînent, regardent la télévision avec nous, puis leurs visites **s'espacent,** elles disparaissent. Nous les regrettons. Sur la première apparition nous **échafaudons** toujours un roman. Où l'a-t-il rencontrée? Joue-t-elle d'un instrument? Chante-t-elle? Aime-t-elle les enfants? Devant **une chevelure** blonde, Pauline s'écrie: «Est-ce que tu es enfin fiancé, Daniel?»

Daniel trouve qu'un si cordial accueil a du bon et du mauvais. C'est que si nous le suivons avec ardeur dans ses **emballements, nous nous** 10 **déprenons** moins vite. Nous avons pleuré deux Michèle, une Marianne, une Fanny. Simone nous a consolés, nous n'aimions pas Pascale. Sara nous plaisait beaucoup, nous aurions voulu la connaître mieux.

—Et pourquoi tu ne la vois plus, Jeannine? soupire Pauline. On l'aimait bien, nous . . .

15 Daniel supporte notre intérêt avec patience. Cependant, depuis

de temps en temps

deviennent plus rares
construisons

les cheveux

enthousiasme irréfléchi / nous détachons

Extrait de Françoise Mallet-Joris, *La Maison de papier* (Paris: Bernard Grasset, 1970).

quelque temps, quand il amène une jeune fille à la maison, il m'avertit:

—Ne t'attache pas, hein? Ce n'est pas sérieux. Pas de sentiment!

Daniel:

—Je n'ose plus amener mes amies à la maison, parce que vous les
20 recevez si cordialement qu'après, quand je veux me brouiller, je ne
peux pas.

Papa

Papa **émet** quelques doutes sur la longueur des cheveux de Daniel.   exprime
Mais au fond cela n'est pas grave. Daniel a mille mérites que sa chevelure cache peut-être aux yeux de certains, mais pas aux nôtres. On
25 pourrait s'inquiéter des phases par lesquelles il est passé (bijoux, sa-
xophone, rentrées tardives, tenues bizarres) mais il a quelque chose, à
travers toutes les excentricités, de solide et de rassurant. Quoi? Je
cherche, papa trouve.

—Il n'est pas raisonnable, dit-il, mais il est sérieux. Je trouve toute
30 une philosophie de la vie dans cette définition.

Intelligence du texte

1. Quel âge a Daniel?
2. Qui amène-t-il parfois à la maison?
3. Que font-elles?
4. Quelles questions la famille pose-t-elle à propos de ces jeunes filles?
5. Que pense Daniel de l'accueil cordial fait à ses amies?
6. Qu'est-ce que la famille pensait de Marianne, de Pascale, de Sara?
7. Quelle est l'attitude de Daniel devant toutes ces questions?
8. Quelle est l'attitude de Daniel envers les jeunes filles?
9. Pourquoi n'ose-t-il plus amener ses amies à la maison?
10. Décrivez Daniel. Par quelles phases est-il passé?
11. Quel jugement le père passe-t-il sur son fils?

Mise en œuvre du vocabulaire

Répondez aux questions suivantes en employant une expression du lexique
que vous venez d'apprendre.

1. De quel instrument jouez-vous?
2. À quels jeux jouez-vous avec vos amis?
3. Est-ce que vos parents font bon ou mauvais accueil aux amis que
   vous amenez à la maison?
4. Est-ce que les rapports familiaux sont toujours positifs?

5.   Dans quelles circonstances soupirez-vous?
6.   Qu'est-ce que vous ne supportez pas quand vous êtes fatigué? quand vous êtes malade?
7.   Qui amenez-vous à la maison pendant les jours de fête?
8.   Avertissez-vous vos parents quand vous comptez amener un ami à la maison?
9.   Est-ce que vous vous attachez facilement à un garçon ou à une jeune fille?
10. Dans quelles circonstances vous brouillez-vous avec un(e) ami(e)?
11. Est-ce que vos parents s'inquiètent de vous quand vous rentrez tard?
12. Décrivez votre tenue typique quand vous allez en classe.
13. Est-ce que les jeunes ont tendance à se conformer en ce qui concerne la tenue?
14. Oseriez-vous porter une coiffure punk à la maison? Au fond, que pensez-vous de la mode punk?

GRAMMAIRE

Révision du présent de l'indicatif

1. OBSERVEZ   Aujourd'hui, Daniel **porte** une tenue bizarre.
Au fond, il **a** quelque chose de solide, il **est** sérieux.

ANALYSE   En général, le présent indique une action ou un état qui a lieu au moment où l'on parle.

2. OBSERVEZ   Daniel **amène** parfois des jeunes filles à la maison.
Elles **font** de la musique, **dînent, regardent** la télévision avec nous.

ANALYSE   Le présent peut indiquer une habitude, une tradition, une coutume.

3. OBSERVEZ   Ce soir, Daniel **va** au cinéma avec Sara.
Demain, j'**amène** un ami à la maison.

ANALYSE   On peut employer le présent pour un fait futur proche.

4. OBSERVEZ   Si vous **invitez** vos amis, avertissez-moi.
Si vous **faites** si bon accueil à mes amis, je serai incapable de me brouiller quand je veux.
S'il **fait** mauvais, Daniel amène son amie à la maison.

ANALYSE   Dans les phrases avec **si** (conjonction de condition), employez le présent si la proposition principale est au futur, à l'impératif ou au présent.

5. OBSERVEZ —**Depuis** combien de temps **connaissez**-vous cette jeune fille? (On demande la durée.)

—Je la **connais depuis** deux semaines.
—**Il y a** deux semaines **que** je la **connais.**
—**Voilà** deux semaines **que** je la **connais.**
—**Cela (Ça) fait** deux semaines **que** je la **connais.**
(Ces quatre réponses ont une valeur équivalente.)

—**Depuis** quand **sortez**-vous avec ce garçon? (On demande le point de départ.)

—Je **sors** avec lui **depuis** 1984, **depuis** l'âge de 18 ans.

ANALYSE On emploie *le présent* avec les expressions en caractères gras pour indiquer *une action commencée dans le passé mais qui continue dans le présent.* L'expression **depuis combien de temps** met l'accent sur la longueur de temps que dure l'action, tandis que l'expression **depuis quand** met l'accent sur le point de départ de l'action. Avec **depuis quand,** on demande à *quel moment* (plus ou moins précis) dans le temps l'action a commencé.

REMARQUES Ne confondez pas les deux phrases suivantes:

1. **Il y a** quelques jours **que** je connais ce garçon.
   (L'action a commencé dans un passé récent et continue dans le présent, donc on emploie le présent.)
2. **Il y a** quelques jours, j'**ai vu** mon ami.
   (Pour marquer un moment dans le passé, on emploie le passé composé.)

TABLEAU DES VERBES RÉGULIERS

Premier groupe

-er   poser une question

je pos**e**	nous pos**ons**
tu pos**es**	vous pos**ez**
il elle } pos**e**	ils elles } pos**ent**

D'autres verbes en -er
jouer (d'un instrument)
regretter (le temps passé)
rencontrer (un ami)
travailler (dur)
porter (un beau costume)
supporter (un fardeau)
fermer (la radio)
arriver (à l'heure)

Deuxième groupe

-ir   réfléch**ir** sur un problème

je réfléch**is**	nous réfléch**issons**
tu réfléch**is**	vous réfléch**issez**
il ⎫	ils ⎫
elle ⎭ réfléch**it**	elles ⎭ réfléch**issent**

D'autres verbes conjugués ainsi

choisir (un cadeau)
finir (un travail)
applaudir (un acteur)
accomplir (une tâche)
obéir (à ses parents)
établir (un horaire)
grandir (vite)
remplir (ses obligations)
réussir (à un examen)

Verbes irréguliers en -ir

-ir   serv**ir** un repas

je ser**s**	nous serv**ons**
tu ser**s**	vous serv**ez**
il ⎫	ils ⎫
elle ⎭ ser**t**	elles ⎭ serv**ent**

D'autres verbes conjugués de la sorte

sortir (de la maison)
partir (à la campagne)
dormir (profondément)
mentir (à ses parents)
sentir (un parfum)
suivre[1] (un cours)

[1]**suivre** et **poursuivre** se terminent en **-re** mais se conjuguent comme **servir**.

Jeunes Parisiens sur un banc, près du Louvre.

Troisième groupe

-re   perdre patience

je perd**s**	nous perd**ons**
tu perd**s**	vous perd**ez**
il ⎫	ils ⎫
elle ⎭ perd	elles ⎭ perd**ent**

D'autres verbes conjugués de la sorte

descendre (de sa chambre)
défendre (ses idées)
entendre (un oiseau)
répondre (à une question)
vendre (son auto)
attendre (l'autobus)
tendre (un piège)

TABLEAU DES VERBES QUI PRÉSENTENT DES CHANGEMENTS ORTHOGRAPHIQUES

1. amener (un ami chez soi)

j'amène	nous amenons
tu amènes	vous amenez
il ⎫	ils ⎫
elle ⎭ amène	elles ⎭ amènent

D'autres verbes conjugués ainsi

mener (une vie réglée)
emmener (un ami à la fête)
ramener (quelqu'un chez lui)
acheter (un cadeau)
lever (le store)
geler
épousseter (les meubles)
modeler (une poterie)

ANALYSE   Pour la plupart des verbes ayant **e** à l'avant-dernière syllabe de l'infinitif, ajoutez un accent grave devant la consonne suivie par un **e** muet (non prononcé).

2. appeler le médecin

j'appelle	nous appelons
tu appelles	vous appelez
il ⎫	ils ⎫
elle ⎭ appelle	elles ⎭ appellent

D'autres verbes conjugués ainsi

s'appeler (Pierre)
rappeler (à 18 heures)
jeter (une balle, une pierre)
rejeter (une offre, une proposition)

ANALYSE   Excepté les verbes de la liste 1, la plupart des verbes en **-eler** et en **-eter** doublent le l ou le t devant un **e** muet.

3. commencer

nous commen**ç**ons [s] (*consonne douce*)

ANALYSE   Mettez une cédille (ˌ) sous un **c** qui précède **a**, **o** ou **u** pour garder le son [s].

4. manger

nous mangeons [ʒ] *(consonne douce)*

ANALYSE   Mettez un **e** entre g et **a, o** ou **u** pour garder le son [ʒ].

5. préférer

je préfère	nous préférons
tu préfères	vous préférez
il elle } préfère	ils elles } préfèrent

D'autres verbes conjugués de la sorte
espérer (une récompense)
répéter (la même chose)
protéger (ses intérêts)
céder (le passage, sa place)

ANALYSE   **é** devient **è** devant une consonne suivie par un **e** muet.

6. essayer²

j'essaie	nous essayons
tu essaies	vous essayez
il elle } essaie	ils elles } essaient

D'autres verbes en -ayer,² -oyer, -uyer
payer (une facture)
rayer (une faute)
essuyer (la vaisselle, une
    injure)
noyer (son chagrin dans
    l'alcool)
appuyer (sur le bouton)
s'ennuyer (à mourir)

Exercices

A.   Répondez aux questions suivantes en employant le présent.

1.   Depuis combien de temps étudiez-vous le français? (Donnez quatre réponses équivalentes.)
2.   Depuis combien de temps habitez-vous cette ville? (Donnez quatre réponses équivalentes.)
3.   Depuis quand aimez-vous jouer aux cartes? (depuis mon enfance)
4.   Depuis quand préférez-vous sortir avec un garçon (une fille)? (depuis l'âge de 16 ans)
5.   Que portez-vous quand il faut sortir le soir?
6.   Qu'aimez-vous faire le soir? le week-end?
7.   Que faites-vous quand vous invitez un(e) ami(e) à la maison?

²Les formes alternatives régulières (je paye, il essaye) n'existent que pour les verbes en **-ayer.** Référez-vous à l'appendice pour les verbes irréguliers.

B. Vos parents vous rappellent ce qu'il faut faire. Vous leur expliquez qu'en effet vous faites ce qu'ils exigent de vous.

    MODÈLE: Il faut lire beaucoup.
                      Mais je lis beaucoup.

1. Il faut réfléchir avant d'agir.
2. Il faut porter un manteau.
3. Il faut étudier le français.
4. Il faut remplir tes obligations.
5. Il faut toujours réussir aux examens.
6. Il ne faut pas perdre ton temps.
7. Il ne faut pas vendre tes livres.
8. Il ne faut pas servir le dîner avant 19 heures.
9. Il ne faut pas dormir en classe.
10. Il faut suivre un cours de latin.

C. Vous sermonnez votre camarade de chambre que vous trouvez malade dimanche matin. S'il le faut, référez-vous au tableau des verbes irréguliers pour compléter cet exercice.

Tu _____ (avoir) mal à la tête, parce que tu _____ (boire) trop! Je _____ (connaître) tes excuses et elles ne _____ (être) pas valables. Je _____ (courir) chaque matin, ensuite je _____ (prendre) mon petit déjeuner, après quoi je _____ (aller) en classe. Bref, je _____ (mener) une vie régulière. Tu _____ (dire) que les boissons alcoolisées te _____ (déplaire), alors pourquoi _____-tu (perdre) ton temps dans les bars? Tu _____ (recevoir) des lettres de tes parents chaque semaine et tu n'y _____ (répondre) que rarement. Je _____ (être) sûr que tes parents se _____ (faire) beaucoup de soucis. Si tu _____ (mettre) fin à cette vie déréglée, je serai aussi content que tes parents. Ils _____ (craindre) ton échec à l'école, ils se _____ (plaindre) de ta frivolité et ils ne _____ (comprendre) pas pourquoi tu _____ (envoyer) si peu de lettres. _____-tu (pouvoir) me l'expliquer? Tu _____ (rire)? Tu _____ (être) impossible, mais tu _____ (être) tout de même mon ami et je _____ (devoir) essayer de te comprendre. Il _____ (falloir) faire un effort pour t'améliorer!

D. Imaginez que votre camarade de chambre critique l'ami(e) que vous avez amené(e) à votre chambre. Bien sûr vous défendez votre ami(e). Jouez les rôles selon le modèle.

    MODÈLE: LE CAMARADE: tenue / bizarre
                   VOUS: normale

               LA CAMARADE: Que sa tenue est bizarre!
               VOUS: Mais au fond, c'est une personne normale.

1. LE CAMARADE: coiffure / étrange
   VOUS: ordinaire
2. LE CAMARADE: pantalon / sale
   VOUS: propre
3. LE CAMARADE: cheveux / longs
   VOUS: raisonnable
4. LE CAMARADE: paroles / frivoles
   VOUS: sérieuse
5. LE CAMARADE: comportement / agressif
   VOUS: timide
6. LE CAMARADE: remarques / désagréables
   VOUS: aimable
7. LE CAMARADE: observations / impolies
   VOUS: sensible

E. Maintenant, arrangez-vous deux par deux et posez les questions suivantes à votre partenaire. Ensuite, changez de rôles. Enfin, rapportez à la classe ce que vous avez appris sur votre partenaire.

1. Décrivez un de vos amis que vous avez amené à la maison.
2. Que pensent vos parents de cet ami? Êtes-vous d'accord?
3. Que pense votre ami de vos parents?
4. Que faites-vous avec vos amis quand vous les invitez à la maison? Préparez-vous parfois le dîner ensemble?
5. Avez-vous jamais invité un garçon (une jeune fille) à la maison? Décrivez les réactions de vos parents, de votre frère ou sœur.
6. Est-ce que vous jugez les autres d'après leur tenue? d'après leur coiffure? Comment décidez-vous si vous voulez être l'ami de quelqu'un?

L'impératif

1. OBSERVEZ

Ne t'attache pas!	**Jouons** au tennis!
Amène tes amis!	**Faisons** de la musique!
Regardez cette tenue!	**Dînons!**
Soyez raisonnables!	

ANALYSE   L'impératif exprime un ordre, un conseil. La première personne du pluriel exprime une invitation à faire quelque chose ensemble.

2. OBSERVEZ

> **Utiliser** avec précaution.   Ne pas **se pencher** en dehors.
> **Battre** les blancs d'œufs.

ANALYSE   Pour indiquer des directives à suivre (recettes de cuisine, mode d'emploi) on emploie l'infinitif.

TABLEAU DE L'IMPÉRATIF

Impératif = indicatif présent (sans **-s** à la 2e personne du singulier pour tous les verbes dont l'infinitif se termine en **-er**[3])

(tu parles)	Parle!	Ne parle pas!
(nous parlons)	Parlons!	Ne parlons pas!
(vous allez)	Allez-y!	N'y allez pas!

Verbes des autres groupes

finir	Finis!	Finissons!	Finissez!
vendre	Vends!	Vendons!	Vendez!
voir	Vois!	Voyons!	Voyez!
venir	Viens!	Venons!	Venez!
dire	Dis!	Disons!	Dites!
faire	Fais!	Faisons!	Faites!

ATTENTION!				
	être	Sois!	Soyons!	Soyez!
	avoir	Aie!	Ayons!	Ayez!
	savoir	Sache!	Sachons!	Sachez!

Exercices

A. En employant les verbes suivants, donnez des conseils à un étudiant qui veut bien travailler. Servez-vous de l'impératif à la 2e personne du pluriel (*vous*).

écouter le professeur	dormir huit heures chaque nuit
prendre des notes	faire un plan de travail
étudier les leçons avec soin	avoir du courage

[3]Dans l'expression **Vas-y!** on ajoute un **s** au mot **va** pour l'euphonie, deux voyelles de suite étant difficiles à prononcer.

recopier les corrections	avoir de la patience
apprendre les verbes	choisir ses buts avec soin
ne pas sortir le soir pendant la semaine	réfléchir avant d'écrire un essai
ne pas trop boire	être toujours préparé pour ses cours
manger modérément	

B. En vous appuyant sur les suggestions précédentes, donnez les mêmes conseil à un bon ami *(tu)*.

C. Maintenant, invitez quelques amis à travailler avec vous *(nous)*.

D. Écrivez la recette de cuisine pour un pouding au riz «grand-mère» en mettant tous les infinitifs à la 1ère personne du présent.

Cuire le riz, mais pas complètement. Mélanger le riz avec un œuf battu, du beurre, du sucre et une cuillerée de vanille. Beurrer un plat allant au four. Verser le mélange dans le plat. Cuire le mélange au four à 200° C (400° F) jusqu'à consistance ferme. Servir chaud avec du lait ou de la confiture.

E. Imaginez que vous êtes malade et un ami est là pour vous soigner. Donnez-lui les ordres suivants.

1. *(Éteindre)* la lumière, s'il te plaît.
2. *(Allumer)* la petite lumière à côté du lit, s'il te plaît.
3. *(Fermer)* la radio, s'il te plaît.
4. *(Lire)*-moi une histoire, s'il te plaît.
5. *(Apporter)*-moi une soupe au poulet, s'il te plaît.
6. *(Apporter)*-moi une autre oreiller, s'il te plaît.
7. *(Ne pas partir)*.
8. *(Rester)* auprès de moi.
9. *(Ne pas parler)* trop fort.
10. *(Aller)* chercher le Scrabble.
11. *(Jouer)* au Scrabble avec moi.
12. *(Laisser)*-moi dormir maintenant, s'il te plaît.

Le futur proche ou immédiat

OBSERVEZ Que **vais**-je **faire** l'an prochain?
Je **vais partir** pour l'étranger, l'été prochain.

ANALYSE Pour marquer une action qui aura lieu dans un avenir prochain, on emploie le présent du verbe **aller** + *l'infinitif*.

ATTENTION! La décision du locuteur d'accomplir l'action est, en général, ce qui distingue ce temps du futur simple.

Le passé récent

OBSERVEZ   Il **vient d'arriver** avec son ami.
Nous **venons de rencontrer** la nouvelle amie de Daniel.
Ils **viennent de se brouiller.**

ANALYSE   Pour marquer une action qui s'est passée il y a peu de temps (récemment), on emploie le présent de **venir** + **de** + *l'infinitif.*

Exercices

A.   Vous projetez une semaine à Paris. En vous servant des suggestions suivantes, dites ce que vous allez faire.

1.   descendre à une auberge de jeunesse
2.   boire un coup au café
3.   visiter le Louvre
4.   voir la Tour Eiffel
5.   manger au restaurant
6.   acheter des disques français
7.   flâner dans le Quartier Latin
8.   prendre un bateau sur la Seine
9.   inspecter Beaubourg
10.   envoyer des cartes postales à ma famille

B.   Vous rencontrez un ami pendant votre voyage. Dites ce que vous allez faire ensemble.

C.   Vous organisez une fête pour célébrer l'anniversaire de votre amie Caroline. Dites à chacun ce qu'il doit faire.

MODÈLE: acheter les bougies / Marianne
Marianne va acheter les bougies.

1.   faire le gâteau / je
2.   mettre le couvert / vous
3.   acheter les fleurs / Daniel
4.   téléphoner à Yvette / Jeanne et Sara
5.   inviter les Bouchard / je
6.   préparer la glace / moi et Lise, nous
7.   fermer la lumière / tu
8.   être prêt pour 8 heures / tout le monde
9.   crier «Bon Anniversaire!» / tous

D. Vous vous réunissez à 7 h 30 le soir de la fête pour vérifier si tout est prêt.

> MODÈLE: acheter les bougies / Marianne
> Marianne vient d'acheter les bougies.

1. faire le gâteau / je
2. mettre le couvert / vous
3. acheter les fleurs / Daniel
4. téléphoner à Yvette / Jeanne et Sara
5. inviter les Bouchard / je
6. préparer la glace / moi et Lise, nous
7. voir Caroline / ma mère
8. monter l'escalier / Caroline
9. sonner à la porte / elle

Conversation/Petit écrit

A. Préparez les questions suivantes avec un ou deux autres camarades pour les présenter en classe.

B. Écrivez un petit paragraphe sur la question de votre choix.

1. Que pensez-vous de la mode punk? Pourquoi les punks s'habillent-ils si bizarrement? Qu'est-ce qu'ils essaient de faire?
2. Quelle importance accordez-vous aux vêtements, à la coiffure?
3. Quand votre frère ou sœur amène une nouvelle personne à la maison, quelles questions lui posez-vous?
4. Que pensez-vous d'une personne qui change d'ami(e) souvent? Aimez-vous sortir avec beaucoup de garçons, de filles? À quel âge faut-il prendre au sérieux un attachement amoureux?
5. Quelles qualités cherchez-vous dans un ami, dans un ami intime? Quelles activités aimez-vous faire avec cette personne? Qu'est-ce que vous ne supportez pas chez les autres?
6. Quand vous voyez une belle personne, avez-vous le courage de lui parler? Comment l'abordez-vous? Quelle stratégie peut-on employer pour attirer l'attention d'une personne intéressante?

Étude du lexique

1. **être majeur(e)** ≠ **être mineur(e)**
   En France, on est majeur à 18 ans; on est responsable devant la loi.

2. **le droit de vote**   l'autorisation légale d'exprimer son avis
   En France, on a le droit de vote quand on est majeur.

3. **paraître**   publier, imprimer
   Il fait paraître un livre tous les deux ans.

4. **se servir de**   utiliser, employer
   Si tu ne te sers pas de tes droits, tu risques de les perdre.

5. **ouvrir un compte en banque**   garder l'argent en banque
   Il est prudent d'ouvrir un compte en banque.

6. **se faire inscrire à**   adhérer à, s'affilier à, entrer à
   Elle s'est inscrite au parti du centre.

7. **agir**   s'exprimer par des actes
   Vous avez agi sans réfléchir; c'est dangereux.

8. **un parti politique**   organisation qui a des fins politiques
   Il y a beaucoup de partis politiques en France.

9. **s'intéresser à**   prendre intérêt à, cultiver
   En France, on s'intéresse beaucoup à la politique.

10. **servir à**   être utile pour
    À quoi sert l'indépendance si l'on n'a pas d'argent?

11. **se disputer avec quelqu'un**   se quereller avec quelqu'un
    Hier soir, je me suis disputé avec mes parents

12. **élire**   choisir par un vote
    En France, on élit le président de la République tous les sept ans.

Majorité à 18 ans et indépendance des jeunes

Gilbert Quenelle, Jacques Verdol et André Reboullet

Majorité: âge à partir duquel on est, devant la loi, responsable de ce que l'on fait (en France, à partir de vingt et un ans). **Tel** était le sens   cela
donné au mot «majorité» par les dictionnaires français **parus** avant le   publiés

Extrait de Gilbert Quenelle, Jacques Verdol et André Reboullet, *Pour ou contre;* présentation de Martine Nouet, Collection *Textes en français facile/Civilisation* (Paris: Hachette, 1977).

5 juillet 1974. Depuis cette date en effet, le gouvernement français a
voté une loi et il faut maintenant lire: «En France, à partir de dix-huit
ans.» Être adulte à dix-huit ans, trois ans plus tôt qu'avant, qu'est-ce
que cela représente pour deux millions et demi de jeunes Français?
Que pensent-ils de la majorité à 18 ans?

Le gouvernement français a voté, le 5 juillet 1974, une loi qui fixe la
majorité à dix-huit ans (au lieu de vingt et un).

Qu'est-ce que cela va changer dans la vie des jeunes Français? Tous
disent que le droit de vote est important mais certains trouvent que la
vie de tous les jours sera la même parce qu'ils ne seront pas encore
indépendants pour l'argent. D'autres pensent que les choses seront
très différentes, qu'ils auront plus de liberté.

L'indépendance, c'est une chose qui compte beaucoup, même pour
les moins de dix-huit ans, et les parents ne le comprennent pas toujours. (. . .)

Ce qui va changer

Parents/enfants
À partir de 18 ans, les jeunes peuvent quitter la maison de leurs parents sans demander leur **accord.** Ils peuvent (. . .) se marier libre-   permission,
ment, demander un passeport.   consentement

Travail/argent
Les jeunes qui travaillent peuvent se servir librement de leur argent.
Ils peuvent le placer à la banque et y avoir un compte. Ils ont la possi-
bilité d'ouvrir un commerce.

Justice/lycée
Les jeunes sont responsables devant la loi des fautes qu'ils peuvent
faire. Les notes du lycée leur sont envoyées et ils peuvent donner eux-
mêmes les raisons de leurs absences.

Politique/vote
À partir de 18 ans, les jeunes peuvent se faire inscrire sur les listes
électorales (. . .).

La majorité à 18 ans: qu'en pensent-ils?

Voici d'abord Jean-Claude, étudiant. La question: «Que penses-tu de
la majorité à 18 ans?» ne l'a pas surpris.

Jean-Claude: «C'est important!»
«Pour moi, c'est important, la majorité! Cela veut dire que je ne suis
plus **à part de** la société. Au contraire, la société me reconnaît le droit   séparé de, à l'écart de

de penser, d'agir, de décider, en toute liberté, de ma vie. Par exemple,
35 d'arrêter ou de continuer mes études, de choisir mon **métier,** de m'in- *travail, profession*
scrire à un parti politique, de voyager à l'étranger. Le droit de vote
m'intéresse, mais ce n'est pas, pour le moment, le plus important
(. . .). Je suis heureux de la loi sur la majorité parce qu'elle montre à
tout le monde qu'à 18 ans on est assez grand pour vivre comme un
40 adulte: on choisit ses films, on choisit la fille qu'on aime, on choisit
quand même son métier, on choisit qui on veut être. On peut donc
choisir ce que va devenir son pays. (. . .)»

Mais ce n'est pas l'**avis** de tous les jeunes. Isabelle, qui a 18 ans, *opinion*
n'est pas d'accord.

Isabelle: «Ça ne change rien à ma vie!»

45 «Je trouve que cette loi ne change **rien à rien** pour les étudiants. *rien du tout*
Lorsque nous faisons encore des études à 18 ans, nous ne gagnons pas
d'argent. Ce sont nos parents qui nous donnent notre chambre, ce que
nous mangeons ou l'argent pour l'acheter. Ce sont eux qui paient nos
vêtements, nos livres et tout ce que coûtent nos études . . . nous ne
50 sommes pas indépendants pour l'argent, et c'est l'argent qui commande tout. La loi nous permet de vivre loin de chez nos parents, mais
si nous n'avons pas l'argent pour le faire, cela ne sert à rien! Vous
comprenez? Et ça coûte cher de vivre de façon indépendante, bien
plus cher que chez ses parents. Je vais vous dire: moi je préfère être
55 encore chez mes parents. Je me dispute quelquefois avec eux, mais je
les aime bien, je suis bien chez eux. Je veux réussir mes études et je
crois que je réussirai mieux en restant à la maison. Je ne veux pas
vivre toute seule. . . . Par contre, le jour où il y aura des élections, j'irai
voter car je veux dire avec qui je suis d'accord. Je suis triste de voir
60 combien peu de mes camarades sont allés s'inscrire à la **mairie** pour *hôtel de ville*
voter au moment des prochaines élections. Ce n'est pas trois jours
avant de voter qu'il faut s'intéresser à la politique, mais longtemps
avant, dès 14 ou 15 ans. Dans certaines écoles, tous les jeunes s'intéressent à la politique; dans d'autres, personne ne le fait, comme si la
65 politique était dangereuse. C'est le contraire. Ce qui est dangereux,
c'est de ne pas s'intéresser à la vie de son pays, de laisser les autres
décider à notre place. Il faudra peut-être très longtemps, 10 ans, 15
ans, pour que les jeunes s'intéressent très tôt à la vie du pays. Mais en
France, les choses changent vite. Grâce à la nouvelle loi, 2 500 000
70 jeunes de 18 ans à 21 ans vont voter. Je trouve cela très important. À
2 500 000, on peut faire changer beaucoup de choses!»

Ensuite, Antoine, jeune ouvrier de 18 ans, donne son avis.

Antoine: «Pourquoi pas à 16 ans?»

«Je travaille depuis que j'ai 16 ans dans une **usine** de chaussures. Je *fabrique, manufacture*
trouve que l'on devrait être majeur et voter dès que l'on gagne sa vie,
75 dès que l'on rapporte de l'argent à la maison. Le fait de travailler, cela

change beaucoup ce qu'on est. Ce n'est pas l'âge, 16 ou 18 ans, qui rend plus adulte, c'est ce qu'on vit. Et même chez les jeunes qui travaillent tôt, il y a de grandes différences d'idées. Bien des adultes votent pour **monsieur Untel** parce qu'il est beau, ou parce qu'il a l'air sympathique ou intelligent, ou parce qu'il parle bien. Beaucoup d'adultes votent sans réfléchir à ce que promet monsieur Untel. Les jeunes sont aussi capables de voter que les adultes, et certains, dès 16 ans. En France, un Français sur quatre a moins de 20 ans; c'est donc juste que ces Français-là donnent leur avis dès que possible. Car la société que l'on choisit quand on vote, ce sont les jeunes d'aujourd'hui qui y vivront. Les jeunes vont donc dire aux plus vieux: nous avons besoin de cela, nous voulons cela, mais il n'est pas sûr que ceux qui seront **élus** pensent aux jeunes, une fois qu'ils auront été élus. . . . »

n'importe quel individu

choisis par un vote

Intelligence du texte

1. Donnez la définition de la majorité en France après le 5 juillet 1974.
2. Qu'est-ce qui a changé par rapport au travail et à l'argent?
3. Décrivez le nouveau rapport entre les jeunes et leurs professeurs.
4. Dans le domaine de la politique, qu'est-ce que les jeunes peuvent faire qu'ils ne pouvaient pas faire avant la nouvelle loi?
5. Selon Jean-Claude, la loi qui fixe la majorité à 18 ans marque un nouveau rapport entre la société et les jeunes. Quelle est la nature de ce rapport?
6. Quelles nouvelles libertés voit-il pour les jeunes?
7. Isabelle est-elle d'accord avec Jean-Claude sur les changements effectués par la nouvelle loi?
8. Selon Isabelle, quel rôle l'argent joue-t-il dans l'indépendance des jeunes?
9. Pourquoi Isabelle veut-elle rester à la maison de ses parents?
10. Qu'a-t-elle l'intention de faire le jour où il y aura des élections? Qu'est-ce qui la rend triste?
11. D'après Isabelle, est-il dangereux de s'intéresser à la politique? Pourquoi?
12. Que fait Antoine dans la vie? Comment son métier influence-t-il ses idées sur la majorité?
13. Selon Antoine, pourquoi beaucoup d'adultes votent-ils pour une certaine personne?

Résumé

En vous servant des questions ci-dessous, faites un résumé de l'article «Majorité à 18 ans et indépendance des jeunes».

Comparez le statut des jeunes avant et après la loi qui fixe la majorité à 18 ans. Comparez l'opinion de Jean-Claude à celle d'Isabelle. Comment le point de vue d'Antoine diffère-t-il des autres? Selon Antoine, qu'est-ce qui doit décider la majorité? En général, quelle importance les jeunes accordent-ils au droit de vote?

Essai

Articulations logiques

1	2	3	4
D'abord	ensuite	de plus	enfin
Tout d'abord	puis	en outre	en résumé
Primo	secundo	tertio	tout compte fait

En vous servant des articulations logiques ci-dessus, présentez un des problèmes suivants, faites une énumération des arguments du point de vue que vous présentez et réfutez les arguments qui s'opposent à votre point de vue.

1. L'indépendance ne sert à rien sans argent; c'est l'argent qui commande tout.
2. Il est dangereux de ne pas s'intéresser à la politique.
3. Les jeunes sont aussi capables de voter que les adultes.

Comment dirais-je?

Le pour et le contre

Aujourd'hui, il est fortement question de	Par contre, en revanche
De nos jours, on parle beaucoup de + *nom*	Toutefois + *proposition*[4]
Il est exacte que + *proposition*	Mais + *proposition*
Il est vrai que	Cependant + *proposition*
On peut dire que + *proposition*	Il faut cependant noter que + *proposition*
Tout en admettant l'importance de + *nom*	Il convient d'examiner aussi
Certains affirment que + *proposition*	Mais sait-on que + *proposition*
Tout en reconnaissant + *nom*	N'oublions pas que + *proposition*
S'il est vrai que + *proposition*	Il faut dire aussi que + *proposition*
On pourrait penser que + *proposition*	Néanmoins

[4]Rappel: une proposition consiste en un sujet, un verbe et un complément.

Après les cours, les jeunes Parisiens travaillent souvent en équipe pour faire leurs devoirs.

La manière de présenter une question montre souvent le point de vue de l'auteur, par exemple:

a. *On voudrait nous faire croire que* l'argent commande tout, même l'indépendance. *N'est-il pas temps de* redéfinir nos valeurs? (L'auteur est *contre* l'idée que l'argent commande tout.)

b. *Est-il possible d'*être indépendant sans argent *comme certains idéalistes affirment?* (L'auteur est *pour* l'idée que l'argent est important pour être indépendant.)

Pour mieux convaincre le lecteur, il est souvent utile d'explorer le pour et le contre d'une question. Les expressions dans la colonne de gauche du tableau ci-dessus servent à énoncer le point de vue rejeté par l'auteur, tandis que celles de la colonne de droite servent à expliciter les raisons de la réfutation et à présenter le point de vue soutenue par l'auteur.

Activités

Débat. En employant les expressions du tableau «Le pour et le contre», discutez, en deux équipes, les questions suivantes.

1. On devrait être majeur dès que l'on gagne sa vie.
2. Le vote des jeunes peut faire changer beaucoup de choses.
3. Il vaut mieux vivre chez ses parents que tout seul quand on est étudiant.

Mini-théâtre

Il faut trois étudiants pour jouer cette scène. Préparez vos rôles chez vous et soyez prêts à les jouer devant la classe.

Un étudiant décide de déménager de chez ses parents, mais il veut emmener son frère (ou sa sœur) qui n'a que 16 ans. Le frère (ou la sœur) veut bien l'accompagner, mais leur mère s'y oppose catégoriquement.

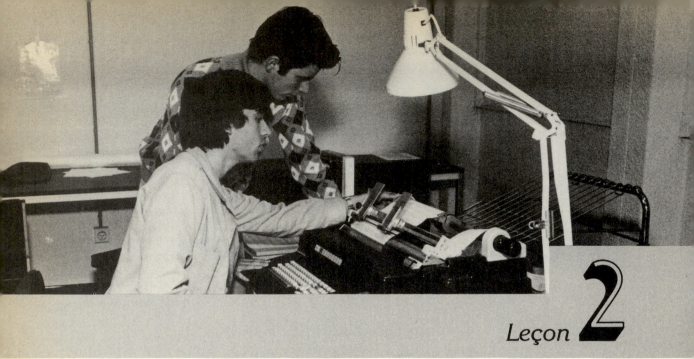

Le travail

Étude du lexique

1. **en vouloir à quelqu'un**   garder du ressentiment contre quelqu'un
    Salavin a perdu sa situation mais il n'en veut pas à son patron.

2. **une situation**   un travail, un emploi, un poste
    Il cherche une situation dans le commerce.

3. **quant à**   en ce qui concerne
    Quant à moi, une situation intéressante est plus importante qu'un emploi bien payé.

4. **dresser l'oreille**   écouter attentivement, diriger son attention
    Quand quelqu'un frappe à la porte, mon chien dresse l'oreille.

5. **avoir l'air**   sembler, paraître
    Tu as l'air fatigué aujourd'hui; à quelle heure es-tu rentré hier?

6. **gêné**   troublé, embarrassé, contraint
    C'est un garçon très timide qui a toujours l'air gêné.

7. **un appareil**   un instrument, une machine, (plus spécifiquement) le téléphone
    N'oublie pas ton appareil de photos.
    Allô? Qui est à l'appareil?

8. **apercevoir**   remarquer
    Il a aperçu son dossier sur le bureau du patron.

9. **le talon**   la partie postérieure du pied, d'une chaussure
    Le militaire joint les talons pour saluer.
    Elle aime porter des talons hauts quand elle sort le soir.

10. **écraser**   déformer par une forte compression
    Il a écrasé l'insecte sous son talon.

11. **une maison**   une entreprise commerciale, un établissement, une firme
    Il travaille pour une maison renommée à Paris.

12. **à haute voix**   parlé de façon à ce que tout le monde entende
    Parlez à haute voix pour que les autres étudiants vous entendent.

13. **à portée du bras, de la main**   accessible sans se déplacer
    Pendant son discours, il garde un verre d'eau à portée de la main.

14. **interdit**   non autorisé

   Film interdit aux moins de seize ans!
   Stationnement interdit!
   Il est interdit de stationner dans cette rue.

15. **épuisé**   très fatigué, à bout de forces

   On comprend pourquoi il est épuisé; il travaille de midi à minuit dans
      un restaurant.

16. **bouger**   faire un mouvement, remuer, changer de place

   Je suis tellement épuisé que je ne peux plus bouger.

17. **un meuble**   objet tel qu'un lit, une chaise, une table, une armoire, etc.

   Nous préférons les meubles antiques qu'aux meubles modernes.
   Je cherche un appartement non meublé car j'ai mes propres meubles.

18. **se mettre à**   commencer à

   Les employés de bureau se mettent à travailler à 9 heures.

Confession de minuit

Georges Duhamel

*Auteur français, né à Paris, Georges Duhamel (1884–1966) étudie la médecine
qu'il pratique pendant la Première Guerre mondiale (1914–1918). Il raconte ses
souvenirs de médecin militaire dans* La Vie des martyres *(1917) et* Civilisation
*(1918), pour lequel il remporte le prix Goncourt. Ensuite paraissent des cycles
romanesques, des essais sur des sujets variés, et des écrits divers. Il est élu
membre de l'Académie française en 1935.*

Le texte ci-dessous vient du volume Confession de minuit *qui fait partie du
cycle* Vie et aventures de Salavin. *Salavin, petit employé de la maison Socque
et Sureau, se trouve très gêné lorsqu'il doit entrer dans le bureau de son patron,
Monsieur Sureau. Au cours de sa visite, il est dévoré par le désir bizarre de
toucher l'oreille de ce «prince de l'industrie». Donnés les rapports formels entre
employeur et employé, un tel geste serait scandaleux. En touchant
l'oreille de son chef, Salavin commet un acte impardonnable; les résultats sont
dramatiques. L'auteur prépare l'acte étrange de Salavin en présentant un narrateur qui sort de l'ordinaire. Essayez de repérez les éléments qui le distinguent
des autres employés.*

Je n'en veux pas à M. Sureau. Je suis tout à fait mécontent d'avoir
perdu ma situation. Une douce situation, voyez-vous? Mais je n'en veux

Extrait de Georges Duhamel, *Confession de minuit* (Paris: Mercure de France, 1925) pages
7–15..

pas à M. Sureau. Il **était dans son droit** et je ne sais trop ce que j'aurais fait à sa place. (. . .)   avait raison

5   Pour M. Jacob, c'est différent: il aurait pu faire quelque chose en ma faveur. Pendant cinq ans, il m'a, chaque jour, soir et matin, regardé travailler. Il sait que je ne suis pas un homme extraordinaire. Il me connaît. C'est-à-dire qu'à bien juger il ne me connaît **guère.** Enfin! Il   presque pas du tout aurait pu prononcer un mot, un seul. Il n'a pas prononcé ce mot, je ne
10 lui en fais pas grief. Il a femme, enfants, et une réputation avec laquelle il ne peut pas jouer. (. . .)

(. . .) **Mettons,** pour le moment, que la faute **soit** à moi seul.   supposons / *is* Puisque le monde est fait comme vous savez, je veux bien reconnaître que j'ai eu tort. On verra plus tard!

15 Il y a d'ailleurs longtemps de cette aventure. (. . .) Je dois vous faire remarquer que je n'avais vu M. Sureau que trois fois. En l'espace de cinq ans, c'est peu. Cela tient à ce que la maison Socque et Sureau est trop importante: ces messieurs ne peuvent pas entretenir des relations avec leurs deux mille employés. Quant à mon service, il n'avait aucun
20 rapport avec la direction.

Un matin donc, le téléphone se met à sonner. (. . .) Tout le bureau dresse l'oreille, sans en avoir l'air. (. . .) M. Jacob sort de derrière sa **demi-cloison;** il sort de ce **réduit** où il se tient comme un cheval de   compartiment / course dans son box. (. . .) La conversation commence. J'écoute **à moi-**   petit local /
25 **tié:** c'est toujours étonnant un bonhomme qui **cause avec le néant,** et   partiellement / qui lui sourit, qui lui fait **des grâces** (. . .). Ce jour-là, pourtant, M. Ja-   parle avec le vide / cob ne souriait pas; il ne faisait pas de grâces. Dès les premiers mots,   des démonstrations il avait pris un air gêné, puis il était devenu tout rouge (. . .). J'enten-   de politesse dais M. Jacob qui **balbutiait:** «Mais monsieur, mais monsieur. . .» (. . .)   parlait d'une manière
30 Pendant les silences, on entendait une rumeur qui semblait venir du   hésitante bout du monde et dans laquelle, peu à peu, je distinguais les **éclats**   explosions d'une voix irritée.

Tout à coup, M. Jacob **se décolle** de l'appareil et il dépose le récep-   se détache teur **à tâtons** (. . .).   de manière hésitante

35 M. Jacob passe dans son box, ouvre des cartons, **froisse** des papiers   écrase et soudain s'écrie:

—Salavin! Venez voir un peu ici!

J'en étais sûr. Je me lève et j'obéis. (. . .) Il me dit:

—Prenez ce cahier et portez-le vous-même à M. Sureau. Vous le
40 trouverez dans son cabinet, à la direction. Vous direz que je viens d'être pris d'indisposition. (. . .) Allez, Salavin, et dépêchez-vous!

Pour **parvenir** jusqu'au bureau de M. Sureau il faut traverser plu-   arriver sieurs corps de bâtiment. En été, quand les fenêtres sont ouvertes (. . .), on aperçoit toutes sortes de compartiments superposés, où les
45 hommes travaillent. (. . .)

Dans l'antichambre de M. Sureau, il y a un domestique qui me de-

mande le numéro de mon service et me pousse dans une grande pièce
en murmurant: «On vous attend.» (. . .)

    M. Sureau me regarde **de travers** et dit seulement: — *avec animosité*

50 —Vous venez de la **rédaction**? Que fait M. Jacob? — *bureau qui s'occupe des textes*

—Il est souffrant.

—Ah? Donnez!

    Et je reste debout, face au grand bureau Empire, ne sachant trop
s'il vaut mieux garder les talons réunis, le corps bien droit, ou me
55 mettre dans la position du soldat au repos.

    Je dois vous avouer que j'ai vécu **fort** retiré, à la maison Socque et — *très*
Sureau. Je détestais les circonstances qui me faisaient sortir de mes
fonctions et de mes habitudes. Mon métier était de corriger les textes
et non de me tenir debout devant un prince de l'industrie.

60   (. . .) Heureusement M. Sureau ne me regardait pas. Il **tripotait** le — *touchait machinalement*
cahier que je lui avais remis. Il éprouvait une rage lourde, assez bien
contenue.

    Tout à coup, sans lever le nez, il écrase un **index** sur la page et dit: — *doigt le plus proche du pouce*
—Mal écrit. . . Illisible. . . Qu'est-ce que c'est que ce mot-là?

65   Je fais quatre pas d'automate. Je me penche et je lis, sans hésiter,
à haute voix: «**surérogatoire**». Cette manœuvre m'avait placé tout près — *supplémentaire, superflu*
de M. Sureau, à portée du bras gauche de son fauteuil.

    C'est alors que je remarquai son oreille gauche. (. . .)

    (. . .) J'avais d'abord été scandalisé par ce besoin de ma main de
70 toucher l'oreille de M. Sureau. Graduellement, je sentis que mon esprit
acquiesçait. Pour mille raisons que j'entrevoyais confusément, il me
devenait nécessaire de toucher l'oreille de M. Sureau, de me prouver
à moi-même que cette oreille n'était pas une chose interdite, inexis-
tante, imaginaire, que ce n'était que de la chair humaine, comme ma
75 propre oreille. Et, tout à coup, j'allongeai délibérément le bras et po-
sai, avec soin, l'index où je voulais, un peu au-dessus du lobule (. . .).

    À peine avais-je **effleuré,** du bout de l'index, délicatement l'oreille — *touché légèrement*
de M. Sureau qu'ils **firent,** lui et son fauteuil, un bond en arrière. (. . .) — *made*
Puis il se précipita sur un tiroir, l'ouvrit et sortit un revolver.

80   Je ne bougeais pas. Je ne disais rien. J'avais l'impression d'avoir
fait une chose monstrueuse. J'étais épuisé, vidé, vague.

    M. Sureau posa le revolver sur la table, d'une main qui tremblait si
fort que le revolver **fit,** en touchant le meuble, un bruit de dents qui — *made*
claquent. Et M. Sureau **hurla,** hurla. — *cria*

85   Je ne sais plus **au juste** ce qui s'est passé. J'ai été saisi par dix gar- — *précisément*
çons de bureau, traîné dans une pièce voisine, déshabillé, **fouillé.** J'ai — *frisked*
repris mes vêtements; quelqu'un est venu m'apporter mon chapeau et
me dire qu'on désirait **étouffer** l'affaire, mais que je devais quitter im- — *cacher*
médiatement la maison. (. . .)

90   Voilà cette misérable histoire. Je n'aime pas à la raconter, parce que
je ne peux le faire sans ressentir un inexprimable **agacement.** — *irritation*

Intelligence du texte

1. Pour qui travaille le narrateur? Quelles sont ses responsabilités?
2. Pourquoi a-t-il perdu sa situation?
3. Décrivez son attitude envers M. Sureau, envers M. Jacob. Pourquoi est-ce qu'il n'en veut pas à M. Jacob?
4. Pourquoi Salavin n'a-t-il vu M. Sureau que trois fois en l'espace de cinq ans?
5. Décrivez la conversation téléphonique entre M. Jacob et son interlocuteur. Comment savez-vous que M. Jacob a des ennuis?
6. Qu'est-ce que M. Jacob demande à Salavin de faire? Pourquoi?
7. Comment M. Sureau reçoit-il Salavin?
8. Pourquoi Salavin est-il gêné devant M. Sureau?
9. Où se trouve Salavin quand il lit dans le cahier de M. Sureau?
10. Quel besoin éprouve-t-il? Pourquoi cette action lui semble-t-il nécessaire?
11. Quelle est la réaction de M. Sureau au moment où Salavin lui effleure l'oreille?
12. Qu'est-ce qu'on lui fait? Qu'est-ce qu'on lui dit?
13. Pourquoi Salavin n'aime-t-il pas raconter cette histoire?
14. Que pensez-vous de son action? Que pensez-vous de la réaction de M. Sureau?

Mise en œuvre du vocabulaire

Répondez aux questions suivantes en employant des mots du lexique que vous avez étudié.

1. Pourquoi Salavin a-t-il perdu son poste?
2. Pour quelle entreprise Salavin travaille-t-il?
3. En ce qui vous concerne, quelle sorte d'emploi préférez-vous?
4. Est-ce que votre camarade de chambre paraît très fatigué après avoir travaillé toute la nuit?
5. Est-ce que vous gardez du ressentiment contre votre professeur si vous recevez une mauvaise note?
6. Est-ce que votre camarade de chambre semble troublé quand vous entrez dans la chambre?
7. Qu'est-ce que vous avez remarqué en entrant dans votre chambre pour la première fois?
8. Qu'est-ce que vous faites quand vous voyez des insectes chez vous?
9. Que font les étudiants lorsque le professeur annonce un examen?
10. Qu'est-ce qu'on demande si la personne qui téléphone ne s'identifie pas?
11. Comment faut-il parler si l'on veut être entendu par tout le monde?
12. À quelle heure commencez-vous à travailler chaque matin?

13. Est-ce qu'on est permis de stationner devant l'entrée des bâtiments?
14. Que faut-il acheter quand on loue un appartement?
15. Qu'est-ce qu'il faut ne pas faire si l'on veut réussir ses photos?
16. Si vous voulez prendre des notes en classe, où mettez-vous votre cahier?

GRAMMAIRE

L'article défini

OBSERVEZ

Singulier	*Pluriel*
le jeune homme	**les** jeunes gens[1]
la jeune femme	**les** jeunes femmes
l'enfant (*m.* ou *f.*)	**les** enfants
l'heure (*f.*)	**les** heures

ANALYSE L'article défini masculin est **le**.
L'article défini féminin est **la**.
L'article défini masculin ou féminin devant un substantif (nom)
commençant par une voyelle ou un **h** muet (non aspiré) est **l'**.
EXEMPLES: l'homme, l'hôpital, l'hiver, l'horoscope, l'héroïne,
l'horloge, l'histoire
EXCEPTION: le onze
EXEMPLES DU **H** ASPIRÉ: la hache, le haut, le héros, le hibou, la
Hollande, la Hongrie, les hors d'œuvre

PRÉCISIONS SUR L'EMPLOI DE L'ARTICLE DÉFINI

1. OBSERVEZ **Le** monde est fait comme vous savez.
La faute est à moi.
C'est **l'**antichambre de M. Sureau.

ANALYSE L'article défini présente un nom pris dans un sens complètement déterminé (désignant un genre, une espèce, un individu
précis).

2. OBSERVEZ **L'**apparence n'est pas **la** réalité.
Après **la** pluie vient **le** beau temps.

ANALYSE L'article défini accompagne les noms abstraits et les noms employés dans un sens général.

[1]Le pluriel de **jeune homme** est **jeunes gens**.

3. OBSERVEZ   Ces poires coûtent 25 F **le** kilo.
La voiture roulait à 120 kilomètres à l'heure.

ANALYSE   L'article défini peut avoir la valeur de **chaque.**

4. OBSERVEZ   **La** France, **le** Québec, **les** Alpes, **le** Saint-Laurent. . .

ANALYSE   Les noms géographiques prennent en général l'article défini.
EXCEPTIONS: certaines îles: Cuba, Chypre, Malte, Madagascar, Bornéo. . .

ATTENTION!   En général, les noms de personnes et de villes s'emploient sans article parce qu'ils sont suffisamment déterminés.

EXEMPLE: Yves habite à Montréal.
EXCEPTIONS: dans l'expression «les Dupont» (nom de famille) ou s'ils sont accompagnés d'un adjectif ou d'un complément: **le** grand Corneille, **le** Versailles de Louis XIV.

LA CONTRACTION

OBSERVEZ   Vous venez **de la** rédaction?
Il a effleuré l'oreille de M. Sureau **du** bout **de** l'index.
Je ne sais pas **au** juste ce qui s'est passé.
Il travaille **à la** maison Socque et Sureau.
Salavin est le plus étrange **des** employés.
Il va **aux** toilettes.

ANALYSE   **à** + **le** se contracte en **au**; **a** + **les** se contracte en **aux**; **de** + **le** se contracte en **du**; **de** + **les** se contracte en **des.**

L'article indéfini

1. OBSERVEZ

Singulier	*Pluriel*
un employé	**des** employés
une situation	**des** situations

Il y a **un** domestique dans l'antichambre.
Il me pousse dans **une** grande pièce.
Il froisse **des** papiers.
Il m'a donné **des** explications.

ANALYSE   L'article indéfini présente un nom encore indéterminé. Au pluriel, il exprime un nombre indéterminé.

2. OBSERVEZ   Salavin a **une** situation. Il n'a plus **de** situation.
Il a **des** textes à corriger. Il n'a pas **de** textes à corriger.

ANALYSE   **un** et **des** deviennent **de** ou **d'** dans la construction négative.
Mais l'article se maintient après **ce n'est pas, ce ne sont pas,**
pour suggérer implicitement une autre possibilité.
EXEMPLE: Ce n'est pas **un** employé, c'est le chef de l'entreprise!

3. OBSERVEZ   **de** beaux jeunes gens
plus bizarre que **d'**autres
D'autres sont plus conformistes.

ANALYSE   **des** et **un** deviennent **de,** devant un adjectif au pluriel et devant
autres.

Exercices

A.   Complétez les phrases suivantes en ajoutant les mots qui manquent.

1. _____ Québec est trois fois plus grand que _____ France.
2. _____ États-Unis sont plus petits que _____ Canada.
3. J'ai vu _____ film policier _____ télévision.
4. _____ pommes coûtent _____ dollar _____ livre _____ su-permarché.
5. Aujourd'hui, je dois aller _____ banque, _____ pharmacie et _____ horlogerie.
6. _____ meilleur mois _____ année est décembre.
7. Il y avait _____ chien _____ milieu _____ route.
8. Nous sommes arrivés _____ heure, mais _____ autres sont arrivés en retard.
9. Il aime _____ thé, _____ citron, _____ miel et _____ gâteaux.
10. _____ héros _____ roman s'appelle Salavin. _____ héroïne est _____ hôpital.
11. Il a joué sur _____ onze _____ roulette.
12. _____ plat _____ jour était _____ poulet rôti.
13. Il y a _____ belles filles assises _____ café.

B.   Récrivez le passage suivant en mettant tous les mots possibles au pluriel. N'oubliez pas de changer les verbes quand il est nécessaire.

L'hôtel coûte cher à Paris. J'en connais un autre mais il n'est pas de bonne qualité. Je cherche, donc, une chambre. Il y a un café intéressant au Quartier Latin où je vois souvent un beau jeune homme. Il lit un journal ou il discute avec un ami. Si j'ai un problème, je peux toujours trouver un camarade prêt à discuter avec moi.

C. Parlez à un ami de vos préférences.

1. la télévision ou le théâtre?
2. la bière ou le vin?
3. le jus de tomate ou le jus d'orange?
4. le Coca-Cola ou l'eau minérale?
5. les concerts ou l'opéra?
6. le vidéo ou le ballet?
7. un Walkman ou la radio?
8. les motocyclettes ou les autos?
9. les voitures américaines ou les voitures japonaises?
10. écrire ou lire?

D. Vous arrivez dans une nouvelle ville où vous ne connaissez personne. Vous cherchez un travail, un appartement, des amis. Formez des phrases avec les mots donnés selon le modèle.

MODÈLE: situation / intéressante
Je cherche *une* situation, mais *la* situation doit être intéressante.

1. appartement / de prix modeste
2. meubles / de style Empire
3. emploi / bien payé
4. poste / sans beaucoup de responsabilités
5. travail / facile à faire
6. appareil de photos / de prix raisonnable
7. amis / pouvoir parler français
8. livres / sur le marketing
9. chaises / de bonne qualité
10. clients / riches

L'article partitif

1. OBSERVEZ M. Sureau aime **le** café et **les** cigarettes.
Il préfère **la** crème dans son café.
Il n'aime pas **le** lait ni **l'**eau minérale.
Mais:
Il met **du** sucre et **de la** crème dans son café.
Il y a **des** papiers sur son bureau.

ANALYSE L'article partitif est formé de la préposition **de** + *l'article défini* pour indiquer *une partie* ou *une quantité déterminée* d'une masse.

2. OBSERVEZ   Il n'y a pas **de** cahiers sur son bureau.
Il n'y a plus **de** textes à corriger.
Il ne prend pas **d'**eau minérale à dîner.

ANALYSE   Au négatif, on omet l'article.

Omission de l'article

1. OBSERVEZ   un recueil **de** poèmes   du jus **d'**orange
un manteau **de** fourrure   un cours **de** français
un trousseau **de** clefs   un tiroir **de** papiers

ANALYSE   On omet l'article devant les noms (**de** poèmes, **de** fourrure, **de** clefs, **d'**orange, **de** français, **de** papiers) quand ils servent à caractériser un nom précédent.

2. OBSERVEZ   M. Sureau n'a pas **beaucoup de** patience.
Une foule de personnes l'attend.
Peu de gens comprennent Salavin.
Il gagne **assez d'**argent pour vivre.
Il y a **un tas de** choses à faire.
Salavin a **autant de** travail que M. Jacob mais **moins de** travail que M. Sureau.
Il a acheté **un kilo de** café.
Il a bu **une tasse de** café.

ANALYSE   Après les expressions de quantité, on omet l'article.
Il y a, pourtant, un nombre d'exceptions.
EXEMPLES: **La moitié de la** classe n'est pas venue.
La plupart des gens acceptent cette idée. *(verbe au pluriel)*
Bien des postes sont ennuyeux.
Voulez-vous **encore du** café?

3. OBSERVEZ   M. Sureau **avait peur.**
Il aurait fallu lui **demander pardon.**
Il a besoin **d'**argent.
J'ai froid, chaud, faim, soif, raison, tort.
Son patron lui **a donné congé.**
M. Sureau **perd patience.**
Nous sommes **allés en classe.**
Il a mis le dossier **sous enveloppe.**
C'est **contre nature** d'agir de la sorte.
Il a vu son chef **par hasard.**

On a fermé la porte **à clef.**
On a mis le suspect **sous clef.**

ANALYSE   On omet l'article dans un grand nombre d'expressions idioma-
tiques.

Exercices

A.   Complétez les paragraphes suivants avec les mots qui manquent.

1. _____ moitié _____ employés sont absents et Salavin a _____ tas
_____ textes à corriger. _____ plupart _____ textes consistent en lettres
commerciales. Il a encore _____ dossiers à étudier _____ semaine dernière. Il y a vraiment trop _____ travail et pas assez _____ employés dans
cette maison. À midi, il entre dans _____ antichambre _____ M. Sureau
avec _____ cahier.
   —Vous venez _____ rédaction? dit M. Sureau.
   Et Salavin reste debout, face _____ grand bureau Empire.
2. Pour le dîner, Salavin achète _____ bouteille _____ eau minérale,
_____ litre _____ vin, _____ pâté, _____ poulet, _____ haricots verts,
_____ fromage, _____ salade et _____ glace. Étant pressé, il n'a pris que
_____ bol _____ café et _____ biscuits pour le déjeuner. Il n'a pas pris
_____ plat principal ni _____ dessert parce qu'il avait beaucoup _____
travail à faire l'après-midi.
3. Cette année, je suis _____ cours _____ mathématiques, _____ cours
_____ français, _____ cours _____ anglais et _____ cours _____ psychologie.

B.   Mettez-vous deux par deux et posez les questions suivantes à votre partenaire. Ensuite, changez de rôles. Finalement, présentez votre partenaire à
la classe.

1.   Quels aliments aimes-tu? Quelles boissons aimes-tu? (Exemple:
     J'aime le steak et j'adore le vin, mais je déteste la bière et je n'aime
     pas beaucoup le poisson. Je préfère les fruits au gâteau.)
2.   Qu'est-ce que tu mets dans ton thé ou dans ton café?
3.   Que veux-tu prendre ce soir pour le dîner?
4.   Lis-tu le journal tous les jours? As-tu lu de bons livres récemment?
     Qu'est-ce que tu aimes lire?
5.   As-tu beaucoup d'amis? Vas-tu au cinéma avec tes amis?
6.   As-tu du talent pour la peinture? Es-tu allé au musée? Y a-t-il des ta-
     bleaux intéressants?
7.   Quelles sont tes qualités? As-tu de la patience? As-tu du courage? As-
     tu de la discipline? As-tu de la persévérance? As-tu de l'énergie et de
     la volonté?

C. Monsieur Jacob est très gourmand, mais il n'aime pas les produits laitiers. Dites s'il prend ou non les aliments suivants, selon le modèle.

> MODÈLE: le bifteck / le lait
> Il prend du bifteck, mais il ne prend pas de lait.

1. la salade / la glace à la vanille
2. le fromage / le jambon
3. les pommes frites / la quiche lorraine
4. le café / la crème
5. le thé / le lait
6. la bière / le camembert
7. le pain / le beurre
8. la tarte / le brie
9. le gâteau / le roquefort
10. le yaourt / les bonbons

Les pronoms objets directs et indirects

1. OBSERVEZ   Il fait **le travail.** Il **le** fait.
Il étudie **les dossiers.** Il **les** étudie.
Il corrige **sa lettre.** Il **la** corrige.
La lettre qu'il a écrite n'est pas arrivée.
Les dossiers que M. Sureau a reçus viennent de M. Jacob.
M. Sureau **les** a regardés avec méfiance.
M. Sureau a posé **plusieurs questions** à Salavin. **Les** a-t-il comprises?   Non, il ne **les** a pas comprises.
Ne prends pas **ce dossier!** Ne **le** prends pas!
N'appelez pas **le patron!** Ne l'appelez pas!
Est-ce que vous **m'**avez appelé?   Oui, je **vous** ai appelé.
Attention! Notre patron **nous** regarde.
Je **t'**appelerai demain.

ANALYSE   *L'objet direct* se place devant le verbe aux temps simples, devant l'auxiliaire aux temps composés. (Il ne **nous** a pas vus.) Voir leçon 3 pour l'accord entre le participe passé et l'objet direct qui précède le verbe.

2. OBSERVEZ   Prends-le!   Étudiez-les!
Regarde-la!   Appelle-moi!

ANALYSE   On emploie **moi**, forme tonique, au lieu de **me**, après l'impératif affirmatif. On place l'objet direct *après le verbe* à l'impératif affirmatif.

3. OBSERVEZ   On demande **à Salavin** de voir le chef. On **lui** demande de voir le chef.

On apprend **aux employés** à corriger les textes. On **leur** apprend à corriger les textes. On ne **leur** apprend pas à bien écrire.

Le chef ne peut pas **nous** parler.

M. Jacob ne veut pas **lui** donner le cahier.

Ne **lui** parlez pas! Ne **leur** parlons pas! Ne **me** parle pas!

Je **te** (**vous**) dis que c'est vrai!

Lui demande-t-on de voir le chef?

Ne **leur** a-t-on pas appris à bien écrire?

ANALYSE   Comme l'objet direct, *l'objet indirect* se place devant le verbe aux temps simples, devant l'auxiliaire aux temps composés et, dans la construction *verbe + infinitif,* devant le verbe qui gouverne l'objet.

EXEMPLE: Je dois **lui parler.** (Voir Leçon 14 pour l'exception de **faire** causatif.)

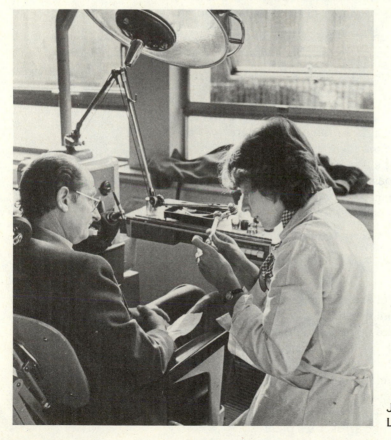

Jeune dentiste dans son cabinet à Lyon.

Exercices

A. Il faut deux personnes pour jouer cette scène. Vous parlez à votre patron à propos d'une lettre perdue. Remplacez les mots en italique par le complément d'objet.

PATRON: Avez-vous écrit *cette lettre*?

EMPLOYÉ: Oui, j'ai écrit *la lettre*.

PATRON: Avez-vous envoyé *la lettre*?

EMPLOYÉ: Non, je n'ai pas envoyé *la lettre*.

PATRON: Pourquoi?

EMPLOYÉ: Parce que vous n'avez pas rendu *la lettre* à mon bureau.

PATRON: Où avez-vous mis *la lettre* après avoir écrit *la lettre*?

EMPLOYÉ: J'ai mis *la lettre* sur votre bureau pour votre signature.

PATRON: Mais je n'ai pas vu *la lettre*.

EMPLOYÉ: Je pense que M. Jacob a pris *la lettre*.

PATRON: Est-ce que vous avez parlé *à M. Jacob* de cette lettre?

EMPLOYÉ: Non, je n'ai pas parlé *à M. Jacob* de la lettre.

PATRON: Mais, comment a-t-il pu prendre *la lettre*?

EMPLOYÉ: Il m'a vu mettre *la lettre* sur votre bureau et vous n'y était pas là.

B. Racontez à un ami une conversation que vous avez eue au téléphone en employant les pronoms objets indirects selon le modèle.

MODÈLE: J'ai parlé *à ma mère* hier soir.
Je *lui* ai parlé hier soir.

1. J'ai parlé *à ma mère et à mon père* hier soir.
2. J'ai demandé *à mon père* de m'envoyer de l'argent.
3. J'ai dit *à ma mère* de venir me voir.
4. J'ai confié *à ma mère* mes problèmes sentimentaux.
5. Je n'ai pas dit *à mon père* que j'avais des problèmes sentimentaux.
6. Je n'ai pas dit *à ma mère* que j'avais des ennuis financiers.
7. J'ai demandé *à mes parents* de faire suivre mon courrier.

C. Vous parlez à votre femme de ménage. Donnez-lui les ordres suivants.

MODÈLE: Dites-lui de laver le plancher.
Lave-le!

1. Dites-lui de laver les fenêtres.
2. Dites-lui de préparer le dîner.
3. Dites-lui de ne pas oublier d'astiquer les meubles.
4. Dites-lui de faire la vaisselle tout de suite.
5. Dites-lui de ne pas regarder la télé quand vous êtes sorti.
6. Dites-lui de parler au boulanger.
7. Dites-lui de dire aux ouvriers qu'elle ne peut pas les payer.
8. Dites-lui de nettoyer la salle de bains.
9. Dites-lui d'arroser les plantes.
10. Dites-lui de donner à manger aux chats.

L'ordre des pronoms combinés

1. OBSERVEZ
Je prête **mon livre** **à mon ami.**
Je   **le**   **lui** prête.

Je prête **mes livres** **à mon ami.**
Je   **les**   **lui** prête.

Je prête **mon livre** **à mes amis.**
Je   **le**   **leur** prête.

Je prête **mes livres à mes amis.**
Je   **les**   **leur** prête.

Il **me** montre **le livre, la carte, les provisions.**
Il **me le** montre. Il **me la** montre. Il **me les** montre.
Il **ne me le** montre pas. Il **ne me la** montre pas. Il **ne me les**
montre pas.

Il $\left\{ \begin{array}{l} \textbf{te} \\ \textbf{nous} \\ \textbf{vous} \end{array} \right\}$ **le** donne. Il $\left\{ \begin{array}{l} \textbf{te} \\ \textbf{nous} \\ \textbf{vous} \end{array} \right\}$ **la** montre. Il $\left\{ \begin{array}{l} \textbf{te} \\ \textbf{nous} \\ \textbf{vous} \end{array} \right\}$ **les** montre.

Ne $\left\{ \begin{array}{l} \textbf{le} \\ \textbf{la} \\ \textbf{les} \end{array} \right\}$ **lui** prêtez pas.

ANALYSE   Les pronoms objets se placent devant le verbe dans l'ordre suivant.

$$\textbf{(ne)} \quad \left. \begin{array}{l} \textbf{me} \\ \textbf{te} \\ \textbf{nous} \\ \textbf{vous} \end{array} \right\} \left. \begin{array}{l} \textbf{le} \\ \textbf{la} \\ \textbf{les} \end{array} \right\} \left. \begin{array}{l} \textbf{lui} \\ \textbf{leur} \end{array} \right\} \quad \textbf{y}^2 \; \Big\} \; \textbf{en}^2 \; \Big\} \; \textit{verbe} \quad \textbf{(pas)}$$

2. OBSERVEZ
Rends-**le-lui**!   Prêtez-**la-leur**!
Donnez-**le-moi**!   Montrez-**les-nous**!

ANALYSE   L'ordre change avec l'impératif affirmatif.

$$\textit{verbe} \quad + \quad \left\{ \begin{array}{l} \textbf{-le} \\ \textbf{-la} \\ \textbf{-les} \end{array} \right\} \quad + \quad \left\{ \begin{array}{l} \textbf{-moi} \\ \textbf{-toi} \\ \textbf{-lui} \\ \textbf{-nous} \\ \textbf{-vous} \\ \textbf{-leur} \end{array} \right. \quad \textit{(pronoms} \\ \textit{toniques)}$$

²Voir Leçon 6 pour les pronoms adverbiaux **y** et **en.**

Exercices

A. Votre ami est poli et généreux. Décrivez-le en employant les pronoms objets directs et indirects selon le modèle.

MODÈLE: Il me montre toujours *ses notes.*
Il me *les* montre toujours.

1. Il m'offre souvent *sa place.*
2. Il me rappelle *mes obligations.*
3. Il dit *la vérité à son professeur.*
4. Il me confie *ses secrets.*
5. Il me prête *ses livres.*
6. Il me donne *son argent.*
7. Il offre *son siège aux dames.*
8. Il donne *les renseignements nécessaires aux nouveaux étudiants.*
9. Il prête *son cahier à nos amis.*
10. Il aide *les étudiants faibles* à comprendre *les leçons.*

B. Le frère de votre ami est impoli et peu généreux. Décrivez-le.

MODÈLE: Il ne me montre jamais *ses notes.*
Il ne me *les* montre jamais.

1. Il n'offre jamais *sa place aux dames.*
2. Il ne dit pas *la vérité au professeur.*
3. Il ne nous confie jamais *ses secrets.*
4. Il ne prête jamais *ses livres à son camarade de chambre.*
5. Il ne m'explique pas *la raison de ses actions.*
6. Il ne lit jamais *le livre à l'étudiant aveugle.*
7. Il ne nous achète jamais *le journal.*
8. Il ne veut jamais prêter *son argent à ses amis.*
9. Il ne donne jamais *ses affaires aux autres.*

C. Répondez selon le modèle.

MODÈLE: Dites à un ami de vous prêter son livre.
Prête-le-moi, s'il te plaît.

1. Dites à un ami de vous donner la réponse.
2. Dites à votre mère de ne pas vous regarder comme ça.
3. Dites à Monsieur Bouchard de venir vous voir demain.
4. Dites au professeur de vous rendre votre examen dès que possible.
5. Dites à votre chien de vous donner sa patte.
6. Dites à un camarade de ne pas vous donner la réponse.
7. Dites à vos amis de vous rendre votre cahier.
8. Dites à vos amis de ne pas donner leurs notes à Anik.

9. Dites à un ami de ne pas vous rendre votre auto maintenant.
10. Dites à un ami de ne pas prêter son argent à ses camarades.

D. Donnez une réponse affirmative ou négative aux questions suivantes en employant les pronoms objets directs et indirects.

1. Écrivez-vous cette lettre à vos parents? (Oui, nous . . .)
2. Me parlez-vous?
3. Voulez-vous me donner ce cahier?
4. Comprenez-vous mes questions?
5. Est-ce que ce monsieur vous regarde?
6. Est-ce que vos parents vous croient?
7. Pouvez-vous m'aider à comprendre cette leçon?
8. Allez-vous me lire votre réponse?
9. Voulez-vous me montrer vos notes?
10. Pouvez-vous donner cette place à ma mère?

E. Formulez les questions qui correspondent aux réponses ci-dessous.

> MODÈLE: Oui, je les leur offre.
> Les leur offres-tu?

1. Oui, je la lui offre.
2. Oui, je le lui donne.
3. Oui, il le lui prête.
4. Oui, elles les lui prêtent.
5. Non, nous ne les leur montrons pas.
6. Non, je ne veux pas vous le prêter.
7. Non, je ne peux pas vous l'offrir.
8. Non, il ne le lui raconte pas.

F. Donnez la forme interro-négative pour les réponses ci-dessous, selon le modèle.

> MODÈLE: Si, je les leur offre.
> Ne les leur offrez-vous pas?

1. Si, je la lui offre.
2. Si, je le lui donne.
3. Si, elle les lui prête.
4. Si, nous vous les montrons.
5. Si, nous vous les prêterons.
6. Si, nous allons le lui dire.
7. Si, vous pouvez me la raconter.
8. Si, tu dois le leur rendre maintenant.
9. Si, je le leur ai donné.
10. Si, il le leur a dit.

Les adjectifs possessifs

OBSERVEZ   Je suis tout à fait mécontent d'avoir perdu **ma** situation.

M. Sureau était dans **son** droit.

Mon service n'avait aucun rapport avec la direction.

M. Jacob sort de derrière **sa** demi-cloison.

Je détestais les circonstances qui me faisaient sortir de **mes** fonctions et de **mes** habitudes.

Graduellement, je sentis que **mon** esprit acquiesçait.

Notre travail est moins facile que **votre** travail.

Leurs affaires sont compliquées.

Leur patron est un homme difficile.

Mets **tes** papiers dans **ton** sac.

ANALYSE   L'adjectif possessif marque la possession et *s'accorde avec le nom* et *non pas avec la personne* qui possède l'objet.

TABLEAU DES ADJECTIFS POSSESSIFS

Un seul possesseur		Plusieurs possesseurs	
Un seul objet	*Plusieurs objets*	*Un seul objet*	*Plusieurs objets*
mon père *(m.)* **ma** mère *(f.)* **mon** ami(e)[3] *(m. ou f.)*	**mes** parents **mes** ami(e)s	**notre** mère **notre** père **notre** ami(e)	**nos** parents **nos** ami(e)s
ton livre *(m.)* **ta** table *(f.)* **ton** histoire[3] *(f.)*	**tes** livres **tes** tables **tes** histoires	**votre** livre **votre** table **votre** histoire	**vos** livres **vos** tables **vos** histoires
son livre *(m.)* **sa** robe *(f.)* **son** idée[3] *(f.)*	**ses** livres **ses** robes **ses** idées	**leur** livre **leur** robe **leur** idée	**leurs** livres **leurs** robes **leurs** idées

Exercices

A.   Transformez les paragraphes suivants selon le modèle.

MODÈLE: *le patron de Salavin*
son patron

1. *Les affaires de Salavin* vont mal. *La situation de Salavin* est douce, *le travail de Salavin* est facile, mais *le patron de Salavin* est un homme distant et froid.

---

[3]Devant un nom féminin commençant par une voyelle, on emploie les formes masculines de l'adjectif possessif: **mon** amie, **ton** idée, **son** histoire.

Un jour Salavin entre dans l'antichambre de son chef. Dans _l'antichambre de son chef_ se trouve un domestique qui le pousse dans le bureau du chef. Pendant qu'il est dans _le bureau de son chef, la main de Salavin_ éprouve le besoin de toucher l'oreille de son chef. _L'oreille de son chef_ lui semble interdit et imaginaire. Pour se prouver le contraire, il pose _le geste de Salavin_ et ainsi perd-il _l'emploi de Salavin. L'histoire de Salavin_ est tout à fait bizarre.

2. _Les employés de M. Socque et M. Sureau_ sont ordinaires. _Les affaires de M. Socque et M. Sureau_ vont assez bien. _La maison de Socque et Sureau_ est prospère et vigoureuse. Sureau ne voit pas souvent _les deux mille employés de la maison. Le temps de Sureau_ est trop précieux.

B. Vous parlez à un camarade qui compte vous rendre visite en hiver. Dites-lui ce qu'il faut apporter.

EXEMPLE: Il faut apporter _ton_ chapeau et _tes_ skis.

C. Vous écrivez une lettre à un(e) correspondant(e) français(e) dont vous n'avez jamais fait la connaissance. Décrivez-lui votre famille, votre ville et vos amis. Employez autant d'adjectifs possessifs que possible.

D. Vous et votre camarade de chambre ont décidé de louer un appartement ensemble. En employant autant d'adjectifs possessifs que possible, énumérez les objets et les affaires que vous devez transporter dans le nouvel appartement.

EXEMPLE: Nous devons prendre _nos_ livres et _notre_ divan.

Conversation/Petit écrit

A. Préparez oralement les questions suivantes pour discuter en classe.

B. Préparez par écrit une des questions suivantes.

1. Quel est le but de l'éducation dans la vie d'une personne? Qu'apprend-on à la maison? Qu'apprend-on à l'école? Pourquoi êtes-vous à l'université?
2. Quelles études développent la mémoire? Quelles activités développent la créativité? Que peut-on faire pour encourager la créativité chez les enfants? Quel est le rôle de la mémoire dans le développement de l'esprit?
3. Comparez les études techniques ou la formation professionnelle à l'étude des arts libéraux. Pensez-vous que c'est à l'université qu'il faut faire des études techniques? L'étude des arts libéraux est-elle nécessaire à l'épanouissement de l'individu? Comment?

4. Comparez l'éducation scolaire à l'expérience que l'on acquiert en dehors de l'école. Est-il possible d'intégrer les deux? Comment? Dans quels domaines l'étude est-elle plus importante?

5. Quelle est l'importance des beaux arts (la danse, la musique, les arts plastiques: la sculpture, l'architecture, le dessin, la peinture) dans un programme d'études?

6. Faites la description d'un travail idéal. Qu'est-ce qu'il vous faut dans un travail? Selon vous, quelle est l'importance du travail dans la vie?

7. Parlez de votre vie d'étudiant en ce qui concerne le travail. Comment organisez-vous votre temps? Êtes-vous discipliné? À quelle heure vous levez-vous? Comment préparez-vous vos devoirs, vos recherches? Où travaillez-vous? à la bibliothèque, chez vos parents, dans votre chambre, dans la chambre d'un ami? Écoutez-vous la radio en travaillant? Vous faut-il du silence? Jusqu'à quelle heure travaillez-vous? Combien d'heures par nuit dormez-vous? À quelle heure vous couchez-vous?

Étude du lexique

1. **lancer**   jeter, engager *(fig.)*

   Il a lancé la balle.
   Il a lancé un projet bien audacieux.

2. **un entretien**   une conversation, une discussion

   Demain matin, j'ai un entretien avec le chef de l'établissement.

3. **se tromper**   commettre une erreur, avoir tort

   Je me suis trompé d'autobus, de route, d'adresse.

4. **du premier coup**   la première fois

   Quelle chance! Il a réussi du premier coup.

5. **un état**   une manière d'être

   Elle est dans un état d'anxiété, d'inquiétude, d'indifférence.

6. **une affiche**   un poster

   Nous allons mettre des affiches sur les murs des salles de classe.

7. **fournir**   donner

   L'agent te fournira tous les renseignements nécessaires.

8. **se vanter**   exagérer ses mérites

   Il se vante de ses connaissances.

9. **avoir confiance en**   se fier à

   C'est un bon ami; j'ai confiance en lui.

10. **s'apercevoir de quelque chose**   se rendre compte de, découvrir, comprendre

   Je me suis aperçu de leur petit jeu.

11. **avouer**   reconnaître pour vrai

   Je me suis trompé, j'avoue mon erreur.

12. **il vaut mieux**   il est préférable

   Il vaut mieux ne pas se vanter.

13. **à vélo**   à bicyclette

   Il a fait le tour de la France à vélo.

14. **déchiffrer**   arriver à comprendre, décoder

   Je n'arrive pas à déchiffrer son écriture.

15. **avoir tendance à**   avoir une prédisposition à

   J'ai plutôt tendance à grossir qu'à maigrir.

16. **une société**   une entreprise commerciale

   Lorsqu'on travaille pour une société, on a souvent des avantages supplémentaires.

17. **se renseigner**   obtenir des informations

   Renseignez-vous bien avant de former vos opinions.

18. **mettre au point**   préciser, travailler en perfectionnant, polir

   Ce projet demande d'être mis au point.
   Je ne peux pas sortir; je suis en train de mettre au point mon essai.

Dans le texte suivant, repérez les mots du lexique que vous venez d'apprendre.

Vendez-vous! Informations pratiques pour ceux qui cherchent un travail

Sophie Osgun

Soyons honnête: ce n'est pas facile. Mais il n'y a pas à paniquer **pour autant.** Simplicité, naturel, imagination, sont la clé de la réussite.   pour cela

Vous avez un diplôme superbe et généreux. . . . Tous les espoirs vous sont permis. Mais comment réussir victorieusement le **parcours** d'ob-   circuit, itinéraire
5 stacles qui mène à la première **embauche** dans un monde où l'on vous   le fait d'être employé

Extrait du magazine *Le Monde de l'Education,* juillet-août 1983.

rabâche en non-stop qu'il faut de l'expérience (. . .) qu'un jeune n'a aucune chance, et autres refrains de la **désespérance?** . . . — répète / désespoir

Votre plan de **campagne** doit porter sur quatre terrains. — activité

Le curriculum vitae
résumé de sa vie professionnelle

Précaution d'emploi: ne vous trompez pas (. . .). Le but du curriculum
10 vitae (C.V.) n'est pas de **dénicher** un job du premier coup (il ne faut pas rêver) mais d'obtenir un entretien, détour obligatoire avant d'avoir le feu vert pour [avoir accès aux] passages protégés d'un bureau. Conclusion: le C.V. est votre ambassadeur et il doit donner envie de **lier connaissance** avec vous. Quant à vous, vous devez vous lancer dans sa
15 **rédaction** comme dans une campagne de publicité. — *découvrir, trouver / faire connaissance / composition*

Et comment sont les meilleures **pubs?** Courtes et **percutantes. Dès lors,** la première règle d'or s'impose: faire court, sans **délayage** et avec originalité. Finalement, un C.V., c'est d'abord un état d'esprit. (. . .) Votre C.V. doit obligatoirement **afficher** les deux éléments **accro-**
20 **cheurs:** — *publicités / frappantes / à partir de ce moment / verbiage / annoncer / captivants*

1. *Votre profil,* c'est-à-dire vos diplômes. Mais attention, ne soyez pas ridicule en en faisant trop. Si vous venez en ligne directe de Polytechnique ou d'un doctorat, inutile de préciser qu'auparavant vous avez obtenu le C.E.P.,[1] le B.E.P.C.,[2] le **bac,** etc. (. . .) — *baccalauréat*

25 2. *Vos résultats,* c'est en quelque sorte un **bilan** de vos activités. Dans n'importe quel domaine intéressant. Si vous avez été héros départemental d'**aviron** ou si vous avez passé un ou deux étés aux États-Unis (même à la **plonge**), ça **dévoile** des aspects de votre personnalité. L'important est de fournir des éléments pour vous faire connaître et donner
30 envie de **faire un brin de causette** avec vous. (. . .) — *liste / sport du canotage / as a dishwasher / révèle / causer*

Voici, selon le *Guide du curriculum vitae,* d'Alain Baden (Fleurus), les six commandements du *marathon-man* de l'embauche.

- Sachez vous vendre sans vous vanter. (. . .)
- Ne vous diminuez pas et ne **pleurnichez** pas. La sous-estimation
35 n'est pas un signe d'équilibre. — *se plaindre comme un enfant*
- Offrez vos services, mais ne **mendiez** pas un emploi. Vous devez donner l'impression que vous avez confiance en vous. — *solliciter humblement*
- Comprenez ce qu'attend votre futur employeur. Pas pour jouer au **lèche-bottes** mais pour parler le même langage que lui. — *flatteur*
40 - Oubliez ce qui vous **nuit** ou qui peut **ternir** votre image. (. . .) — *fait du mal / rendre moins brillant*
- Ne laissez pas de vide dans votre C.V.: rien ne semble plus bizarre que de s'apercevoir que, entre 1980 et 1982, vous vous êtes absenté du monde des vivants. Service militaire? Tentative de créa-

[1] C.E.P. - Certificat d'Études Primaires

[2] B.E.P.C. - Brévet d'Études du Premier Cycle (avant 1959)

45 tion d'entreprise? Tour du monde en solitaire et à vélo? Mieux vaut avouer que cacher.

La lettre d'accompagnement

Le plus souvent, cette lettre, dans les grandes entreprises, sert à une étude **graphologique.**[3] (. . .) Alors soyez prudent et adaptez-vous à votre future société. Si vous **postulez** auprès d'une banque ou d'une bonne vieille société bien de chez nous, conservatrice **à souhait,** restez
50 classique. Si c'est dans une boîte de pub, où votre créativité jouera le premier rôle, soyez moins strict. (. . .)
Pas d'écriture qui descend en diagonale (sous-estimation de la personnalité) ni qui monte avec agressivité (surestimation de la même chose) (. . .).
55 (. . .) Le niveau général de l'écriture donne le niveau de notre éducation intellectuelle. Il permet de déchiffrer notre vie sociale et notre vie relationnelle, comme par exemple dynamisme, vitalité, capacité de réalisation ou, au contraire, tendance à **virer au mollasson.**

de l'écriture
sollicitez un emploi
autant que désiré

devenir une personne apathique

Les tests

Ils **font** encore **fureur** chez les chasseurs de têtes et ils **sèment** stress
60 et angoisse chez les chassés. . . .
En gros, il y a deux familles:
• *Les tests d'efficience:* ils sont destinés à savoir comment vous mettez **en œuvre** vos aptitudes et votre logique. (. . .) On va vous mettre en compétition avec le facteur temps. Double but: voir si vous cédez à
65 la panique et perdez ainsi du temps supplémentaire, et surtout comment vous allez mobiliser à la fois la rapidité et la précision qui sont en vous.
• *Les tests de personnalité:* (. . .) intéressant, dit-on, pour connaître la structure d'une personnalité et, au-delà, pour essayer de percevoir
70 votre compétence pour le job offert. En gros, apprenez que les couleurs que vous **direz remarquer** sont l'expression de votre **affectivité,** tandis que les formes sont celles de votre composante intellectuelle.

excitent des passions / répandent

en pratique

indiquerez / sensibilité

L'entretien

(. . .) Vous avez *le* rendez-vous. Comment vous y présenter?
D'abord, sans improvisation. Renseignez-vous quand même un peu
75 sur votre future société (. . .) et tentez de mettre au point pourquoi, plus qu'un autre, vous êtes fait pour ce job. (. . .)
• Enfin, n'oubliez pas que le jean peut traumatiser votre futur chef,

[3]En France, les lettres écrites à la main sont acceptables, même dans les affaires.

comme (. . .) le **noeud papillon.** Moralité: soyez brillant dans la so- | cravate en forme de
briété. Et **rabâchez-vous,** jusqu'à en être convaincu, que c'est vous le | papillon / répétez-vous
80 plus beau et le plus capable. Vous ne mendiez pas un job, vous pro-
posez des services. **Nuance.** | (il y a une) différence

Intelligence du texte

Préparez les questions suivantes oralement.

1. Quels sont les quatre éléments que vous devez prendre en compte dans la recherche d'un travail?
2. Selon l'auteur, quels sont le but, le rôle et les éléments essentiels du C.V.?
3. Comment devez-vous en entreprendre la rédaction?
4. Quels sont les conseils fondamentaux d'Alain Baden en ce qui concerne le C.V.?
5. Pourquoi la lettre d'accompagnement est-elle importante?
6. Que montre une écriture qui descend ou qui monte?
7. Quels sont les deux familles de tests que l'on doit subir?
8. À quoi servent ces tests?
9. Que faut-il faire si l'on est invité à une entrevue?
10. Quelle est l'importance de l'habillement pour une entrevue?

Résumé

En vous appuyant sur les questions suivantes, faites un résumé du texte «Vendez-vous!»

Quel est le but principal du texte? Quels sont les conseils proposés par l'auteur pour mener à bien cette recherche? Quelles sont les erreurs à éviter? Quelle est la succession des éléments dans sa démonstration?

Essai

En vous servant des expressions et du vocabulaire ci-dessous, énoncez les éléments d'un des problèmes suivants, organisez votre énumération des éléments de manière à indiquer une progression et proposez quelques solutions possibles.

1. Faut-il travailler ou ne pas travailler pendant que l'on est étudiant à l'université?
2. Faut-il suivre des cours pratiques ou des cours que l'on aime à l'université?

3. Pendant que l'on est à l'université, faut-il sacrifier ou ne pas sacrifier sa vie affective à son travail?

Vous pourriez aborder la question de manières diverses; voici deux possibilités.

1. ce que dit tout le monde

{ On dit qu'il faut . . . Est-ce réaliste?
Est-il vrai que . . . ?
Tout le monde croit que . . . Est-ce exact? }

2. un exemple particulier

{ (Exposez le problème) Considérons par exemple, le cas de . . .
L'exemple de . . . confirme ce fait.
(Donnez l'exemple) Son cas ne fait qu'illustrer celui des étudiants qui . . . }

Articulations logiques

1	2	3	4
Premièrement En premier lieu Pour commencer	deuxièmement en second lieu	troisièmement en troisième lieu par ailleurs	finalement en dernier lieu pour conclure

La présentation des collections à Paris exige un sens esthétique très développé.

Comment dirais-je?

Les expressions suivantes vous aideront à composer votre essai.

travailler, étudier à plein temps, à mi-temps, à temps partiel

gagner de l'argent, suffisamment d'argent, assez d'argent pour faire quelque chose

chercher un travail, un poste, un emploi, une bonne situation (de vendeur/ vendeuse, de secrétaire, de réceptionniste, de garçon/serveuse dans un restaurant, de garde d'enfants, d'infirmier/infirmière)

s'inscrire à une université, s'inscrire en anglais, en sciences

les différentes matières, une spécialisation, se spécialiser en . . .

suivre un cours de math(s), de science(s), de langue, de littérature

faire des études de médecine, de droit, de commerce

préparer un examen

passer un examen (être présent) = se présenter à un examen

réussir (à) un examen = être reçu à un examen

échouer à un examen = rater un examen, être recalé (à un examen)

recevoir, avoir une bonne, mauvaise note

sécher un cours = ne pas y aller ≠ assister à un cours

avoir un horaire, un emploi du temps (très) chargé

arranger son emploi du temps (de façon à pouvoir faire quelque chose)

avoir, faire des dettes, pouvoir payer ses dettes

avoir, recevoir, obtenir une bourse

faire des économies, économiser de l'argent, surveiller son budget

travailler de nuit, de jour, le week-end, les jours de semaine

interrompre ses études

Activités

1. *Débat.* Divisez la classe en trois équipes dont la première soutiendra l'importance de la responsabilité et de l'indépendance financière d'un étudiant quelle que soit la situation financière de ses parents. La deuxième équipe soutiendra l'importance de bien réussir à l'université dans le but d'obtenir une bonne situation à la fin des études. La troisième équipe essaiera de montrer que les deux points de vue ne sont pas incompatibles.

2. *Débat.* Divisez la classe en deux équipes dont la première affirmera l'importance des cours pratiques pour le choix d'une carrière, tandis que l'autre fera valoir l'importance de l'étude des arts libéraux pour le plein épanouissement de l'individu.

3. *Débat.* Divisez la classe en deux équipes dont la première mettra en valeur le développement intellectuel de l'individu, alors que l'autre fera valoir le développement affectif de l'individu.

4. *Discussion.* Donnez votre opinion sur les conseils de l'article «Vendez-vous!» Est-il possible d'être naturel et en même temps de vous «vendre» comme un produit de publicité?

Mini-théâtre

Il faut deux étudiants pour jouer cette scène. Préparez votre rôle chez vous et soyez prêt à le jouer avec un camarade devant la classe.

Le candidat devrait essayer de se présenter comme la personne idéale pour l'emploi annoncé.

L'employeur, en posant des questions telles que «Pourquoi voulez-vous travailler pour nous?» et «Qu'est-ce que vous pourriez nous offrir?», devrait chercher à découvrir si le candidat est celui qu'il faut engager pour le poste.

Leçon 3

La communication

50

Étude du lexique

1. **gâter** mettre en mauvais état, détruire
    Cette mauvaise nouvelle lui a gâté ses vacances.

2. **des histoires** *(f.)* des ennuis, des plaintes
    Si tu ne veux pas d'histoires, il faut être diplomate.

3. **le patron, la patronne** chef, directeur, employeur
    Le patron m'a donné une augmentation de salaire.

4. **travailleur, travailleuse** *n.,* personne qui travaille; *adj.,* qui aime travailler
    Le bon travailleur accomplit beaucoup.
    Elle est travailleuse.

5. **rendre service à quelqu'un** aider quelqu'un, lui être utile
    Il m'a remercié du service que je lui avais rendu.

6. **une queue** une file de personnes qui attendent
    J'ai fait une heure de queue pour nos billets.

7. **remercier quelqu'un de quelque chose** lui dire merci
    Il faut les remercier par écrit de leur aimable hospitalité.

8. **un avis** une opinion, un point de vue, un jugement
    À mon avis, il vaut mieux ne pas faire d'histoires.

9. **avoir envie de** + *verbe* désirer
    Il n'avait pas envie d'écrire cette lettre de remerciement.

10. **se débrouiller** se tirer d'une situation difficile, s'arranger (seul)
    Tu dois apprendre à te débrouiller tout seul.

11. **déranger** ennuyer, gêner, importuner
    Ne me dérange pas quand je travaille!

12. **un brouillon** une rédaction préliminaire d'un écrit
    J'ai fait quatre brouillons de mon essai avant la rédaction définitive.

13. **dépendre de** reposer sur
    Ma décision dépendra des circonstances et non pas de moi.

14. **claquer** fermer avec violence
    Il est très impoli de claquer la porte.

    une claque un coup, une gifle
    Si les enfants sont désobéissants, il faut leur donner une claque.

15. **une faute** une erreur

Vous avez fait beaucoup de fautes dans votre essai.

La Lettre

Jean-Jacques Sempé et René Goscinny

Jean-Jacques Sempé, né à Bordeaux en 1932, fait des dessins humoristiques pour Paris-Match, Punch et L'Express et a créé plusieurs albums. En 1954, il s'est allié avec son ami René Goscinny, pour créer le petit Nicolas, enfant vif et malicieux qui continue à rendre joyeux aussi bien les adultes que les enfants. Joachim a des ennuis fait partie de la série sur le petit Nicolas. «La Lettre», premier chapitre de ce texte, révèle de façon comique les difficultés de la communication écrite en français pour un enfant aussi bien que pour un adulte. En lisant ce texte, comparez la perspective de l'enfant avec celle de ses parents. Plusieurs des dessins humoristiques paraissent dans ce volume.

René Goscinny, né à Paris en 1926, est surtout connu comme le père d'Astérix le Gaulois qu'il a créé pour le journal Pilote avec la collaboration du dessinateur Uderzo. Astérix est devenu en peu de temps un classique de la bande dessinée. À la mort de son auteur en 1977, il y avait plus de vingt volumes.

Je suis **drôlement** inquiet pour Papa, parce qu'il n'a plus de mémoire du tout.
extrêmement

L'autre soir, le **facteur** est venu apporter un grand paquet pour moi (. . .) et c'est toujours des cadeaux que m'envoie Mémé, qui est la ma-
celui qui distribue les lettres
5 man de ma Maman, (. . .) [mais le paquet était] de M. Moucheboume, qui est le patron de Papa. C'était un **jeu de l'oie**—j'en ai déjà un—et il y avait une lettre dedans pour moi:
un jeu de hasard pour enfants

«À mon cher petit Nicolas, qui a un papa si travailleur. Roger Moucheboume.»

10 —En voilà une idée! a dit Maman.

—C'est parce que l'autre jour, je lui ai rendu un service personnel, a expliqué Papa. Je suis allé faire la queue à la gare, pour lui prendre des places pour partir en voyage. (. . .)

—Une augmentation aurait été une idée encore plus charmante, a
15 dit Maman.

—Bravo, bravo! a dit Papa. Voilà le genre de remarques à faire devant le petit. (. . .) Et puis après il m'a dit que je devrais remercier M. Moucheboume par téléphone.

Extrait de Jean-Jacques Sempé et René Goscinny, *Joachim a des ennuis* (Folio Junior, © Éditions Denoël, Paris, 1964).

—Non, a dit Maman. Ce qui se fait dans ces cas-là, c'est écrire une
20 petite lettre. (. . .)

—Moi, j'aime mieux téléphoner, j'ai dit. (. . .)

—Toi, m'a dit Papa, on ne t'a pas demandé ton avis. Si on te dit
d'écrire, tu écriras!

Alors là, c'était pas juste! Et j'ai dit que je n'avais pas envie d'écrire.
25 (. . .)

—Tu veux une claque et aller te coucher sans dîner? a crié Papa.

Alors, je me suis mis à pleurer, (. . .) et Maman a dit que si on n'avait
pas un peu de calme, c'est elle qui irait se coucher sans dîner, et qu'on
se débrouillerait sans elle.

30 —Écoute, Nicolas, m'a dit Maman. Si tu es sage et si tu écris cette
lettre sans faire d'histoires, tu pourras prendre deux fois du dessert.
(. . .)

—Bon, a dit Papa. Nous allons faire un brouillon. (. . .) Voyons,
qu'est-ce que tu vas lui dire, à ce vieux Moucheboume?

35 **—Ben,** j'ai dit, **je sais pas.** Je pourrais lui dire que même si j'ai déjà
un jeu de l'oie, je suis très content parce que le sien je vais l'échanger
à l'école avec les copains; il y a Clotaire qui a une voiture bleue **terrible,** et . . .

—Oui, bon, ça va, a dit Papa. Je vois ce que c'est. Voyons . . . Com-
40 ment allons-nous commencer? . . . Cher monsieur . . . Non . . . Cher
monsieur Moucheboume . . . Non, trop familier . . . Mon cher monsieur . . .

—Je pourrais mettre: «Monsieur Moucheboume», j'ai dit.

Papa m'a regardé, et puis il s'est levé et il a crié vers la cuisine: —
45 Chérie! Cher monsieur, Mon cher monsieur, ou Cher monsieur Moucheboume?

—Qu'est-ce qu'il y a? a demandé Maman en sortant de la cuisine.
(. . .)

Papa lui a répété, et Maman a dit qu'elle mettrait «Cher monsieur
50 Moucheboume», mais Papa a dit que (. . .) justement «Cher monsieur
Moucheboume» ça n'allait pas pour un enfant, que ce n'était pas assez
respectueux.

—Si tu as décidé, a demandé Maman, pourquoi me déranges-tu?
J'ai mon dîner à préparer, moi.

55 —Oh! a dit Papa, je te demande pardon de t'avoir dérangée dans tes
occupations. Après tout, il ne s'agit que de mon patron et de ma situation!

—Parce que ta situation dépend de la lettre de Nicolas? a demandé
Maman. En tout cas, on ne fait pas tant d'histoires quand c'est maman
60 qui envoie un cadeau!

bien *(langage parlé)* / je
ne sais pas *(langage
parlé)* [1] / formidable

¹Dans le langage parlé, on omet souvent **ne.**

Alors, ça a été **terrible!** Papa s'est mis à crier, Maman s'est mise à crier, et puis elle est partie dans la cuisine en claquant la porte. —Bon, m'a dit Papa, prends le crayon et écris.

horrible, terrifiant

© Charillon-Paris

Je me suis assis au bureau et Papa a commencé la dictée:

65 —Cher monsieur, virgule, à la ligne . . . C'est avec joie . . . Non, **efface** . . . Attends . . . C'est avec plaisir . . . Oui, c'est ça . . . C'est avec plaisir que j'ai eu la grande surprise . . . Ou non, tiens, il ne faut rien exagérer . . . Laisse la grande surprise . . . La grande surprise de recevoir votre beau cadeau . . . Non . . . Là, tu peux mettre votre merveil-

70 leux cadeau . . . Votre merveilleux cadeau qui m'a fait tant plaisir . . . Ah! non . . . On a déjà mis plaisir . . . Tu effaces plaisir . . . Et puis tu mets Respectueusement . . . Ou plutôt, Mes salutations respectueuses . . . Attends . . .

enlève, fais disparaître

> Respectueusement.
> non! Avec mes respects
> non! Veuillez agréer
> non! ça ne va pas

© Charillon-Paris

Et Papa est allé dans la cuisine, j'ai entendu crier et puis il est revenu

75 tout rouge.

© Charillon-Paris

—Bon, il m'a dit, mets: «Avec mes salutations respectueuses», et puis tu signes. Voilà.

Et Papa a pris mon papier pour le lire, il a ouvert des grands yeux, il a regardé le papier **de nouveau,** il a fait un gros soupir et il a pris un 80 autre papier pour écrire un nouveau brouillon. (...)

> encore une fois

J'ai recopié la lettre de Papa et j'ai dû recommencer plusieurs fois, à cause des fautes. (...) Maman est venue nous dire que **tant pis,** le dîner serait brûlé, et puis j'ai fait l'enveloppe trois fois, (...) et j'ai demandé un timbre à Papa, et Papa a dit «Ah! oui» et il m'a donné un 85 timbre, et j'ai eu deux fois du dessert. Mais Maman ne nous a pas parlé pendant le dîner.

> c'est dommage ≠ tant mieux

Et c'est le lendemain soir que j'ai été drôlement inquiet pour Papa, parce que le téléphone a sonné, Papa est allé répondre et il a dit: — Allô... Oui... Ah! Monsieur Moucheboume!... Bonsoir, monsieur 90 Moucheboume... Oui... Comment?

Alors, Papa a fait une tête tout étonnée et il a dit:

—Une lettre?... Ah! c'est donc pour ça que ce petit **cachottier** de Nicolas m'a demandé un timbre, hier soir!

> celui qui cache des choses insignifiants

Intelligence du texte

1. Pourquoi Nicolas est-il inquiet pour son père?
2. Qui est venu l'autre soir? Qu'est-ce qu'il a apporté?
3. Qui est Mémé? Qui est M. Moucheboume?
4. Qu'est-ce que M. Moucheboume a donné à Nicolas? Pourquoi?
5. Quel est le premier sujet de dispute entre les parents de Nicolas?
6. Pourquoi le père de Nicolas se fâche-t-il contre Nicolas?
7. Comment la mère de Nicolas persuade-t-elle Nicolas d'écrire la lettre de remerciement à M. Moucheboume?

Les lettres ne peuvent jamais remplacer la conversation directe.

8. Que faut-il faire avant d'écrire la lettre définitive?
9. Comment le père sait-il que Nicolas est incapable de composer la lettre de remerciement? Comparez ce que Nicolas voudrait mettre dans la lettre à ce que son père lui dicte.
10. Quel est le deuxième sujet de dispute entre les parents de Nicolas?
11. Pourquoi le père pousse-t-il un grand soupir lorsqu'il regarde le brouillon de Nicolas?
12. Pourquoi Nicolas a-t-il dû recommencer la lettre plusieurs fois?

13. Pourquoi la mère de Nicolas n'a-t-elle pas parlé pendant le dîner?
14. Qui a téléphoné le lendemain soir?
15. Comparez l'honnêteté de Nicolas avec le comportement de son père. Quelles conclusions peut-on tirer de cette comparaison?

Mise en œuvre du vocabulaire

Remplacez les mots en italique par une expression équivalente.

1. Il faut refaire _cette rédaction préliminaire;_ il y a trop _d'erreurs._
2. Si tu commences à _causer des ennuis,_ tu ne seras pas invité la prochaine fois.
3. «Est-ce que je vous _gêne?_» dit-il _au directeur._
4. Voter, c'est facile; _il est question_ de donner _son opinion_ sur les candidats.
5. _Attendre_ longtemps _m'ennuie_ beaucoup.
6. Je _ne veux pas_ y aller; _arrange-toi_ sans moi.
7. Tu as tout _détruit_ avec ta méchanceté!
8. Je voudrais _lui dire merci de m'avoir aidé._
9. Votre succès _repose sur_ vous; il faut _aimer travailler._
10. En quittant le bureau _du chef,_ il _a fermé_ la porte _avec violence._
11. Il a donné _une gifle_ à cet enfant vif et malicieux.
12. Il n'y a rien de plus beau que de _rendre joyeux_ un autre être.

Exercice supplémentaire

Le petit Nicolas a reçu un jeu de l'oie de Monsieur Moucheboume; c'est un jeu de hasard pour enfants où chaque joueur fait avancer un pion, en forme d'oie, selon le coup de dés, sur un tableau formé de cases numérotées où des oies sont figurées toutes les quatre ou cinq cases. Le but du jeu est d'arriver le premier à la case 63, au «jardin de l'oie». Jouez au jeu de l'oie avec deux ou trois camarades de classe[2] et vous vous familiariserez avec un jeu connu de tous les Français. C'est aussi une bonne occasion de réviser les numéros.

Le jeu de l'oie a été inventé au XVIe siècle en Italie. Toute l'Europe y a joué jusqu'au XIXe siècle sous les formes les plus variées: scènes historiques, géographie, personnages de contes. . . et il est encore à la mode aujourd'hui en France.

[2]Il va vous falloir un dé et des jetons pour marquer vos places sur le tableau.

LE JEU DE L'OIE

Le but du jeu est d'arriver le premier au "jardin de l'oie". C'est un joli parcours avec des surprises agréables mais aussi quelques embûches. Bonne chance!

RÈGLE DU JEU

● Les joueurs choisissent chacun une oie. Ils lancent le dé. Celui qui obtient le plus grand nombre commence.

● Il lance à nouveau le dé et avance son oie du nombre de cases indiqué.

● Puis c'est au tour du joueur suivant qui joue de la même façon.

● La partie se déroule ainsi, et les joueurs se conforment aux indications des cases "spéciales" sur lesquelles ils s'arrêtent:
 – Cases "oies" (sauf n° 1): avancez à nouveau du nombre de cases que vous venez de parcourir.
 – Case 6 "le pont": rendez-vous à la case 12.

- **Case 15 "mauvaise rencontre"**: reculez à la case 10.
- **Case 19 "l'hôtel"**: vous y passez la nuit, ne jouez pas au prochain tour.
- **Case 26 "les dés"**: si vous arrivez sur cette case grâce à un 6 ou un 3, rejouez.
- **Case 31 "le puits"**: seul un 6 vous permettra d'en sortir.
- **Case 39 "la chute"**: vous avez glissé, reculez de 6 cases.
- **Case 42 "le labyrinthe"**: retournez à la case 30.
- **Case 52 "la prison"**: passez 2 tours.
- **Case 53 "les dés"**: si vous arrivez sur cette case grâce à un 5 ou un 4, rejouez.
- **Case 58 "la mort"**: retournez au départ.
- Le joueur rejoint par un autre doit aller prendre la place que celui-ci occupait.

L'ARRIVÉE

- Pour entrer dans le jardin de l'oie, case 63, il faut obtenir au dé le nombre exact de points correspondant aux cases à parcourir. S'il y en a plus, le joueur recule d'autant de cases. S'il s'arrête sur une case "oie", il recule encore du nombre de cases déjà parcourues, et se conforme aux indications des cases où il se trouve.
- Le joueur qui, le premier, parvient à la case 63, a gagné.

GRAMMAIRE

L'emploi et la formation du passé composé et sa négation

OBSERVEZ   L'autre soir, le facteur *est venu* avec un paquet.
J'*ai travaillé* dix ans pour ton éducation!
On *ne* t'*a pas demandé* ton avis!
Il *a pris* un papier et un stylo, il m'*a regardé* et il m'*a demandé* d'écrire la lettre.
Je *me suis assis* au bureau et Papa *a commencé* la dictée.
Maman *ne* nous *a pas parlé* pendant le dîner.

ANALYSE   Le *passé composé,* ou passé indéfini, indique un fait accompli à un moment déterminé ou indéterminé du passé et que l'on estime comme étant en contact avec le présent. On envisage *l'aspect ponctuel* ou *le résultat final* de l'action.

Le *passé composé* se forme avec le présent du verbe auxiliaire **avoir** ou **être** et le participe passé. Les 18 verbes dans le tableau à la page 62, aussi bien que les verbes pronominaux, se conjuguent avec **être**. Les verbes entre parenthèses dans ce tableau se conjuguent avec **être** quand ils sont intransitifs (sans objet direct) et avec **avoir** quant ils sont transitifs (avec un objet direct).

ATTENTION!   Pour les verbes qui se conjuguent avec **avoir** on fait l'accord entre le participe passé et l'objet direct si l'objet direct précède le verbe:

EXEMPLES: **la** lettre que j'ai écrit**e**
les paquets qu'elle a envoyé**s**
les filles qu'il a vu**es**

LES PARTICIPES PASSÉS

1. Pour tous les verbes en **-er** (**danser, aller,** etc.), le participe passé est en **-é** (**dansé, allé,** etc.).
2. Pour *les verbes réguliers* en **-ir** (**choisir, sortir, dormir,** etc.), le participe passé est en **-i** (**choisi, sorti, dormi,** etc.).
3. Pour *les verbes réguliers* en **-re** (**rendre, attendre, entendre,** etc.), le participe passé est en **-u** (**vendu, attendu, entendu,** etc.).

LES PARTICIPES PASSÉS IRRÉGULIERS

En -u

avoir	eu	parvenir	parvenu
battre	battu	plaire	plu
boire	bu	pleuvoir	plu
combattre	combattu	pouvoir	pu
contenir	contenu	recevoir	reçu
convaincre	convaincu	savoir	su
croire	cru	survivre	survécu
déplaire	déplu	tenir	tenu
devenir	devenu	vaincre	vaincu
devoir	dû	valoir	valu
falloir	fallu	venir	venu
lire	lu	vivre	vécu
maintenir	maintenu	vouloir	voulu

En -i

rire	ri
sourire	souri
suffire	suffi
suivre	suivi

En -is

admettre	admis	conquérir	conquis
apprendre	appris	éprendre	épris
asseoir	assis	mettre	mis
comprendre	compris	prendre	pris
compromettre	compromis	promettre	promis

En -it

conduire	conduit
dire	dit
écrire	écrit
inscrire	inscrit
produire	produit
traduire	traduit

En -int

atteindre	atteint	peindre	peint
craindre	craint	plaindre	plaint
éteindre	éteint	rejoindre	rejoint
feindre	feint	teindre	teint
joindre	joint		

En -ert

couvrir	couvert
découvrir	découvert
offrir	offert
ouvrir	ouvert
recouvrir	recouvert
souffrir	souffert

Divers

distraire	distrait
être	été
faire	fait
mourir	mort
naître	né

TABLEAU DES VERBES CONJUGUÉS AVEC ÊTRE

aller	Je **suis allé(e)** faire la queue à la gare.
apparaître	Il **est apparu** à minuit.
arriver	Maman **est arrivée** en courant.
(descendre)	Nous **sommes descendu(e)s** à 19 heures.
devenir	Il **est devenu** riche.
entrer	Tu **es entré(e)** en criant.
(monter)	**Es-tu monté(e)** dans ma chambre?
mourir	Les fleurs **sont mortes** hier soir.
naître	Ce matin, un enfant **est né.**
partir	Maman **est partie** dans la cuisine.
(passer)	Je **suis passé(e)** vous voir.
(rentrer)	**N'êtes-vous pas rentré(e)(s)** avant minuit?
rester	Elle **n'est pas restée** très longtemps.
retourner	Ils **ne sont jamais retournés** en France.
revenir	Papa est allé dans la cuisine, et il **est revenu** tout rouge.
(sortir)	**Es-tu sorti(e)** voir le beau coucher du soleil?
tomber	Tout **est tombé** de l'armoire.
venir	L'autre soir, le facteur **est venu** apporter un paquet.

REMARQUES:

1. Le participe passé des verbes conjugués avec **être** fait fonction d'adjectif et ainsi s'accorde avec le sujet de la phrase. Il y a, pourtant, des règles spéciales pour les verbes pronominaux (voir Leçon 7).

2. Pour tous les temps composés, à la forme négative, **ne** se place devant l'auxiliaire, **pas, plus, jamais,** etc. après: *Elle n'est jamais allée en Gaspésie.* À la forme interro-négative, **ne. . . pas** se place autour de l'auxiliaire suivi de son sujet: *N'êtes-vous pas allé avec eux?*

3. Les verbes de la liste qui sont placés entre parenthèses (**descendre, monter, passer, rentrer, sortir**) sont conjugués avec **avoir** quand ils ont *un objet direct.*

EXEMPLES: Samedi soir, j'**ai** sorti **ma Renault.**
                              obj. dir.
            J'**ai** monté et j'**ai** descendu **l'avenue principale.**
                                           obj. dir.
            J'**ai** passé **de belles femmes.**
                         obj. dir.
            J'**ai** rentré **ma voiture** vers minuit.
                         obj. dir.

Exercices

A.   Imaginez que vous (A) parlez au téléphone avec un ami (B) que vous n'avez pas vu depuis quelques mois. Formez des questions et des réponses avec les éléments donnés, selon le modèle.

MODÈLE: A: Où / passer / tu / vacances / l'été dernier?
                 Où as-tu passé tes vacances l'été dernier?

          B: Je / aller / plage.
                 Je suis allé à la plage.

1. A: Qu'est-ce que / tu / faire / à Noël?
   B: Je / rendre visite à / mes amis / en France.

2. B: Et où / passer / tu / les vacances de Noël?
   A: Je / aller / montagne.

3. B: Faire / tu / du ski?
   A: Oui, je / faire / du ski alpin et du ski nordique.

4. A: Quand / rentrer / tu / à l'université?
   B: Je / rentrer / le 15 janvier.

5. A: Quels cours / suivre / tu / le semestre dernier?
   B: Je / suivre / des cours de langue et de littérature.

6. A: Revoir / tu / tous tes amis?
   B: Oui, je / les / revoir / à la rentrée.

7. A: Écrire / tu / une lettre de remerciement / à tes amis en France?
   B: Oui, je / la / leur / écrire / tout de suite.

8. B: Ne pas / me / écrire / tu / une carte postale?
   A: Si, ne pas / la / recevoir / tu?

9. A: Je / ne rien / recevoir.
   B: Pourtant, je / la / mettre / à la poste / moi-même!

B. Votre professeur vous décrit un voyage que vous allez faire ensemble. Lisez sa description. Ensuite, imaginez que vous avez déjà fait le voyage et que vous le décrivez à vos parents.

L'avion *atterrit* à Montréal. Nous *récupérons* nos bagages et nous *prenons* l'autobus tout de suite. L'autobus *s'arrête* à Québec vers 13 h et nous *descendons* pour nous reposer. Nous *dînons* dans un restaurant typiquement québécois où l'on *sert* un civet de lièvre. Nous *nous promenons* un petit peu et ensuite nous *remontons* dans l'autobus pour le voyage à Chicoutimi. Quand nous

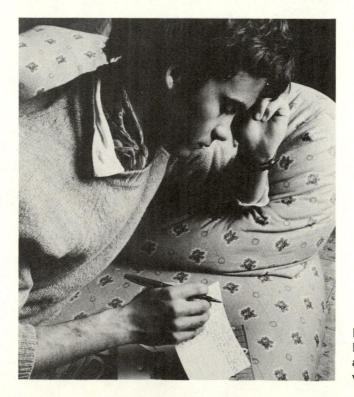

Les Français ecrivent beaucoup de cartes postales quand ils sont en vacances.

arrivons là-bas, nous *faisons* la connaissance des animateurs du programme pour non-francophones. Ils *font* une petite présentation et ensuite nous *amènent* dans les familles qui nous *accueillent* avec chaleur. Chaque étudiant *est logé* avec une famille québécoise afin de parler français tout le temps. Nous *prenons* le souper en famille et puis, nous *revenons* à l'Université du Québec pour le spectacle du soir. Après le spectacle, on *va* en ville au café. Là, on *peut* faire la connaissance des étudiants venant d'autres provinces du Canada et des États-Unis. Nous *rentrons* très fatigués et tout le monde *dort* bien.

Le lendemain matin, il y *a* un test de classement. Ainsi, chacun *est* sûr de suivre le cours à son niveau de compétence. Après le dîner, on *a* l'occasion de choisir les activités sportives et culturelles offertes. Les cours *commencent* le lendemain. On *rentre* trois semaines plus tard, complètement transformés par l'expérience.

C. Tu t'intéresses beaucoup aux activités de ton ami(e) pendant son voyage récent en Europe. Posez-lui des questions qui correspondent aux réponses suivantes. Une réponse qui commence avec **si** demande la forme interro-négative. Inventez une question originale si la réponse commence avec **non**.

> MODÈLES: Si, je les ai vus.
> Ne les as-tu pas vus?
>
> Non, j'ai pris le train.
> As-tu pris l'autocar?

1. Oui, je suis arrivé à Londres.
2. Oui, j'ai pris l'aéroglisseur pour traverser la Manche.
3. Si, j'ai eu le mal de mer.
4. Si, j'ai mangé un croque-monsieur.
5. Oui, j'ai débarqué à Calais.
6. Non, j'ai pris le train à Paris.
7. Non, je suis descendu chez une amie.
8. Oui, j'ai visité le Louvre.
9. Non, nous avons dîné chez des amis.
10. Non, nous sommes allés voir un spectacle à l'Olympia.
11. Oui, je lui ai rendu visite. (René)
12. Si, je les ai vus pendant le week-end. (les Pelletier)

D. Votre ami est curieux de savoir comment vous avez passé le week-end. Répondez-lui en employant les pronoms d'objet direct et indirect selon le cas. N'oubliez pas de faire l'accord entre le participe passé et l'objet direct.

E. Inventez un week-end idéal que vous rêvez de passer.

F. Inventez un mauvais week-end. Qu'est-ce qui est arrivé?

L'emploi et la formation de l'imparfait

1. OBSERVEZ Il **faisait** gris ce jour-là et la pluie **tombait.**

ANALYSE On emploie l'imparfait pour *décrire,* dans le passé, une situation passée, un personnage ou un objet.

2. OBSERVEZ Papa **était** très content parce que le paquet n'**était** pas de Mémé, mais de M. Moucheboume, le patron de Papa.

ANALYSE L'imparfait indique *l'état* d'une personne (sentiment, qualité, état d'esprit) dans le passé.

3. OBSERVEZ Quand j'étais petit, je **me levais** très tôt chaque matin.

ANALYSE L'imparfait du deuxième verbe indique *une action répétée au passé.*

4. OBSERVEZ J'ai dit que je n'**avais** pas envie d'écrire et que de toute façon j'**avais** déjà un jeu de l'oie qui **était** très bien.

ANALYSE Quand on rapporte ses propres paroles ou celles d'autrui, on emploie *le discours indirect.* Quand la proposition principale (**j'ai dit que, il pensait que**) est au passé, le discours indirect exprime les faits simultanés par l'imparfait.

5. OBSERVEZ S'il **venait,** nous serions contents.

ANALYSE Quand la proposition conditionnelle exprime un fait futur considéré comme *possible,* on emploie *l'imparfait dans la proposition subordonnée* introduite par **si.**

LA FORMATION DE L'IMPARFAIT

Remplacez la terminaison **-ons** de la l[ère] personne du pluriel du présent par les terminaisons de l'imparfait: **-ais, -ais, -ait, -ions, -iez, -aient.**

Présent de l'indicatif	*Imparfait*
nous **jou**ons	je jou**ais**
nous **finiss**ons	tu finiss**ais**
nous **vend**ons	elle vend**ait**
nous **étudi**ons	nous étudi**ions**
nous avons	vous avi**ez**
nous écrivons	ils écriv**aient**
EXCEPTION: **être**	
nous sommes	nous **étions**

ATTENTION! Notez les changements orthographiques pour maintenir la prononciation des verbes ayant un **g** ou un **c**:

je mang**e**ais, il mang**e**ait, ils mang**e**aient
je pla**ç**ais, elle pla**ç**ait, elles pla**ç**aient
mais:
nous mangions, vous mangiez
nous placions, vous placiez

Exercice

Mettez les verbes entre parenthèses à l'imparfait.

1. Quand je _____ *(être)* petit, je ne _____ *(aimer)* pas écrire des lettres.
2. Lorsque je _____ *(avoir)* quinze ans, je _____ *(étudier)* énormément.
3. Il _____ *(finir)* son travail pendant que nous _____ *(lire)* le journal.
4. Ils _____ *(manger)* pendant que tu _____ *(écrire)* ton essai.
5. Il _____ *(faire)* beau, le soleil _____ *(briller)*, les oiseaux _____ *(chanter)*.
6. Si tu _____ *(vouloir)*, tu pourrais y aller.
7. S'il _____ *(savoir)* ce qui _____ *(se passer)*, il en serait malade.
8. Nous réussirions à l'examen, si nous _____ *(comprendre)* la leçon.
9. Je _____ *(placer)* mes choses bien en ordre pendant que tu _____ *(être)* au lit.
10. Il _____ *(pleuvoir)* ce jour-là, et je _____ *(vouloir)* rester à l'intérieur.

La distinction entre le passé composé et l'imparfait

OBSERVEZ   Quand le téléphone **a sonné**, Nicolas **jouait**.

ANALYSE   Les deux actions ont lieu dans la même période de temps, mais on les envisage sous des aspects différents:

1. le téléphone **a sonné** *(passé composé)*
2. Nicolas **jouait** *(imparfait)*

On considère l'action au passé composé comme *un point,* tandis que l'action à l'imparfait est envisagée comme une action (ou un état) *qui s'étend* sur la ligne du temps et qui n'est pas finie.

RÉSUMÉ

Le passé composé indique un fait ou une action qui est *terminé.* On envisage *l'aspect ponctuel* ou le résultat final du fait ou de l'action. Il peut être représenté par *un point* sur la ligne du temps.

L'imparfait décrit des actions ou des états *en train de se faire dans le passé* sans faire voir nécessairement le début ou la fin de l'action ou de l'état. L'imparfait représente *l'aspect continu* d'une action ou d'un fait. Il peut être représenté par *une durée qui s'étend* sur la ligne du temps.

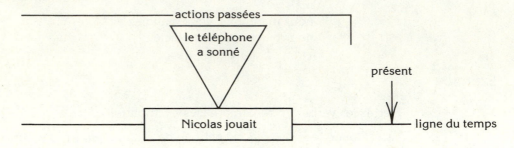

Nicolas a commencé à jouer avant le coup de téléphone et il était en train de jouer au moment même où le téléphone a sonné.

La même relation existe entre les actions des phrases suivantes.

Je lisais quand tu es arrivé.

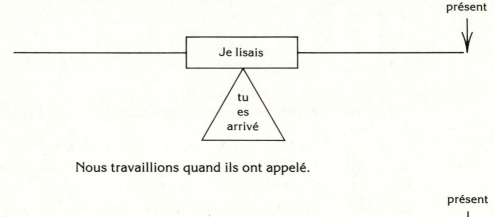

Nous travaillions quand ils ont appelé.

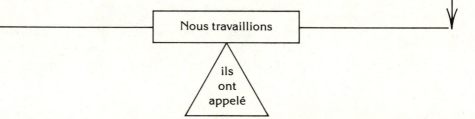

La phrase **J'étudie le français depuis un an** indique une action qui a commencé à un certain moment du passé et qui continue dans le présent (voir

Leçon 1). Lorsqu'on met cette phrase à l'imparfait, on indique une action com- mencée à un certain moment du passé qui continue jusqu'à un autre moment du passé, où une deuxième action se produit. Cette deuxième action s'exprime au passé composé. Comparez:

1. J'**étudie** le français depuis un an.

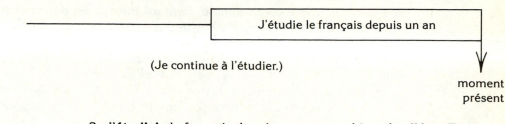

(Je continue à l'étudier.)

moment
présent

2. J'**étudiais** le français depuis un an quand je **suis allé** en France pour la première fois.

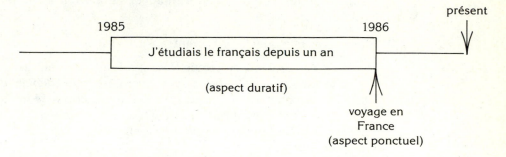

La phrase suivante maintient le même rapport entre l'imparfait et le passé composé.

3. J'**habitais** en France depuis trois ans quand la guerre **a éclaté.**
(J'ai commencé à vivre en France en 1936 et la guerre a éclaté en 1939.)

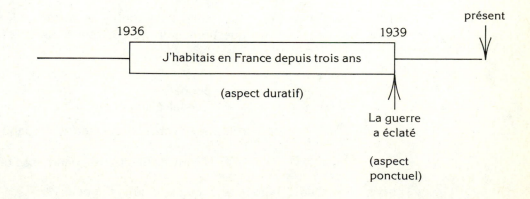

Exercices

A. Vous êtes enfant à l'école primaire. La maîtresse quitte la salle de classe pendant dix minutes. Quand elle revient, c'est le chaos! Décrivez la scène en employant l'imparfait et le passé composé selon le cas.

La maîtresse d'école *quitte* la salle pendant dix minutes. Quand elle *revient,* elle *voit* une scène épouvantable. Bernard *est* debout sur sa chaise, Clotaire *verse* de l'encre par terre, Marc *jette* des avions en papier, mon ami et moi, nous *hurlons* très fort, mais le favori de la maîtresse *lit* et ne *participe* pas au désordre. La maîtresse *est* furieuse et nous *crie* d'arrêter immédiatement. Pendant cette scène, le directeur *entre* et tout le monde *pâlit.* Nous *avons* tous peur du directeur, y compris notre maîtresse. Mais, heureusement, ce jour-là, il n'*a* pas ses lunettes et, par conséquent, *voit* mal. Nous *sommes* donc sauvés.

B. Vous êtes à la maison de compagne d'un bon ami. Il y a cinq autres personnes là. Le téléphone sonne. Décrivez les actions de chaque personne lorsque le téléphone sonne. Employez l'imparfait ou le passé composé selon le cas.

C. Répondez aux questions suivantes.

1. Depuis combien de temps Rose-Marie étudiait-elle le français quand elle est allée au Québec pour la première fois? *(depuis un an)*
2. Depuis combien de temps suivait-elle des cours de langue quand elle a fait la connaissance de Claude? *(depuis six mois)*
3. Depuis combien de temps sortait-elle avec lui quand il est tombé malade? *(depuis deux ans)*
4. Depuis combien de temps habitait-elle à Québec quand il lui a demandé de l'épouser? *(depuis trois ans)*
5. Depuis combien de temps était-elle mariée avec lui quand il est allé chez le spécialiste? *(depuis deux mois)*
6. Depuis combien de temps était-il guéri quand ils ont déménagé à Montréal? *(depuis quelques années)*

D. Xavier est un amant inquiet qui n'a pas confiance en son amie Gilberte; il lui pose toujours des questions. Formez ses questions et les réponses, selon le modèle.

> MODÈLE: XAVIER: Que / faire / tu / quand je / te téléphoner?
> Que faisais-tu quand je t'ai téléphoné?
>
> GILBERTE: Je / écrire / une lettre / quand tu / téléphoner.
> J'écrivais une lettre quand tu as téléphoné.

1. XAVIER: Que / faire / tu / quand / je / t'appeler?
   GILBERTE: Je / composer / un essai / quand tu / appeler.

2. XAVIER: À quoi / penser / tu / quand je / partir?

GILBERTE: Je / penser / à ce que je / aller / préparer pour le dîner / quand tu / partir.

3. XAVIER: Que / faire / tu / quand je / entrer?

GILBERTE: Je / vérifier un rendez-vous sur mon agenda / quand tu / entrer.

4. XAVIER: Avec qui / dîner / tu / quand je / te téléphoner à 20 heures?

GILBERTE: Je / dîner / avec Gatien / quand tu / me téléphoner.

5. XAVIER: Que / lui / dire / tu / quand le téléphone / sonner?

GILBERTE: Quand le téléphone / sonner, / je / lui / dire / que toutes tes questions / m'embêter à la fin!

E. Racontez à un(e) ami(e) une conversation téléphonique que vous avez eue avec un autre copain qui a de gros problèmes.

L'emploi et la formation du plus-que-parfait

1. OBSERVEZ   Il m'a invité à dîner, mais j'**avais** déjà **mangé.**
Le cadeau que M. Moucheboume **avait envoyé** est arrivé ce matin.

hier   ce matin   ce soir

l'envoi   l'arrivée   moment
du cadeau   du cadeau   présent

ligne du temps

ANALYSE   Le plus-que-parfait exprime une action ou un fait qui a eu lieu *avant un autre fait passé.*

2. OBSERVEZ   Papa a demandé ce que nous **avions fait** pendant son absence.

ANALYSE   On emploie le plus-que-parfait dans *le discours indirect au passé* pour indiquer des actions antérieures à (avant) celle de la proposition principale.

3. OBSERVEZ   S'il **avait gelé** hier soir, les rosiers seraient morts.

ANALYSE   Après **si,** conjonction de condition, le plus-que-parfait indique *une hypothèse non réalisée* (irréelle). (Les rosiers ne sont pas morts, parce qu'il n'a pas gelé.)

4. OBSERVEZ   Ah, si seulement tu **avais su** . . .
Ah, si nous **avions su** . . .

ANALYSE   Le plus-que-parfait exprime un regret dans la proposition principale.

LA FORMATION

Le plus-que-parfait se forme de l'imparfait du verbe **avoir** ou **être** + *le participe passé du verbe conjugué.*

j'avais vu	j'étais allé
tu avais vu	tu étais allé
il avait vu	elle était allée
nous avions vu	nous étions allés
vous aviez vu	vous étiez allés
ils avaient vu	elles étaient allées

ATTENTION!   Le participe passé des verbes qui se conjuguent avec **être** s'accorde en nombre et en genre avec le sujet de la phrase; le participe des verbes qui se conjuguent avec **avoir** s'accorde avec l'objet direct seulement si l'objet direct le précède. (Voir Leçon 7 pour les verbes pronominaux.)

Exercices

A. Racontez cette histoire. Mettez les verbes en italique aux temps nécessaires.

Papa *monte* avec moi dans ma chambre et nous *nous mettons* à chercher mon papier à lettres, et tout *tombe* de l'armoire, et Maman *arrive* en courant et elle *demande* ce que nous *sommes* en train de faire.

«Nous *cherchons* le papier à lettres de Nicolas», *crie* Papa. Maman *dit* que le papier à lettres *est* dans le tiroir de la petite table, qu'elle *commence* à en avoir assez et que son dîner *est* prêt.

Je *recopie* la lettre que *j'ai écrite* à cause des fautes. Quand M. Moucheboume *téléphone,* Papa *fait* une tête tout étonnée et il *dit* qu'en effet je lui *ai demandé* un timbre la veille et qu'à présent il *comprend* pourquoi. Il *est* évident qu'il *ne dit pas* la vérité.

B. Complétez la lettre suivante avec la forme correcte des verbes entre parenthèses.

lundi 2 novembre

Mon cher Lucien,

Tous les enfants _____ (être) bien contents samedi, parce qu'il _____ (tomber) un pied de neige. Que nous _____ (avoir) du plaisir! La neige _____ (être) merveilleusement glissante et nous _____ (descendre) la côte en traîneau jusqu'au soir. Gaston _____ (bâtir) un bonhomme de neige et Roland nous _____ (jeter) des boules de neige.

Il y _____ (avoir) un grand souper samedi soir, car c'_____ (être) l'anniversaire de Gilles. M. Ouellette _____ (venir) de Trois-Rivières le fêter avec nous. Maman _____ (préparer) un grand repas car on _____ (attendre) une vingtaine de personnes. M. et Mme Cartier _____ (arriver) avec un grand gâteau sur lequel il y _____ (avoir) 21 petites bougies. Fernand _____ (apporter) deux bouteilles de champagne et nous _____ (danser) jusqu'à minuit. Que je _____ (regretter) ton absence!

Je te _____ (dire) que je _____ (commander) un beau pull pour Gilles, avec des rennes dessus. Je le lui _____ (donner) à minuit, et tout le monde _____ (sortir) au clair de lune qui _____ (faire) briller la neige. Comme il _____ (faire) très froid, nous _____ (rentrer) peu après. Quand les invités _____ (partir), nous _____ (se coucher). Il _____ (être) presque midi quand je _____ (se lever). Heureusement, c' _____ (être) dimanche.

J' _____ (attendre), avec impatience, ton retour la semaine prochaine.

Mireille

Conversation/Petit écrit

A. Avec quelques copains de classe, discutez les questions suivantes.

1. **La sincérité et l'hypocrisie.** Comment le petit Nicolas met-il en relief l'hypocrisie de son père? Pourquoi son père n'ose-t-il pas être sincère avec son patron? Qu'est-ce qui semble préoccuper la mère de Nicolas? Qu'est-ce que Nicolas apprendra par la dispute de ses parents? Quel est le rapport entre l'honnêteté et le mensonge dans cette histoire?

2. **Les cadeaux et les lettres.** Recevez-vous des paquets, des cadeaux, des lettres? De qui? Quels paquets avez-vous reçus dernièrement? Envoyez-vous des lettres, des cadeaux? À qui? À quelles occasions? Qu'allez-vous envoyer à vos parents pour leur anniversaire, pour Noël?

3. **Communication sociale.** Préférez-vous téléphoner ou écrire des lettres? Pourquoi? En quoi est-ce que les communications téléphoniques diffèrent des communications épistolaires? Écrivez-vous un brouillon avant la lettre définitive? En quoi une lettre diffère-t-elle d'un essai? d'un article de journal? Pour quelles occasions est-il préférable

d'écrire une lettre? Souffrez-vous de paresse épistolaire ou entretenez-vous une vaste correspondance?

4. **La vie familiale de votre enfance.** Vos parents se disputaient-ils de temps en temps quand vous étiez petit? Quelles en étaient les raisons? Était-ce pour des raisons financières? Vous disputiez-vous avec vos parents, à cette époque-là? Pour quelles raisons? Comment votre colère se manifestait-elle? Étiez-vous un enfant gâté? Pensez-vous que le fait de donner des cadeaux à un enfant le gâte? Parliez-vous au téléphone à vos grands-parents quand vous étiez petit? Quelles questions vous posaient-ils?

5. **La punition.** Vos parents vous donnaient-ils des claques quand vous étiez petit? Pour quelles raisons? Les méritiez-vous? Approuvez-vous la méthode de donner des claques à un enfant? Votre mère vous a-t-elle jamais privé de dessert quand vous étiez petit? Vous a-t-elle jamais permis de prendre deux fois du dessert?

B. Faites la description d'une dispute réelle ou imaginaire avec vos parents, ou bien faites le portrait d'un frère, d'une sœur ou d'un copain dans son enfance.

Les lettres

À notre époque on écrit de moins en moins; on téléphone surtout. Pourtant il y a beaucoup de circonstances où il est obligatoire de savoir écrire une lettre. Il faut remercier, demander des renseignements, demander un emploi, offrir des vœux, etc. Comme la correspondance française est plus stylisée que la correspondance anglaise et américaine, il est essentiel de savoir comment tourner une lettre en français.

Il faut toujours commencer par un brouillon avant d'écrire la lettre définitive. Il faut du temps et de la réflexion pour formuler les idées. N'oubliez pas que vous écrivez pour un lecteur spécifique. Choisissez avec soin vos phrases, car le mot écrit est chargé d'un sens et d'une importance qu'il n'a pas dans une conversation.

On vous présente ci-dessous des conseils ainsi que quelques lettres modèles sur lesquelles vous pourriez baser votre propre correspondance à l'étranger.

Les formules de politesse

Les formules de politesse ont une importance particulière dans l'en-tête et dans les formules finales.

L'EN-TÊTE

À une personne inconnue, on écrit **Monsieur, Madame, Mademoiselle (Messieurs, Mesdames, Mesdemoiselles** au pluriel) en toutes lettres et avec une majuscule, comme sur l'enveloppe. Évitez les abréviations **M., Mme, Mlle, MM., Mmes, Mlles** que vous pouvez utiliser en vous référant à une autre personne qui ne risque pas de lire la lettre.

EXEMPLE: Comment va M. Martin depuis son opération?

LES FORMULES FINALES

Comme avec l'en-tête, l'usage a force de loi, bien que les formules semblent vides de sincérité et de sens. À ne pas oublier, *répétez toujours,* dans la formule finale, les mots employés dans l'en-tête.

EXEMPLE: Recevez, *Madame,* l'assurance de mes sentiments les meilleurs.

Si vous voulez marquer une déférence, employez la formule suivante:

Veuillez agréer, Monsieur, l'expression de mes sentiments respectueux.

Voici une liste des principales formules que l'on peut employer pour terminer une lettre:

1. **Vous écrivez à quelqu'un que vous ne connaissez pas.**

    Je vous prie d'agréer, Monsieur le Directeur, l'expression de mon profond respect.
    Soyez assuré, Monsieur le Doyen, de ma haute (parfaite) considération.
    Recevez, Monsieur, l'assurance de ma considération (très) distinguée.
    Recevez, Monsieur, mes bien sincères salutations.
    Veuillez croire, Monsieur, à l'assurance de mes sentiments dévoués.
    Veuillez agréer, Madame, mes respectueux hommages.
    Croyez, Madame, à l'expression de mes sentiments les plus respectueux.

2. **Vous écrivez à quelqu'un que vous connaissez.**

    Veuillez agréer, Monsieur et cher collègue, l'assurance de mes sentiments distingués.
    Veuillez accepter, cher Monsieur, l'expression de mes sentiments les plus amicaux.
    Je vous prie d'accepter, Monsieur le Professeur, l'expression de mes sentiments les plus respectueux.
    Croyez, chère Mademoiselle, à l'expression de mes sentiments les meilleurs.
    Croyez, chère Madame, à tous mes meilleurs sentiments.
    Croyez bien, Madame et chère collègue, à mes plus fidèles pensées.

3. **Vous écrivez à un ami ou une amie.**

Croyez, cher Nicolas, à mon amical souvenir.	Bien affectueusement,
Bien amicalement,	À toi,
Toutes mes amitiés,	Je t'embrasse,
Affectueusement,	Bons baisers,
	Bises,

Les différentes sortes de lettres

Voici quelques exemples de lettres que vous aurez peut-être l'occasion d'écrire.

Mettez l'adresse de l'expéditeur en haut à gauche, ensuite la date un peu plus bas à droite. Laissez un interligne entre la date et l'adresse du destinataire. Commencez votre lettre à gauche avec l'en-tête. Laissez un interligne entre l'en-tête et le corps de la lettre.

UNE DEMANDE DE RENSEIGNEMENTS: LES VACANCES À L'ÉTRANGER

Lise Bissonnette
Pavillon De Koninck
Faculté des Lettres
Université Laval
Québec G1K 7P4
Canada

lundi 3 mars 19__

Monsieur Guy Bouchard
Bon Voyage
26, rue d'Odessa
75014 Paris, France

Monsieur,

Je souhaite faire un voyage de deux semaines à Paris du 1er jusqu'au 15 juin.

Auriez-vous l'obligeance de m'indiquer les différentes formules possibles (voyages individuels, voyages en groupe), leurs tarifs, et s'il existe des réductions pour étudiants?

Dans l'attente de votre réponse, je vous prie de croire, Monsieur, à l'assurance de mes sentiments respectueux.

Lise Bissonnette

Lise Bissonnette

UNE DEMANDE DE RENSEIGNEMENTS: ÉTUDIER À L'ÉTRANGER

Marc Tanguay
25 Via Tuscany
Winter Park, Florida 32789
U.S.A.

le 3 mai 19___

Université de Dijon
U. E. R.[1] de Lettres
2, boulevard Gabriel
21000 Dijon, France

Monsieur,

Je suis étudiant en français à Rollins College, en Floride, depuis deux ans. Afin de me perfectionner, j'ai l'intention de m'inscrire dans une université française pour la prochaine année scolaire.

Pourriez-vous m'envoyer le programme des cours ainsi que les formulaires nécessaires à l'inscription?

D'autre part, j'aimerais trouver soit un logement sur le campus, soit un petit appartement près de l'université. Je vous serais très reconnaissant de me faire parvenir en même temps les renseignements utiles à ce sujet.

Je vous remercie par avance.[2]

Marc Tanguay

Marc Tanguay

UNE DEMANDE D'EMPLOI

Monsieur,

Ayant lu l'annonce que vous avez fait paraître dans _Le Monde_ du 30 avril, j'aimerais poser ma candidature au poste de secrétaire que vous offrez.

J'ai vingt et un ans; après des études secondaires, j'ai fait des études

[1]Unité d'Enseignement et de Recherches

[2]Comme ce n'est pas vraiment une lettre formelle, on peut omettre la répétition de l'en-tête.

d'économie à l'Université de Rouen; par ailleurs, je parle et j'écris couramment l'anglais et le français.

J'ai déjà travaillé comme secrétaire pour la section de français à l'université où j'ai fait mes études et ainsi j'ai une certaine expérience dans ce domaine.

Si ma candidature vous intéresse, je vous serais très obligé de me fixer un rendez-vous.

Veuillez agréer, Monsieur, l'expression de mes sentiments distingués.

Ghislain Côté

P. S. Si vous désirez, lors de mon rendez-vous, j'apporterai des lettres de recommandation de mes professeurs et de mon employeur précédent.

Monsieur le Directeur,

Comme suite à l'annonce que vous avez publiée dans *Le Devoir* du 25 avril demandant un employé connaissant l'anglais et le français, je voudrais vous proposer mes services. Après avoir suivi des cours de français et des études commerciales, je suis allé passer six mois à Paris afin de perfectionner ma connaissance de cette langue.

J'ai vingt-deux ans et je suis très désireux de trouver un emploi à Montréal. C'est pour cette raison que je sollicite une place dans votre société. Ci-joint, veuillez trouver la copie de mon diplôme et un curriculum vitae.

En attendant votre réponse, je vous prie d'agréer, Monsieur, l'expression de mes sentiments très respectueux.

Gaston Lamontagne

DES VOEUX À QUELQU'UN QUI VOUS A RENDU SERVICE

Chère Madame,

Permettez-moi de vous présenter mes voeux sincères pour un très joyeux Noël et de vous renouveler, en même temps, l'expression de ma profonde reconnaissance. Je n'ai pas oublié le service que vous m'avez rendu en octobre dernier et je ne saurais vous remercier assez de vos bontés.

Que la nouvelle année vous apporte mille joies.

Veuillez croire, chère Madame, à l'assurance de mes sentiments reconnaissants.

Lucie Boileau

UNE LETTRE DE REMERCIEMENT

Cher Monsieur, chère Madame,

Comment vous remercier de la semaine délicieuse que j'ai passée chez vous dernièrement? Je vous suis très reconnaissant de la manière dont vous avez su me mettre à l'aise; j'avais vraiment l'impression de faire partie de votre famille. Grâce à votre hospitalité, ce séjour a été une véritable fête.

Avec toute ma gratitude, je vous prie de croire, cher Monsieur, chère Madame, à l'assurance de ma sincère amitié.

Ghislain Myron

Composition des lettres

En vous servant du vocabulaire et des expressions de la section suivante, «Comment dirais-je?», composez une lettre de remerciement, une demande d'emploi, une demande de renseignements et une offre des vœux. Voici quelques suggestions:

1. *Une lettre de remerciement.* Vous avez été malade pendant une semaine et la mère de votre copain est venue vous voir avec un bouquet de fleurs.

2. *Une demande d'emploi.* Une annonce dans *Le Soleil* de Québec a retenu toute votre attention. Il s'agit d'un emploi à un club sportif. Essayez de convaincre le chef de personnel que vous êtes celui dont il a besoin.

3. *Une lettre de renseignements.* Vous avez vu une petite annonce dans *Le Nouvel Observateur*. Il s'agit d'un appartement à louer sur la Côte d'Azur. Vous voulez avoir des renseignements sur la grandeur de l'appartement, le loyer pour l'été, sa situation (s'il est près de la mer), son orientation (est-il exposé au nord, au sud, etc.).

4. *Une offre des vœux.* C'est l'anniversaire d'un(e) ami(e) français(e) avec qui vous avez passé le mois d'août.

Les expressions suivantes vous aideront à composer vos lettres.

Comment dirais-je?

Le but de la présente est de vous informer que
En réponse à votre lettre du
Comme suite à votre lettre du
Comme suite à notre conversation téléphonique, à l'entretien que vous avez bien voulu m'accorder
Je vous prie de trouver ci-inclus une copie de

Je vous serais très obligé(e) de me faire savoir

Je vous remercie de

J'apprécie la peine que vous vous êtes donnée

C'est sur le conseil de _____ que je vous écris.

En vous remerciant à l'avance

chercher une place, un emploi, un travail, un poste

sténodactylographe (*m.* ou *f.*)

poser sa candidature

améliorer sa situation

Désirant améliorer ma qualification professionnelle, je souhaiterais étudier

se proposer pour un travail

s'adresser à quelqu'un pour un emploi

À la suite de votre annonce parue dans le *(journal)* du *(date),* je voudrais vous offrir mes services.

Je vous serai reconnaissant de bien vouloir m'envoyer

Auriez-vous l'obligeance de me renseigner sur, me faire parvenir, me faire savoir

Je viens de recevoir votre beau cadeau, votre lettre, etc.

En espérant bien vivement que vous trouverez mon dossier intéressant

En référence à la publicité que vous avez fait paraître hier dans

Quel admirable bouquet de fleurs, cadeau, etc.

Merci à vous, de tout cœur, d'avoir pensé à moi

Permettez-moi de vous remercier de, de vous dire combien je suis touché par

Comment vous remercier du beau cadeau que je viens de recevoir?

Vous m'avez vraiment gâté de votre splendide bouquet que

Vous êtes infiniment bon d'avoir pensé à

Vous êtes vraiment trop aimable de m'avoir envoyé

Activités

1. Choisissez un(e) camarade de classe et échangez trois lettres avec lui (elle). Après avoir corrigé les lettres, lisez-les en classe.
2. Écrivez une lettre à un(e) ami(e) qui habite à l'étranger et décrivez-lui votre première semaine à l'université. Invitez-le (la) à vous rendre visite chez vous.
3. *Discussion.* Comparez la communication téléphonique et la communication par écrit. Comment sont-elles différentes? Préférez-vous l'une à l'autre? Pourquoi?

Mini-théâtre

Il faut deux étudiants pour jouer cette scène, une fille et un garçon.

Une jeune fille adore recevoir des lettres d'amour, mais son petit ami préfère les coups de téléphone. Leur discussion devient une dispute.

Les vacances

TEXTE I
Cage ouverte, *Gaétan Brulotte*

GRAMMAIRE
Le féminin des adjectifs et des noms
Le pluriel régulier et irrégulier
La place de l'adjectif
Le comparatif et le superlatif

TEXTE II
Les Plus Belles Vacances de votre vie, *Michèle Manceaux*

Étude du lexique

1. **dépeindre**   décrire
   L'écrivain dépeint la vie d'un couple ordinaire.

2. **épuisant**   fatiguant à l'extrême
   Travailler tôt le matin jusqu'à tard le soir est épuisant.

3. **le lavabo**   où l'on se lave dans la salle de bains
   Elle a fait installer un lavabo en marbre dans sa salle de bains.

4. **le souffle**   la respiration
   Sa remarque choquante m'a coupé le souffle.

5. **par bonheur**   heureusement
   Par bonheur, je ne me suis pas fait mal.

6. **plat**   qui présente une surface plane; *(fig.)* banal, médiocre
   Les anciens pensaient que la terre était plate.
   C'est un homme bien plat et ennuyeux.

7. **envahir**   entrer, remplir, infester, pénétrer
   L'ennemi envahissait la ville comme des locustes.

8. **renommé**   célèbre, bien connu
   C'est un savant renommé dans son domaine.

9. **réveiller**   stimuler
   Un bon bain de mer le matin réveille.

10. **démanger**   causer une envie de se gratter
    Les piqûres de moustiques me démangent affreusement.

11. **la buée**   la vapeur
    Après mon bain, la fenêtre est couverte de buée.

12. **l'euphorie** *(f.)*   le bonheur extrême
    L'euphorie de retrouver son amie lui a fait oublier les douleurs de l
    tente.

13. **aveugle**   privé de la vue
    Les aveugles doivent apprendre à lire le braille.

14. **l'écume** *(f.)*   la mousse qui se forme sur un liquide agité
    L'écume sur les vagues me rappelle la mousse sur un ve
    pagne.

15. **épanoui**   pleinement ouvert, radieux

Les fleurs sont complètement épanouies au mois de juin.

16. **salé**   imprégné de sel

L'eau de la mer est salée; l'eau des lacs est douce.

17. **abîmer**   mettre en mauvais état

Il a abîmé son chapeau en sortant sous la pluie.

18. **à l'aube** *(f.)*   au point du jour, au lever du soleil

Ils partiront à l'aube afin d'arriver avant le coucher du soleil.

19. **une vague**   une masse d'eau qui se soulève dans la mer

Il aime pratiquer le surf sur les grandes vagues du Pacifique.

Cage ouverte

Gaétan Brulotte

Écrivain et critique de talent Gaétan Brulotte a poursuivi ses études littéraires supérieures à l'Université Laval à Québec et à la Sorbonne à Paris. En 1979, son premier roman, L'Emprise, *a été adapté pour la télévision ainsi que pour le cinéma. Son recueil de nouvelles,* Le Surveillant, *paru en 1982, a obtenu en France le Prix France-Québec. En 1983,* Le Client, *pièce radiophonique, a été diffusée dans toute l'Europe francophone: en France, en Belgique et en Suisse.*

La nouvelle que nous présentons, «Cage ouverte», est extraite du recueil Le Surveillant. *Elle relève de façon humoristique le contraste entre l'idéal et le réel, entre la vérité et le mensonge. Un jeune couple qui se laisse séduire par la publicité touristique dépense ses économies pour des vacances au pays exotique. Vacances pleines de déceptions, il faut avouer, mais afin de sauver les apparences, les cartes postales de Djo empruntent le discours publicitaire lui-même, en ne dépeignant que l'extase et la poésie que les agents de voyage essaient de nous vendre. Est-il possible de vivre son idéal, ou est-on toujours forcément déçu par le réel?*

25 décembre

Nous sommes là. Pourquoi? Nous ne savons pas. Nous voulons nous reposer. De quoi? Eh bien d'abord de la fatigue d'être arrivés là.

C'était un dimanche de novembre **imbibé** de pluie noire. Ma com-   imprégné

5 pagne **pestait contre** le mauvais temps. (. . .) Je ne parvenais même   se plaignait de

pas à me concentrer pour lire intelligemment un article du journal,

Extrait de Gaétan Brulotte, *Le Surveillant* (Montréal: Les Quinze, 1982).

quand mes yeux tombèrent par hasard sur une attrayante photo des pays chauds.

DESTINATION SOLEIL. FUYEZ L'HIVER. VENEZ PASSER LES FÊTES AVEC NOUS AU BORD DE LA MER . . .

Non, il n'en sera pas question. De Noël et du Nouvel An. Je veux
10 dire: pas question de rester au froid pour nos vacances. (. . .)

Nous y sommes maintenant. Ce ne fut pas facile (. . .). Mais avec un peu de volonté, que ne fait-on pas? (. . .) Il suffit d'avoir des économies, de se soumettre aux vaccins, d'avoir des papiers en règle et de tout prévoir. C'est si simple. La preuve: nous y voilà. Dans le Sud.
15 Pour la première fois de notre vie. Il était temps, comme dit Momo. De nous réveiller.

De nous réveiller, c'est une façon de parler: la chaleur d'ici prend possession de notre souffle (. . .) et nous endort en plein jour.

Cet après-midi, nous étions dans un taxi qui nous conduisait de
20 l'aéroport à notre hôtel. (. . .) L'odeur de la mer nous envahissait par les fenêtres. Enfin à nous la vie d'été à ciel ouvert! Le chauffeur chantait. (. . .) Cette impression de bien-être nous a vite fait oublier les mois de préparatifs, les tensions du vol, les **sueurs** du débarquement ainsi que l'irritation des longues attentes: oubliés les fumeurs impolis,
25 les enfants **braillards,** les plates formalités **douanières,** la course épuisante aux bagages, etc., et le prix exorbitant du taxi. (. . .)

transpirations qui pleurent beaucoup / going through customs

26 décembre

Nous avons fêté hier soir la Noël en amoureux agnostiques au restaurant de l'hôtel. Il n'y a pas d'autre endroit où aller . . . (. . .) la
30 nourriture est obligatoirement locale. Ça fait partie du voyage et c'est très bien ainsi. (. . .)

Je n'ai pas dormi de la nuit. Sans doute à cause de mon état d'euphorie générale (. . .). Il faut dire aussi que notre chambre se situe au-dessus d'une discothèque très fréquentée. (. . .) Par bonheur, le bruit
35 de ces **couche-tard** n'a pas affecté le sommeil de Momo.

J'ai à peine eu le temps de **m'assoupir** que, vers six heures, **vint** le tour des lève-tôt: les joueurs de golf et les excursionnistes s'apprêtaient allégrement à partir. (. . .)

personne qui se couche tard / s'endormir à demi / came

Le grand geste, en ce premier jour de vraies vacances, **fut** de nous
40 diriger vers la plage (. . .). Il y a des années—temps de sacrifices et de constriction laborieuse—que je rêve de connaître ce franc **déploiement** des sens (. . .).

was

ouverture

Premier contact avec la vague. Je cherchais une **onde approbatrice,** je rencontrai une ennemie puissante. Ses bras stupides
45 m'enveloppèrent d'une masse aveugle d'eau brune, de pierre, de sable

vague (poétique) qui approuve

et d'algues **gluantes.** Ils me soulevèrent brusquement et me rabatti- | collantes
rent au fond d'un coup de poing. (. . .)

(. . .) Tout le monde s'occupe, dirait-on, à surveiller sur son épi-
derme le degré de transpiration et à admirer (. . .) comment le soleil
50 **extirpe** de soi tout le mauvais. | enlève complètement

Nous rentrons au **crépuscule** entièrement purifiés et la peau brûlée. | coucher du soleil
J'écris une carte postale à mon frère Doudou:

*«Ici le corps chargé de clarté, tout **ébahi** de sa propre chaleur, tout* | stupéfait
ébloui par sa réalité matérielle, se découvre enfin existant, | fasciné, séduit
55   *Momo et Djo.»*

27 décembre

Les **coups de soleil** m'ont empêché de dormir. Les nombreuses pi- | légères brûlures
qûres de moustiques aussi, qui démangent atrocement. Momo, en | causées par le soleil
outre, a été malade toute la nuit: nausées, vomissements, diarrhée
60 forte, **étourdissements.** Pourtant nous avons pris toutes les précau- | vertiges
tions fondamentales (vaccins, quinine, etc.) et nous avons évité ce qu'il
fallait: jamais d'eau courante, ni de glaçons. (. . .)

31 décembre

Nous finissons l'année avec tout le groupe. Au restaurant de l'hôtel
65 bien sûr. Spécial Nouvel An: banquet et bal. (. . .)

Cris de joie, flûtes et **crécelles** annoncent la venue de minuit. Nous | jouets qui font du
nous retrouvons avec des confettis dans nos assiettes, des bonnets de | bruit
papier sur la tête, des serpentins à plumes gonflés sous le nez. Les
ballons nous éclatent au visage et, sous les tables, les **pétards** à répé- | une bombe
70 tition nous **mitraillent** les jambes. (. . .) | tirent (sur nous)
  comme avec une
  arme automatique

À l'extérieur, c'est le feu d'artifice dans le ciel nocturne. (. . .) Nous
nous retirons de ce coin trop animé et, un peu plus loin, nous laissons
tomber nos corps enlacés dans le sable frais en nous souhaitant la
bonne année. Au moment où j'embrasse Momo, je reçois un coup de
75 botte dans le dos. Un homme ivre **a buté** sur nous et nous a **agonis** | s'est heurté / accablés
d'injures. Il a voulu me battre. | d'insultes

1er janvier

Tard le matin. Après m'être rasé, je me suis senti plus affectueux et
plus démonstratif que jamais à l'aube de cette année nouvelle. J'ai eu
80 envie d'une excentricité douce pour Momo et j'ai écrit un trop banal
«Je t'aime» sur le miroir au-dessus du lavabo avec son crayon de rouge
à lèvres. Exactement comme on voit au cinéma! Je rêvais de poser ce
geste depuis toujours et le dépaysement du voyage m'aura rendu au-
dacieux **il faut croire.** J'attendis au lit le réveil de Momo, palpitant | on dirait
85 d'excitation en imaginant sa surprise.

Elle en fut très chagrinée et me **semonça** parce que j'avais abîmé | réprimanda
son bâton et qu'il coûtait fort cher. Elle avait raison. Je n'y avais pas
pensé.

En fin d'après-midi, nous avons timidement décidé d'imiter la foule

90 des sages touristes épanouis qui, chaque jour à la même heure, cou-
rent **lestement** sur la plage pour se garder en forme.   avec aisance

Nous avons vite **mis court à** cet exercice pour lequel nous n'étions   arrêté brusquement
pas préparés. Il nous aurait fallu au moins des chaussures appropriées.
Momo s'est coupée au pied sur des **tessons** dans le sable. Médecin,   débris d'un objet de
95 pansement et tout. Désormais, nous devons éviter de marcher. (. . .)   verre

Nous sommes condamnés aux vacances, tout geste suspendu, le
temps arrêté, le train de la vie courante **figé** ou distrait.   arrêté

J'envoie une carte postale aux parents de Momo. Je prends bien
soin de ne rien dire de l'accident pour ne pas les inquiéter.

100 *«C'est un pays où s'étendent à l'infini les plages lavées d'écume salée.*
Et en suivant **maille** *par maille tout le tracé fin de cette dentelle de sa-*   chacune des petites
ble—c'est le bout de jupe de la terre qui trempe dans l'eau—on arrive à   boucles de matière
l'excessif total: la merveille d'ici. Momo et Djo.»   textile

Intelligence du texte

Préparez oralement les questions suivantes.

1. Où se trouvent le narrateur et sa compagne lors de sa première entrée
   de journal?
2. Que faut-il avoir pour passer des vacances dans les pays chauds?
3. Qu'est-ce que l'impression de bien-être leur a vite fait oublier?
4. Pourquoi Djo n'a-t-il pas dormi la première nuit? Qui l'a réveillé à 6 h du
   matin?
5. Quel fut le grand geste du premier jour de vraies vacances? Décrivez son
   contact avec la vague. À quoi tout le monde s'occupe-t-il?
6. Comparez la réalité de l'effet du soleil à la carte postale que Djo écrit à
   son frère Doudou. Qu'est-ce qui l'a de nouveau empêché de dormir?
   Momo a-t-elle dormi? Pourquoi?
7. Décrivez leur expérience pendant le réveillon du jour de l'An. Qu'est-ce
   qui leur arrive sur la plage?
8. Décrivez l'excentricité douce que Djo fait pour Momo le jour de l'An.
   Quelle fut la réaction de Momo?
9. Pourquoi ont-ils vite mis fin à la course sur la plage? Comment Djo décrit-il la plage aux parents de Momo?
10. Pourquoi la description de Djo est-elle comique aussi bien que poétique?

Questions sur le dessin humoristique

1. Comment ce dessin humoristique illustre-t-il la structure de la nouvelle
   «Cage ouverte»?

2. Quelle image la publicité donne-t-elle des vacances? Qu'en pensez-vous?
3. Comment la publicité influence-t-elle notre choix de vacances?

Sempé
© Charillon-Paris

Mise en œuvre du vocabulaire

Remplacez les mots en italique par une expression équivalente.

1. Une odeur de fleurs _remplissait_ le salon.
2. Quand les soldats sont entrés, il fallait retenir _sa respiration_.
3. Les _banales_ formalités douanières m'embêtent beaucoup.
4. C'est pourtant un hôtel _célèbre_.
5. Une douche _stimule_.
6. Djo n'a pas dormi à cause de son état de _bonheur_.
7. _Heureusement_, le bruit n'a pas réveillé Momo.
8. Vous _décrivez_ une scène absolument effrayante dans votre nouvelle.
9. Ce chandail en laine me _pique_.
10. Elle est _privée du sens de la vue_.
11. J'ai passé un examen de quatre heures; ce fut _très fatiguant_.
12. _La vapeur_ couvre le miroir au-dessus du lavabo quand tu te douches.
13. _Au point du jour_, nous sommes partis à la plage.
14. Il s'est mis à se laver dans _la cuvette_.
15. Le chien _a gâté_ ma chaussure.
16. Tu sembles tout _radieux_ ce matin.
17. Elle adore les aliments _imprégnés de sel_.
18. _La mousse_ scintillait sur les vagues.

GRAMMAIRE

Le féminin des adjectifs et des noms

1. OBSERVEZ

Masculin	*Féminin*
Mon ami est **matinal**.	Mon amie est **matinale**.
un **petit** chat **noir**	une **petite** cage **noire**
un travail **épuisant**	une course **épuisante**
un café très **fréquenté**	une discothèque très **fréquentée**

ANALYSE On forme le féminin en ajoutant un **e** muet à la forme masculine.

2. OBSERVEZ

Tout est si **facile** au fond.	Madame est **facile** à plaire.
un problème **alimentaire**	une routine **alimentaire**
C'est un maillot **rouge**.	C'est une robe **rouge**.

ANALYSE Si l'adjectif au masculin se termine par un **e** muet, il y a une forme unique pour les deux genres.
EXEMPLES: comique, drôle, honnête, pauvre, sauvage, suisse, touristique, utile.

3. OBSERVEZ

C'est un paquet **léger** [leʒe].	C'est une valise **légère** [leʒɛʀ].
le **premier, dernier** train	la **première, dernière** fois
un problème **douanier**	une formalité **douanière**

ANALYSE Les adjectifs en **-er** prennent au féminin un **e** muet final et un accent grave sur l'avant-dernier **e**.

ATTENTION! Il était **fier** de sa fille. Elle était **fière**.
Les deux mots se prononcent de la même façon: [fjɛʀ].

4. OBSERVEZ

Il est **amoureux** [ø].	Elle est **amoureuse** [øz].
Il est **jaloux** [u].	Elle est **jalouse** [uz].
Il est **affectueux** [ø].	Elle est **affectueuse** [øz].

ANALYSE La plupart des adjectifs en **-x** changent en **s** sonore (prononcé [z]).

EXEMPLES: douloureux / douloureuse   *mais:*
orgueilleux / orgueilleuse   doux / douce
époux / épouse   faux / fausse
heureux / heureuse   roux / rousse
audacieux / audacieuse

5. OBSERVEZ   Il est **actif.**   Elle est **active.**

Il est **sportif.**   Elle est **sportive.**

Il est **vif.**   Elle est **vive.**

ANALYSE   **f** devient **ve** au féminin.

6. OBSERVEZ   un problème **matériel** [ɛl]   la réalité **matérielle** [ɛl]

un livre **épais** [epɛ]   une sauce **épaisse** [epɛs]

Il est **muet.** [ɛ]   Elle est **muette.** [ɛt]

Il est **canadien.** [ɛ̃]   Elle est **canadienne.** [ɛn]

ANALYSE   Pour former le féminin, les adjectifs qui se terminent en une consonne redoublent la consonne finale avant d'ajouter **e:**

EXEMPLES: cruel [ɛl] / cruelle [ɛl]

nul / nulle

bas [bɑ] / basse [bɑs]

ancien / ancienne

essentiel / essentielle

mais:

exprès [ɛkspRɛ] / expresse [ɛkspRɛs]

complet [ɛ] / complète [ɛt]

concret / concrète

discret / discrète

gris [i] / grise [iz]

7. OBSERVEZ   Voilà un regard **approbateur.**   Je cherchais une onde **approbatrice.**

Il est **acteur.**   Elle est **actrice.**

ANALYSE   Certains mots qui se terminent en **-teur** deviennent **-trice** au féminin.

EXEMPLES: directeur / directrice

instructeur / instructrice

lecteur / lectrice

auditeur / auditrice

instituteur / institutrice

destructeur / destructrice

protecteur / protectrice

spectateur / spectatrice

8. OBSERVEZ   C'est un **danseur** renommé.   C'est une **danseuse** renommée.

ANALYSE   D'autres mots qui se terminent en **-eur** [œR] deviennent **-euse** [øz].

EXEMPLES: buveur / buveuse   menteur / menteuse

nageur / nageuse   chanteur / chanteuse

joueur / joueuse

ATTENTION!   Dix adjectifs en **-eur** sont réguliers: intérieur(e), extérieur(e), inférieur(e), supérieur(e), meilleur(e), majeur(e), mineur(e), antérieur(e), postérieur(e), ultérieur(e).

EXCEPTIONS: enchanteur / enchanteresse
pêcheur / pêcheresse
vengeur / vengeresse

9. OBSERVEZ   C'est un concert **public**.   C'est une école **publique**.
Il est **turc**.   Elle est **turque**.
le peuple **grec**   la langue **grecque**

ANALYSE   Avec certains adjectifs, **-c** devient **-que** ou **-cque**, pour d'autres, **-c** devient **-che**.
EXEMPLES: blanc, blanche
franc, franche
sec, sèche

10. OBSERVEZ   C'est un **long** hiver.   Oubliées les **longues** attentes.

ANALYSE   Ajoutez **u** avant le **e** final pour maintenir le son dur du **g**: oblong, oblongue.

ATTENTION!   **aigu, aiguë, ambigu, ambiguë.**
Un tréma au **e** final indique que le **u** précédent se prononce séparément.

CAS SPÉCIAUX

1. Les adjectifs à trois formes

un **beau** monsieur	une **belle** dame	un **bel** homme
un **nouveau** livre	une **nouvelle** histoire	un **nouvel** hôtel
un **fou** rire	une gaîté **folle**	un **fol** espoir
un matelas **mou**	une chaleur **molle**	un **mol** oreiller
le bon **vieux** temps	la **vieille** France	un **vieil** arbre

-au, -u, -ux deviennent **l** ou **il** devant un substantif masculin singulier commençant par une voyelle ou un **h** muet; on le prononce comme le féminin.

2. Les adjectifs irréguliers

un critique **bénin** [benɛ̃]	une tumeur **bénigne** [benin]
un esprit **malin** [malɛ̃]	une joie **maligne** [maliɲ]
mon disque **favori**	ma chanson **favorite**
le peuple **hébreu**	la langue **hébraïque**
(de l'Ancien Testament)	

3. Le féminin en -esse

le maître	la maîtresse
l'hôte	l'hôtesse
le prince	la princesse

4. Les personnes

le père	la mère
le fils	la fille
le garçon	la fille
le frère	la sœur
le mari	la femme
l'homme	la femme
le neveu	la nièce
l'oncle	la tante
le grand-père	la grand-mère[1]
le grand-oncle	la grand-tante
le petit-fils	la petite-fille
le beau-père	la belle-mère
le compagnon	la compagne
le héros	l'héroïne[2]

5. Les animaux

le mâle	la femelle	le petit
le chien	la chienne	le chiot
le chat	la chatte	le chaton
le canard	la cane	le caneton
le coq	la poule	le poussin
le cheval	la jument	le poulain
le taureau[3]	la vache	le veau
le bouc	la chèvre	le chevreau
le bélier[4]	la brebis	l'agneau
le cerf	la biche	le faon
le dindon	la dinde	le dindonneau
le verrat[5]	la truie	le cochonnet

[1] Notez que **grand** reste souvent invariable dans les mots composés féminins.

[2] Notez que le **h** est aspiré au masculin mais muet au féminin.

[3] **Le bœuf,** c'est l'animal stérilisé.

[4] **Le mouton** est un nom général ou l'animal châtré.

[5] **Le cochon, le porc** sont des termes généraux.

LES SUBSTANTIFS TOUJOURS AU MASCULIN

un professeur, un auteur, un poète (*poétesse* a un sens péjoratif), un docteur (*doctoresse* est vieilli ou régional), un juge, un ingénieur, un architecte

ATTENTION! Dans la langue parlée ou régionale, on entend de plus en plus **une** professeur**e**. Au Canada, on a tendance à écrire **une** auteur**e**.

LES SUBSTANTIFS TOUJOURS FÉMININS

la personne, la sentinelle, la victime
EXEMPLE: Une personne arriva; ce fut Nicolas.

LES SUBSTANTIFS QUI NE CHANGENT QUE D'ARTICLE

un(e) aristocrate	un(e) démocrate
un(e) artiste	un(e) enfant
un(e) camarade	un(e) secrétaire
un(e) catholique	un(e) touriste
un(e) complice	

Vue panoramique de Paris du haut de la Tour Eiffel.

MOTS INVARIABLES

1. OBSERVEZ   J'y serai dans une **demi**-heure; j'arrive à une heure et **demie**.

   ANALYSE   **demi** reste invariable *devant* un nom, est variable *après*.

   ATTENTION!   Il est midi et **demi**. Il est minuit et **demi**. (**Minuit** et **midi** sont masculins.)

2. OBSERVEZ   Voilà de jolies robes **abricot** et des chaussures **vert clair**.

   ANALYSE   Les noms de *fleurs* et de *fruits* utilisés comme adjectifs sont *invariables,* aussi bien que les adjectifs de couleurs composés, comme **bleu marine, bleu ardoise, bleu vert, vert foncé, vieux rose,** etc. En cas de doute, il vaut mieux vérifier dans le dictionnaire.

3. OBSERVEZ   Ce sont des **lève-tôt;** nous sommes des **couche-tard**.
   Nous avons passé des **après-midi** délicieux.
   Il y a des **gratte-ciel** à New York.

   ANALYSE   Les prépositions, les verbes et les adverbes restent invariables dans les mots composés; le nom reste au singulier, si le sens ne s'y oppose pas.

4. OBSERVEZ   Tous les gens **chic** et **snob** étaient là.

   ANALYSE   En général, les mots dérivés d'une langue étrangère sont invariables.

Exercices

A.   Donnez le féminin des mots suivants.

1. Mon bel ami est venu.
2. un compagnon fatiguant
3. Son fils est intelligent.
4. un chien enragé
5. Il se sent frais.
6. un acteur sympathique
7. Le directeur est fier.
8. Le prince est amoureux.
9. de petits garçons
10. L'instructeur est sportif.
11. le meilleur danseur
12. le pire chanteur
13. Mon frère est malheureux.
14. Son mari est grec.
15. Les spectateurs sont agressifs.
16. le chat blanc
17. le coq favori
18. Le maître a un dindon.

B. Transformez le paragraphe suivant en substituant l'équivalent féminin aux mots en italique. N'oubliez pas de faire les changements nécessaires dans la structure des verbes.

Jean, un petit homme brun, est allé au bord de la mer avec *son vieux copain Lucien* qui est *acteur. Lucien* est *un bel homme sportif. Ils* sont *tous les deux mariés* et un peu *vaniteux. Jean, un lecteur vorace,* a apporté des livres et plusieurs *vieux magazines* à parcourir. *Ils* ont, donc, passé la journée à discuter ce que *les autres hommes* portent afin d'être plus *attrayants* et à la mode. *Le fils* de *Lucien* se moque de *son père,* car *il le* trouve *idiot* de s'occuper tant des choses qu'*il* considère frivoles. *Le père* de *Jean, instituteur,* désapprouve des intérêts de *son fils* et *le* trouve peu *sérieux.*

Le pluriel régulier et irrégulier

En règle générale, pour former le pluriel, on ajoute un **s** au singulier. Comme tous les adjectifs et noms féminins prennent un **s** au pluriel, les exceptions suivantes ne concernent que le pluriel masculin. Exemple d'un pluriel régulier: **un** article, **des** article**s**.

1. OBSERVEZ

Il est jaloux.	Ils sont jaloux.
C'est un époux heureux.	Ce sont des époux heureux.
J'ai un gros chagrin.	J'ai de gros chagrins.
Voilà un bijou coûteux.	Voilà des bijoux coûteux.
Voilà un beau morceau.	Voilà de beaux morceaux.

ANALYSE **-s** ou **-x** ne changent pas au pluriel, *mais* **-eau, -au, -ou, -eu** prennent **-x** au pluriel.

EXEMPLES: eau(x), couteau(x), caillou(x), genou(x), hibou(x), niveau(x), tableau(x)

EXCEPTIONS: fou(s), mou(s), bleu(s), pneu(s)

2. OBSERVEZ

un animal brutal	des animaux brutaux
un journal radical	des journaux radicaux
un général royal	des généraux royaux
Il est matinal.	Ils sont matinaux.
cordial	cordiaux
égal	égaux
total	totaux
trivial	triviaux
un mal	des maux

ANALYSE **-al** devient **-aux** au pluriel.

EXCEPTIONS: Certains adjectifs et noms terminés en **-al** forment leurs pluriels en **-als.**

EXEMPLES: B**als** nav**als,** carnav**als** ban**als,** festiv**als** fin**als**

3. OBSERVEZ

un œil [œj]	des yeux [jø]
le ciel [sjɛl]	les cieux [sjø]
un bœuf [bœf]	des bœufs [bø]
un œuf [œf]	des œufs [ø]
un travail	des travaux
un vitrail	des vitraux

ANALYSE Certains pluriels sont irréguliers.

4. OBSERVEZ Les **Dufour** et les **Bichon** sont arrivés.

ANALYSE Les noms de famille sont toujours au singulier, sauf les noms de familles royales (les **Bourbons**).

5. OBSERVEZ Je passe **mes vacances** au bord de la mer.
Il étudie **les mathématiques (les maths)**.
Elle a reçu une bague de **fiançailles**.

ANALYSE Certains mots sont toujours au pluriel.

ATTENTION! Voilà de **bonnes** gens **intéressants**.
L'adjectif se met *au féminin devant* **gens** *et au masculin après*.

Exercice

Mettez les mots en italique au pluriel.

Après *l'examen final*, tous les étudiants avaient *un mal de tête*. Pendant *tout l'après-midi*, ils avaient étudié, mais maintenant, ils étaient libres de lire *un journal*, d'aller voir *le cheval* dans *le pré* ou de faire *un travail trivial* s'ils le désiraient. *Un festival* d'été se *préparait*. Tous les touristes qui étaient descendus dans *le nouvel hôtel chic* au centre-ville seraient présents. On avait tout nettoyé pour l'occasion. *Le beau vitrail bleu clair* de la cathédrale *brillait* au soleil. C'était le début de l'été, le début des vacances!

La place de l'adjectif

1. OBSERVEZ

une **belle** promenade	une **fausse** idée
une **bonne** année	une **mauvaise** journée
une **meilleure** chambre	une **pire** maladie
un **jeune** homme	un **vieux** vêtement
une **longue** attente	un **bref** aperçu
une **jolie** fille	le **vingtième** siècle

ANALYSE Bien que la plupart des adjectifs suivent le nom qu'ils modifient, les adjectifs courants et souvent monosyllabiques se placent *devant* le nom, aussi bien que l'adjectif *ordinal:* le **premier, deuxième, troisième** jour.

2. OBSERVEZ   Ce village se maintient en équilibre **orgueilleux** sur une falaise **noire.**

Il aurait fallu des chaussures **appropriées.**

les plages **lavées** d'écume **salée**

une photo des pays **chauds**

une montagne **haute**

une ligne **courbe**

ANALYSE   On place après le nom les adjectifs qui expriment des qualités physiques, la forme ou la couleur.

REMARQUES:

1. La prose littéraire et la poésie changent souvent la place de l'adjectif pour attirer l'attention sur la qualité.

    EXEMPLES: cette **totale** extase, le **bruyant** climatiseur, une **charmante** soirée

2. Le déplacement de l'adjectif qualificatif peut exprimer une réaction affective, une impression ou un jugement.

3. COMPAREZ   Je l'ai vu la semaine **dernière,** l'année **dernière,** mercredi **dernier.**

mais:

son **dernier** roman, le **dernier** jour de novembre

Nous partirons le mois **prochain** pour un pays exotique.

mais:

La **prochaine** fois, tu le regretteras!

ANALYSE   Dans les expressions de temps, mettez **dernier** et **prochain** *après* le nom, sauf quand il s'agit d'une série; dans ce cas, on les met *devant.*

4. COMPAREZ   Mon **pauvre** ami *(malheureux)*   mon ami **pauvre** *(sans argent)*

une **certaine** idée *(imprécise)*   une idée **certaine** *(sûre)*

cher ami *(terme d'affection)*   un hôtel **cher** *(coûteux)*

un **ancien** ami *(de longue date)*   un château **ancien** *(vieux)*

ma **propre** chambre *(à moi)*   une chambre **propre** *(nettoyée)*

C'est la **seule** personne là. *(Il n'y en a pas d'autres.)*

Cette personne **seule** le sait. *(Les autres l'ignorent.)*

Il est très **seul.** *(Il manque d'amis.)*

ANALYSE   *Devant* le nom, l'adjectif prend un *sens figuré* et subjectif, *après,* une valeur *littérale* et *objective.*

5. OBSERVEZ   une **vaste** poubelle **humaine**

mon **jeune** et **bel** ami

un **petit** village **laid** et **noir**
des peaux de serpents **larges** et **longues**
l'existence **lourde** et **opaque** de nos demeures

ANALYSE   Quand il y a plus d'un adjectif, mettez chacun à sa place habituelle, ou bien joignez-les par **et,** devant ou après le nom.

Exercice

Complétez le passage suivant en mettant les adjectifs entre parenthèses à la
forme correcte et à la bonne place.

Mon amie *(cher),*

Cette année, je passe mes vacances *(estival)* à la montagne. Tous les jours,
je fais une promenade *(beau, agréable)* au bois. Ma tante et mon oncle sont
adorables. Je voudrais passer une année *(long, bon, heureux)* chez ces gens.
Ce midi, nous avons mangé des haricots *(vert, délicieux)* venant de leur jardin.
L'après-midi, nous sommes allés voir la falaise *(grand, noir).* Je t'envoie une
photo (*joli, récent*) des pays *(vaste, exotique).* Au-delà de la montagne *(beau,*

Les Alpes offrent de belles vacances à ceux qui aiment faire de
l'escalade.

majestueux), un terrain *(vaste, étrange)* s'étend à perte de vue. L'année *(dernier),* mon activité *(premier)* fut de courir dans le pré *(joli, verdoyant)* où j'ai cueilli des fleurs *(petit, multicolore).*

Mon amie *(pauvre)!* Que fais-tu dans ta chambre *(petit, noir)* à l'université? Le conseil *(seul, important)* que j'ai à te donner, c'est de faire attention à ta santé. J'ai hâte de te retrouver la semaine *(prochain).* Que tu aimerais cette maison *(joli, petit, blanc)* qui donne sur un parc *(grand, fleuri)* d'un côté et sur la montagne *(haut, splendide)* de l'autre. Dépêche-toi de venir!

Je t'embrasse,
Matilde

Le comparatif et le superlatif

LE COMPARATIF

1. OBSERVEZ

a. Aujourd'hui était $\begin{Bmatrix} \textbf{plus} \\ \textbf{aussi} \\ \textbf{moins} \end{Bmatrix}$ **difficile qu'**hier. *(adjectif)*

b. Il l'a traitée $\begin{Bmatrix} \textbf{plus} \\ \textbf{aussi} \\ \textbf{moins} \end{Bmatrix}$ **méchamment que** sa mère. *(adverbe)*

c. Il a $\begin{Bmatrix} \textbf{plus} \\ \textbf{autant} \\ \textbf{moins} \end{Bmatrix}$ **de rivaux que** son frère. *(nom)*

ANALYSE *Le comparatif* désigne une qualité ou quantité *supérieure, égale* ou *inférieure* à la même qualité ou quantité chez une autre personne ou dans un autre objet.

Dans la phrase *b,* le comparatif modifie un adverbe qui, à son tour, modifie le verbe.

2. OBSERVEZ

Ce voyage fut **bien plus épuisant** que le dernier.
Ce roman est **de loin plus intéressant** que l'autre.
Il fait **infiniment plus chaud** ici que chez nous.
Elle était **tellement plus accueillante** que lui.

ANALYSE Certaines expressions peuvent renforcer le comparatif de supériorité ou d'infériorité.

3. OBSERVEZ

Cette plage est **supérieure à** celles de chez nous.
La cuisine est **inférieure à** la nôtre.

ANALYSE Employez **à** devant le second terme de la comparaison avec **supérieur** et **inférieur.**

LE SUPERLATIF ABSOLU

OBSERVEZ La chambre est **extrêmement** exiguë, mais elle donne sur des montagnes **très** hautes et **fort** jolies. Pourtant, la discothèque est **atrocement** bruyante et les gens y restent jusqu'à **très, très** tard; c'est **terriblement** irritant et ma compagne avait **tout à fait** raison de se plaindre.

ANALYSE Le superlatif absolu indique le suprême degré, mais *sans comparaison*. On le met d'habitude *devant* l'adjectif. Quelquefois on répète l'adverbe ou l'adjectif.

EXEMPLES: On était **serrés, serrés.**

Ce n'est pas **très, très** loin.

Exercices

A. Un Français visite les États-Unis pour la première fois. Il trouve tout plus grand, plus gros, moins bien, etc., qu'en France. En employant **plus, moins** ou **aussi** formez des phrases qui décrivent son expérience.

MODÈLE: La cuisine française est raffinée.

La cuisine française est plus raffinée que la cuisine américaine.

1. Les gratte-ciel sont hauts en France.
2. Les espaces sont grands aux États-Unis.
3. Les avenues en France sont larges.
4. Les voitures sont grosses aux États-Unis.
5. Les Américains sont gros.
6. En France, en général, les bâtiments sont bas.
7. Les rues sont étroites en France.
8. Il y a beaucoup de librairies aux États-Unis.
9. Les voitures ne sont pas grandes en France.
10. Les gens ne sont pas grands en France.

B. Vous êtes un francophile convaincu. Complétez les phrases suivantes en ajoutant les mots entre parenthèses.

1. La vie en France est meilleure. *(infiniment)*
2. Les femmes sont plus belles. *(tellement)*
3. La cuisine est la meilleure du monde. *(de loin)*
4. Les films sont plus intéressants. *(bien)*
5. La vie intellectuelle est active. *(extrêmement)*
6. Mais les appartements sont petits à Paris. *(fort)*
7. Le bruit à Paris est gênant. *(terriblement)*
8. La bureaucratie est ennuyeuse. *(atrocement)*

C. Faites des phrases originales qui comparent les deux éléments suggérés. Employez **plus . . . que, moins . . . que, aussi . . . que,** pour varier votre comparaison.

1. votre camarade de chambre et vous
2. un chien et un chat
3. votre mère et votre père
4. votre vie à l'université et votre vie chez vos parents
5. l'été et l'hiver
6. samedi soir et lundi matin
7. les hommes et les femmes
8. une girafe et un éléphant

D. Comparez votre vie à l'université à votre vie au lycée.

MODÈLE: À l'université, les cours sont plus difficiles qu'au lycée et on a moins de temps.

LE SUPERLATIF RELATIF

1. OBSERVEZ   C'était **la plus vieille** maison (**du patelin**).
Clotaire est **le moins intelligent de** la classe.
Tu es **mon meilleur** ami.

    ANALYSE   Employez l'article (**le, la, les**) ou l'adjectif possessif (**mon, ma, ton, ta,** etc.) plus le comparatif (**plus, moins**) pour former le superlatif relatif. Le terme auquel on compare le nom peut être *explicite* ou *implicite*. S'il est explicite, il est précédé de la préposition **de**.

2. OBSERVEZ   Anatole est **le plus intelligent des deux.**

    ANALYSE   Le français peut employer le superlatif quand il s'agit de *deux* personnes (ou choses) à comparer.

LES COMPARATIFS ET LES SUPERLATIFS IRRÉGULIERS

Adjectifs

Positif	*Comparatif*	*Superlatif*
un **bon** journal	un **meilleur** journal	le **meilleur** journal
une **mauvaise** journée	une journée **pire** (qu'hier) = une **plus mauvaise** journée[6]	la **pire** journée = **la plus mauvaise** de toutes

[6]Notez que **pire** et **plus mauvais** sont synonymes.

Adverbes irréguliers

Positif	*Comparatif*	*Superlatif*
J'écris **bien**.	Il écrit **mieux** (que moi).	Elle écrit **le**[7] mieux.
Elle danse **mal**.	Il danse **plus mal**.	Ève danse **le plus mal**.

ATTENTION! Dans certaines locutions toutes faites, **plus mal** et **le plus mal** deviennent **pis** et **le pis**.

EXEMPLES: Ces vacances **vont de mal en pis.**

Ça va mal maintenant, mais **il y a pis.**

Nous sommes condamnés aux vacances; **tant pis** pour nous!

Mettons les choses au pis: on ne retrouve ni nos valises ni nos chèques. (On envisage les choses sous l'aspect le plus défavorable.)

Exercices

A. Un Québécois compare ses visites en France et en Angleterre. Formez le comparatif, ensuite le superlatif à partir de chaque groupe de phrases. Remarquez que plusieurs phrases sont possibles. Voilà quelques exemples.

MODÈLE: La cuisine française est raffinée. La cuisine québécoise est lourde. La cuisine anglaise est plate.
La cuisine québécoise est **plus lourde que** la cuisine française, mais elle est **meilleure que** la cuisine anglaise. La cuisine française est **la plus raffinée des trois.**

1. La vie à Paris est très fatiguante. La vie à Londres me semble calme. La vie au Québec est très calme.
2. Les Parisiens ne sont pas accueillants. Les Anglais sont polis mais réservés. Les Québécois sont ouverts et accueillants.
3. L'hiver en France peut être dûr. En Angleterre, l'hiver est doux. Au Québec, l'hiver est, en général, assez rigoureux.
4. L'assurance maladie est excellente au Québec. En Angleterre, elle me semble acceptable. En France, elle ne marche pas toujours bien.
5. Les Français sont de très bons correspondants. Les Anglais écrivent de temps en temps. Les Québécois préfèrent téléphoner.
6. L'économie en France est instable. En Angleterre, il y a beaucoup de problèmes économiques. Au Québec, il y a quelques problèmes.

[7]Notez que l'adverbe au superlatif emploie toujours l'article masculin, même au pluriel.

B. Remplissez les blancs par **que, de** ou **à,** selon le cas. Attention aux contractions avec *à* et *de.*

1. Cet hôtel est supérieur ＿＿ le premier que nous avons vu.
2. Tu es arrivé plus rapidement ＿＿ moi.
3. Vous êtes la plus accueillante ＿＿ toutes mes amies.
4. Cette voiture est inférieure ＿＿ l'autre.
5. Ce livre est pire ＿＿ l'autre.
6. J'ai autant ＿＿ argent ＿＿ vous.
7. C'est la personne la plus intéressante ＿＿ groupe.

Conversation/Petit écrit

A. Préparez par petits groupes les questions suivantes pour présenter en classe sous forme de dialogue.

B. Écrivez une page sur la question de votre choix.

1. Comment le narrateur de «Cage ouverte» se moque-t-il du couple? Quel est le rapport entre la réalité des vacances et les cartes postales écrites par Djo? Comment Djo se montre-t-il dupe de la publicité?

2. Où aimez-vous passer les vacances de Noël, de Pâques, les grandes vacances d'été? Préférez-vous les passer à la mer ou à la montagne? Aimeriez-vous mieux passer les grandes vacances à l'étranger ou aux États-Unis? Où aimeriez-vous aller — en France, au Québec, en Belgique, en Suisse? Ou préférez-vous les pays exotiques comme le Sénégal, le Maroc, la Tunisie, l'Algérie, Madagascar, l'Île de la Réunion, la Martinique, Haïti, la Guadeloupe?

3. Quel temps fait-il à Paris au mois de novembre? Et au Québec? Quel temps fait-il au printemps, en été, en automne, en hiver, chez vous? Et en Europe? Quand fait-il beau ou frais? Quand fait-il du soleil, du brouillard, des éclairs, du tonnerre? Quand fait-il mauvais temps? Quand est-ce qu'il neige, pleut, gèle? Préférez-vous l'humidité ou le temps sec?

4. Quels préparatifs faites-vous pour des vacances dans les pays tropicaux? Faut-il se soumettre aux vaccins, avoir des papiers en règle, renouveler votre passeport, acheter des chèques de voyage? Quelles affaires mettez-vous dans votre valise — un maillot de bain d'une seule

pièce, de deux pièces, ou un bikini, de la crème solaire, des lunettes de soleil, des revues, des serviettes de plage, un pantalon, une jupe, un corsage, un slip, un soutien-gorge, des chaussettes, un chapeau de paille, un panier de paille, des articles de toilette?

5. Quels ennuis doit-on subir au cours du voyage — les enfants braillards, l'irritation des longues attentes, les fumeurs impolis, les formalités douanières, le prix exorbitant des taxis, l'impolitesse des garçons de café, la chaleur insupportable, le climatiseur bruyant, les touristes malpropres et arrogants?

6. Êtes-vous un couche-tard ou un lève-tôt (matinal ou nocturne)? À quelle heure vous levez-vous? À quelle heure vous couchez-vous? Quelles activités aimez-vous faire quand vous êtes en vacances? Aimez-vous jouer aux échecs, aux dames, aux cartes, au trictrac? Ou préférez-vous la natation, les bains de soleil, la lecture et le plaisir de la conversation? Aimez-vous faire de la voile, du canotage, du ski nautique, du tourisme? Aimez-vous les jeux de société comme le Scrabble et le Monopoly? Dansez-vous dans les discothèques enfumées jusqu'à l'heure de fermeture? Dormez-vous bien la nuit en vacances? Aimez-vous coucher à l'hôtel?

7. Aimez-vous vous baigner à la mer ou pratiquer le surf sur les vagues déferlantes? Avez-vous une planche (de surf)? Aimez-vous faire de la planche à voile? Après un orage, comment trouve-t-on les vagues? Sont-elles plus agitées qu'en temps normal, brunes, remplies de pierres, de sable, d'algues gluantes? Qu'avez-vous trouvé sur la plage — des étoiles de mer, des coquillages, des méduses, des crabes, des mouettes, des moustiques, des poissons morts? Avez-vous jamais eu un coup de soleil? Pourquoi est-ce une marque de supériorité d'être bronzé dans la civilisation occidentale?

8. Comment aimez-vous finir l'année, en groupe ou en compagnie choisie? Préférez-vous un banquet, un bal, les crécelles, les confetti, les bonnets de papier, les pétards? Ou aimez-vous mieux une bouteille de champagne et du pâté de foie gras devant le feu avec quelques amis intimes? Décrivez le réveillon que vous avez passé l'année dernière. Décrivez le réveillon idéal que vous imaginez. Avec qui aimeriez-vous le passer?

9. Aimez-vous courir sur la plage? Marchez-vous pieds nus ou avec des chaussures? Vous êtes-vous jamais coupé le pied sur des tessons? A-t-il fallu vous faire panser? Regrettez-vous la fin des vacances ou êtes-vous plutôt content d'être de retour chez vous?

Moi ce qui m'a décidé à venir c'est l'atelier de poterie et la boîte de nuit!

Questions sur le dessin humoristique

1. Que pensez-vous de la remarque faite par un des touristes?
2. Décrivez l'ironie du dessinateur.
3. Pensez-vous qu'un voyage à la lune pour des touristes soit un projet praticable de votre vivant?

Étude du lexique

1. **le bout**   l'extrémité, la limite, la fin, le terme

   Je suis au bout de ma patience et de mon énergie.
   Au bout du couloir, il y a la chambre à coucher.
   Il m'a écrit au bout d'une semaine.

2. **dédaigner**   mépriser, considérer avec dédain

   Voilà un bon offre; ce n'est pas à dédaigner.

3. **exercer** (un métier, un art, un commerce, la médecine)   pratiquer des activités professionnelles

   Il a exercé son métier jusqu'à l'âge de 70 ans.

4. **exiger**   demander

   Exercer l'art de la danse exige de longues années de travail.

5. **la retraite**   le repos, la solitude; l'état d'une personne qui s'est retirée de son emploi

Il se sentait fait pour la retraite à la campagne.
En France, on peut prendre sa retraite à 55 ans.

6. **éteindre** (une lampe, la lumière, l'électricité, la radio, le feu)   ≠ allumer (la lampe, le feu); ouvrir (la lumière, la radio)

Avant de te coucher, éteins le feu, la télévision et les lumières et ferme la porte à clef.

7. **être du signe du Bélier** (21 mars), **du Taureau** (21 avril), **des Gémeaux** (22 mai), **du Cancer** (22 juin), **du Lion** (23 juillet), **de la Vierge** (23 août), **de la Balance** (23 septembre), **du Scorpion** (23 octobre), **du Sagittaire** (22 novembre), **du Capricorne** (21 décembre), **du Verseau** (21 janvier), **des Poissons** (20 février)   les signes du Zodiaque

De quel signe êtes-vous? Je suis du signe du Scorpion.

8. **le chômage**   une période pendant laquelle on n'a pas de travail

Quand il était au chômage, il recevait un chèque du gouvernement chaque mois.

9. **taper sur les nerfs à quelqu'un**   irriter beaucoup

Quand je veux travailler, le bruit d'un stéréo me tape sur les nerfs.

10. **profiter de quelque chose**   tirer avantage de

Si tu veux profiter de ton éducation, apprends autant que possible.

11. **un passe-temps**   un divertissement, un amusement

Son passe-temps favori, c'est la lecture de la bande dessinée.

12. **chouette** *(fam.)*   agréable, joli, formidable

On part en vacances vendredi? Ah, chouette alors!
Je trouve ta jupe très chouette.

Les Plus Belles Vacances de votre vie

Michèle Manceaux

Voici venu le temps des vacances. On y a pensé tout le reste de l'année. Pas tout le monde pourtant. Les artistes, écrivains et comédiens que nous avons interrogés ne semblent guère les aimer. Quant aux autres, comment les préfèrent-ils? Plutôt que le bout du monde, c'est la dou-

Extrait de *Marie Claire,* juillet 1983, pages 37–44.

5 ceur de nos provinces qui paraît les faire rêver. Pour eux, les vacances elles-mêmes ne valent pas le souvenir que l'on en garde, surtout lorsque c'est un souvenir d'enfance.

Vacances, mot magique lié à l'enfance, à la liberté. Mot qui fait rêver de soleil et de mer. (. . .) L'année de la plupart des Français **pivote**   tourne
10 autour de ce mot-là. On y pense dès janvier, on économise, on planifie son temps, on s'organise au mieux. En demandant à des personnes connues de nous raconter leurs vacances, nous pensions **recueillir** des   rassembler idées de vacances originales, des images encore plus belles que celles qui se déploient sur les **affiches** des «clubs» qui proposent le produit   annonces placardées
15 «vacances», comme on vend des voitures ou des réfrigérateurs.   dans un lieu public

Or, nous nous sommes aperçus que le privilège des personnes pri-   donc vilégiées n'est pas de passer de meilleures vacances que la plupart des Français, mais en quelque sorte de les dédaigner. Luxe suprême d'exercer un métier si plaisant que l'on n'a pas envie ou pas besoin de
20 **souffler.** (. . .)   respirer, se reposer

Mais l'hiatus est profond entre les artistes et la population. Ils ne représentent qu'une **frange** exceptionnelle.   une minorité

Les autres, tous les autres adorent les vacances. C'est pour eux l'occasion de faire autre chose justement, que ce qu'ils font toute l'an-
25 née. (. . .)

Pierre-Jean Rémy, écrivain: «En voiture, à travers la vieille Europe. Pour moi, les vacances, c'est deux directions: la Provence et la vieille Europe. Et c'est avant tout, écrire, et faire provision d'observations pour écrire en rentrant à Paris. La Provence c'est ma maison blanche
30 au milieu des vignes, une table où je travaille, mes enfants qui m'entourent et une femme que j'aime bien près de moi.» Vacances stu- dieuses **entrecoupées** de bains dans la piscine, de promenades, de dé-   interrompues jeuners au soleil. (. . .)

Marie-Christine Barrault, comédienne: «À bicyclette, dans les Cé-
35 vennes.» «Il y a les vacances rêvées et les vacances réelles. L'idéal c'est quand on peut arriver à faire se rejoindre le rêve et la réalité. Là ce sont les vraies vacances. Mon rêve? Un endroit super-calme à la cam- pagne. Pas le bord de mer, ça, ça me fait peur. Me remettre à l'écoute de la nature, du temps qui passe. À Paris, j'ai un grand manque de
40 rapport sensuel avec la nature.

«Pas de programme précis, me lever tard, me promener à pied ou à bicyclette. (. . .)

«Mais j'aime aussi les grands voyages. L'année dernière nous sommes allés à Madagascar. J'ai eu un contact extraordinaire avec les
45 gens. La nature est sublime. (. . .)

«Ce qui est très important pour moi, c'est le contact. Rencontrer une civilisation, comprendre la manière dont les gens vivent. J'ai une soif

de voyages énorme. Si je n'avais pas été actrice, j'aurais aimé avoir
une profession qui exige de voyager. L'archéologie, l'ethnologie peut-
50 être. Il n'y a pas un pays dans le monde où je n'ai pas envie d'aller.»

Ludmila Mikael, comédienne: «Le yoga dans une retraite.» «Depuis
des années, mes vacances ce sont d'abord celles du Théâtre français:
le mois d'août. Ceci dit, c'est un mot un peu abstrait pour moi, dans la
mesure où je ne possède pas de maison, donc pas d'habitude de va-
55 cances (. . .). Mais c'est avant tout: aucune contrainte **mondaine.** J'ai   sociale
un métier en contradiction avec ma nature, plutôt sauvage,
puisque je suis obligée d'avoir une vie mondaine à Paris. Longtemps
ça a été une **angoisse.** La peur d'être dévorée intérieurement par les   anxiété
mondanités, de voir mon énergie **s'étioler. Le dehors m'éteint.** J'ai   distractions du
60 mis longtemps à le comprendre. Mais il m'éteint peut-être parce que   monde / s'affaiblir /
je ne sais pas encore guider mon énergie. En tout cas, encore mainte-   La vie sociale me
nant, la vie sociale représente un danger à mes yeux. (. . .)»   détruit.

Catherine, jeune fille: «À la mer, quand j'étais une petite fille.» «Mes
plus jolies vacances ce sont celles de mon enfance. La vraie liberté de
65 corps et d'esprit. Elles sont toujours associées à la mer, ou en tout cas,
à l'eau. Je suis du signe du Poisson. Dès que je nage dans un lac ou à
la mer aujourd'hui, j'ai l'impression alors d'avoir cinq ans.»

Dominique Fernandez, écrivain, prix Goncourt: «En Sicile, le dos à
la mer.» «Il faut déjà analyser le mot vacances. Vacances, vacant, **va-**   être vacant
70 **quer,** c'est le vide, non? Or, l'écrivain c'est l'horreur du vide. Question
de survie: **on écrit que** lorsqu'on est plein. Pour un écrivain il n'y a pas   on n'écrit que
de vacances, pas de jours **chômés.** (. . .)   sans travail

«Même enfant, j'ai toujours détesté les vacances. Cette idée me **hé-**   irritait à l'extrême
rissait. Je n'aimais pas ma famille et j'étais contraint de passer les
75 trois mois de l'été avec elle. Ces vacances forcées c'étaient les **galères,**   travail pénible et dur
c'est ne pas écrire aussi. J'ai transformé les vacances moroses et vides
de mon enfance en vacances laborieuses. Ce n'est que comme ça que
je peux les aimer. (. . .)»

Aurélia, petite fille: à l'**île du Levant** avec sa jupe de **paille.** Aurélia   dans la Méditerranée /
80 a onze ans, des cheveux rouge foncé et des yeux en amande. Elle est   tiges de blé séchées
en **sixième** dans un grand lycée parisien. Elle aime bien le français, les   *7th grade*
sciences naturelles et l'histoire, mais pas les maths. Elle ne sait pas
très bien ce qu'elle voudrait faire quand elle sera grande.

«Quand je pars en vacances, je suis excitée parce que ça change.
85 J'aime bien partir avec mes deux petits frères, je préfère ça à partir
toute seule, même si parfois ils me fatiguent et me tapent sur les nerfs.
J'aime bien aller au bord de la mer mais je ne sais pas nager. J'ai été
à l'île du Levant avec ma maman. J'aimais bien être sur la plage. Les
filles portaient des jupes en paille, c'était chouette. On ramassait des
90 petits crabes sur la plage, on se promenait. Quand il fait beau, on peut

être tout le temps dehors. Je rêve d'aller à Tahiti. Il y a des **cocotiers,** l'eau est chaude comme dans un bain. Il y a du soleil. Remarque, les Esquimaux dans les igloos, ça doit pas être mal non plus. (. . .)

arbre qui produit la noix de coco

«En vacances, je lis, je me promène avec mon père. Je ne regarde
95 pas la télé parce qu'il fait beau et que c'est bête de ne pas profiter du soleil. Quand il pleut, on joue au Monopoly. J'aime bien la montagne aussi, la neige. J'aimerais bien vivre à la montagne, comme ça je serais tout le temps en vacances. L'école serait dans la vallée, pas trop loin de la maison. L'hiver il y aurait la neige. L'été, on pourrait cueillir
100 des fleurs. Il y aurait des oiseaux.

«(. . .) À la fin des vacances, je suis contente de retourner à l'école. Je n'aimerais pas être en vacances tout le temps. C'est bien d'aller au lycée en hiver, ça occupe. Parce que l'école, c'est quand même un grand passe-temps.»

Intelligence du texte

Préparez oralement les questions suivantes.

1. Quelle est l'attitude des artistes, des écrivains et des comédiens envers les vacances? Que préfèrent les autres?
2. Que représentent les vacances pour Pierre-Jean Rémy?
3. Quel est l'idéal pour Marie-Christine Barrault? Quel est son rêve?
4. Que représentent les vacances pour Ludmila Mikael? Et pour Catherine?
5. Pourquoi Dominique Fernandez n'aime-t-il pas l'idée des vacances? Comment a-t-il transformé ses vacances afin de les aimer?
6. Décrivez Aurélia. Comment aime-t-elle partir en vacances? De quoi rêve-t-elle? Pourquoi? Pourquoi ne voudrait-elle pas être toujours en vacances?

Résumé

En vous servant des suggestions suivantes comme guide, faites un résumé de l'article «Les Plus Belles Vacances de votre vie».

Pourquoi l'auteur de l'article a-t-il demandé à des personnes connues de raconter leurs vacances? Quels étaient les résultats généraux de ses interviews? Résumez en comparant les idées sur les vacances des trois artistes. Que représentent les vacances pour Catherine et Aurélia? En quoi les attitudes des artistes diffèrent-elles de celles des jeunes filles? Pourquoi? Qu'en pensez-vous?

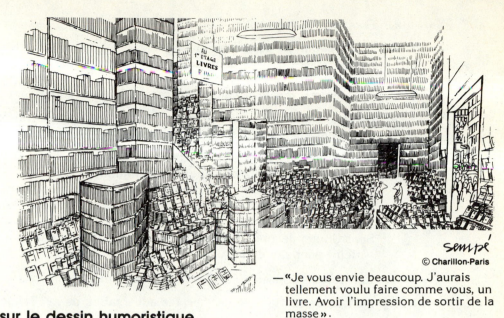

—«Je vous envie beaucoup. J'aurais
tellement voulu faire comme vous, un
livre. Avoir l'impression de sortir de la
masse».

© Charillon-Paris

Questions sur le dessin humoristique

1. En quoi consiste le comique de la situation?
2. Aimeriez-vous sortir de la masse? Comment?
3. Aimeriez-vous écrire un livre?

Essai

Présentez le pour et le contre d'une des questions suivantes.

1. Les vacances des professeurs sont trop longues.
2. Deux semaines de vacances sont suffisantes pour tout le monde.
3. On accorde trop d'importance au travail aux États-Unis.
4. Des vacances séparées sont souhaitables pour un couple marié.

Après avoir exposé le sujet, vous pourriez présenter chacun des arguments de l'adversaire. Mais tout en présentant un argument de l'adversaire, vous pourriez le commenter, le condamner, le tourner en ridicule, l'ironiser, montrer qu'il est sans valeur, selon l'expression dont vous vous servez et selon la force avec laquelle vous voulez le combattre.

Par exemple, si vous êtes *favorable* à la question telle qu'elle est présentée, vous pourriez exposer l'opinion de l'adversaire de la manière suivante.

1. *Présentation du sujet.*

   Pour légitimer leur opinion (Afin de justifier leur idée), les adversaires de
   . . . **proposent** trois (plusieurs, un certain nombre d') arguments.

2. *Premier argument critiqué.*

   Tout d'abord, ils **osent dire** que . . .
   Pourtant, ils oublient **exprès** que certaines professions exigent plus de
   . . . que d'autres.
   «Osent dire», «exprès» marquent la mauvaise foi de l'adversaire.

3. *D'autres arguments* avec commentaire ou ironie qui met en doute l'intelligence des adversaires et les ridiculisent.

   Deuxièmement, **ils posent à titre d'hypothèse que** . . .
   En second lieu, **le préjugé que . . . est injustifiable.**
   Ensuite, **l'idée que . . . est ridicule parce qu'il est bien connu que** . . .
   Peut-on les prendre au sérieux lorsqu'ils mettent de l'avant comme ar-
   gument . . . ?
   Sans doute, **ils plaisantent! Ça ne prend pas un génie (un esprit supé-
   rieur) pour savoir que** . . .

4. *Conclusion.* Conseil aux adversaires, dans un ton condescendant.

   Au lieu de se plaindre de . . . , **les adversaires** de . . . **feraient mieux de**
   . . .

Comment dirais-je?

Les expressions suivantes vous aideront dans les Activités.

le départ ≠ l'arrivée *(f.)*
partir en vacances, à l'étranger
passer ses vacances à l'étranger, à la plage, à la montagne, à la campagne
se faire vacciner
obtenir un visa
la douane, un douanier, le contrôle des importations
le contrôle d'identité
faire du tourisme
aller voir (visiter) la Tour Eiffel, l'Arc de Triomphe, la Seine, le Louvre (à Paris,
    la Côte d'Azur, etc.; la vieille ville à Montréal, la vieille cité à Québec, le
    Château Frontenac)
descendre dans un hôtel de luxe, à prix modique, à prix raisonnable, régler la
    note à la réception
payer le taxi
le restaurant de l'hôtel
payer l'addition
laisser un pourboire (si le service n'est pas compris)
acheter un billet simple, un aller-et-retour pour . . .
prendre l'avion, le train, l'autocar, le bateau
faire du ski (alpin, nordique, nautique), faire de la raquette (sur la neige)

faire du voilier, faire de la voile, s'inscrire à une école de voile
une planche à voile
bâtir des châteaux de sable au bord de la mer
se bronzer au soleil
attraper un coup de soleil
faire de l'équitation = monter à cheval
avoir un accident de voiture ou d'auto (l'auto dérape, le train déraille, l'avion
s'écrase)
s'affoler = perdre la tête

Activités

1. La classe sera divisée en deux équipes dont une énoncera une action, tan-
dis que l'autre fera un commentaire négatif.
   EXEMPLES: A: Nous avons passé nos vacances au bord de la mer.
   B: *Mais* il a plu tous les jours.
   A: Tous les papiers étaient en règle.
   B: *Malheureusement,* nous avons perdu nos passeports.
2. On dit souvent que les vacances, c'est la meilleure époque de l'année.
Qu'en pensez-vous? Pourquoi?
3. Que pensez-vous des vacances en groupe et des tours organisés? Quels
en sont les avantages et les inconvénients?

Mini-théâtre

Mari et femme discutent leurs projets de vacances; il aime le calme, elle le
mouvement.

Leçon **5**

Les transports

TEXTE I
Les Débuts de l'auto, *Ringuet*

GRAMMAIRE
L'emploi et la formation du futur simple et du futur antérieur
L'emploi et la formation du conditionnel et du conditionnel passé

TEXTE II
La Planche à voile dans le métro, *Stefan Marschall*

112

Étude du lexique

1. **un tournant**   un moment où ce qui évolue change de direction
   Elle est à un tournant de sa carrière, de sa vie.
   Ce roman marque un tournant décisif dans le genre romanesque.

2. **le robinet**   un appareil qui règle le passage de l'eau
   Sur les vieux lavabos, il y a deux robinets: un robinet d'eau froide et un
       robinet d'eau chaude.

3. **en plein hiver (été)**   au milieu de l'hiver (de l'été)
   Il y a des neiges abondantes; nous sommes en plein hiver.

4. **la saleté**   ce qui est sale: la boue, l'ordure ≠ la propreté
   Il s'est servi d'un savon domestique pour enlever la saleté de ses mains.

5. **le pré**   une étendue d'herbe à la campagne, la prairie
   Nous avons fait un pique-nique dans un pré couvert de marguerites.

6. **décapotable**   dont on peut enlever le toit
   Il faut porter une écharpe car on va sortir dans une voiture décapotable.

7. **avertir**   informer, prévenir, aviser
   Je vous avertis qu'il faudra agir avec prudence.

8. **puer**   sentir très mauvais
   Le métro puait tellement que j'étais obligé de me boucher le nez.

9. **bien entendu**   bien sûr, assurément, naturellement
   Bien entendu, vous explorerez toutes les possibilités avant de choisir la
       meilleure manière de procéder dans cette affaire.

10. **à la fois**   simultanément
    Je ne peux faire qu'une chose à la fois, si je veux la faire bien.

11. **ému**   qui éprouve une émotion vive
    Il lui a parlé de son amour d'une voix émue.

12. **inouï**   incroyable, extraordinaire, étonnant, prodigieux
    C'est inouï combien l'automobile a révolutionné la vie.

13. **disponible**   libre
    Il y a un appartement disponible dans la vieille ville.
    Je ne suis pas disponible ce soir; j'ai rendez-vous.

14. **ébloui**   aveuglé par la lumière, émerveillé, frappé vivement
    Les enfants étaient éblouis par la beauté de la voiture.

15. **le volant**   l'appareil par lequel on oriente les roues d'une auto

   D'habitude il est doux, mais au volant de sa voiture, c'est un autre homme.

16. **de rigueur**   exigé, imposé par les usages

   Il est de rigueur de leur écrire une lettre de remerciement.

17. **se mettre en tête de** + *infinitif*   avoir l'idée de + *infinitif*

   Elle s'est mise en tête de faire du ski de randonnée en haute montagne, malgré son peu d'expérience.

18. **bricoler**   s'occupe chez soi de petits travaux manuels

   Samedi, il adore bricoler dans son garage; c'est un bricoleur.

Les Débuts de l'auto

Ringuet

Philippe Panneton (1895–1960) est né à Trois-Rivières, grande ville entre Montréal et Québec sur le fleuve Saint-Laurent. Il devient médecin avant de publier son premier roman, Trente arpents, *sous le pseudonyme de Ringuet. Ce roman marque la fin du règne de la terre et du monde rural dans le genre romanesque au Québec; dès lors, la ville tiendra la place principale dans les romans québécois. Les personnages principaux de ses deux autres romans,* Fausse Monnaie (1947) *et* Le Poids du jour *(1949), sont des citadins.*

Après la publication de L'Héritage et autres contes *(1946), Ringuet se lance dans une carrière diplomatique, comme attaché culturel au Brésil. En 1956, il devient ambassadeur au Portugal. Il fut un des membres fondateurs de l'Académie canadienne-française.*

Des souvenirs posthumes, trente et un textes publiés par sa femme en 1965 sous le titre de Confidences, *furent d'abord lus à la radio. Ringuet évoque, avec une certaine nostalgie, son enfance à Trois-Rivières, les neiges lourdes du temps passé, ses premières amours. Pourtant, comme on voit dans le récit «Les Débuts de l'auto», il est loin de regretter le progrès; il se moque même de ceux qui louent sans réserve «le bon vieux temps» sans se rendre compte de l'importance des inventions modernes desquelles ils dépendent. En effet, pourquoi l'auteur préfère-t-il les temps modernes?*

On se rend compte de son âge et que l'on a passé le tournant lorsque, racontant des choses de son enfance, l'on entend les autres s'écrier: «Comme c'est curieux! Et vous avez vraiment connu ce temps-là?»

5   **Certes,** je **ne m'aviserai point d'**écrire de ce qu'on appelle *le bon vieux temps.* Ce *bon vieux temps* qui aurait été l'âge d'or! (. . .) *Le bon vieux temps,* pour parler franc, en est un où personne d'aujourd'hui ne

Certainement / ne suis pas assez audacieux pour

Extrait de *L'Anthologie de la littérature québécoise,* vol. 4 (Montréal: Éditions La Presse, 1980), pages 121–124.

supporterait de vivre vingt-quatre heures! C'était le temps des lampes
à pétrole qui fumaient, sentaient et sautaient. Le temps où on se levait
à cinq heures du matin, avant le soleil. Le temps de la pompe à bras
10 (. . .) qui peut faire poétique dans un récit paysan mais que nos
chantres du **terroir,** bien servis par les robinets de leur maison de ville,   poètes / région rurale
(. . .) ne voudraient pas avoir à manœuvrer en plein hiver. Le temps du
bon **pain de ménage** . . . qui n'était frais qu'une fois par quinze jours.   pain fait chez soi
Le temps de savon domestique . . . qui emportait la peau avec la sa-
leté. Le temps du cheval, au lieu de l'infatigable moteur. De l'**ensève-**   emprisonnement
15 **lissement** à domicile pendant des mois. De l'hiver entier à se nourrir
de lard salé et de vieux **navets.** Le temps de la faux,[1] et même de la   *turnips*
faucille,[1] qui ne permettait de **faucher** à six qu'un seul pré en trois   couper avec une faux
jours. (. . .) Oui! Oui! Protestez! Protestez, vous tous (. . .). Poètes de la
campagne qui lui composez des élégies bucoliques . . . mais à la ville
20 sur la machine à écrire. (. . .) Je voudrais vous voir passer une année
dans une cabane (. . .) avec un **poêle.** (. . .) —Comment, il n'y a pas de   appareil de chauffage
bois pour chauffer! —Mais! Allez-vous en **bûcher.** —Et. . . où est mon   faire tomber (des
jus d'orange? Mes aspirines? (. . .) —C'est ennuyant, ici. Ouvrons la   arbres)
25 radio. —La radio? Mais elle n'est pas inventée! —Alors, j'aime mieux
m'en aller. Je m'en vais! —Vous en aller! Mais il n'y a pas de chemin.
À moins que vous ne vouliez **faire de la raquette.** C'est si beau et si   marcher sur la neige à
bon pour la santé: dix **milles** à pied par vingt-deux sous zéro!   l'aide des raquettes /
                                                                           miles
Bon! Maintenant que passant ma satire j'ai chanté indirectement *le*
30 *bon vieux temps,* non pas le vieux mais celui d'aujourd'hui, je n'en rappellerai pas moins quelques souvenirs des temps primitifs, où l'auto
fit chez nous son apparition.

Cela, je l'ai connu. Je l'ai vécu. Car je suis né en 1895 (. . .). Mon
enfance, ma petite enfance, n'a connu que les chevaux. Pas de trac-
35 teurs, pas de **souffleuses,** pas de décapotable-sport. (. . .)   chasse-neige

Je ne saurais oublier l'arrivée dans notre petite ville de ces machines étranges.[2] Avertis par le télégraphe, nous, tous les **bambins** de   enfants
la ville, les attendions. J'**eus** la chance de voir s'arrêter juste devant   *had*
moi l'un de ces véhicules fumants, puants et d'autant plus prestigieux.
40 Le conducteur après un essai d'anglais à quoi, bien entendu, je ne
compris rien, exhiba une carte portant le nom d'un hôtel. Tout fier, je
montai sur le **marchepied.** À la fois inquiet, ému et glorieux, à la vi-   *running board*
tesse inouïe de quinze milles à l'heure je guidai le monstre dans une
apothéose de poussière.

45 Cette visite ne fut pas sans effet. Le mouvement était lancé. Dans
tout groupement humain, même aux Trois-Rivières, il se trouve tou-
jours des êtres dangereux à qui les chose de **jadis,** et même de **na-**   autrefois / récemment
guère, ne suffisent point. (. . .)

[1]Instruments utilisés pour couper l'herbe, les céréales.

[2]C'est-à-dire, les automobiles.

Les premières voitures **trifluviennes** firent sensation. (. . .) Il y avait   de Trois-Rivières
50 des Maxwell à deux cylindres qui faisaient pouf-pouf-pouf-pouf. Et les
premières Ford dont le modèle T, anachronique, régna si longtemps.
Des Cadillac aussi, mais que personne n'oserait avouer aujourd'hui. Si
peu nombreuses, les autos, que chacune avait été **baptisée.** (. . .)   surnommée

Fort conservateur, mon père n'en avait pas moins par moment des
55 **velléités** modernes. À moins que l'idée n'**eût été** de ma mère, née   tendances / *came*
montréalaise. **Quoi qu'il en fût,** nous **apprîmes** un jour, éblouis, que   *Whatever the case*
notre père allait **troquer** sa bicyclette et son cheval contre une auto   *might have been /*
dans laquelle faire les visites médicales à sa clientèle alors nombreuse.   *learned /* échanger
Quel **émoi** lorsque fut arrivé le grand jour! (. . .)   émotion forte

60 Pauvre père! il ne **sut** jamais conduire. Il resta toujours méfiant à   *knew*
l'égard de sa mécanique. (. . .) Je le vois encore, assis au volant vertical
de la Ford première édition. Sur le front, ses lunettes. Sur la tête, la
casquette beige de rigueur. (. . .) Mais jamais il ne **put se départir** des   *could* / se séparer
habitudes prises en conduisant les chevaux. Il tenait le volant à pleines
65 mains, comme des guides. Pour arrêter il tirait dessus. (. . .) Un jour
qu'il nous conduisait, la Ford se mit en tête de **courir sus** à un **poteau**   attaquer (*vieux*) / pilier
(. . .). Il tirait sur le volant de toutes ses forces en criant éperdument: en bois
«Woa! Woa!» Le poteau arrêta la course: heureusement sans grand
dommage.

70 À ma grande jalousie, mon frère aîné apprit bientôt à conduire. N'é-
tant pas souvent disponible, il devait laisser notre père faire seul ses
visites. Parfois, un appel **éploré** arrivait à la maison quand ce n'était   désolé, triste
pas notre père en personne mais, à pied.

«J'ai laissé l'auto au coin des rues Champflour et Sainte-Julie. Elle
75 ne marche plus, je pense qu'elle est toute brisée!» De vrai, mon père
était le plus pessimiste des hommes. Il vivait dans l'attente, presque
dans l'espoir de toutes les catastrophes. L'un de nous partait alors au
secours. Toujours, la solution de la panne était des plus simples.
Manque d'essence; ou encore oubli de tourner la clef de contact.

80 Nous **fîmes** parfois de longues randonnées. Québec ou Montréal.   *made*
Une telle expédition comportait normalement une ou plusieurs pannes.
Nous étions forcément devenus quelque peu mécaniciens et brico-
leurs. Car il n'existait le long du chemin aucun garage. Toutes les réparations ou à peu près, nous les faisions nous-mêmes. (. . .)

85 (. . .) Je n'oublierai jamais ce retour de Montréal à Trois-Rivières,
dans la nuit, où j'eus à réparer onze **crevaisons.** Je dis réparer. Car il   éclatements (d'un
fallait chaque fois enlever de la **jante fixe** le pneu à force de poignet;   pneu) / la périphérie
réparer la chambre à air (. . .), remonter le pneu. Enfin le regonfler à   d'une roue
la pompe à main. Automobiliste d'aujourd'hui qu'une crevaison met
90 en fureur, que n'avez-vous connu *le bon vieux temps* de l'auto. Moi je
l'ai connu, je ne voudrais pour rien au monde le voir revenir.

(. . .) Ce temps est passé. Songez au temps jadis pour mieux jouir
du temps présent. Vraiment, il fait meilleur vivre en 1960.

Intelligence du texte

1. Comment se rend-on compte de son âge et que l'on a passé le tournant?
2. Comment Ringuet décrit-il *le bon vieux temps*? À quelle heure se levait-on à cette époque?
3. Décrivez le pain de ménage et le savon domestique.
4. Pourquoi fallait-il s'ensevelir à domicile pendant des mois? De quoi se nourrissait-on en hiver?
5. Comment fauchait-on un pré à cette époque? Combien de temps fallait-il pour le faire?
6. Comment Ringuet se moque-t-il des poètes de la campagne?
7. Pourquoi les poètes de la campagne ne seraient-ils pas contents de passer une année dans une cabane?
8. Comparez les transports du temps de jadis avec ce qu'ils sont à présent.
9. Quand Ringuet est-il né? De quoi se souvient-il?
10. Comment les bambins savaient-ils que les automobiles allaient arriver?
11. Décrivez ces premiers véhicules.
12. Pourquoi le narrateur n'a-t-il pas compris le conducteur de l'automobile? Qu'est-ce que le conducteur lui a donné?
13. Quelles étaient les émotions de l'enfant lorsqu'il monta sur le marche-pied? À quelle vitesse allait l'auto?
14. Décrivez les premières voitures arrivées à Trois-Rivières.
15. Qu'est-ce que Ringuet et son frère ont appris un jour?
16. Le père de Ringuet était-il un bon conducteur? Pourquoi? Décrivez l'accident avec le poteau.
17. Pourquoi son père revenait-il souvent à pied en laissant la voiture au coin de la rue? Les pannes étaient-elles graves?
18. Décrivez la randonnée qu'ils ont faite de Montréal à Trois-Rivières.
19. Pourquoi le narrateur nous recommande-t-il de songer au temps jadis? Quand a-t-il écrit ce récit?

Mise en œuvre du vocabulaire

A. Remplacez les mots en italique par une des expressions du lexique.

1. Ils étaient à *un moment critique* de leur rapport.
2. Ce que ces animaux *sentent mauvais*!
3. Il faisait très mauvais et Rachel est rentrée couverte de *boue*.
4. *Au milieu de l'hiver,* je préfère voir mes amis chez moi.
5. Il faudra l'*informer* du danger qu'il court.
6. Mon chien adore courir dans *les prairies*.
7. *Bien sûr* il a accepté l'offre; elle a été excellente.
8. Être en tenue de soirée est *exigé* après 18 h.

9. Il lui est difficile de faire deux choses *simultanément*.
10. Nous sommes *étonnés* par son intelligence.
11. Seriez-vous *libre* demain soir?
12. C'est *incroyable* combien tu peux être bête!
13. Ce week-end, *je me suis occupé à faire de petits travaux* dans mon atelier.

B. Complétez les phrases suivantes.

1. Elle était très _____ par sa générosité.
2. Ferme _____; il faudra conserver l'eau.
3. Pour les randonnées à la campagne en été, ils ont acheté une voiture _____.
4. Il ne faut pas _____ de faire des choses impossibles.
5. Mettez-vous au _____ et vous verrez combien cette auto est confortable.

GRAMMAIRE

L'emploi et la formation du futur simple et du futur antérieur

1. OBSERVEZ   Je vous **rappellerai** quelques souvenirs du temps passé.
Je **n'oublierai** jamais ce retour de Montréal à Trois-Rivières.
Nous **serons** contents si Papa achète une voiture.

ANALYSE   Le *futur simple* marque des actions qui ne sont *pas encore réalisées* au moment où l'on parle. Avec une supposition simple, on emploie *le futur* dans la proposition indépendante et *le présent* dans la proposition subordonnée.

2. OBSERVEZ   Pour demain, vous **lirez** jusqu'à la page 20.
Vous **ferez** attention à ne pas laisser la porte ouverte.

ANALYSE   Le futur simple s'emploie aussi pour atténuer la valeur trop absolue d'un impératif.

3. OBSERVEZ   **Quand** j'**irai** à Québec, je te **rendrai** visite.
Lorsqu'il **arrivera, dis**-le-lui.
Aussitôt que vous le **verrez, racontez**-lui l'histoire.
Je **ferai** le travail **dès que** je **pourrai**.

En France, les trains partent toujours à l'heure.

ANALYSE S'il s'agit d'une action future, employez le futur simple après les conjonctions **quand, lorsque, aussitôt, dès que.** Le verbe de la proposition indépendante peut être au futur ou à l'impératif.

4. OBSERVEZ Il **va falloir** que je raconte pourquoi je suis à Montréal.
Je **vais habiter** Québec dans un mois.
Tu **vas perdre** ta clef.

ANALYSE *Le futur proche* rattache le moment du discours (l'instant où l'on parle) au futur. Il peut aussi marquer une intention.
EXEMPLE: Je **vais habiter** Paris. (J'ai l'intention d'habiter Paris.)

5. OBSERVEZ **Quand** j'**aurai fini** mon travail, je serai bien fatigué.
Dans quelques mois, il **aura fini** son deuxième roman.
À 14 heures, nous **aurons déjeuné,** alors nous irons au cinéma.

ANALYSE *Le futur antérieur* marque une action future, antérieur à (avant) une autre action future. En emploi absolu (deuxième phrase), il marque un fait futur qui sera *accompli* à un moment déterminé du futur.

Quand j'aurai fini mon travail, je serai bien fatigué.

PRÉSENT   FUTUR ANTÉRIEUR   FUTUR

moment du discours

ligne du temps

la fin de mon   ma fatigue
travail

Dans quelques mois, il aura fini son deuxième roman.

PRÉSENT   FUTUR ANTÉRIEUR   FUTUR
moment du discours

ligne du temps

janvier... février... mars... avril... mai... juin...

(nous sommes en   Le roman est fini.
janvier)

À 14 heures, nous aurons déjeuné, alors nous irons au cinéma.

PRÉSENT FUTUR ANTÉRIEUR   FUTUR
moment du discours

ligne du temps

(midi)   14 h   (après 14 h)

Le déjeuner
est fini.

LE FUTUR SIMPLE DES VERBES RÉGULIERS

Terminaisons	pleur*er*	part*ir*	répond*re*[3]
-ai	je pleurer**ai**	je partir**ai**	je répondr**ai**
-as	tu pleurer**as**	tu partir**as**	tu répondr**as**
-a	il pleurer**a**	il partir**a**	il répondr**a**
-ons	nous pleurer**ons**	nous partir**ons**	nous répondr**ons**
-ez	vous pleurer**ez**	vous partir**ez**	vous répondr**ez**
-ont	ils pleurer**ont**	ils partir**ont**	ils répondr**ont**

Ajoutez les terminaisons du futur, qui viennent du présent du verbe **avoir,** à l'infinitif du verbe.

LE FUTUR DES VERBES IRRÉGULIERS

aller	j'irai	courir	je courrai	devoir	je devrai
avoir	j'aurai	mourir	je mourrai	recevoir	je recevrai
savoir	je saurai	pouvoir	je pourrai	tenir	je tiendrai
être	je serai	envoyer	j'enverrai	venir	je viendrai
faire	je ferai	voir	je verrai	vouloir	je voudrai

Les verbes impersonnels

falloir	il faudra
valoir	il vaudra
pleuvoir	il pleuvra

VERBES AYANT DES CHANGEMENTS ORTHOGRAPHIQUES AU FUTUR

1. OBSERVEZ j'achèterai   nous achèterons
tu achèteras   vous achèterez
il achètera   elles achèteront

ANALYSE Les verbes qui se terminent en **e** + *consonne* + **e** muet (ache-ter, amener, emmener, geler, lever, mener, peser, préférer, etc.) ont un accent grave au futur.

[3]Notez que le **e** final disparaît dans les verbes de la 3e conjugaison au futur.

2. OBSERVEZ   j'appellerai   nous appellerons
               tu appelleras   vous appellerez
               elle appellera   ils appelleront

ANALYSE   La plupart des verbes en **-eter** et en **-eler (appeler, épeler, jeter, rejeter,** etc.) redoublent la consonne au futur. (**Acheter** et **geler** font exception.)

3. OBSERVEZ   j'emploierai, il noiera, tu essuieras
               je paierai *ou* je payerai
               il essaiera *ou* il essayera

ANALYSE   Pour les verbes en **-oyer** ou **-uyer,** le **y** devient **i** au futur. Avec les verbes qui se terminent en **-ayer,** ce changement est facultatif au futur, comme au présent.

LE FUTUR ANTÉRIEUR

aimer	**sortir**
j'aurai aimé	je serai sorti(e)
tu auras aimé	tu seras sorti(e)
il aura aimé	il sera sorti
elle aura aimé	elle sera sortie
nous aurons aimé	nous serons sorti(e)s
vous aurez aimé	vous serez sorti(e)(s)
ils auront aimé	ils seront sortis
elles auront aimé	elles seront sorties

Pour former le futur antérieur, employez le futur du verbe auxiliaire, **avoir** ou **être** selon le cas, et le participe passé. N'oubliez pas de faire l'accord entre le sujet et le participe passé des verbes conjugués avec **être** (revoir Leçon 3 si nécessaire). Toutes les règles qui se rapportent aux temps composés s'appliquent ici.

EXEMPLES: Ne sera-t-elle pas sortie à 17 h?   Non, elle ne sera pas sortie.
           Ne les auras-tu pas vus avant demain?   Si, je les aurai vus.
           Se seront-elles lavées avant l'arrivée de maman? Bien sûr!

Exercices

A. Vous allez chez une diseuse de bonne aventure. Elle regarde dans sa boule de cristal et voit votre avenir. Mettez les verbes entre parenthèses au futur.

La semaine prochaine, un ami québécois vous _____ *(envoyer)* une lettre d'invitation. Vous _____ *(recevoir)* la lettre le matin et vous y _____ *(ré-*

pondre) le soir. Vous _____ *(aller)* le voir peu après. Vous _____ *(arriver)* à Montréal et votre ami _____ *(venir)* vous chercher à l'aéroport. Il vous _____ *(ramener)* chez lui à Trois-Rivières. Il _____ *(donner)* une réception en votre honneur et _____ *(inviter)* beaucoup de monde. Vous _____ *(faire)* la connaissance de ses parents et de ses amis. À la réception, vous _____ *(rencontrer)* une personne mystérieuse et belle. Vous _____ *(avoir)* tout de suite envie de lui parler et vous _____ *(savoir)* qu'elle a la même envie. Elle _____ *(être)* habillée de façon élégante. Vous l'_____ *(entretenir)* de vos affaires pendant quelques minutes et elle vous _____ *(demander)* de la raccompagner. Cette personne vous _____ *(révéler)* un grand secret sur la vie, un secret que vous _____ *(comprendre)*. Il _____ *(falloir)* la quitter avant minuit et vous _____ *(partir)* dans une tempête de neige.

B. Imaginez que vous êtes la diseuse de bonne aventure. Continuez sa prédiction.

C. Choisissez un(e) camarade de classe et faites une prédiction pour lui (elle).

D. Vous donnez des instructions à un voisin qui s'occupera de votre appartement pendant votre absence. Atténuez la valeur trop absolue de l'impératif en employant le futur.

MODÈLE: N'oubliez pas de fermer les fenêtres.
Vous n'oublierez pas de fermer les fenêtres.

1. Arrosez les plantes deux fois par semaine.
2. Mettez le courrier sur la table dans la salle à manger.
3. Ne répondez pas au téléphone.
4. Payez les factures que j'ai indiquées.
5. Donnez à manger aux chats deux fois par jour.
6. Nettoyez leur litière tous les deux jours.
7. Essuyez les meubles une fois par semaine.
8. Ne laissez jamais la clef sous le paillasson en sortant.
9. Envoyez-moi un mot la semaine prochaine.
10. Téléphonez-moi s'il y a un problème.

E. Quand vous aurez 70 ans, vous aurez beaucoup accompli dans la vie. Mettez les verbes entre parenthèses au futur antérieur.

Quand j'aurai 70 ans, je _____ *(faire)* le tour du monde. Je _____ *(aller)* en Europe plusieurs fois. Je _____ *(visiter)* les pays de l'est. Je _____ *(voir)* comment vivent les Esquimaux au Labrador et je _____ *(observer)* les pingouins en Antarctique. Mon époux (épouse) et moi, nous _____ *(prendre)* notre retraite à 60 ans afin de profiter de la vie au maximum. Nous _____ *(monter)* au sommet du mont Blanc et nous _____ *(descendre)* au fond de la mer. Nous _____ *(étudier)* la philosophie et les religions et nous _____ *(atteindre)* la sagesse.

F. Complétez les phrases suivantes. Attention au temps du verbe.

1. S'il fait beau, nous. . .
2. Quand j'aurai de l'argent, je . . .
3. Il habite à la Cité Université à présent, mais dans dix ans, il . . .
4. Je suis étudiant maintenant, mais un jour, je . . .
5. S'ils finissent leur travail ce soir, ils . . .

L'emploi et la formation du conditionnel et du conditionnel passé

1. OBSERVEZ   Personne de nos jours ne **supporterait** de vivre au bon vieux temps. Si vous étudiiez cette époque, vous **verriez** que le bon vieux temps n'était pas si bon.

ANALYSE   Le *conditionnel* présente un fait possible ou hypothétique qui dépend d'une condition *exprimée* ou *sous-entendue* par **si.** Quand la proposition conditionnelle exprime un fait futur considéré comme possible, la proposition principale se met *au conditionnel* présent, la subordonnée *à l'imparfait* (voir Leçon 3).

2. OBSERVEZ   Je **voudrais** te voir passer une année dans une cabane.
Pourriez-vous m'aider?
Nous vous **assisterions** volontiers.

ANALYSE   Pour atténuer une affirmation avec **vouloir, pouvoir, savoir** ou avec d'autres verbes en ajoutant **volontiers,** on emploie le conditionnel.

3. OBSERVEZ   Marie a juré qu'elle ne **viendrait** pas à Montréal.
Il a dit qu'il **pleuvrait.**

ANALYSE   Le conditionnel est employé comme *futur du passé* dans le discours indirect.
COMPAREZ: Marie **jure** qu'elle ne **viendra** pas à Montréal.
       Il **dit** qu'il **pleuvra.**

4. OBSERVEZ   Si l'éditeur avait répondu tout de suite, mon ami n'**aurait** pas **décidé** d'aller à Montréal. (Mais il n'a pas répondu, donc mon ami a décidé d'aller à Montréal.)
J'**aurais pu** continuer mon journal si je n'avais pas été malade. (Mais j'ai été malade, alors je n'ai pas pu le continuer.)

ANALYSE   Après **si** marquant un *fait irréel* (contraire à la réalité) *dans le passé,* la principale se met au conditionnel passé, la subordonnée, au plus-que-parfait.

LA FORMATION DU CONDITIONNEL

Prenez *le futur* de l'indicatif et changez les terminaisons à l'imparfait. Il n'y a pas d'exceptions à cette règle.

Futur	*Conditionnel*
je danser**ai**	je danser**ais**
tu choisir**as**	tu choisir**ais**
il choisir**a**	il choisir**ait**
nous rendr**ons**	nous rendr**ions**
vous ser**ez**	vous ser**iez**
ils aur**ont**	ils aur**aient**

LA FORMATION DU CONDITIONNEL PASSÉ

Le conditionnel passé est composé du conditionnel présent du verbe auxiliaire **avoir** ou **être** plus le participe passé. Toutes les règles qui s'appliquent aux temps composés s'appliquent au conditionnel passé.

EXEMPLES: j'aurais mangé, il serait allé, nous nous serions amusés

Exercices

A.   Répondez aux questions suivantes.

1.   Que feriez-vous si vous trouviez un chat?
2.   Que feriez-vous si vous tombiez malade?
3.   Que ferait votre camarade de chambre si vous faisiez marcher la radio jusqu'à minuit?
4.   Que feraient vos parents si vous échouiez à un cours?
5.   Que ferais-tu si tu étais très fatigué?
6.   Que feriez-vous si vous aviez 2 000 dollars?

B.   Mettez les verbes à la forme correcte.

1.   S'il faisait beau, je _____ *(se promener)* au parc.
2.   Il a plu, mais s'il avait fait beau, je _____ *(aller)* à la plage.
3.   Quand tu _____ *(arriver)* chez toi, téléphone-moi.
4.   Vous _____ *(être)* épuisé quand vous aurez terminé ce livre.
5.   Je _____ *(vouloir)* y aller avec toi.
6.   Nous _____ *(pouvoir)* accomplir beaucoup, si nous avions eu de la volonté.
7.   L'année prochaine, il _____ *(obtenir)* son diplôme.
8.   Téléphonez-moi après 20 heures, car je _____ *(finir)* de manger.

9. _____ -vous *(pouvoir)* me dire où se trouve la rue Saint-Denis?
10. Il sait que demain il _____ *(recevoir)* un paquet.
11. Tu _____ *(soigner)* le chat quand je serai parti.
12. J'espère que tu _____ *(faire)* tous tes devoirs ce soir.
13. Lorsque nous _____ *(aller)* au Québec, nous visiterons la place des Arts.
14. Dans la maison de mes rêves, il y _____ *(avoir)* une grande cheminée.

C. Écrivez les phrases suivantes au passé selon le modèle.

> MODÈLE: Il pense qu'il pleuvra.
> Il pensait qu'il pleuvrait.

1. Je pense qu'il fera beau.
2. Il dit qu'il va venir.
3. Nous croyons qu'ils viendront.
4. Je jure que je ne le ferai pas!
5. Ils répondent que vous serez bête de ne pas les écouter.
6. Jean-Michel est sûr qu'il recevra une lettre demain.
7. Nous espérons que ces habits te plairont.
8. Ils sont certains que tu pourras aller à Montréal.

Conversation/Petit écrit

A. Préparez oralement les questions suivantes pour une discussion en classe.

B. Préparez par écrit la question de votre choix.

1. Donnez votre interprétation de la phrase «Même aux Trois-Rivières il se trouve toujours des êtres dangereux à qui les choses de jadis, et même de naguère, ne suffisent point.» Quels changements l'arrivée de la voiture opère-t-elle dans la ville? Comment le père de Ringuet s'avère-t-il un homme du 19e siècle, malgré son courage d'acheter une voiture?
2. Avez-vous jamais la nostalgie du *bon vieux temps*? Comment l'imaginez-vous? Quelle sorte de vie meneriez-vous au *bon vieux temps*? Auriez-vous un cheval, de l'électricité? Y aurait-il de l'eau courante? la radio? Pourriez-vous vivre sans téléphone ni télévision? Comment occuperiez-vous vos loisirs? Que feriez-vous le soir? La vie au *bon vieux temps* serait-elle plus ou moins facile pour les femmes? Pourquoi?
3. Si vous aviez un choix, préféreriez-vous vivre au *bon vieux temps* où dans un avenir indéfini? Comment imaginez-vous le temps à venir? Comment serait votre vie? Quelle sorte de voiture auriez-vous? Quelles

matières étudieriez-vous à l'université? Quels seraient les moyens de transports? L'argent continuerait-il à exister, ou paierait-on exclusivement avec les cartes de crédit? La pauvreté existerait-elle toujours? L'humanité existera-t-elle toujours?

4. Quels événements raconterez-vous à vos petits-enfants? Croyez-vous qu'ils les trouveront curieux, pittoresques? Quelles inventions ou découvertes fait-on à cette époque que vous croyez marqueront un tournant dans la vie future? Croyez-vous qu'un jour vous regretterez le temps présent?

5. Quelle importance accordez-vous aux explorations de l'espace? Vivra-t-on un jour dans l'espace? Aimeriez-vous faire un voyage à la lune dans une fusée? Selon vous, existe-t-il des êtres vivants sur les autres planètes de notre galaxie ou dans d'autres galaxies? Existera-t-il un jour des moyens de transports entre les galaxies? Aimeriez-vous vivre à l'époque des voyages interstellaires?

6. À votre avis, les Européens sont-ils axés plutôt sur le passé ou sur l'avenir? Qu'est-ce qui explique cette tendance, selon vous? Et les Américains? Pourquoi? Si l'on est toujours axé sur le passé ou l'avenir, qu'est-ce qui arrive au moment présent? Peut-on profiter du présent tout en se préparant pour l'avenir? Croyez-vous que l'âge joue un rôle dans l'orientation d'une personne en ce qui concerne le temps?

Étude du lexique

1. **l'heure** *(f.)* **de pointe**   la période où le nombre des voyageurs est le plus élevé

   Il vaut mieux éviter de conduire en ville aux heures de pointe.

2. **un embouteillage**   un encombrement qui arrête la circulation

   Nos amis ne sont pas encore arrivés; ils ont dû être retardés par un embouteillage à cette heure.

3. **le quotidien**   expérience de tous les jours

   Le quotidien du voyageur parisien est rempli de fatigue et de stress.

4. **un écran**   la surface sur laquelle se reproduit l'image d'un objet

   Comme il a la vue faible, il préfère l'écran de cinéma à l'écran de télévision.

5. **tant bien que mal**   médiocrement, avec difficulté

   Les automobilistes essaient tant bien que mal d'éviter les embouteillages pendant les heures de pointe.

6. **se faufiler** s'introduire, s'insinuer, se glisser

   Le voleur s'est faufilé dans la maison par une fenêtre ouverte.

7. **bondé** rempli de monde, plein de gens

   À cette heure-là, tous les transports publics sont bondés.

8. **serrer** comprimer, embrasser

   Ces chaussures me serrent trop; il faut essayer la taille au-dessus.

   Il l'a serrée dans ses bras tout doucement.

9. **un fracas** un bruit violent

   Tout est tombé du placard, avec un grand fracas.

10. **le tonnerre** le fracas qui se produit par temps d'orage

    Le tonnerre ne fait que du bruit; c'est de l'éclair qu'il faut avoir peur.

11. **le magnétoscope** un appareil permettant l'enregistrement des images de télévision sur bande magnétique

    Avec un magnétoscope, on peut enregistrer un programme même si l'on n'est pas à la maison.

12. **le trajet** un voyage, un parcours entre deux points précis

    Le trajet Paris-Calais prend environ cinq heures.

13. **appuyer** presser

    Il a appuyé sur le bouton.

14. **déclencher** mettre en mouvement, commencer, lancer

    Il a déclenché la sonnerie de l'horloge en appuyant sur le bouton.

15. **en moyenne** approximativement

    Il travaille en moyenne huit heures par jour.

16. **attrayant** attirant, agréable (à voir)

    Un wagon vidéo pourrait être très attrayant pour ceux qui s'ennuient pendant le trajet entre leur travail et leur demeure.

17. **d'ailleurs** d'autre part, du reste, de plus

    De nos jours, les jeunes ont plus de loisirs. D'ailleurs, il faut reconnaître qu'ils ont plus d'argent pour en profiter.

    Il n'est pas allé à la réunion; moi non plus, d'ailleurs.

18. **onéreux** cher, coûteux, dispendieux

    C'est vraiment trop onéreux pour le public si la R. A. T. P. se met en tête d'acheter des films de cinéma.

19. **écourter**   rendre plus court en longueur, en durée
Il a écourté son séjour à cause du travail.

20. **la durée**   l'espace de temps qui s'écoule
La durée de ce spectacle est de deux heures.

La Planche à voile dans le métro

Stefan Marschall

Paris, 18 heures, heure de pointe. La ville avec ses 10 millions d'habitants est sur le point d'exploser. L'embouteillage monstre sur les
Champs-Élysées fait partie du quotidien de chaque automobiliste parisien. Celui qui, à cette heure-là, prend le métro, échappe certes à
5 l'embouteillage mais non aux ennuis. Des milliers de personnes essaient tant bien que mal de se faufiler dans les escaliers étroits du
métro. Ce n'est pas vraiment en marchant, mais poussés par la foule
qu'ils atteignent les **rames** du métro. À ce moment-là bon grain se sépare de l'ivraie.[1]

                                                 groupes de wagons du
métro

10   Le monsieur en costume-cravate ne se précipite pas sur les wagons
bondés de deuxième classe. Pour deux francs de plus, il s'installe dans
le wagon de première.[2] Alors que les wagons de seconde où les gens
sont serrés comme des sardines, passent dans les tunnels dans un fracas de tonnerre, il allonge ses jambes sur le siège d'en face et regarde
15 une vidéo. Voilà, c'est la vie.

    Seuls les passagers de première classe peuvent jouir, depuis le 16
août, de cette belle vie sur vidéo. À la vérité, uniquement sur la ligne
1, entre le Château de Vincennes et le Pont de Neuilly. Le wagon où se
trouve les magnétoscopes n'est utilisé que sur ce trajet de 40 minutes.
20 «La vidéo dans le métro n'est qu'un essai de six mois» affirme Monsieur Brévet de la R. A. T. P. (Régie autonome des transports parisiens).
«Il n'est pas question d'ajouter un wagon vidéo à chacun de nos 4 123
trains. D'autant moins qu'on peut déjà voir les effets négatifs de cet
essai: les gens oublient de descendre.»
25   Chose d'ailleurs peu compréhensible, étant donné que les écrans de
52 centimètres de la marque hollandaise «Barco» ne passent vraiment

Traduit par Stéphane Chalon, Extrait d'*écoute*, février 1985.
[1]Les bons se séparent des méchants.
[2]Le métro parisien se divise en deux classes: première et seconde.

pas les tout derniers films de Jean-Paul Belmondo, Alain Delon ou
Catherine Deneuve. En appuyant sur un bouton, le conducteur de train
déclenche l'appareil, et on peut alors voir des films sur la planche à
30 voile, les chutes du Niagara ou sur différentes villes françaises. Avec
entre deux, bien sûr, une bonne dose de publicité. Une heure de programme est enregistrée sur les bandes U-Matic et ensuite, on reprend
depuis le début.

Les bandes **proviennent** en majeure partie d'entreprises privées qui   viennent
35 veulent ainsi présenter leur publicité sous forme divertissante, et la
R. A.T. P. ne **débourse** pas un sou pour les bandes. C'est la raison pour   paye, dépense
laquelle la R. A. T. P. n'achètera pas les bandes onéreuses de films de
cinéma.

L'autre raison, c'est qu'un film de cinéma dure environ 90 minutes
40 et qu'un voyageur ne reste en moyenne que huit minutes dans le wagon; ce gag-vidéo n'apporte donc rien de plus que quelques informations et un peu de publicité.

Le groupe de travail des employés de la R. A. T. P. qui a inventé ce
gag, y voit déjà le prototype du métro de l'an 2000. Ils s'interrogeaient
45 depuis deux ans déjà sur la façon de réussir ce tour d'adresse: rendre
le métro un moyen de transport plus attrayant, mieux apprécié du public.

C'est ainsi qu'ils sont tombés sur une idée de leurs collègues japonais, qui passent déjà depuis longtemps des films vidéo dans les trains
50 de banlieue. Mais Paris n'est pas Tokio. Il n'y a que le programme vidéo
japonais sur roues qui soit vraiment intéressant: pour écourter la durée
des longs trajets entre la banlieue et le centre ville, on passe des films
de cinéma de 90 minutes.

Intelligence du texte

1. Que se passe-t-il à Paris à 18 heures?
2. Quels sont les ennuis de ceux qui prennent le métro?
3. Combien coûte une place en première classe?
4. Qui va en première classe?
5. Décrivez les wagons de seconde à l'heure de pointe. Et les wagons de
   première?
6. Sur quelle ligne peut-on trouver les magnétoscopes?
7. Qu'est-ce que Monsieur Brévet nous apprend à propos du wagon vidéo?
8. Quelle est la grandeur des écrans vidéo dans le métro? Que peut-on y
   voir?
9. D'où proviennent les bandes enregistrées?

Un trajet en autobus, bien que moins rapide, est beaucoup plus agréable qu'un trajet en métro.

10. Pourquoi la R. A. T. P. n'achètera-t-elle pas les bandes de films de cinéma?
11. Combien de temps un voyageur reste-t-il dans un wagon?
12. Où peut-on trouver des films de cinéma de 90 minutes?

Résumé

En vous basant sur les questions suivantes, faites un résumé de l'article «La Planche à voile dans le métro».

Qu'est-ce qui arrive à Paris à 18 heures? Que veut dire le proverbe «le bon grain se sépare de l'ivraie» et comment s'applique-t-il au métro? Décrivez le wagon vidéo. Qui paie les bandes et pourquoi? Quelle est la raison pour laquelle la R. A. T. P. n'achètera pas des films de cinéma? Comment le groupe des employés considère-t-il le gag du wagon vidéo? Où trouve-t-on déjà depuis longtemps des films vidéo sur roues? À quoi servent-ils?

Essai

En vous servant des articulations logiques et du vocabulaire qui suivent, donnez le pour et le contre d'une des questions ci-dessous. Essayez de persuader vos lecteurs de votre point de vue. Écrivez une conclusion convaincante.

1. Il y aurait moins de crimes dans le métro si tous les wagons avaient un magnétoscope.
2. Les villes de grandeur moyenne aux États-Unis ont été construites pour la voiture et non pour l'être humain.
3. Dans les grandes villes, il vaut mieux abolir l'entrée de toutes les voitures des banlieues.

Articulations logiques

Pour	*Contre*
De nos jours, on a l'impression que S'il est $\begin{Bmatrix} \text{sûr} \\ \text{certain} \\ \text{vrai} \\ \text{exact} \end{Bmatrix}$ que	Il faut pourtant $\begin{Bmatrix} \text{préciser} \\ \text{ajouter} \\ \text{rappeler} \end{Bmatrix}$ que Il n'en reste pas moins $\begin{Bmatrix} \text{sûr} \\ \text{certain} \\ \text{vrai} \\ \text{exact} \end{Bmatrix}$ que

Référence

$\begin{rcases} \text{dans le domaine des} \\ \text{en ce qui concerne les} \\ \text{quant aux} \end{rcases}$ transports publics

en matière des transports en commun

Il est $\begin{Bmatrix} \text{indispensable} \\ \text{essentiel} \\ \text{important} \end{Bmatrix}$ de remarquer que

Il $\begin{Bmatrix} \text{s'agit} \\ \text{suffit} \end{Bmatrix}$ de comprendre + *nom*

Conclusion

somme toute
pour terminer
par conséquent
on voit donc que

Comment dirais-je?

le magnétoscope: un moyen d'éduquer, d'informer, de distraire, d'amuser, de détendre, de civiliser, d'adoucir les gens

un voleur, un malfaiteur, un cambrioleur endurci

la pollution

la surpopulation

encombrement inextricable de la circulation

rues bloquées

l'impossibilité _(f.)_ de se garer, de se stationner

Tout ferme vers 17 heures.

absence _(f.)_ de trottoirs _(m.)_, d'établissements ouverts la nuit, de boutiques ouvertes le soir, de bons restaurants au centre ville, de cafés, de boîtes de nuit

apparition _(f.)_ des centres d'achats loin du centre des villes

les grandes distances

la planification urbaine

l'aménagement urbain

il faut faire construire, ériger, bâtir, élever des maisons, des logements, des appartements, des théâtres

limiter le nombre de voitures

aménager des espaces verts, des parcs, des fontaines, des terrains de tennis, des rues piétonnières

rendre agréable la vie urbaine

Activités

1. Discutez en classe les questions d'essai.
2. «On ferait bien de construire un métro dans toutes les villes de grandeur moyenne.» Êtes-vous pour ou contre? Pourquoi?
3. «Si l'on est célibataire, il vaut mieux vivre en ville.» Êtes-vous d'accord? Expliquez.
4. Si vous étiez le planificateur des transports publics interstellaires, comment distrairiez-vous les passagers pendant les voyages interplanétaires?

Mini-théâtre

Un couple discute leurs préférences à l'égard de leur habitation; Monsieur veut habiter à la campagne, Madame en ville.

Le mariage

Étude du lexique

1. **s'intéresser à**   être curieux, prendre intérêt à

   Il s'intéresse à la littérature et à la civilisation québécoises.

2. **s'entendre**   se comprendre

   Dans un bon mariage, l'homme et la femme s'entendent.

3. **se soumettre à**   obéir à

   Geneviève refuse de se soumettre à l'autorité d'un mari; elle refuse de s'y soumettre.

4. **manquer**   perdre, rater, oublier

   Tu as manqué (perdu) une belle occasion.

   Ah! j'ai manqué (raté) l'autobus.

   Ne manque (oublie) pas de me téléphoner.

5. **s'y prendre**   procéder

   Tu t'y prends mal dans cette affaire; je vais te montrer comment on s'y prend.

6. **tenter de**   essayer de

   Elle a tenté de finir le livre hier soir.

7. **tenté par**   séduit par

   Il est tenté par ses charmes.

8. **surgir**   naître, jaillir, apparaître soudainement

   Des difficultés surgissent de toutes parts.

   Le lion a surgi des bois.

9. **s'attendre à**   imaginer, prévoir

   Je ne m'attendais (m'imaginais) pas à cette possibilité.

   Il faut s'attendre (prévoir) à tout dans la vie.

10. **se soucier de**   s'inquiéter de

    Ne vous souciez pas de lui, il va beaucoup mieux.

11. **decevoir**   tromper quelqu'un dans ses espoirs

    Èveline avait une haute idée de Robert, mais il l'a déçue.

12. **épouvanter quelqu'un**   lui faire peur

    Une affreuse araignée a épouvanté Mademoiselle Mouffu.

13. **faire une partie de**   jouer à un jeu

    Veux-tu faire une partie de cartes, d'échecs, de dames ou de Scrabble?

14. **en venir à**   finir par, arriver au point où

   Il en est venue à considérer les hommes comme inférieurs aux animaux.

15. **une prérogative**   une privilège, un avantage

   Elle ne croit pas que le mariage doit conférer au mari des prérogatives.

16. **étendu**   allongé, panoramique, grand, vaste

   Robert était étendu au lit.

   La fenêtre offre une vue étendue.

   Il a un vocabulaire étendu.

17. **admettre**   accepter

   Il est très têtu et n'admet pas la discussion.

18. **s'éprendre de quelqu'un**   tomber amoureux de quelqu'un

   Pendant son voyage à Paris, elle s'est éprise d'un Français.

L'École des femmes

André Gide

André Gide (1869–1951), écrivain français, grandit dans une atmosphère puritaine qu'il évoqua dans Si le grain ne meurt *(1926). Menacé de tuberculose, il partit pour Biskra en Afrique du Nord où il passa l'hiver 1893–1894. Découvrant des désirs inavouables aux yeux de la société de son époque, il chercha un refuge contre lui-même. Après la mort de sa mère, il épousa sa cousine Madeleine Rondeaux, mais ils vécurent ensemble comme frère et sœur. Dans* Les Nourritures terrestres *(1897) et* L'Immoraliste *(1902), romans autobiographiques, Gide célébra la ferveur, la liberté de l'être et son «goût furieux de la vie». En 1925, son livre* Les Faux-Monnayeurs *parut, œuvre qui explore le problème de la création littéraire. Son journal fut publié en trois fois (1936, 1946, 1950). Sa correspondance (1948–1964) révèle les secrets de sa vie. Il gagna le prix Nobel de littérature en 1947.*

   Dans L'École des femmes *(1930), Ève line, jeune femme enthousiaste, s'est mariée avec Robert qui lui semblait être l'époux idéal. Peu à peu, ses illusions disparaissent et elle découvre un homme qui porte un masque afin de donner une idée avantageuse de lui-même. Aidée par sa fille Geneviève, elle prend conscience de sa situation et de l'importance de la changer.*

   Le roman est écrit sous forme de journal. Pourquoi Ève line semble-t-elle avoir peur de sa fille?

19 juillet.

Geneviève n'aime pas son père. Comment ai-je mis si longtemps à m'en apercevoir? C'est aussi que je me suis depuis longtemps fort peu

Extrait de André Gide, *L'École des femmes* (© Éditions Gallimard, Paris, 1930), pages 77–96.

souciée d'elle. Toute mon attention se portait sur Gustave[1] dont la
5 santé délicate exigeait mes soins; je reconnais aussi que je m'intéres-
sais à lui **davantage;** tout comme son père, il sait plaire, et je retrouve   plus
en lui tout ce qui, chez Robert, m'avait naguère tant charmée avant de
me tant décevoir. (. . .) Je viens d'avoir avec Geneviève une conversation terrible, où tout à la fois j'ai compris que c'était avec elle que je
10 pourrais le mieux m'entendre, compris également pourquoi je ne veux
pas m'entendre avec elle: c'est que je crains de retrouver en elle ma
propre pensée, plus **hardie,** si hardie qu'elle m'épouvante. (. . .) Elle   audacieuse, intrépide
m'a déclaré qu'elle ne pouvait admettre le mariage s'il devait **conférer**   attribuer
au mari des prérogatives; que, pour sa part, elle n'accepterait jamais
15 de s'y soumettre, qu'elle était bien résolue à faire, de celui dont elle
s'éprendrait son associé, son camarade, et que le plus prudent était
encore de ne l'épouser point. Mon exemple l'avertissait, la mettait en
garde et, d'autre part, elle ne saurait trop me remercier de l'avoir, par
l'instruction que je lui avais donnée, mise **à même de** nous juger, de   en mesure de, en état
20 vivre d'une vie personnelle et de ne point lier son **sort** à quelqu'un qui   de / destin
peut-être ne la vaudrait point. (. . .)

20 juillet.

(. . .) Je n'ai pas dormi cette nuit. Les phrases de Geneviève reten-
tissent dans le vide affreux de mon cœur. (. . .) Ma pensée se révolte
25 en vain; malgré moi je reste soumise. Je cherche en vain ce que j'aurais pu faire de plus, ce que j'aurais pu faire d'autre dans la vie; malgré
moi je reste attachée à Robert, à mes enfants qui sont les enfants de
Robert. Je cherche où fuir, mais je sais bien que cette liberté que je
souhaite, si je l'avais je ne saurais qu'en faire.

30 22 juillet.

(. . .) La personne à qui je dois parler de Robert, c'est Robert lui-
même. Ma résolution est prise: je lui parlerai dès ce soir.

24 juillet.

(. . .) La grande explication avec Robert a eu lieu. J'ai joué ma der-
35 nière carte et perdu la partie. Ah! j'aurais dû fuir sans rien dire, ni à
papa, ni à personne. Je ne peux plus. (. . .)

J'ai trouvé Robert étendu sur sa chaise longue, car il commence à
quitter son lit depuis quelques jours.[2]

—Je venais voir si tu n'avais besoin de rien, lui ai-je dit, cherchant
40 quelque entrée en matière.

De sa voix la plus angélique:

—Non merci, chère amie. Ce soir je me sens vraiment mieux et
commence à croire que la mort ne veut pas encore de moi. (. . .)

[1]Le fils d'Èveline.

[2]Robert a été malade.

Je m'efforçais de le regarder avec indifférence: —Robert, je vou-
45 drais avoir avec toi une conversation sérieuse.

—Tu sais, mon amie, que je ne me refuse jamais à parler sérieuse-
ment. Quand on a vu la mort d'aussi près que je l'ai vue ces derniers
jours, on est tout naturellement porté aux pensées graves.

(. . .) Alors, comme un plongeur qui se lance les yeux fermés dans
50 le gouffre: —Je voudrais, Robert, que tu me dises, si tu t'en souviens
encore, pour quelles raisons tu m'as épousée.

Certainement il s'attendait si peu à une question de ce genre qu'il
en parut un instant tout étonné. (. . .) **Tout en me regardant** pour   pendant qu'il me
tâcher de comprendre quelle intention cachaient mes propos et pour   regardait
55 **doser** sans doute sa défense: mesurer, régler

—Comment peux-tu parler ici de raisons, quand **il s'agit de** senti-   il est question de
ments?

Robert sait s'y prendre de manière à dominer toujours un adver-
saire. **Quoi qu'on fasse,** le point de vue où il se place semble aussitôt   malgré tout ce que
60 le plus élevé. Je sentis que j'allais, comme aux échecs, perdre l'avan-   l'on pourrait faire
tage de l'attaque. Mieux valait l'amener de nouveau à se défendre.
(. . .) Je repris d'une voix si basse que je m'étonnai qu'il **pût** m'en-   could
tendre:

—Écoute, Robert. Simplement, je ne **puis** plus vivre avec toi.   peux (littéraire)
65 Pour trouver la force de parler ainsi, **fût-ce** à voix basse, j'avais dû   be it
cesser de le regarder. Mais, comme il **se taisait,** je relevai les yeux sur   gardait le silence
lui. Il me parut qu'il avait pâli. (. . .)

—Èveline, dois-je comprendre que tu ne m'aimes plus? (. . .)

J'ai fait un grand effort et, péniblement:
70 —Celui que j'ai passionnément aimé était très différent de celui que
j'ai lentement découvert que tu étais. (. . .)

Alors il se passa quelque chose d'extraordinaire: je le vis brusque-
ment prendre sa tête dans ses mains et **éclater en sanglots.** Il ne   commencer une crise
pouvait plus être question de **feinte;** c'étaient de vrais sanglots qui lui   de larmes / ruse
75 **secouaient** tout le corps, de vraies larmes que je voyais mouiller ses   agitaient
doigts et couler sur ses joues, tandis qu'il répétait vingt fois d'une voix
démente: —Ma femme ne m'aime plus! Ma femme ne m'aime plus!   folle
. . . (. . .)

J'étais presque scandalisée de mon indifférence. Si sincère que
80 l'émotion de Robert pût être à présent, le **déploiement** de cette émo-   action d'ouvrir
tion me **glaçait.** (. . .)   donnait froid

—Tu dis que je ne suis pas celui que tu avais cru. Mais alors toi non
plus tu n'es pas celle que je croyais. Comment veux-tu que l'on **sache**   know
jamais si l'on est bien celui que l'on doit être? (. . .) Mais aucun de
85 nous, ma pauvre amie, aucun de nous ne se maintient constamment à
ia hauteur de ce qu'il voudrait être. Tout le drame de notre vie morale
est là, précisément. . . . Je ne sais si tu **saisis**? (Cette phrase-**tic** vient   comprends / action
                                                                          automatique

immanquablement lorsqu'il commence à changer de sujet et qu'il sent
que l'interlocuteur s'en rend compte.)

90 (. . .) Je me levai, n'ayant plus qu'une idée: celle de mettre fin à un
entretien que j'avais su diriger si mal (. . .). Comme je posais ma main
sur son bras pour lui dire adieu, il se retourna brusquement et, dans
un élan **subit:** soudain

—Et bien, non! non! Ce n'est pas vrai. Tu t'es trompée. Si tu m'ai-
95 mais encore un peu, tu comprendrais que je ne suis qu'un pauvre être,
qui **se débat,** comme tous les êtres, et qui cherche, comme il peut, à lutte
devenir un peu meilleur qu'il n'est.

Il trouvait enfin les paroles les mieux faites pour me toucher. Je me
penchai vers lui pour l'embrasser, mais il me repoussa presque bru-
100 talement:

—Non, non. Laisse-moi. Je ne puis plus voir, plus sentir qu'une
chose: c'est que tu as cessé de m'aimer.

Sur ces paroles je le quittai, le cœur **alourdi** d'une autre tristesse qui rendu lourd, pesant
faisait face à la sienne et que la sienne venait de me révéler: il m'aime
105 encore, hélas! Je ne puis donc pas le quitter. . . .

Le couple reste toujours à la base de la
société française.

Intelligence du texte

Préparez oralement les questions suivantes.

1. Décrivez le rapport entre Èveline et Geneviève; entre Èveline et Gustave. Où se portait toute l'attention de la mère?
2. De quoi la mère et la fille ont-elles parlé? Pourquoi Èveline n'a-t-elle pas dormi la nuit?
3. Pourquoi ne peut-elle pas prendre sa liberté?
4. Comment Èveline aborde-t-elle son entretien avec Robert?
5. Quel ton de voix emploie Robert?
6. Quelle est la réaction de Robert à la première question de sa femme? Comment Èveline analyse-t-elle la réponse de son mari?
7. Comment Èveline lui fait-elle comprendre qu'elle ne l'aime plus?
8. Quelle chose extraordinaire se passe sur ces entrefaites? De quoi était-elle scandalisée? Quel était l'effet sur Èveline du déploiement d'émotion de Robert?
9. Comment Èveline considère-t-elle la remarque de Robert: «Je ne sais si tu saisis?»
10. Comment Robert essaie-t-il de toucher Èveline à la fin de leur entretien? Pourquoi Èveline ne peut-elle pas quitter Robert?

Questions sur le dessin humoristique

1. Décrivez les fantaisies du mari.
2. Croyez-vous que beaucoup de personnes mariées cachent de telles pensées? Pourquoi?
3. Comparez les pensées et les actions du monsieur.
4. Décrivez le rapport du couple vu dans les dessins 7 et 8.

1

2

3

4

5

6

7

8

Sempé

Mise en œuvre du vocabulaire

Remplacez les mots en italique par une expression équivalente.

1. *Je me suis* depuis longtemps fort peu *inquiété* d'elle.
2. Malgré tout, elle se trouve encore *séduite* par sa voix douce.
3. *Je suis curieux* de tout.
4. *Tu ne réponds pas à mon attente.*
5. *Nous avons fini par* regarder le monde comme un spectacle.
6. *Nous nous comprenons* comme chien et chat, c'est-à-dire, pas du tout.
7. La pensée de Geneviève *fait peur* à sa mère. Elle *lui fait peur.*
8. *Il a tout essayé* pour réussir!
9. Elle refuse d'*obéir* à son mari; elle est féministe.
10. Elle a *de vastes connaissances.* (Attention à la place de l'adjectif.)
11. Une idée vient de *naître* en moi: pourquoi ne vivons-nous pas ensemble?
12. *N'oubliez pas* de partir à l'heure! Trop tard, j'ai *raté* le train!
13. *Il n'a pas prévu* ces difficultés.
14. *Ils ont joué aux échecs* toute la soirée.
15. Si vous ne savez pas comment *procéder,* je vous montrerai.
16. Ici, tous sont égaux; personne n'a de *privilèges.*
17. Il sera impossible de faire un mariage chaste si l'on *tombe amoureux.*
18. Il ne te croit pas et n'*accepte* pas tes raisons.

GRAMMAIRE

Les pronoms objets y et en

1. OBSERVEZ   Elle s'intéresse **à la santé de Gustave.** Elle s'**y** intéresse.
Elle se soumet **à l'autorité de Robert.** Elle s'**y** soumet.
Èveline pense **à ses problèmes.** Elle **y** pense.

ANALYSE   Le pronom adverbiale **y** remplace **à** + *nom.*

2. OBSERVEZ   Il était étendu **sur sa chaise longue.** Il **y** était étendu.
Elle est allée **en France.** Elle **y** est allée.
Ils travaillent **au Québec.** Ils **y** travaillent.

ANALYSE   **y** remplace un nom construit avec une préposition de lieu: **à, en, dans, sur, sous, devant,** etc.

3. OBSERVEZ   Èveline a mis du temps pour s'apercevoir **de cela.** Elle a mis du temps pour s'**en** apercevoir.
Robert ne se rendait pas compte **des problèmes.** Il ne s'**en** rendait pas compte.

Elle se souciait **de la santé de Gustave.** Elle s'**en** souciait.

Je ne sais que faire **de cet objet.** Je ne sais qu'**en** faire.[3]

Elle peut se passer **de votre autorité!** Elle peut s'**en** passer.

Vous souvenez-vous **de ces jours lointains?** Vous **en** souvenez-vous? Je m'**en** souviens.

ANALYSE **en** remplace **de** + _nom._

4. OBSERVEZ Elle était scandalisée **de savoir la vérité.** Elle **en** était scandalisée.

Je suis content **de vous voir.** J'**en** suis content.

ANALYSE **en** remplace **de** + _infinitif._

5. OBSERVEZ Vient-il **de Trois-Rivières?**   Oui, il **en** vient.

Sors-tu **de chez toi?**   Oui, j'**en** sors.

ANALYSE **en** a une valeur adverbiale quand il signifie **de là,** un endroit quelconque.

6. OBSERVEZ Èveline a **deux enfants.** Elle **en** a **deux.**

As-tu **une voiture?**   Oui, j'**en** ai **une.**

Elle a **beaucoup de soucis.** Elle **en** a **beaucoup.**

Elle a **un tas de problèmes.** Elle **en** a **un tas.**

As-tu **des** livres?   Oui, j'**en** ai **quelques-uns.**

ANALYSE Répétez l'expression de quantité quand **en** remplace un nom qui suit une telle expression.

Exercices

A. Un ami vous pose des questions. Répondez-y en employant le pronom objet **y.**

MODÈLE: Tu es allé en France l'été dernier, n'est-ce pas?
Oui, j'y suis allé.

1. Tu es allé au Québec l'été dernier, n'est-ce-pas?
2. Es-tu allé au concert de Diane Dufresne?
3. As-tu beaucoup pensé à ce concert?
4. T'intéresses-tu à la musique?
5. Voudrais-tu travailler au Québec?
6. Aimerais-tu habiter à Montréal?
7. Vas-tu au lit maintenant?
8. Restes-tu à la maison dimanche?
9. Est-ce que mon livre est dans la cuisine?
10. Puis-je aller dans ta chambre?

[3]L'emploi de **pas** est facultatif avec **savoir.**

B. Répondez aux questions qu'une connaissance vous pose en employant le pronom objet **en.**

1. Avez-vous assez de travail?
2. Combien d'amis avez-vous?
3. Est-ce que vous vous êtes rendu compte des difficultés de la vie estudiantine en venant à l'université?
4. Votre mère se soucie-t-elle beaucoup de votre santé?
5. Vous souvenez-vous de l'anniversaire de votre mère?
6. Êtes-vous content de recevoir des lettres?
7. Êtes-vous surpris de me voir?
8. Est-ce que vous venez de sortir d'un autre cours?
9. Avez-vous envie de sortir ce soir?
10. Avez-vous peur d'aller à la plage la nuit?

C. Répondez aux questions suivantes en employant **y** ou **en** selon le cas.

1. Combien d'enfants Éveline a-t-elle?
2. A-t-elle beaucoup de problèmes?
3. Pense-t-elle à ses problèmes?
4. Répond-elle aux questions de sa fille Geneviève?
5. Est-elle contente des propos de sa fille?
6. Est-elle scandalisée d'entendre sa fille?
7. A-t-elle peur d'aborder son mari Robert?
8. S'intéresse-t-elle à résoudre ses problèmes?
9. Est-ce que Robert s'attendait à la déclaration de sa femme?
10. Robert mourra-t-il de sa maladie?

Les pronoms toniques

1. OBSERVEZ   Viens **chez nous** vendredi soir.
Je l'ai fait **pour elles.**
Ne dis rien **devant eux.**
Il n'y en a pas deux **comme vous!**
Je ne m'entends pas **avec lui.**

Il n'y a **que toi** qui **comprends** la situation.

C'est **moi** qui le **ferai.**

ANALYSE   On emploie la forme tonique du pronom (**moi, toi, lui, elle, nous, vous, eux, elles**) après une préposition, après **ne . . . que**

et avec l'expression **c'est . . . qui (que)**. Notez que dans cette dernière expression, le verbe s'accorde, comme toujours, avec son sujet.

EXEMPLE: C'est **vous qui** le **ferez**.

Le pronom tonique désignent des êtres; il varie en genre et en nombre.

2. OBSERVEZ Je me suis depuis longtemps peu souciée **d'elle**.
Elle s'intéressait **à lui** davantage.
Il ne se fie pas **à eux**.
Je pense beaucoup **à toi**.

ANALYSE Avec certains verbes—**aller à, avoir affaire à, courir à, songer à, penser à, rêver à** et tous les verbes pronominaux (**s'habituer à, s'intéresser à, se fier à, se joindre à, se défier de, s'adresser à,** etc.)—on emploie **à** ou **de** + *la forme tonique du pronom personnel* qui représente une personne.

ATTENTION! Pour représenter une chose, on emploie le pronom adverbial **y** ou **en**.

EXEMPLES: Je pense **à cela**; j'**y** pense.
Il s'intéresse **à cela**; il s'**y** intéresse.
Il se soucie **de cela**; il s'**en** soucie.

En général, on emploie **y** et **en** avec les verbes *intransitifs*.

3. OBSERVEZ **Quant à moi, je** m'en vais.
Pour ce qui est de vous, vous pouvez rester.
Je le sais très bien, **moi**.
Toi, tu es un numéro!

ANALYSE Les pronoms toniques s'emploient *pour insister sur le sujet*.

4. OBSERVEZ Qui est là? **Moi!**
Tu ne veux pas le faire? **Lui non plus!**
Il pense y aller. Et **toi aussi**.

ANALYSE *Dans les phrases elliptiques,* employez les pronoms toniques.

5. OBSERVEZ **Toi et moi, nous** serons très heureux.
Jules et toi, vous vous installerez devant le feu.

ANALYSE Les pronoms toniques s'emploient pour rendre plus précis les sujets d'une phrase.

Mariage traditionnel à Arles.

Exercices

A. Vous allez chez un psychologue qui vous pose un tas de questions. Répondez-y selon les modèles:

    MODÈLES: Est-ce que vous vous souciez beaucoup de
votre avenir?
Oui, je m'en soucie.

                 Est-ce que vous vous souciez de vos parents?
Oui, je me soucie d'eux.

1. Est-ce que vous vous inquiétez des conséquences de vos actions?
2. Vous inquiétez-vous de votre petit(e) ami(e)?
3. Est-ce que vous vous intéressez à vos études?
4. Vous intéressez-vous aux autres?

5. Est-ce que vous pensez souvent à votre mère?
6. Pensez-vous souvent au sens de la vie?
7. Est-ce que vous vous soumettez à l'autorité de vos parents?
8. Êtes-vous habitué à la ville où vous habitez?
9. Répondez-vous toujours aux lettres de votre père?
10. Vous préoccupez-vous de votre avenir?
11. Vous souvenez-vous de votre première expérience traumatisante?
12. Vous souvenez-vous de la première personne que vous avez aimée?
13. Pourriez-vous vous passer de vos parents?
14. Pourriez-vous vous passer de l'amour?
15. Réfléchissez-vous beaucoup au mariage?
16. Vous fiez-vous à moi?

B. Vous organisez une soirée pour fêter le mariage d'une amie. Répondez aux questions selon le modèle.

MODÈLE: Qui va téléphoner au fleuriste? (*moi*)
C'est moi qui vais lui téléphoner.

1. Qui va envoyer les lettres d'invitation? (*moi*)
2. Qui va inviter les voisins? (*moi*)
3. Qui va apporter les assiettes? (*toi*)
4. Qui va apporter les ustensiles de cuisine? (*Nicolas*)
5. Qui va venir avant les autres? (*mes parents*)
6. Qui nettoiera la maison? (*Geneviève*)
7. Qui préparera le repas? (*tes parents*)
8. Qui servira le repas? (*vous autres*)
9. Qui fera le ménage après? (*nous tous*)
10. Qui jettera les ordures? (*Gustave et toi*)

C. Votre ami vous parle de ses opinions. Vous êtes d'accord.

MODÈLE: J'aime le cours de philosophie.
Moi aussi.

1. J'aime beaucoup cette école.
2. Je voudrais suivre un cours de littérature française.
3. Je vais étudier ce soir.
4. Je ne vais pas au cinéma.
5. Je vais aller à la bibliothèque.
6. Je ne vais pas à la discothèque ce soir.
7. Je crois que demain j'irai à la plage.
8. Mais je n'y resterai pas longtemps.
9. Je ne veux pas attraper un coup de soleil.
10. Je pense que le soleil peut être dangereux.

Les pronoms possessifs

OBSERVEZ Je le quittai, le cœur alourdi d'une tristesse qui faisait face à **la sienne** et que **la sienne** venait de me révéler: il m'aime encore, hélas!
Tu es la source de tes maux et **des miens.**

ANALYSE On emploie *un pronom possessif* pour éviter la répétition de l'adjectif possessif et de son nom. Il varie en genre et en nombre.

REMARQUES 1. Les pronoms possessifs sont les formes toniques de l'adjectif possessif. Ils sont toujours précédés de l'article défini. Quand l'article est précédé par la préposition **de** ou **à,** il faut utiliser les formes contractées: **au** sien, **aux** siens, **des** nôtres, **du** vôtre, etc.
2. Notez la différence de prononciation:
    notre chat [nɔtʀ(ə)]
    le nôtre [notʀ(ə)]
    La voyelle de **nôtre** est plus fermée.

TABLEAU DES ADJECTIFS ET DES PRONOMS POSSESSIFS

Singulier		Pluriel	
Adjectifs possessifs	*Pronoms possessifs*	*Adjectifs possessifs*	*Pronoms possessifs*
C'est **mon** chat.	C'est **le mien.**	C'est **notre** chat.	C'est **le nôtre.**
C'est **ma** chatte.	C'est **la mienne.**	C'est **notre** chatte.	C'est **la nôtre.**
C'est **mon** auto.[4]	C'est **la mienne.**	C'est **notre** auto.	C'est **la nôtre.**
Ce sont **mes** meubles.	Ce sont **les miens.**	Ce sont **nos** meubles.	Ce sont **les nôtres.**
Ce sont **mes** affaires.	Ce sont **les miennes.**	Ce sont **nos** affaires.	Ce sont **les nôtres.**
ton chat	**le tien**	**votre** chat	**le vôtre**
ton auto	**la tienne**	**votre** auto	**la vôtre**
tes meubles	**les tiens**	**vos** meubles	**les vôtres**
tes affaires	**les tiennes**	**vos** affaires	**les vôtres**
son chat	**le sien**	**leur** chat	**le leur**
son auto	**la sienne**	**leur** auto	**la leur**
ses meubles	**les siens**	**leurs** meubles	**les leurs**
ses affaires	**les siennes**	**leurs** affaires	**les leurs**

[4]Le mot **auto** est féminin, mais on emploie la forme masculine de l'adjectif devant une voyelle.

Exercices

A. Complétez les phrases suivantes en employant un pronom possessif.

1. J'ai invité mes amies, et lui, il . . .
2. Tu as tes gants, et elle, elle . . .
3. Il est venu dans son auto, et moi, je . . .
4. Ils ont leurs affaires, et nous, nous . . .
5. Nous avons mis nos manteaux, et eux, ils . . .
6. Elles ont présenté leur mère, et vous, vous . . .
7. Vous avez amené votrerère, et elles, elles . . .
8. J'ai rendu visite à ma sœur, et toi, tu . . .

B. Complétez les phrases avec les pronoms possessifs exigés. Ajoutez une préposition, s'il le faut.

1. J'ai fait une partie d'échecs avec mon ami. En as-tu fait une avec . . . ?
2. Elle va parler à son coiffeur. Vas-tu parler . . . ?
3. Ma mère me confie ses secrets, mais mon père me parle rarement . . .
4. J'offre des fleurs à ma tante. En offrez-vous . . . ?
5. Je me soucie de mes amis. Se soucient-ils . . . ?
6. Elles écrivent souvent à leurs parents. Mais j'écris rarement . . .

C. Répondez aux questions suivantes en employant le pronom possessif.

> MODÈLE: J'ai parlé à mon mari. Et Èveline?
> Elle a parlé au sien.

1. Nous avons parlé à notre fille. Et Èveline?
2. Geneviève s'intéresse à ses études. Et vous?
3. Nous sommes fiers de nos enfants. Et Robert?
4. Geneviève n'aime pas son père. Et votre sœur?
5. Nous nous soucions de nos parents. Et vos amis?
6. Sa robe est bien jolie. Et ma robe?
7. Le jour de mon anniversaire a été agréable. Et ton anniversaire?
8. J'ai acheté mon pantalon chez Channel. Et Marie et Lise?
9. Elle a acheté son corsage au marché aux puces. Et Hermance?
10. Ils vont inviter leurs parents. Et nous?

tout

1. OBSERVEZ   Gustave a pris **toute** son attention.
Il lui a causé **toutes** les inquiétudes.
Elle lui a prodigué **tous** les soins.
Tout le drame de notre vie morale est là.
Tout le monde ne croit pas au mariage.

ANALYSE　Comme adjectif, **tout** s'accorde en genre et en nombre avec le nom qu'il modifie.

2. OBSERVEZ　**Tous les** jours il est venu me voir.
Tous les mercredis on va au marché.
La revue arrive **tous les** 15 jours.
Il faut prendre un cachet **toutes les** quatre heures.

ANALYSE　**tout** comme adjectif marque une action répétée.

3. OBSERVEZ　**Tous** sont venus. **Toutes** étaient d'accord.
Nous sommes **tous** des pauvres êtres qui se débattent.
Elles sont **toutes** parties après minuit.
Ce que **toutes** cherchent, ce sont des messieurs «bien».

ANALYSE　Comme pronom sujet, **tout** s'accorde en genre et en nombre avec le nom qu'il remplace. Le **s** final du masculin pluriel se prononce quand il remplit la fonction d'un pronom.

4. OBSERVEZ　Les voitures? Ils les ont **toutes** vendues. (*pronom objet direct*)
Tu vois ces livres? Je les ai **tous** lus. (*pronom objet direct*)
Il a donné un cadeau **à tous** et **à toutes.** (*pronoms objets indirects*)

ANALYSE　**tout** qui renforce un pronom se met après le verbe au temps simple et après l'auxiliaire au temps composé, sauf dans le cas d'un *objet indirect.*

5. OBSERVEZ　Il quitterait **tout** pour moi.
C'est **tout.**
Tout reste à faire.
Rien n'est fait.
Elle n'a pas **tout** dit.

ANALYSE　Quand le pronom **tout** est au singulier, il est souvent neutre ou indéfini. Il s'oppose à **rien.**

QUELQUES EXPRESSIONS UTILES AVEC TOUT

J'arrive **tout de suite.** (immédiatement)
De toute façon
De toute manière } je serai là.
En tout cas
Tout de même, il ne faut pas exagérer! (pourtant)
Après tout, c'est un imbécile! (toute chose considérée)
Il va venir **tout à l'heure.** (bientôt)

Nous sommes arrivés **tout à l'heure.** (il y a quelques minutes)
Tu es mignon **comme tout!** (extrêmement)
Il est **tout à fait** bizarre. (complètement)

Exercices

A. Employez la forme de l'adjectif **tout** exigée par la phrase.

1. Il a répondu à _____ les questions.
2. _____ les semaines, elle fait le ménage.
3. Nous travaillerons _____ la journée.
4. J'ai lu _____ le livre.
5. _____ femme, comme _____ homme, désire être heureuse.
6. On ne pourra pas inviter _____ le monde.
7. C'est une revue qui sort _____ les mois.
8. _____ les revues sont à la bibliothèque.

B. Employez la forme correcte du pronom **tout.**

1. Dis bonjour de ma part à _____ (garçons) et à _____ (filles).
2. Personne n'est au bureau; ils sont _____ sortis déjeuner.
3. Il n'y a plus de voitures à acheter; on les a _____ vendues.
4. _____ sont arrivés à la fois.
5. Les femmes ne sont pas venues; _____ ont cru que c'était une réception réservée aux hommes.
6. C'est _____ ! Tu pourras partir maintenant.
7. Attention, ou je vais _____ dire à Maman!
8. _____ est bien qui finit bien.

C. Complétez les phrases suivantes avec la forme correcte du mot **tout.**

1. _____ le monde est venu.
2. _____ les filles ont été présentes.
3. J'ai vu _____ mes amis à New York.
4. Il a lu _____ le livre.
5. J'ai révisé _____ la pièce.
6. Ça se voit _____ les jours.
7. Il les a _____ vus.
8. Nous les avons _____ vues.
9. _____ ceux qui étaient là ont apporté un cadeau.
10. J'ai _____ à fait oublié.
11. Je ferais _____ pour toi.
12. Je te verrai _____ à l'heure.
13. Il était malade, mais je lui ai rendu visite _____ de même.

D. Remplacez les mots en italique par une des expressions avec **tout.**

1. Je vous le dirai *immédiatement.*
2. Je l'ai vu *il y a quelques minutes.*
3. À *bientôt!*
4. Vous avez l'air *complètement* épuisé.
5. Elle est *extrêmement* mignonne.
6. *Pourtant,* tu pourrais t'excuser!

Conversation/Petit écrit

A. Préparez les questions suivantes pour une discussion en classe.

B. Préparez par écrit une des questions suivantes.

1. Quelle évolution s'opère-t-elle en Èveline? Que désire-t-elle? Pourquoi n'arrive-t-elle pas à aller jusqu'au fond de sa pensée? Si elle n'aime plus son mari, pourquoi décide-t-elle de rester avec lui?
2. L'enfant cadet (le plus jeune) est-il souvent le préféré de la famille? Deux enfants de la même famille sont-ils élevés de la même manière? Les attentes des parents sont-elles différentes pour l'aîné (le plus âgé)? Pourquoi? Y a-t-il des tensions et des conflits dans votre famille?
3. «Le mariage doit conférer des prérogatives au mari.» Êtes-vous d'accord? Pourquoi? Les jeunes femmes de nos jours ont-elles tendance à se soumettre à leurs maris? Pour quelles raisons y a-t-il des jeunes qui préfèrent ne pas se marier? Quels sont les problèmes possibles d'une femme mariée de 40 ans qui n'a pas de carrière?
4. Quand vous avez un problème personnel, à qui en parlez-vous? Pourquoi? Cette personne vous comprend-elle? A-t-elle les mêmes opinions que vous? Ouvre-t-elle d'autres perspectives? Que faites-vous quand il n'y a personne à qui vous pouvez vous confier?

Étude du lexique

1. **les mœurs** *(f.)*   l'ensemble d'habitudes d'une société, d'un individu

   «Autre temps, autres mœurs» veut dire que les mœurs changent avec le temps.

2. **essor** *(m.)*   développement, extension, croissance ≠ déclin, stagnation

   L'économie est en plein essor.

3. **mûr**   qui a atteint son plein développement, adulte, réfléchi

   Ces fruits ne sont pas mûrs; ils sont même encore verts.

   Il n'est pas encore assez mûr pour toutes ces responsabilités.

4. **en tête**   en premier lieu

   J'ai une liste de choses à faire aujourd'hui; en tête, une visite médicale.

5. **les cadres** *(m.)*   personnel ayant des responsabilités et appartenant à la catégorie supérieure des employés d'une entreprise

   Les cadres moyens et supérieurs ont tendance à être plus conservateurs que les ouvriers; chacun a ses intérêts.

6. **s'accroître**   grandir, augmenter, se développer, grossir

   Plus l'économie va mal, plus le mécontentement s'accroît.

7. **un manœuvre**   un ouvrier sans spécialisation

   Les manœuvres semblent être les premiers à être renvoyés pendant les crises économiques.

8. **un vieux garçon**   un célibataire (connotation négative)

   C'est un vieux garçon qui a du mal à se départir de ses habitudes.

9. **alors que**   tandis que

   Les femmes préfèrent les hommes qui sont riches, alors que les hommes préfèrent les femmes qui sont belles.

10. **conjoint(e)**   époux, mari; épouse, femme

    Les futurs conjoints sont allés chez le notaire pour signer un contrat.

11. **le statut**   l'état, la situation de fait dans la société

    Le statut de la femme dans la société évolue très rapidement.

12. **les capacités ménagères**   les talents qui se rapportent à la tenue de l'intérieur domestique

    Si l'homme veut une conjointe capable de gagner sa vie, il lui faudra cultiver des capacités ménagères lui-même.

13. **un quotidien**   un journal paraissant tous les jours

    Quel quotidien lisez-vous quand vous êtes à Paris?

14. **le comportement**   la manière d'agir, la conduite

    Méfie-toi de ce monsieur; il a un comportement bizarre.

    En biologie, nous avons étudié le comportement des mouches.

15. **bouleverser**   troubler profondément, mettre en grand désordre

    Son divorce a bouleversé sa vie.

16. **le taux**   le niveau, la proportion

Depuis que la femme gagne sa vie, le taux de divorces augmente.

Quand le taux d'intérêt est trop élevé, on n'achète plus à crédit.

17. **l'échelle sociale**   l'hiérarchie des situations dans la société

C'est un ambitieux qui ne pense qu'à grimper l'échelle sociale.

18. **le haut**   ≠ le bas

Sur le haut de la colline, il y a un petit chalet agrémenté d'un jardin.

grands
cadres

petits
cadres

ouvriers

Gustave

1. À présent, Gustave est **au bas** de **l'échelle sociale,** mais c'est un ambitieux qui veut grimper.

Robert

2. Robert était arrivé **en haut** de l'échelle, mais un scandale l'a précipité **du haut en bas.**

3. Il y a un corbeau perché **sur le haut** de l'arbre.
«Maître Corbeau sur un arbre perché»
Jean de La Fontaine

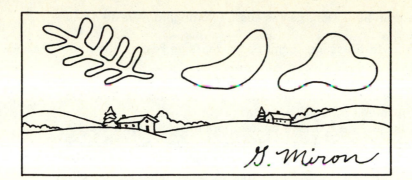

4. Il y a des objets étranges dessinés **dans le haut** du tableau.
L'artiste a posé sa signature **au bas** du tableau.

Le «marché» matrimonial: «belles dames» et «messieurs bien»

Michel Heurteaux

Malgré l'évolution des mœurs, situation sociale, argent, diplômes, déterminent toujours les unions. L'essor du **concubinage** n'y a rien changé.

cohabitation sans mariage

Les jeunes Français sont moins nombreux qu'autrefois à «**chausser**
5 **doucement la pantoufle du mariage**» selon l'expression de Balzac[1]
dans *Le Contrat de mariage:* ils n'étaient que 312 000 en 1982 contre
417 000 dix ans plus tôt. Parallèlement, la cohabitation n'a cessé de
se développer. Mais la formation des couples, **qu'ils soient** ou non
sanctionnés par la loi ou la religion, a-t-elle changé? Obéit-elle à des
10 choix **mûrement pesés** ou est-elle seulement l'effet d'un sentiment
amoureux guidé par le hasard?

entrer docilement dans le mariage

whether they be

considérés longuement

En fait, les transformations de la société, l'évolution des mentalités
et des comportements n'ont pas vraiment bouleversé les données du
marché matrimonial (. . .).

15 La révolution des mœurs n'y a rien changé (. . .). «Indépendamment
des préférences et des goûts individuels, des normes sociales très
étroites limitent, aujourd'hui comme autrefois, les possibilités de
choix», constate Alain Girard.

Cette loi non écrite s'applique de la même manière à ceux et à celles

Extrait: *Le Monde dimanche,* 14 août 1983.

[1]Honoré de Balzac (1799–1850), écrivain français, auteur de quelques 95 romans et
nouvelles, 30 contes et 5 pièces de théâtre.

20 qui vivent en union libre: dans ce cas aussi, l'homogamie[2] reste à peu
de chose près la règle. (. . .)

Autant le dire: le **brassage** social par le mariage reste un mythe.   mélange
(. . .)

Pour commencer, il faut pouvoir se marier. . . . Être «marié ou céli-
25 bataire n'est indépendant ni du diplôme ni de la position sociale que
l'on occupe», observe François de Singly.

Pour les hommes, «le mariage contemporain peut être interprété
comme un privilège puisqu'il est en effet plus fréquent parmi les plus
favorisés». En tête les cadres supérieurs, et de loin: parmi eux, le taux
30 de célibat atteint tout juste 3%. Mais à mesure qu'on descend l'échelle
sociale le nombre des **esseulés** s'accroît: 5% parmi les cadres moyens   personne seule
(un sur vingt), 8% chez les employés, 9% chez les ouvriers spécialisés.
Et 20% des manœuvres (un sur cinq) finissent vieux garçons.

À l'inverse, le célibat chez les femmes est d'autant plus important
35 que la position sociale est élevée: 10% seulement chez les ouvrières;
trois fois plus chez les femmes cadres supérieurs. Ces dernières, dis-
posant de ressources substantielles, n'ont pas besoin d'un mari pour
les «faire vivre». Alors que la solitude des hommes, selon François de
Singly, est «l'expression d'une pauvreté sociale», celle de ces femmes
40 apparaît comme «l'expression d'un luxe possible».

Et lorsqu'elles vivent en couple, c'est généralement avec un con-
joint de statut social équivalent: deux tiers des femmes exerçant une
profession libérale, plus de la moitié des femmes cadres supérieurs
ont, selon l'INSEE,[3] accordé leurs faveurs à des partenaires de milieu
45 identique.

Titres et diplômes

(. . .) À côté de l'origine sociale, la possession ou l'absence de di-
plômes et de titres jouent aussi. Les **bachelières** et les diplômées de   celles qui ont reçu le
l'enseignement supérieur s'associent en général à des hommes de   baccalauréat
même niveau scolaire (. . .). La fréquentation d'une grande école as-
50 sure une bonne position dans la course aux maris «intéressants».

Le rêve d'ascension sociale par le mariage peut avoir quelque réalité: selon certains spécialistes, les femmes ont tendance à effectuer
leur mobilité sociale vers le haut par ce moyen, alors que les hommes
la feraient plutôt par le travail. Situation qui s'explique selon François
55 de Singly par la division traditionnelle du travail entre les sexes. Les
femmes peuvent plus difficilement faire leur ascension sociale par le
travail. En revanche, elles peuvent offrir leurs capacités ménagères et
leur physique.

[2]La tendance à épouser quelqu'un du même milieu social et professionnel.

[3]Institut national de la statistique et des études économiques

Si les hommes de condition modeste ont très rarement la possibilité
60 d'épouser des femmes de catégories supérieures, les femmes ont plus
de facilités. Ainsi si les ouvrières sont le plus souvent avec des ouvriers, les employées, les secrétaires ont beaucoup plus fréquemment
pour époux un cadre moyen. (. . .)

Ce que toutes cherchent ce sont ces messieurs «présentant bien»
65 avec situation aisée, et tout particulièrement les membres des professions libérales—les pharmaciens, les dentistes, les notaires, et surtout
les médecins (. . .).

Si pour les femmes l'âge peut faire problème, pour les hommes le
statut social et le revenu comptent davantage. (. . .)

70 C'est que les jeunes filles sont devenues «plus difficiles» qu'autrefois,
remarque le secrétaire général de la mairie de Saint-Hilaire-du-Châtel,
petite commune agricole du **canton** de Mortagne. «Elles ne veulent   division territoriale
plus aller curer les vaches comme leur mère! Dès qu'elles ont eu le
certificat ou le brevet elles préfèrent aller travailler à la ville comme
75 vendeuse ou employée de banque. . . . Là-bas elles trouveront des **gars**   garçons *(fam.)*
salariés, tranquilles, qui font leurs trente-neuf heures, pas une de plus!»

Ne trouvant plus sur place l'indispensable compagne, certains petits
agriculteurs en sont parfois réduits à passer des petites annonces dans
les quotidiens régionaux, **voire** dans les revues agricoles. (. . .) On a   et même
80 même été jusqu'à recruter par le **biais** d'agences matrimoniales des   chemin indirect
jeunes femmes du bout du monde (. . .).

Intelligence du texte

Préparez oralement les questions suivantes.

1. Comment est-ce que l'évolution des mœurs et l'essor du concubinage ont
   influencé les unions? Comparez le nombre de jeunes Français qui se sont
   mariés en 1982 avec le nombre qui se sont mariés dix ans plus tôt.
2. Selon Alain Girard, qu'est-ce qui limite les possibilités de choix dans la
   formation des couples?
3. Qu'est-ce l'homogamie?
4. Pourquoi peut-on interpréter le mariage contemporain comme un privilège pour les hommes? Comparez le célibat chez les manœuvres et chez
   les cadres supérieurs.
5. Comment le taux de célibat chez les femmes se compare-t-il avec celui
   des hommes? Comparez le célibat chez les ouvrières et les cadres supérieurs.
6. Pourquoi le taux est-il si élevé chez les femmes des cadres supérieurs?
7. Quelle est l'importance de la fréquentation d'une grande école?

8. Pourquoi, selon certains spécialistes, les femmes ont-elles tendance à effectuer leur ascension sociale par le mariage? Que pensez-vous d'une telle observation?

9. Que cherchent les femmes qui veulent effectuer leur ascension sociale par le mariage?

10. Qu'est-ce que les jeunes femmes ne veulent plus faire? Que préfèrent-elles faire? Qu'espèrent-elles trouver en ville? Qu'est-ce que cet article révèle de la vie des agriculteurs?

Résumé

En vous appuyant sur les questions suivantes, faites un résumé du texte «Le «marché» matrimonial: «belles dames» et «messieurs bien».

Quels sont les résultats des recherches sur le «marché» matrimonial? Quel est le rôle de l'homogamie? Comparez et évaluez le taux du célibat chez les hommes et chez les femmes au niveau des cadres supérieurs. Quel est le rôle de l'ascension sociale par le mariage? Quels sont les problèmes des petits agriculteurs?

Essai

En vous servant d'une des thèses suivantes et des expressions ci-dessous, faites une introduction, un développement (thèse, antithèse) et une conclusion.

1. Un mariage de raison a plus de chances de réussir qu'un mariage d'amour. (Êtes-vous d'accord?)

2. À l'heure actuelle, il n'y a plus de raison de se marier.

3. Ce n'est qu'à l'intérieur du mariage que l'on peut se réaliser pleinement.

4. L'amour et la jalousie semblent fatalement liés. (Si l'on n'est pas jaloux, peut-on être amoureux? Est-ce que le manque de jalousie indique l'indifférence?)

Plan d'essai

I. Introduction: Situer la question

Phrases possibles pour un exposé concis du problème vu par l'adversaire:

Beaucoup de jeunes d'aujourd'hui croient que . . .
À l'encontre des idées d'autrefois, aujourd'hui la plupart des gens pensent que . . .
C'est un lieu commun d'aujourd'hui que . . .
L'hypothèse que . . .

II. Développement

    A. Thèse

        Citez le premier argument de l'adversaire. Voici des locutions possibles:

            On peut imaginer que . . . si

        Citez le 2e argument de l'adversaire.

            S'il est exact que . . . il n'en reste pas moins vrai que . . .

        Citez le 3e argument de l'adversaire.

            Il est clair que dans certains cas . . .

    B. Conclusion préliminaire

        On voit bien alors que . . . mais . . .

    C. Antithèse

        Il faut ici une phrase de transition.

            Malgré ces arguments . . .
            Et cependant . . .
            Mais examinons . . .
            Il faut pourtant considérer . . .

    D. Première réponse

        D'abord, en premier lieu, tout d'abord

    E. Deuxième réponse

        Ensuite, par ailleurs, d'autre part

    F. Troisième réponse

        Enfin, en dernier lieu

III. Conclusion

    A. Résumer

        En conclusion, on peut voir que . . .
        Il est clair par ce qui précède que . . .

    B. Élargir

        Faites une réflexion ou posez une question qui débouche sur l'avenir du mariage et sur l'évolution des mœurs.

Comment dirais-je?

épouser quelqu'un = se marier avec quelqu'un
la cohabitation = le concubinage
vivre en union libre = vivre en concubinage avoué
avoir une liaison amoureuse
être amoureux (amoureuse) de quelqu'un
un mariage heureux, malheureux
prendre un amant
faire un mariage d'argent, d'intérêt, de raison, de convenance, d'amour
préférer le mariage au célibat
l'égalité *(f.)* ≠ l'exploitation *(f.)*
être épris(e) de quelqu'un = s'amouracher, s'enticher, s'engouer de quelqu'un
la passion, la folie, un coup de foudre
le côté physique, le côté moral, le côté matériel
avoir des valeurs en commun
la raison, la compréhension, la connaissance, l'intelligence, le jugement
la générosité, la douceur

Activités

1. L'essor de la cohabitation révèle un changement d'attitude vers le mariage. Discutez les mérites et les désavantages d'un mariage d'essai.
2. Quelles sont les différences entre le mariage et la cohabitation?
3. Quelles qualités recherchez-vous dans un(e) conjoint(e)? Comment votre famille et vos amis influencent-ils votre choix?

Mini-théâtre

Deux amoureux discutent la possibilité de cohabiter. Le jeune homme le désire ardemment tandis que la jeune femme veut qu'il l'épouse avant de vivre avec elle.

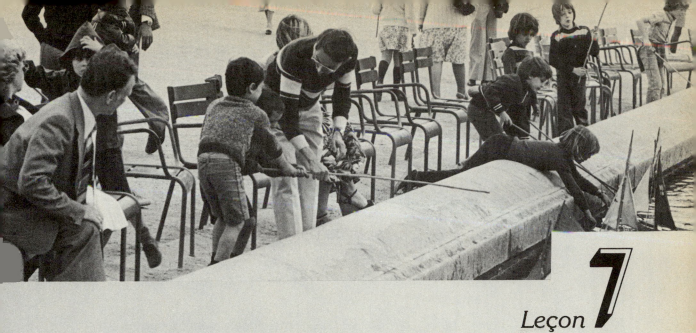

Leçon **7**

Parents et enfants

Étude du lexique

1. **il était une fois**   il existait une fois (début typique des contes de fées)

   Il était une fois un roi et une reine, qui étaient très fâchés de n'avoir pas d'enfants.

2. **l'aîné(e)**   un frère ou une sœur plus âgé(e) qu'un autre enfant = cadet(te)

   L'aîné de la famille avait 24 ans; il y avait aussi deux cadets.

3. **orgueilleux**   hautain, vaniteux, trop fier

   Elle était si remplie de présomption, si orgueilleuse, que personne ne l'aimait.

4. **une aversion**   une grande répugnance, une violente répulsion

   J'ai pour les crapauds et les vipères une profonde aversion.

5. **sans cesse**   sans arrêt

   La pauvre fille a travaillé sans arrêt toute la journée.

6. **rincer**   nettoyer à l'eau

   Veux-tu rincer les verres et les bouteilles, s'il te plaît?

7. **un don**   un cadeau

   C'est un don que j'ai reçu le jour de l'an.

8. **une pierre précieuse**   un bijou (diamant, rubis, topaze, etc.)

   Il m'a fait cadeau d'une pierre précieuse pour mon anniversaire.

9. **gronder**   réprimander

   Si tu ne rinces pas le linge avant l'arrivée de Maman, tu vas te faire gronder.

10. **une veuve**   une femme dont le mari est mort

    C'est une jeune veuve qui a l'intention de se remarier.

11. **vêtu**   habillé

    Ils étaient vêtus de longs manteaux et de chapeaux en fourrure.

12. **être fou (folle) de**   aimer à l'extrême

    Elle est folle de musique, de peinture et de Jean-Claude.

13. **un habit**   un vêtement

    J'ai acheté des habits d'hiver à bon marché.

14. **exprès**   intentionnellement, délibérément

    Que c'est gentil! Tu es venu tout exprès pour me voir.

15. **une cruche**   un pichet, un récipient à bec
Une cruche de vin rouge accompagne le rôti.

16. **se mettre en colère**   se fâcher
Ne te mets pas en colère, je ne l'ai pas fait exprès!

17. **se sauver**   s'enfuir, s'en aller
Sauve-toi! La police arrive!

18. **semblable**   similaire, pareil (*n., adj.*)
Les êtres qui sont sensibles aux autres aiment leurs semblables.
Ton habit est assez semblable à celui que j'ai acheté.

19. **aisément**   facilement, avec aisance
Ta situation est semblable à la mienne; je te comprends aisément.

Les Fées

Charles Perrault

Charles Perrault, écrivain français, né à Paris en 1628 et mort en 1703, publia des œuvres parodiques. En 1697, il écrit les Histoires ou Contes du temps passé *(appelés aussi* Contes de ma mère l'Oye) *sous le nom de son fils, âgé de dix ans (Perrault d'Armancour). Perrault s'inspira des récits populaires, empruntant ses personnages et ses intrigues à la légende, à l'histoire et à la tradition mythique populaire. Le recueil inaugura le genre littéraire des contes de fées.*

D'autres contes bien connus du même recueil sont La Barbe Bleue, La Belle au bois dormant, Le Petit Chaperon rouge, Le Chat botté, Cendrillon *et* Le Petit Poucet. *Destinés aux enfants, ces contes s'adressent aussi aux adultes par leur style classique et précis, leur symbolisme et leur poésie.*

Le conte Les Fées *décrit les rapports entre une mère et ses deux filles. L'aînée, qui ressemble à sa mère, est toute l'opposée de sa sœur cadette qui est détestée par les deux. La moralité du conte l'apparente à la fable. Quelle image des rapports familiaux ce conte donne-t-il au lecteur? Y a-t-il du réalisme dans l'histoire?*

Il était une fois une veuve qui avait deux filles; l'aînée lui ressemblait si fort **et** d'humeur **et**[1] de visage, que qui la voyait voyait la mère. Elles étaient toutes deux si désagréables et si orgueilleuses qu'on ne pouvait vivre avec elles. La cadette, qui était le vrai portrait de son père pour
5 la douceur et pour l'honnêteté, était avec cela une des plus belles filles qu'on **eût su** voir. Comme on aime naturellement son semblable, cette   *aurait pu* mère était folle de sa fille aînée, et en même temps avait une aversion

---

[1]Répétition de **et** devant chaque terme d'une énumération.

effroyable pour la cadette. Elle la faisait manger à la cuisine et tra- *épouvantable, qui fait peur*
vailler sans cesse.

10   Il fallait entre autre chose que cette pauvre enfant **allât** deux fois le *go*
jour **puiser** de l'eau à une grande demi-lieue[2] du **logis,** et qu'elle en *prendre / logement*
rapportât plein une grande cruche. Un jour qu'elle était à cette fon-
taine, il **vint** à elle une pauvre femme qui la pria de lui donner à boire. *came*
«Oui-da,[3] ma bonne mère», dit cette belle fille; et rinçant aussitôt sa
15 cruche, elle puisa de l'eau au plus bel endroit de la fontaine, et la lui
présenta, soutenant toujours la cruche afin qu'elle **bût** plus aisément. *could drink*
La bonne femme, ayant bu, lui dit: «Vous êtes si belle, si bonne et si
honnête, que je ne puis m'empêcher de vous faire un don (car c'était
une fée qui avait pris la forme d'une pauvre femme de village, pour
20 voir jusqu'où irait l'honnêteté de cette jeune fille). Je vous donne pour
don, poursuivit la Fée, qu'à chaque parole que vous direz, il vous sortira de la bouche ou une fleur, ou une pierre précieuse.» Lorsque cette
belle fille arriva au logis, sa mère la gronda de revenir si tard de la
fontaine. «Je vous demande pardon, ma mère, dit cette pauvre fille,
25 d'avoir tardé si longtemps»; et en disant ces mots, il lui sortit de la
bouche deux roses, deux perles et deux gros diamants. «Que vois-je là!
dit sa mère toute étonnée; je crois qu'il lui sort de la bouche des perles
et des diamants; d'où vient cela, ma fille?» (ce fut là la première fois
qu'elle l'appela sa fille). La pauvre enfant lui raconta naïvement tout
30 ce qui lui était arrivé, non sans jeter une infinité de diamants. «Vraiment, dit la mère, il faut que j'y envoie ma fille; tenez, Fanchon, voyez
ce qui sort de la bouche de votre sœur quand elle parle; ne seriez-vous
pas bien **aise** d'avoir le même don? Vous n'avez qu'à aller puiser de *contente*
l'eau à la fontaine, et quand une pauvre femme vous demandera à
35 boire, lui en donner bien honnêtement. —**Il me ferait beau voir,** répon- *on aurait du mal à me forcer à le faire*
dit la brutale, aller à la fontaine. —Je veux que vous y alliez, reprit la
mère, et tout à l'heure.» Elle y alla, mais toujours en grondant. Elle
prit le plus beau **flacon** d'argent qui fût dans le logis. Elle ne fut pas *gros vase décoratif*
plus tôt arrivée à la fontaine qu'elle **vit** sortir du bois une dame magni- *saw*
40 fiquement vêtue qui vint lui demander à boire: c'était la même Fée qui
avait apparu à sa sœur, mais qui avait pris l'air et les habits d'une princesse, pour voir jusqu'où irait la malhonnêteté de cette fille. «Est-ce
que je suis ici venue, lui dit cette brutale orgueilleuse, pour vous donner à boire? Justement j'ai apporté un flacon d'argent tout exprès pour
45 donner à boire à Madame! **J'en suis d'avis,** buvez **à même** si vous *c'est mon opinion / directement / pas très*
voulez. —Vous n'êtes **guère** honnête, reprit la Fée, sans se mettre en
colère; hé bien! puisque vous êtes si peu obligeante, je vous donne
pour don qu'à chaque parole que vous direz, il vous sortira de la bouche
ou un serpent ou un **crapaud.**» D'abord que sa mère l'aperçut, elle lui *toad*

---

[2]Ancien mesure linéaire, une lieue était environ 4 kilomètres.

[3]Terme populaire du XVIIe siècle servant à affirmer.

50 cria: «Hé bien, ma fille! —Hé bien, ma mère! lui répondit la brutale, en
jetant deux vipères et deux crapauds. —Ô Ciel! s'écria la mère, que
vois-je là? C'est sa sœur qui en est cause, elle me le paiera»; et aussitôt
elle courut pour la battre. La pauvre enfant s'enfuit, et alla se sauver
dans la forêt **prochaine**. Le fils du Roi qui revenait de la chasse la ren-   la plus près
55 contra et la voyant si belle, lui demanda ce qu'elle faisait là toute seule
et ce qu'elle avait à pleurer. «Hélas! Monsieur, c'est ma mère qui m'a
chassée du logis.» Le fils du Roi, qui vit sortir de sa bouche cinq ou six
perles, et autant de diamants, la pria de lui dire d'où cela lui venait.
Elle lui conta toute son aventure. Le fils du Roi en devint amoureux, et
60 considérant qu'un tel don valait mieux que tout ce qu'on pouvait donner en mariage à une autre, l'emmena au Palais du Roi son père, où il
l'épousa. Pour sa sœur, elle se fit tant **haïr**, que sa propre mère la chassa   détester
de chez elle; et la malheureuse, après avoir bien couru sans trouver
personne qui voulût la recevoir, alla mourir au coin d'un bois.

MORALITÉ

Les Diamants et les **Pistoles**,   monnaie d'or ancienne
Peuvent beaucoup sur les Esprits;
Cependant les douces paroles
Ont **encor** plus de force, et sont d'un plus grand prix.   ancienne orthographe

AUTRE MORALITÉ

L'honnêteté coûte des soins,
Et veut un peu de complaisance,
Mais tôt ou tard elle a sa récompense,
Et souvent dans le temps qu'on y pense le moins.

Intelligence du texte

Préparez oralement les questions qui suivent.

1.   Décrivez la relation entre la mère et ses deux filles.
2.   Comment l'aversion de la mère se montre-t-elle pour la cadette?
3.   Qu'est-ce qui lui arriva un jour à la fontaine?
4.   Quelle est la réaction de la mère quand la cadette fut rentrée? Quel con-
     seil donna-t-elle à l'aînée?
5.   Comment l'aînée traita-t-elle la fée? Avec quel résultat?
6.   Pourquoi la mère chassa-t-elle la cadette de la maison?
7.   Qu'est-ce qui arriva à la cadette dans la forêt?
8.   Que pensez-vous du fils du Roi? Pourquoi veut-il épouser la cadette?
9.   Qu'est-ce qui arrive à la fille aînée? Que pensez-vous d'elle? Êtes-vous
     content de la voir punie?
10. Que pensez-vous de la mère?

Mise en œuvre du vocabulaire

A. Remplacez les mots en italique par une expression équivalente.

1. *Ne vous fâchez pas,* ce n'est pas grave!
2. Cet enfant est un *cadeau* de Dieu.
3. Si tu es *hautain,* tu auras peu d'amis.
4. Il m'*a réprimandé* car je n'avais pas fini mon essai.
5. Que vous avez de beaux *vêtements!*
6. Elle *s'est enfuie* parce qu'elle était en retard.
7. Nous avons *une violente répulsion* pour cet homme.
8. Je te dis *sans arrêt* de ne pas le faire, et voilà que tu l'as fait encore une fois!
9. Nous aimons *facilement ceux qui nous ressemblent.*
10. Je vous ai vu! Vous l'avez fait *intentionnellement!*
11. Pour fêter la Noël, il lui a donné *un bijou.*
12. *L'enfant le plus âgé* s'appelle Bernard.

B. Complétez les phrases suivantes en ajoutant un des mots du vocabulaire du lexique.

1. Si vous _____ les assiettes, elles sortiront plus propre du lave-vaisselle.
2. J'avais tellement soif que j'ai bu à même la _____ de Coca-Cola!
3. La _____ était _____ de noir le jour de la mort de son mari.
4. _____ un prince qui _____ d'une princesse.

Questions sur le dessin humoristique

1. En quoi consiste le comique de la situation?
2. Pensez-vous que les rapports parents-enfants illustrés dans cette bande soient typiques? Pourquoi?

1   2

3

4

5

6

7

8

9

Sempé
© Charillon-Paris

GRAMMAIRE

L'emploi et la formation du passé simple (passé défini)

1. OBSERVEZ Elle **puisa** de l'eau et la lui **présenta**.
Elle lui **conta** toute son histoire. Il **tomba** amoureux d'elle et l'**emmena** au palais, où il l'**épousa**.

ANALYSE Le passé simple (passé défini), presque totalement disparu de la langue parlée, exprime un fait *achevé* (comme le passé composé dans la langue parlée, *mais*) sans considération de la relation que ce fait *ou* ses conséquences peuvent avoir au présent.

2. OBSERVEZ Louis XIV **régna pendant** soixante-douze ans, de 1643 à 1715.
Cent fois, dans ses rêves, il **vit** la belle déesse.

ANALYSE Lorsque le passé simple marque un fait qui a duré ou qui se répète, il est ordinairement accompagné d'une expression de temps comme **pendant longtemps, pendant des années, chaque semaine, bien des fois, souvent, chaque matin,** etc.

Comme le passé simple figure principalement dans la langue écrite, il suffit de le reconnaître. Les formes sont souvent basées sur le participe passé du verbe: il a **eu,** il **eut;** il a **mis,** il **mit,** etc.

TABLEAU DES VERBES RÉGULIERS AU PASSÉ SIMPLE

Verbes en **-er**

Pour les verbes en **-er,** ajoutez au radical les terminaisons suivantes:

		arriver	
-ai	-âmes	j'arriv**ai**	nous arriv**âmes**
-as	-âtes	tu arriv**as**	vous arriv**âtes**
-a	-èrent	il (elle) arriv**a**	ils (elles) arriv**èrent**

Verbes en **-ir** *et en* **-re**

Pour les verbes en **-ir** et en **-re,** ajoutez au radical:

		réussir	
-is	-îmes	je réuss**is**	nous réuss**îmes**
-is	-îtes	tu réuss**is**	vous réuss**îtes**
-it	-irent	il (elle) réuss**it**	ils (elles) réuss**irent**

attendre

j'attend**is**	nous attend**îmes**
tu attend**is**	vous attend**îtes**
Il (elle) attend**it**	ils (elles) attend**irent**

TABLEAU DES VERBES IRRÉGULIERS AU PASSÉ SIMPLE[4]

Verbes dont les terminaisons sont **-is, -is, -it, -îmes, -îtes, -irent:**

s'asseoir	il s'assit	ils s'assirent
faire	il fit	ils firent
mettre	il mit	ils mirent
prendre	il prit	ils prirent
rire	il rit	ils rirent
acquérir	il acquit	ils acquirent
conquérir	il conquit	ils conquirent
convaincre	il convainquit	ils convainquirent
naître	il naquit	ils naquirent
vaincre	il vainquit	ils vainquirent

Verbes dont les terminaisons sont **-us, -us, -ut, -ûmes, -ûtes, -urent:**

avoir	il eut	ils eurent
être	il fut	ils furent
boire	il but	ils burent
conclure	il conclut	ils conclurent
connaître	il connut	ils connurent
croire	il crut	ils crurent
devoir	il dut	ils durent
falloir	il fallut *(verbe impersonnel)*	
lire	il lut	ils lurent
mourir	il mourut	ils moururent
plaire	il plut	ils plurent
pleuvoir	il plut *(verbe impersonnel)*	
résoudre	il résolut	ils résolurent
savoir	il sut	ils surent
valoir	il valut	ils valurent
vivre	il vécut	ils vécurent
vouloir	il voulut	ils voulurent

[4]Pour la conjugaison complète, référez-vous à l'appendice D.

Verbes dont le radical vient de la première personne du pluriel:

	Présent	*Passé simple*	
écrire	nous **écriv**ons	il écrivit	ils écrivirent
conduire	nous **conduis**ons	il conduisit	ils conduisirent
atteindre	nous **atteign**ons	il atteignit	ils atteignirent
craindre	nous **craign**ons	il craignit	ils craignirent
feindre	nous **feign**ons	il feignit	ils feignirent
peindre	nous **peign**ons	il peignit	ils peignirent
plaindre	nous **plaign**ons	il plaignit	ils plaignirent

Verbes dont les terminaisons sont **-ins, -ins, -int, -îmes, -întes, -inrent:**

contenir	il contint	ils continrent
devenir	il devint	ils devinrent
retenir	il retint	ils retinrent
revenir	il revint	ils revinrent
tenir	il tint	ils tinrent
venir	il vint	ils vinrent

En fin de semaine, la famille parisienne profite des plaisirs des Bois de Boulogne.

Exercice

Exprimez les idées suivantes dans le style de la conversation, à savoir, le passé composé. Faites attention au choix de l'auxiliaire, à l'accord du participe passé et à la place des pronoms et de la négation.

1. Il fut bien fier.
2. Ils eurent tort.
3. Vous sûtes la vérité.
4. Je la vis à 20 h.
5. Nous vînmes tout de suite.
6. Je vins le voir.
7. Il les vainquit.
8. Elle les mit de côté.
9. Nous les comprîmes.
10. Ils ne la prirent pas.
11. Nous rîmes aux éclats.
12. Elles ne dirent rien.
13. Ils ne la reçurent pas.
14. Ils les voulurent.
15. Vous la vendîtes.
16. Vous ne les vîtes pas.
17. Ils mirent leurs manteaux.
18. Ils les aimèrent.
19. Elles la firent.
20. Nous fumâmes ce soir-là.
21. Nous fûmes contents.
22. Il plut à verse.
23. Ils les burent.
24. Elles ne les crurent pas.

Les verbes pronominaux

Le verbe à la forme pronominale se conjugue avec *deux pronoms de la même personne:* **je me, tu te, il se, elle se, nous nous, vous vous, ils se, elles se.**

Il y a quatre espèces de verbes pronominaux.

1. OBSERVEZ Vous n'êtes guère honnête, reprit la Fée sans **se mettre** en co-lère. (**se** est un objet direct.)

La pauvre enfant s'enfuit, et alla **se sauver** dans la forêt pro-chaine. (**se** est un objet direct.)

Elle **s'est donné** du mal pour lui plaire. (**se** est un objet indi-rect.)

ANALYSE Comme le sujet fait l'action sur lui-même, cette espèce de verbe pronominal s'appelle un *verbe réfléchi.*

2. OBSERVEZ Ils **se regardaient** mais ne **se reconnaissaient** pas. (**se** = objet direct)

Ils **se sont écrit,** l'un à l'autre. (**se** = objet indirect)

ANALYSE Plusieurs sujets font une action qui est réciproque; ce sont, donc, des *verbes réciproques.*

3. OBSERVEZ   Le mariage **se conclut** tout de suite.

Ce livre **se lit** facilement. (**On** le lit facilement.)

Le français et l'anglais **se parlent** au Canada. (**On** parle français et anglais au Canada.)

ANALYSE   Les verbes pronominaux de *sens passif* s'emploient à peu près uniquement à la 3ᵉ personne et sans indication de l'agent de l'action. L'agent implicite de l'action est **on.**

4. OBSERVEZ   La pauvre enfant **s'enfuit** dans la forêt.

—Ô Ciel! **s'écria** la mère, que vois-je là?

Papa **s'est mis à** crier, Maman **s'est mise à** crier.

Il devina tout ce qui **s'était passé.**

Ils se sont plaints de la situation.

ANALYSE   Dans les verbes *simplement pronominaux,* le pronom ne s'analyse pas; il fait corps avec le verbe.

CONJUGAISON D'UN VERBE PRONOMINAL

Temps simples (présent)

Affirmatif	*Négatif*
je me divertis	je ne me divertis pas
tu te divertis	tu ne te divertis pas
il se divertit	il ne se divertit pas
elle se divertit	elle ne se divertit pas
nous nous divertissons	nous ne nous divertissons pas
vous vous divertissez	vous ne vous divertissez pas
ils se divertissent	ils ne se divertissent pas
elles se divertissent	elles ne se divertissent pas

Interrogatif	*Interro-négatif*
est-ce que je me divertis?	—
te divertis-tu?	ne te divertis-tu pas?
se divertit-il?	ne se divertit-il pas?
se divertit-elle?	ne se divertit-elle pas?
nous divertissons-nous?	ne nous divertissons-nous pas?
vous divertissez-vous?	ne vous divertissez-vous pas?
se divertissent-ils?	ne se divertissent-ils pas?
se divertissent-elles?	ne se divertissent-elles pas?

Temps composés (passé composé)

Affirmatif

je me suis diverti(e)
tu t'es diverti(e)
il s'est diverti
elle s'est divertie
nous nous sommes diverti(e)s

vous vous êtes diverti(e)(s)
ils se sont divertis
elles se sont diverties

Négatif

je ne me suis pas diverti(e)
tu ne t'es pas diverti(e)
il ne s'est pas diverti
elle ne s'est pas divertie
nous ne nous sommes pas
    diverti(e)s
vous ne vous êtes pas diverti(e)(s)
ils ne se sont pas divertis
elles ne se sont pas diverties

Interrogatif

est-ce que je me suis diverti(e)?

t'es-tu diverti(e)?
s'est-il diverti?
s'est-elle divertie?
nous sommes-nous diverti(e)s?

vous êtes-vous diverti(e)(s)?
se sont-ils divertis?
se sont-elles diverties?

Interro-négatif

—Est-ce que je ne me suis pas
    diverti(e)?
ne t'es-tu pas diverti(e)?
ne s'est-il pas diverti?
ne s'est-elle pas divertie?
ne nous sommes-nous pas
    diverti(e)s?
ne vous êtes-vous pas diverti(e)(s)?
ne se sont-ils pas divertis?
ne se sont-elles pas diverties?

Impératif

Affirmatif

Divertis-toi!
Divertissons-nous!
Divertissez-vous!

Négatif

Ne te divertis pas!
Ne nous divertissons pas!
Ne vous divertissez pas!

ATTENTION!   À l'impératif affirmatif, le pronom réfléchi est *après* le verbe.

Le participe passé des verbes pronominaux

1. On a vu que le pronom peut être un objet direct (elle alla **se sauver** dans
    la forêt) ou un objet indirect (elle **s'est donné** du mal [à elle-même]).
2. *Tous* les verbes pronominaux se conjuguent avec **être**. Il n'y a pas d'excep-
    tion. N'oubliez pas de faire l'accord entre le participe passé et le pronom
    auquel il se réfère quand il n'y a pas d'autre objet direct dans la phrase.

3. Le participe passé d'un verbe réfléchi ou réciproque s'accorde avec le pronom réfléchi lorsque celui-ci est un *objet direct.*

> EXEMPLES: Elle s'est **lavée.** (Elle a lavé *elle-même.*)
> Ils se sont **battus.**
> Elles se sont **hâtées.**
> Elles se sont **regardées.**

Mais quand le pronom réfléchi fonctionne comme *objet indirect,* on ne fait pas l'accord.

> EXEMPLES: Elle s'est **demandé** ce qu'elle allait devenir. (à elle-même, donc *objet indirect*)
> Je me suis **dit** que . . . (à moi-même; *objet indirect*)
> Elles se sont **donné** des cadeaux. (l'une à l'autre; *objet indirect*)
> Ils se sont **écrit.** (l'un à l'autre)
> Elle s'en est **voulu** d'être arrivée tard. (à elle-même)
> Ils se sont **téléphoné.** (l'un à l'autre)
> Ils se sont **rendu** compte de leur erreur. (à eux-mêmes)

D'autres verbes dont le participe passé ne s'accorde pas:

> se faire mal   se parler   se ressembler
> se sourire   se suffire

4. Le participe passé des verbes passifs et des verbes simplement pronominaux s'accorde avec le sujet.

> EXEMPLES: Elle s'est **plainte.**
> Elles s'en sont **aperçues.**
> Elle s'est **écriée.**
> Cette nouvelle s'est bien **vendue** l'année dernière.

Pour une liste partielle des verbes pronominaux dont le participe passé s'accorde, référez-vous à l'Appendice E.

5. Attention aux phrases suivantes.

Elle **s'**est lavé**e. (se,** objet direct, précède le verbe.)
Elle s'est lavé **les mains.** (L'objet direct est **les mains,** donc, on ne fait pas l'accord.)
Elle se **les** est lavé**es. (les** se réfère aux **mains,** donc, on fait l'accord parce que l'objet direct précède le verbe.)
Elles **se** sont brûlé**es.** (l'objet direct **se** précède, donc, on fait l'accord.)
Elles se sont brûlé **les doigts.** (L'objet direct, **les doigts,** suit le verbe, donc, on ne fait pas l'accord.)

Elles se **les** sont brûlés. (L'objet direct, **les,** pour **les doigts,** précède le verbe, alors, on fait l'accord.)

Voici une liste partielle des autres verbes employés avec les parties du corps pour lesquelles on emploie l'article défini.

se brosser (les dents, les cheveux)   se raser (la barbe)
se couper (la main, le doigt, etc.)   se maquiller (le visage)
se peigner (les cheveux)   se casser (le bras, etc.)
se lever (la main, le doigt)   se blesser

Exercices

A.   Complétez le paragraphe suivant avec les verbes entre parenthèses.

Chaque matin, je _____ *(se réveiller)* de bonne heure; je _____ *(se lever)* après un quart d'heure. Après m'être levé, je _____ *(se laver)* les mains et la figure. Je _____ *(se préparer)* pour aller à l'école. Après avoir mangé, je _____ *(se peigner)* les cheveux, je _____ *(se brosser)* les dents, je _____ *(se maquiller* ou *se raser)* et je _____ *(s'habiller)* vite. Je _____ *(se dépêcher)* pour arriver à l'heure. Le soir, je _____ *(rentrer)* vers 17h et je ____ *(faire)* mes devoirs. Ensuite, je _____ *(se déshabiller),* je _____ *(se doucher)* et je _____ *(se coucher)* vers minuit.

B.   Refaites le paragraphe ci-dessus avec les pronoms suivants: **nous, tu, vous, elle, ils.**

C.   Refaites le paragraphe au passé composé avec **je,** ensuite avec **nous,** en substituant **ce matin** pour **chaque matin** et **hier soir** pour **le soir.**

D.   Refaites le paragraphe toujours au passé composé, mais à l'interrogatif, en employant **tu, vous** et **il.**

EXEMPLE: Ce matin, t'es-tu réveillé de bonne heure?

E.   Donnez la forme pronominale des phrases suivantes selon le modèle.

MODÈLE: Ici, on parle français.
          Ici, le français se parle.

1.   On lit ce livre facilement.
2.   On vend ces journaux partout.
3.   En France, on fait cela.
4.   Au Québec, on ne fait pas cela.
5.   On achète cela près d'ici.
6.   On parle français et anglais au Québec.

F. Écrivez le paragraphe suivant au passé composé. Attention à l'accord du participe passé.

Ils se voient pour la première fois en octobre. Ils se regardent. Ils se téléphonent souvent. Ils s'écrivent de nombreuses lettres. Ils se comprennent. Ils se retrouvent à Noël. Ils se parlent et ils s'embrassent. Ils s'aiment et ils sont heureux ensemble pour le reste de leur vie.

G. Donnez des ordres à un enfant difficile.

> MODÈLE: Dites-lui de se réveiller.
> Réveille-toi!

1. Dites-lui de se lever.
2. Dites-lui de se laver.
3. Dites-lui de se dépêcher.
4. Dites-lui de s'asseoir ici.
5. Dites-lui de s'habiller vite.
6. Dites-lui de se taire.
7. Dites-lui de ne pas se promener sur le gazon.
8. Dites-lui de ne pas se plaindre.
9. Dites-lui de ne pas s'amuser en classe.
10. Dites-lui de ne pas se moquer de ses camarades.
11. Dites-lui de s'en aller vite.

H. Donnez les mêmes instructions à plusieurs enfants.

I. Mettez les phrases suivantes au passé composé. Attention à l'accord du participe passé.

1. Elle se casse la jambe.
2. Nous nous faisons mal au dos.
3. Elles se lavent.
4. Elle se brosse les cheveux.
5. Ils se peignent.
6. Nous nous brûlons.
7. Nous nous brûlons les pieds.

L'infinitif passé

1. OBSERVEZ   Je vous demande pardon d'**avoir tardé** si longtemps.
Elle lui demanda pardon d'**être arrivée** si tard.
Elle lui demanda pardon de **n'être pas arrivée** à l'heure
(*ou:* . . . de **ne pas être arrivée** à l'heure).

ANALYSE   L'infinitif passé exprime un fait antérieur à celui qui est exprimé par la proposition principale: Je suis content *maintenant* d'avoir trouvé la clef *ce matin*.

ATTENTION! Dans la forme négative, **ne pas** peut se placer *de deux manières:* **n'être pas** arrivée, **ne pas être** arrivée.

2. OBSERVEZ Après avoir couru sans trouver personne, la malheureuse alla mourir au coin d'un bois.
Après être montée[5] dans la tour, sœur Anne a vu venir ses frères.
Après m'être diverti(e), je suis parti(e).

ANALYSE La préposition **après** n'admet que *l'infinitif passé* accompagné de son auxiliaire **avoir** ou **être** selon le cas. Avec les verbes pronominaux, le pronom, **me** dans le cas présent, précède l'auxiliaire comme avec le passé composé.

Exercices

A. Faites une phrase des deux, selon le modèle.

MODÈLE: J'ai mangé. Je suis sorti.
Après avoir mangé, je suis sorti.

1. Ils se sont vus. Ils se sont aimés.
2. Elles se sont parlé. Elles se sont revues.
3. Nous avons dîné. Nous sommes rentrés.
4. Tu t'es reposé. Es-tu sorti?
5. Tu es allé au cinéma. Es-tu rentré?
6. Je leur ai parlé. J'ai quitté le bureau.
7. Je me suis habillé. Je m'en suis allé.
8. Elle le lui a dit. Elle est partie.
9. Nous les avons vus. Nous les avons achetés.
10. Il lui a téléphoné. Il s'est couché.

B. Imaginez que vous interrogez un suspect dans une enquête policière. Formez vos questions selon le modèle.

MODÈLE: Après / vous / lever, / vous / doucher?
Après vous être levé, vous êtes-vous douché?

1. Après / vous / doucher, / vous / habiller / tout de suite?
2. Après / vous / habiller, / vous / prendre / un café?
3. Après / manger, / vous / mettre / revolver / dans / poche?
4. Après / sortir / vous / voir / la victime?
5. Après / lui / parler, / vous / la / inviter / chez vous?
6. Après / rentrer, / vous / la / abattre?
7. Après / la / abattre, / vous / cacher / corps / au jardin?

[5]Notez que le participe passé s'accorde au sujet bien que le sujet suive.

8. Après / cacher / corps, / vous / jeter / revolver / au lac?
9. Après / vous / débarrasser / du revolver, / vous / acheter / billet d'avion?
10. Après / acheter / billet d'avion, / vous / changer / d'avis?
11. Après / rentrer, / vous / téléphoner / police?
12. Après / téléphoner / police, / vous / confesser / crime?

Conversation/Petit écrit

A. Préparez oralement les questions suivantes.

B. Préparez une des questions par écrit.

1. Que pensez-vous de la moralité du conte *Les Fées?* Quel est le rôle de l'argent dans l'amour? Quelle est l'importance d'un bon caractère? Quelles sont les composantes d'un bon caractère? Qu'est-ce qui est plus important, la richesse ou un bon caractère? Que pensez-vous de «l'autre moralité»? Quelle relation implicite peut-on y apercevoir entre l'honnêteté et la récompense? Qu'en pensez-vous?

2. Quels contes de fées préfériez-vous quand vous étiez petit? *Les Trois petits cochons, Le Radis géant, Les Trois Boucs et le troll, La Princesse et le petit pois, Le Cordonnier et les lutins, Les Habits neufs de l'empereur?* Pourquoi? Faites un résumé oral d'un de ces contes. Écrivez un conte de fées.

3. Avez-vous une sœur aînée ou cadette, un frère aîné ou cadet, ou êtes-vous un enfant unique? Qui fait le travail dans la maison? Partagez-vous les tâches? Où mangez-vous? à la cuisine ou à la salle à manger? Vous entendez-vous bien avec vos parents? Avez-vous des enfants? Vous entendez-vous bien avec vos enfants? Partagez-vous le travail ménager?

4. Comment traitez-vous un invité chez vous? Lui offrez-vous à boire et à manger? Écoutez-vous des disques ou préférez-vous la conversation? Que discutez-vous avec votre meilleur ami? Jouez-vous aux échecs, aux dames, aux cartes, au tric-trac? Comment êtes-vous reçu chez vos amis?

Étude du lexique

1. **revendiquer**   réclamer une chose sur laquelle on a un droit, demander avec force

   Il a revendiqué une augmentation de salaire.

   La femme ne fait que revendiquer ses droits.

2. **à part entière**   jouissant des mêmes droits que d'autres personnes de la même catégorie, tout à fait

    Tous les groupes francophones sont des associés à part entière dans la lutte pour la défense de la langue française.

    Les femmes veulent être des personnes humaines à part entière, participant à la vie économique et politique du pays.

3. **une devise**   paroles exprimant un sentiment, une pensée avec un but moral

    «Liberté, Égalité, Fraternité» est la devise de la France.

    «Je me souviens» est la devise du Québec.

4. **s'y mettre**   s'appliquer, prendre goût à faire quelque chose

    Le premier pas est toujours le plus difficile; dès que l'on s'y met, les obstacles disparaissent un par un.

5. **sortir d'affaire**   résoudre les problèmes

    Avec quelques amis et un peu de courage, on sort toujours d'affaire.

6. **une nourrice**   une femme qui s'occupe de jeunes enfants

    Pour avoir plus de liberté d'action, elle a confié son enfant à une nourrice.

7. **en moins**   trop peu, manquant

    Il y a trois verres en moins; il faut sortir en acheter.

8. **une grande surface**   un supermarché, un hypermarché

    On peut acheter le même genre d'objets dans une grande surface, mais il est plus agréable de faire des achats dans les boutiques.

9. **éloigné de**   loin de

    Plus on est éloigné de la ville, plus le prix des maisons est raisonnable.

10. **filer**   s'en aller vite

    Oh là là! Il est déjà minuit; il faut que je file!

11. **du jour au lendemain**   d'un moment à l'autre, sans transition

    Du jour au lendemain, il se trouva sans feu ni lieu; bref, un vagabonde. Comment le destin peut-il changer si brusquement?

12. **les retrouvailles** *(f.)*   l'action de se retrouver après une séparation

    Quelles merveilleuses retrouvailles après tant de mois!

13. **repasser**   passer un fer chaud sur un vêtement

    Je déteste repasser mon linge; j'achète donc des vêtements faits de tissu infroissable.

14. **raccommoder**   réparer à l'aiguille des vêtements

Le week-end, il raccommode et repasse les vêtements de sa fille.

15. **un jumeau, une jumelle**   un des deux enfants nés d'un même accouchement; double physique d'une personne

Ce sont des frères jumeaux. Ce sont des sœurs jumelles.

Ils se ressemblent comme deux jumeaux.

Quand papa doit être aussi maman! . . .

Anne-Marie Reby

Les pères **se rebiffent!** Ils sont de plus en plus nombreux, en cas de divorce, à revendiquer la garde de leurs enfants: près de 20% en 1984, chiffre qui a doublé en dix ans. Organisés en associations, ils affirment qu'ils peuvent aussi bien que tant de «mamans seules» **materner,**
5   élever, instruire . . . rendre heureux un enfant. (. . .)

«Égalité des sexes», «À travail égal, salaire égal»; des **mots d'ordre** que, depuis près de vingt ans, les femmes françaises défendent avec **fougue.** Conséquence logique de ces revendications: les pères auxquels on a demandé **à cor et à cri** de participer à toutes les tâches
10 quotidiennes de la vie du foyer—changer bébé, stériliser les **biberons,** préparer la **bouillie** —réclament aujourd'hui, lorsqu'ils divorcent ou se séparent, la garde de leurs enfants.

Ironie de justice: dans plus de 90% des divorces, cette proposition se trouve **déboutée.** Pour les **concubins,** la question ne se pose même
15 pas, puisque l'enfant «appartient» **d'office** à la mère qui exerce à part entière l'autorité parentale. (. . .)

Pour prouver, **s'il en était besoin,** que les hommes peuvent à leur tour se transformer en merveilleux papas poule, (. . .) nous avons rencontré quelques pères qui élèvent seuls leurs enfants.

Dominique: «Cinq belles années mais sans vie privée!»

20 «Les femmes le font bien; pourquoi pas nous?» Une devise que Dominique a faite sienne depuis le jour où son épouse s'est envolée pour le Venezuela avec un autre homme. «Jennifer n'avait alors que 2 ans, mais je savais parfaitement m'occuper d'elle, car dès sa naissance, j'ai participé à la préparation de ses repas, à son bain, à ses sorties, à ses
25 jeux. Par contre, j'ai dû totalement m'initier à la cuisine. J'adore man-

Glosses (right margin):

se révoltent

traiter de façon maternelle

formules convenues

passion
avec insistance
bouteille à lait pour bébé / céréale

rejetée par jugement / amants / automatiquement

s'il le fallait

Extrait de *Parents,* juillet 1985, pages 66–68.

ger, mais j'ai horreur de m'installer aux **fourneaux.** Pourtant, pour Jen-   fours de cuisine
nifer, il a fallu que je m'y mette. Quand elle m'annonçait avec un grand
sourire: «Je veux un gâteau au chocolat avec plein de crème!», j'étais
plutôt embarrassé. Heureusement, le livre de recettes m'a toujours
30 sorti d'affaire. En fait, le vrai problème de cette nouvelle vie a surtout
été d'ordre financier. Mon ex-femme travaillait et, du jour au lendemain, j'ai dû faire face aux mêmes charges (loyer, 120 F de nourrice
par jour, etc.) avec un salaire en moins. Je faisais mes courses dans les
grandes surfaces avec une machine à calculer! Mon seul critère: le prix.
35 Progressivement, j'ai aussi appris à faire des économies en évaluant
mieux les quantités. Pas besoin de faire cuire un kilo de spaghetti
quand on est deux à table! (. . .) Une première mesure s'imposait: trouver d'urgence un appartement plus petit avec un loyer moins élevé.
Mon nouveau logement était malheureusement assez éloigné de chez
40 la nourrice (vingt minutes d'auto environ) mais, pour ne pas perturber
Jennifer, j'ai préféré continuer à l'emmener chez cette dame qu'elle
aimait beaucoup. Résultat: un véritable sprint deux fois par jour.
Course jusque chez la nourrice. Là, je laissais mon auto pour filer en
train, puis en bus, jusqu'à mon travail. Le soir, même programme avec,
45 en fin de parcours, le bain et le dîner. Bien sûr, j'aurais pu confier ces
tâches à la nourrice, mais ces moments de retrouvailles étaient si
merveilleux que pour rien au monde j'aurais voulu nous en priver. Difficile, avec un tel rythme, d'espérer avoir un brin de vie privée. Pendant
des années, pas de sorties, pas de nouvelles copines. (. . .)»
50   Aujourd'hui, Jennifer a 5 ans et demi et Dominique n'ignore plus
rien du repassage, du raccommodage, des **rhinopharyngites,** ni des   infection des passages
goûts propres aux petites filles. (. . .)   nasaux
     Et si c'était à refaire? Sans une seconde d'hésitation, la réponse fut:
«Bien sûr, je recommencerais. Si Jennifer avait eu deux ou trois mois
55 au lieu de deux ans, ma réaction aurait été la même.»
     Depuis quelques mois, une nouvelle maman est venue compléter ce
cocon familial, avec pour Jennifer une véritable sœur-jumelle: Chloé.
(. . .) Une *happy end* pour tout le monde!

Charles: «C'est Natacha qui m'a préféré à sa mère.»

Comment fait-on quand on a 32 ans, des habitudes de célibataire en-
60 durci et une vie ponctuée de voyages et de soirées folles pour accueil-
lir, du jour au lendemain, sa fille de 12 ans? «On **assume** et on s'orga-   accepte pleinement
nise», répond calmement Charles, père de Natacha, aujourd'hui âgée
de 18 ans. «Tous mes copains me disaient: «Tu es fou, tu vas craquer.»
Mais mon devoir de père ne m'indiquait qu'une seule solution: ouvrir
65 ma porte.
     «Quand Natacha m'a annoncé sa décision de quitter sa mère pour

venir habiter avec moi, j'ai tout de suite compris qu'une telle cohabitation ne pouvait être possible qu'avec beaucoup d'espace. Je laisse
donc ma **garçonnière** pour un grand appartement avec des chambres
70 bien isolées et deux salles de bains. Bien sûr, tout cela implique une
dépense importante, mais sans cet effort, notre vie commune aurait
été gâchée. On ne peut pas se permettre la même promiscuité avec un
enfant de 2 ou 3 ans et une adolescente. Malgré ces périmètres bien
définis, je me suis toujours arrangé pour qu'aucune femme ne vienne
75 partager la complicité de notre petit déjeuner.

«Mon principal souci est d'**inculquer** à ma fille le respect d'autrui,
des adultes, bref de lui enseigner toutes ces règles de politesse essentielles, qui, aujourd'hui sont souvent **balayées.** Je ne pense pas que
cela soit bon. Je veux que tout se passe dans un climat de confiance
80 totale. Nous discutons beaucoup ensemble, mais je n'ai jamais eu l'intention de me substituer à sa mère. Pour des problèmes plus féminins,
comme la prise de la pilule, par exemple, c'est sa mère qui la conseille.

«Depuis que nous vivons ensemble, nous avons décidé d'une certaine répartition du travail à la maison (ménage, courses, vaisselle),
85 mais en réalité, c'est un peu **la bohême.** Et Natacha adore cette absence de contraintes. Pas de repas à heures fixes, pas de menus con-
ventionnels. Ensemble, nous nous amusons à inventer ces recettes
fantaisistes. En ce moment, je l'aide à réviser son bac et je lui concocte
des plats pleins de «**matière grise**»! Quand Natacha était plus jeune,
90 j'avais embauché une jeune fille au pair pour s'occuper de ses repas et
de ses devoirs en mon absence. Mais quel problème pour un père seul
de recruter une jeune fille au pair! Les organismes spécialisés se méfient des célibataires. Ce sont des amis qui ont réussi à persuader une
jeune Américaine qu'elle ne risquait rien en venant chez moi!»

95 Après un matin passé avec Charles et Natacha, un seul mot vient à
l'esprit pour qualifier leur vie: sérénité. «Grâce à Natacha, confie
Charles, j'ai trouvé un véritable équilibre. La vie de célibataire, d'éternel **fêtard,** n'est pas toujours drôle et puis, on se lasse bien vite de son
côté superficiel. Natacha a donné un sens à mon existence. Jour après
100 jour, nous nous découvrons et, finalement, nous nous sommes mutuellement sauvés du **ronronnement** de la routine.»

*petit appartement de
célibataire*

imprimer dans l'esprit

rejetées, repoussées

la vie d'artiste

*(nourriture pour) le
cerveau*

*personne qui fait la
fête*

*(ici) petit bruit d'un
moteur*

Intelligence du texte

1. Que revendiquent de nombreux pères de nos jours?
2. Qu'est-ce qu'ils affirment à l'égard de leurs capacités?
3. Quels sont les mots d'ordre des femmes françaises depuis près de vingt
    ans?
4. Quelle est la conséquence logique de ces revendications?

Un père et un fils qui ont des intérêts communs maintiennent des rapports solides.

5. Pourquoi le désir du père de garder son enfant est-il souvent rejeté par les cours?
6. Quelle est la devise de Dominique, père de Jennifer?
7. Pourquoi se trouve-t-il seul avec sa fille?
8. Que savait-il faire pour sa fille? Que ne savait-il pas faire?
9. Quel a été le plus grand problème pour Dominique? Comment en est-il sorti?
10. Décrivez sa vie quotidienne à cette époque-là.
11. Pourquoi ne confiait-il pas le bain et le dîner à la nourrice?
12. Comment sa vie avec Jennifer a-t-elle influencé sa vie privée?
13. Comment Dominique réagit-il à la question «Si c'était à refaire»?
14. Quelle est la fin de son histoire?
15. Quels changements fallait-il effectuer dans la vie de Charles à l'arrivée de sa fille Natacha?
16. Comment s'est-il arrangé avec ses amies?
17. Quel est son principal souci à l'égard de sa fille?
18. Décrivez sa vie quotidienne avec Natacha.
19. Quel problème fallait-il résoudre à l'égard d'une fille au pair?
20. Comment Charles évalue-t-il sa vie avec Natacha?

Résumé

En vous appuyant sur les questions suivantes, faites un résumé de l'article «Quand papa doit être aussi maman! . . . »

Quelle est l'idée principale de l'article? Comment les revendications des femmes contribuent-elles à provoquer le phénomène que l'article expose? Comment les expériences de Dominique et de Charles montrent-elles que les pères peuvent élever les enfants aussi bien que les mères?

Essai

En vous servant d'une des thèses suivantes, des expressions et du vocabulaire ci-dessous, faites une introduction, un développement (thèse, preuves, antithèse, preuves) et une conclusion.

1. La famille peut-elle survivre?
2. Dans un divorce, l'enfant souffre le plus, mais il peut aussi apprendre des choses essentielles.
3. Bien que la loi sur l'égalité professionnelle entre les femmes et les hommes ait été adoptée, le 30 juin 1983, par l'Assemblée nationale, à l'intérieur du couple la femme n'a pas encore atteint l'égalité.
4. Quels mobiles peuvent inciter un parent à abandonner sa famille?

Définitions essentielles

une introduction   l'entrée en matière, présentant le sujet, esquissant le plan, les idées que l'on va étudier

une thèse   un point de vue particulier que l'on s'engage à justifier, avancer, défendre. (On *soutient* une thèse.)

une antithèse   une proposition opposée à la thèse et constituant avec elle une contradiction

une preuve   ce qui sert à établir qu'une chose est vraie

un exemple   un cas, un événement particulier, une chose précise qui entre dans une catégorie et qui sert à confirmer, illustrer, préciser un concept

une conclusion   un argument final, fait de deux parties:

     1. **un résumé,** qui rappelle les arguments principaux de la thèse et de l'antithèse

     2. **un élargissement,** qui met les arguments dans le contexte de la vie actuelle

Comment dirais-je?

la stabilité de la cellule familiale
élever un enfant

pratiquer la contraception
tomber enceinte
se faire avorter, l'avortement
le divorce, divorcer, se séparer
le désir de plaire
les besoins affectifs
la femme-objet
manquer de confiance
les mouvements *(m.)* féministes
les discriminations *(f.)* sexistes
être féministe, phallocrate, victime de discriminations
le comportement traditionnel
l'équilibre *(m.)* entre les sexes
l'image de la femme dans la publicité
l'influence des médias
des «travaux égaux»
perpétuer les stéréotypes sexuels
la réussite matérielle

Activités

1. Discutez l'affirmation de Madame Yvette Roudy, ministre des droits de la femme: «C'est donc par la dénonciation inlassable de l'empire sexiste de l'économie, de la presse et de la publicité que nous arriverons à faire entendre la voix des femmes du monde politique.» Comment est-ce que l'économie, la presse et la publicité présentent la femme? Comment l'homme est-il présenté? Comment ces images influencent-elles nos attitudes?

2. Les femmes s'inscrivent de plus en plus profondément dans la vie professionnelle. Leur profession n'est plus une parenthèse entre l'école et le mariage, le mariage et un enfant. Quelles modifications s'imposent à la vie familiale quand l'homme et la femme ont une profession sérieuse?

3. En dehors de la question économique, pour quelles raisons une femme désire-t-elle travailler? Ces raisons sont-elles différentes de celles des hommes?

Mini-théâtre

Dialogue entre un mari et sa femme. Il vient de perdre son travail et voudrait qu'elle cherche un emploi, car il désire rester à la maison et s'occuper du ménage et des enfants.

Questions sur la bande dessinée

1. Racontez ce que fait la femme. Quelle dynamique opère à l'intérieur du couple?
2. En quoi consiste le comique de la situation?

1

2

3

4

5

6

7

8

9

Résultats

Si vous totalisez entre 130 et 140 points, oui, vous êtes une femme libre. Même farouchement indépendante. Vous ne supportez aucune contrainte. Vous êtes une de ces (pardonnez-nous l'expression) femmes-lions, conquérantes et généreuses d'une grande fermeté de caractère. · Toutefois, vous auriez intérêt (et ceci n'est pas un reproche, loin de là !) à mettre comme on dit vulgairement, un peu...

10

11

...d'eau dans votre vin.

12

13 14

15 16

Sempé

© Charillon-Paris

Leçon **8**

À table!

TEXTE I

La Veillée au mort, *Albert Laberge*

GRAMMAIRE

L'emploi du subjonctif présent
La formation du subjonctif présent
La concordance des temps au subjonctif
La formation du subjonctif passé

TEXTE II

Qui a peur de Gault et Millau?, *François Caviglioli*

Étude du lexique

1. **veiller**   rester éveillé pendant la nuit
   J'ai dû veiller pour finir mon essai.

2. **un commerçant**   un marchand, un négociant
   Les petits commerçants de mon quartier sont bien amicaux.

3. **un enterrement**   l'action de mettre un mort en terre
   L'enterrement de Verrouche était fixé pour le lendemain.

4. **la mousse**   les bulles à la surface d'un liquide
   La mousse sur la champagne me chatouille le nez.

5. **maigre**   très mince
   Tu es vraiment trop maigre; il faut prendre trois repas par jour.

6. **le mépris**   le dégoût, la mésestime, le dédain
   Il a un mépris sans limites pour ceux qui manquent de discipline.

7. **un remède**   un médicament, une solution, un antidote
   L'amour n'a pas de remède.
   Voici un remède contre la souffrance.

8. **crever**   éclater, mourir *(fam.)*, être très fatigué
   Le pneu a crevé.
   Son voisin a crevé.
   Après la course, il a été crevé.

9. **marchander**   discuter le prix d'une marchandise
   En Italie, tout le monde marchande au marché en plein air.

10. **un concours**   une épreuve, une compétition
    Il a été disqualifié du concours car il avait triché.

11. **une gorgée**   la quantité de liquide que l'on avale en une fois
    Le thé était si chaud qu'il fallait le boire à petites gorgées.

12. **un amas**   un tas, une accumulation
    Un amas de papiers encombrait la table.

13. **rassasié**   satisfait, rempli
    Après ce repas énorme, ils étaient pleinement rassasiés.

14. **pourrir**   décomposer
    Si tu ne mets pas les restes du dîner dans le réfrigérateur, ils pourriront.

15. **les funérailles** *(f.)*   une cérémonie pour rendre les honneurs suprêmes à un mort

   Les funérailles de Baptiste Verrouche ont eu lieu la veille.

16. **un cercueil**   une caisse dans laquelle on enferme un corps mort

   Il fallait descendre le cercueil dans la tombe.

17. **une grillade**   un morceau de viande grillée

   Les Français adorent les grillades et les pommes de terre frites.

18. **une tranche**   un morceau coupé sur toute la largeur d'une chose co-mestible

   Il a pris une tranche de bifteck, une tranche de jambon, deux tranches de pain et a fini avec une tranche de gâteau.

La Veillée au mort

Albert Laberge

Albert Laberge (1871–1960), écrivain québécois, s'intéresse très tôt à la littéra-ture. En 1896, il entre à La Presse, *journal important de Montréal, où il reste jusqu'à sa retraite en 1932. Il y travaille comme rédacteur sportif et, en 1907, devient critique d'art. Dès 1909, il participe à la fondation de l'École littéraire de Montréal et fait connaissance avec les principaux écrivains et peintres montréa-lais de son époque. Dès 1903, il commence à faire paraître des extraits de son premier roman,* La Scouine, *qui encourt la condamnation des ecclésiastiques en 1909. Il continue tout de même à publier, en édition privée, mais limite ses écrits à un petit cercle de lecteurs. C'est pour cette raison que ses œuvres, qui lui réservent une place importante dans la littérature québécoise, sont passées presque inaperçues au moment de leur parution. Il ne connaît la renommée que sur le tard.*

   La nouvelle que nous présentons est tirée de son troisième ouvrage, Visages de la vie et de la mort *(1936). Rester la nuit auprès d'un mort («veiller un mort») est une tradition dans beaucoup de religions, mais la veillée du vieux Baptiste Verrouche se dégrade rapidement en une espèce d'orgie où l'esprit li-cencieux touche au macabre. Quelle semble être la raison de la veillée décrite par Laberge? Pourquoi la nourriture prend-elle tant d'importance? Et quel est le sens du «sourire sardonique» du père Verrouche?*

Ceci se passait à Allumettes, le village le plus ignorant, le plus fana-tique et le plus **ivrogne** des neuf provinces du Canada.[1]   alcoolique, buveur

   Le vieux Baptiste Verrouche, commerçant d'animaux et **ma-quignon,** était mort. Il était mort sans avoir **langui** une seule journée   marchand de chevaux / souffert

5 dans son lit, sans une heure de maladie. **Foudroyé** par une **syncope.**   frappé / arrêt du cœur

Extrait de *L'Anthologie de la littérature québécoise,* vol. 3 (Montréal: Éditions La Presse, 1979), pages 90–103.

[1]En 1949, la Terre-Neuve est devenue la dixième province du Canada.

Il s'en allait comme il avait vécu, avec le mépris des remèdes et des médecins. Pour se préserver de tous les maux possibles, il avait une panacée infaillible: chaque jour, il prenait son flacon de gin.

—Avec trois repas par jour et un flacon de gin, un homme vit vieux,
10 disait-il souvent.

Et il avait prouvé la véracité de son affirmation en se rendant à 82 ans. On l'enterrerait demain matin.

Ses fils, ses parents, ses voisins étaient réunis à sa demeure, une grande maison en pierre des champs bâtie au bord de la route, à deux
15 milles du village. Ils étaient venus pour la veillée au corps. (. . .)

Prosper Laramée, un voisin, parlait du vieux.

—Il **en** vient pas au monde tous les jours des hommes comme lui,   ne *(dial.)*
disait-il. Il était pas² fou, le père. Je l'**connaissais** depuis plus de trente   le
ans et je l'ai jamais vu faire un mauvais marché. (. . .)

20 —Oui, c'était un bon vieux, fit³ Mathildé, sa **bru,** femme du vétéri-   belle-fille
naire, et **moé,** j'aurais aimé qu'on lui **fasse chanter** un beau service de   moi *(dial.)* / *have sung*
première classe.

—Ça, c'est ben beau, mais le père, il en voulait pas de service de
première classe. Il voulait un service **d'union de prières** et pendant   d'un ensemble de
25 quarante-deux ans il a payé un **écu** par année pour l'avoir, déclara son   prières / *(ici)* 50
mari. (. . .)   cents

Il était dix heures du soir. Assis autour de la pièce, les hommes
fumaient la pipe en racontant des histoires. (. . .)

Ernest revenait maintenant avec un **cabaret** rempli de verres de   petit plateau
30 bière **débordant** de mousse, qu'il offrit à son tour.   qui dépasse le bord

L'on mangeait, l'on buvait et l'on racontait des histoires.

—C'est dommage que le père **ne puisse pas** nous voir, fit Hector   *cannot*
Mouton en se levant.

En apportant son verre, il se rendit dans la chambre mortuaire, juste
35 en avant. Il contemplait le vieux, maigre, sec, ridé, qui reposait dans
son cercueil avec un sourire **sardonique** sur sa figure **glabre.** (. . .) Les   moqueur / rasée
fils, les voisins l'avaient suivi et étaient autour de la **bière,** regardant le   cercueil
mort.

—Il m'aimait ben, le vieux, déclara Mouton, et quand je lui ai de-
40 mandé sa fille en mariage, il me l'a donnée sans marchander. (. . .)

Mais le vétérinaire **s'emballait** à son tour.   s'enthousiasmait
—Il connaissait ça, lui, un **trotteur.** Il allait chez un habitant pour   cheval
acheter une **taure** ou un bœuf et, lorsque je le voyais le soir, il me   jeune vache *(dial.)*
disait: «Tiens, Damase Legris a un poulain de deux ans qui promet.
45 **Faudra** que je fasse des affaires avec lui avant que les Américains le   il faudra
prennent.» (. . .)

²En français parlé, on omet souvent le *ne.*

³On remplace parfois **dire** par **faire** dans de longs dialogues.

Là-dessus, Ernest repassa à la ronde avec un flacon de gin et des verres. L'on buvait à la mémoire du vieux et chacun faisait son oraison funèbre. (. . .)

50 —Vous, m'sieu Pilonne, vous êtes en retard. On va vous servir un bon coup, déclara Ernest. Et, prenant un verre à bière, il le remplit de gin jusqu'au bord et le présenta au nouveau venu.

—**Maudit!** j'voudrais **qu'il y en ait** tous les jours un enterrement pour être traité comme ça. **Pis,** ça va être bon pour le rhume, répondit Pi-
55 lonne en prenant une large gorgée.

juron de surprise /
that there be / puis
(langage parlé)

Le vieux était mort depuis cinquante heures, mais dans cinquante millions de siècles il ne serait pas plus mort. Il avait pris son dernier verre de gin, il avait trotté sa dernière course, il avait conclu son dernier marché, il avait pris son dernier repas. Au matin, on l'enterrerait.
60 Ce qui avait été Baptiste Verrouche n'était plus qu'une forme vaine, un amas de matière qui se décomposerait lentement dans le sol. Ses en-
fants, ses petits enfants mangeraient, boiraient, procréeraient, pour aller ensuite à leur tour pourrir dans la terre. En attendant leur heure et celle des funérailles du père, ils buvaient du gin, ils jouaient à la
65 roue de fortune et, sous la **remise,** le petit-fils **troussait** la servante de la taverne. (. . .)

shed / relevait la jupe
de

Puis l'on entendit chanter un coq. Une vache **meugla** longuement. Un jour gris entra par la fenêtre dans la chambre enfumée. (. . .)

fit le bruit typique
d'une vache

Vers les sept heures, Rose alla appeler les hommes pour le déjeuner.
70 (. . .) Les fils du **défunt** et les visiteurs entrèrent les uns après les autres dans la salle et se placèrent à table. Ils avaient bu toute la soirée et toute la nuit et étaient à moitié ivres. (. . .) On avait servi à chacun une généreuse grillade de porc frais avec des pommes de terre et du thé.

personne morte

—J'en **r'prendrais** ben un peu, fit Pilonne à Rose qui circulait autour
75 de la table.

reprendrais

—Pis vous, m'sieu Massais?

—Un peu, moé **itou.**

aussi *(dial.)*

—De la saucisse avec votre grillade?

—Si c'est pas trop de trouble.

80 Et Rose apporta aux deux **compères** une assiette remplie de grillades et de saucisses.

amis, camarades

—Ben, moé, j'ai une faim, déclara Pilonne. Vous comprenez, j'ai fait cinq heures de voiture pour venir ici. (. . .)

Le gin qu'ils avaient ingurgité avait été un bon apéritif.

85 Un rôti de porc froid était au milieu de la table.

—Je prendrais ben une tranche de viande froide, fit Pilonne après avoir nettoyé son assiette.

—Moé itou, répéta Massais.

Et, tour à tour, ils **se taillèrent** une épaisse tranche de porc froid.

se coupèrent

90 —Passez donc les **cornichons,** mon ami, demanda Pilonne à Antoine Le Rouge.

pickles

Pilonne se servit. Massais en fit autant. (. . .)

(. . .) Intéressé par ce duel de deux robustes estomacs, Médée s'était placé les deux coudes sur la table et il regardait Pilonne et Massais qui
95 **engouffraient** d'énormes bouchées de viande. — mangeaient avidement

—Il y a des p'tits hommes qui sont surprenants, remarqua-t-il, en s'adressant à Massais.

Ce dernier et son compagnon se bourraient, **s'empiffraient** à crever. — mangeaient *(fam.)*
C'était à qui des deux surpasserait l'autre.[4] Soudain, Médée se leva,
100 s'en alla à la cuisine et revint avec deux bouteilles de bière qu'il plaça
devant les deux **gargantuas.** (. . .) — géants

—Une autre tranche? interrogea Pilonne en s'adressant à son jeune voisin.

—**C'est pas de refus.** — Ce n'est pas à refuser.
105 Et, de nouveau, ils se coupèrent un copieux morceau de rôti froid.

—Pour un p'tit homme, vous êtes **extra.** J'me demande où vous — extraordinaire
mettez tout ça, fit Pilonne.

—Mangez, **n'inquiétez-vous pas** de ça, **riposta** Massais. — ne vous inquiétez pas /
répondit

Médée retourna chercher deux autres bouteilles de bière.
110 Entre le gros et le petit, c'était un concours à qui mangerait le plus.
Les autres, qui avaient fini depuis longtemps, se passionnaient pour
cette rivalité. Soudain, Pilonne, d'un geste sec, repoussa devant lui son
couvert encombré de **victuailles.** Il avait fini, comme cela, brusque- — aliments, nourriture
ment. Le petit **l'emportait.** Lui, il vida complètement son assiette et se — gagnait le match
115 servit ensuite une tranche de **pâté aux pommes.** — petit gâteau à la crème

—À cette heure, on va pouvoir attendre le dîner, déclara-t-il.

Rassasiés, **repus,** les hommes étaient sortis de la salle à manger. Ils — pleinement satisfaits
passèrent dans la chambre mortuaire et se groupèrent autour du cer-
cueil. Froidement, ils contemplaient la figure du vieux qui avait tou-
120 jours son sourire sardonique. À ce moment, Ernest **s'amena** avec un — vint *(fam.)*
nouveau flacon. Les verres se remplirent.

—C'est triste de penser qu'on est là à manger et à boire, tandis que
l'père, lui, il peut pas prendre une goutte ni une bouchée, fit Pilonne.

Sur ces entrefaites, le **corbillard** arriva du village, conduit par Michel — voiture mortuaire
125 Linton. Alors, le corps du vieux Baptiste Verrouche fut placé dans le
chariot funèbre et le cortège se mit en route pour l'église. Mathilde
compta quarante-deux voitures. (. . .)

Intelligence du texte

1. Comment Laberge caractérise-t-il le village d'Allumettes?
2. Quelle était la profession de Baptiste Verrouche? Était-il souvent malade? Comment est-il mort? Que pensait-il des médecins? Quelle était sa
panacée? Jusqu'à quel âge a-t-il vécu?
3. Qui est venu à sa demeure? Pourquoi sont-ils venus?

[4]Ils se faisaient concurrence.

4. Est-ce que Baptiste Verrouche voulait qu'on fasse chanter un service de première classe pour ses funérailles?
5. Que faisaient les parents et les voisins dans la pièce?
6. Quel rafraîchissement Ernest a-t-il apporté?
7. Que regrettait Hector Mouton?
8. Décrivez le vieux dans son cercueil.
9. Pourquoi Mouton aimait-il Baptiste Verrouche?
10. Qu'est-ce que le vétérinaire admirait chez Verrouche?
11. À quoi buvait-on? Que faisait chacun en buvant?
12. Quel soin spécial Ernest accorde-t-il à monsieur Pilonne? Pourquoi? Quelle est la réaction de Pilonne?
13. Que feraient les enfants et les petits enfants de Verrouche en attendant leur tour de mourir? Que faisaient-ils en attendant les funérailles du père?
14. Que se passa-t-il à sept heures du matin? Est-ce que tout le monde était sobre? Pourquoi? Qu'est-ce qu'on avait servi à chacun?
15. Pourquoi Pilonne avait-il une faim particulière?
16. Quels autres aliments a-t-on servis?
17. Que se passe-t-il entre Pilonne et Massais? Décrivez leurs actions.
18. Qui a gagné le concours? Quelle est la dernière chose qu'il a mangée?
19. Que se passe-t-il sur ces entrefaites?
20. Combien de voitures compta Mathildé?

Mise en œuvre du vocabulaire

A. Complétez les phrases suivantes avec les mots du lexique.

1. Si tu as faim, prends _____ de rosbif et deux _____ de pain.
2. Je préfère prendre _____ et des frites.
3. Il a les yeux cernés car il _____ toute la nuit.
4. Nous ne pouvons plus rien manger; nous sommes _____.
5. Après avoir mangé ce bifteck pourri, le chien _____.
6. Le _____ de l'ennui, c'est l'étude.
7. Tu pourras acheter des saucisses chez le _____ du coin.
8. On a trouvé un _____ d'instruments et d'objets insolites dans la remise.
9. S'il veut gagné _____, il faut qu'il se mette à travailler.
10. On venait de raser Baptiste Verrouche; dans son _____, il était glabre.
11. Il a toujours regardé les remèdes et les médecins avec _____.
12. Si l'on veut obtenir un bon prix, il faut _____.
13. Toute la famille est venue aux _____ du père Verrouche.
14. Son _____ serait au cimetière derrière l'église.
15. Il a pris une grande _____ de vin avant de riposter que ce que j'avais à dire ne l'intéressait pas du tout.
16. Il y a trop de _____ sur ce verre de bière.

17. Cet animal est si _____, je crains qu'il ne meure avant demain.
18. Mets ce jambon dans le réfrigérateur, ou il _____.

B. Complétez les phrases suivantes.

1. Si vous refusez de marchander, vous . . .
2. Si tu veilles jusqu'à 3 h du matin, tu . . .
3. Quand il a pris une gorgée de café chaud, il . . .
4. Pour entrer aux grandes écoles en France, il faut . . .
5. Lorsqu'on va à un enterrement, il faut . . .
6. Si tu ne manges pas assez, tu vas devenir . . .
7. Vous avez oublié de mettre les fruits dans le réfrigérateur et ils . . .
8. Après ce grand repas, nous . . .
9. Pour le déjeuner, ils ont pris . . .
10. Après tout ce travail, je . . .

C. Employez les mots suivants dans une phrase originale.

commerçant	amas
mousse	funérailles
mépris	cercueil
remède	tranche

GRAMMAIRE

L'emploi du subjonctif présent

1. OBSERVEZ

Fait réel	*Action envisagée mais non affirmée*
Baptiste **fait** des affaires.	**Il faut qu'il fasse** des affaires.
Tout le monde **vient** à la veillée au corps.	Mathildé **exige que** tout le monde **vienne** à la veillée.
La famille **remplit** ses obligations.	On **demande que** la famille **remplisse** ses obligations.
Le monde ne **deviendra** pas meilleur.	Elle **voudrait que** le monde **devienne** meilleur.
Les hommes **ont** des vices.	Nous **tolérons que** les hommes **aient** des vices.

ANALYSE   *L'indicatif* exprime un fait que l'on considère comme *réel*. *Le subjonctif* met l'accent sur *le côté émotif* de celui qui parle; le subjonctif n'affirme ni si l'action est vraie ni si elle est fausse. L'action est simplement envisagée comme possible, mais elle *ne se situe pas au niveau de la réalité.*

2. OBSERVEZ

Pilonne
- regrette
- s'étonne
- est triste
- est affligé
- n'est pas content
- est désolé
- craint
- a peur
- est fâché
- est vexé
- est irrité
- est surpris
- s'indigne

qu'il n'y **ait** plus de gin.

ANALYSE   Le subjonctif s'emploie après *les verbes de sentiments.*

3. OBSERVEZ

Il
- demande
- approuve
- aime mieux
- préfère
- consent
- ordonne
- veut
- commande
- exige
- prie
- permet
- souhaite

que l'on **prenne** trois repas par jour.

ANALYSE   Le subjonctif s'emploie après les verbes qui indiquent *la volonté, l'ordre, la défense, le désir, la prière.*

4. OBSERVEZ

Pilonne
- admet
- comprend
- conçoit
- doute
- est d'avis
- imagine
- conteste
- nie

que les hommes **soient** gourmands.

ANALYSE   On emploie le subjonctif après les verbes d'opinion quand on désire exprimer une action ou une idée *envisagée dans l'esprit* et non située sur le plan de la réalité.

ATTENTION! Si l'on considère la réalité du fait énoncé, on emploie *l'indicatif.*

EXEMPLES: Il admet (comprend, se rend compte, conçoit, imagine, est d'avis) que les hommes **sont** gourmands. (Le fait est que les hommes *sont* gourmands.)

Il nie qu'elle **est** mariée. (Pourtant nous savons qu'elle *l'est.*)

Dans ces deux cas, l'indicatif souligne la réalité du fait, *malgré* ce qu'on en dit.

5. OBSERVEZ

Il {
faut
est nécessaire
importe
est important
est essentiel
est douteux
n'est pas sûr
n'est pas certain
n'est pas clair
est possible
est impossible
est bon
est mauvais
est naturel
est triste
est surprenant
est dommage
est rare
est urgent
vaut mieux
semble
} qu'elle **fasse** son travail.

ANALYSE Le subjonctif s'emploie après *les expressions impersonnelles* exprimant *le doute, la nécessité, la possibilité, l'impossibilité, une émotion, une appréciation.*

ATTENTION! Quand un fait est considéré sur *le plan de la réalité,* on emploie *l'indicatif:*

Il est sûr (clair, manifeste, évident, certain, probable) qu'elle **fera** (**fait, a fait**) son devoir. (Il n'y a pas de doute.)

6. OBSERVEZ

$$
\text{Je} \begin{cases} \text{pense} \\ \text{crois} \\ \text{espère} \\ \text{affirme} \\ \text{présume} \\ \text{me flatte} \\ \text{dis} \\ \text{prétends} \end{cases} \text{qu'il \textbf{viendra}.}^5 \quad \text{Je} \begin{cases} \text{ne pense pas} \\ \text{ne crois pas} \\ \text{n'affirme pas} \\ \text{nie} \\ \text{ne présume pas} \\ \text{ne me flatte pas} \\ \text{ne dis pas} \\ \text{ne prétends pas} \end{cases} \text{qu'il \textbf{vienne}.}
$$

Croyez-vous
Pensez-vous } qu'il **viendra**?
(Moi, je pense que oui.)

Croyez-vous
Pensez-vous } qu'il **vienne**?
(Je n'en suis pas sûr.)

ANALYSE   Si l'on considère *la réalité d'un fait,* on emploie *l'indicatif.* Quand l'action est *simplement envisagée dans l'esprit* sans référence à sa réalité, on emploie *le subjonctif.* C'est surtout le cas après une proposition principale *au négatif* ou *à l'interrogatif,* ou lorsque le verbe a une valeur émotive.

La formation du subjonctif présent

1.   Le radical du subjonctif vient de la 3e personne du pluriel du présent de l'indicatif: ils **dans**ent, ils **finiss**ent, ils **part**ent, ils **vend**ent, ils **écriv**ent.
2.   Les terminaisons, sauf pour **nous** et **vous,** sont celles de l'indicatif présent:
     que je dans**e**
     que tu dans**es**
     qu'il/elle dans**e**
     qu'ils/elles dans**ent**
3.   Les terminaisons pour **nous** et **vous** sont celles de l'imparfait de l'indicatif:
     que nous dans**ions**
     que vous dans**iez**

Verbes réguliers au subjonctif

qu'il finisse	qu'il parte	qu'il rende	qu'il connaisse
qu'il choisisse	qu'il dorme	qu'il vende	qu'il vive
qu'il accomplisse	qu'il serve	qu'il réponde	qu'il suive
qu'il remplisse	qu'il sorte	qu'il mette	qu'il lise
			qu'il conduise

[5]Il est essentiel de noter que lorsque ces verbes sont à l'affirmatif, on emploie *toujours* l'indicatif (au présent, au passé ou au futur).

LE SUBJONCTIF DES VERBES À DEUX RADICAUX

EXEMPLE: **venir**	
Présent	*Subjonctif*
ils **vienn**ent	que je **vienn**e, que tu **vienn**es, qu'il/elle **vienn**e, qu'ils/ elles **vienn**ent
nous **ven**ons	que nous **ven**ions que vous **ven**iez[6]

boire	que je boive	que nous buvlons	qu'ils/elles boivent
devoir	que je doive	que nous devions	qu'ils/elles doivent
recevoir	que je reçoive	que nous recevions	qu'ils/elles reçoivent
prendre	que je prenne	que nous prenions	qu'ils/elles prennent
comprendre	que je comprenne	que nous comprenions	qu'ils/elles comprennent
apprendre	que j'apprenne	que nous apprenions	qu'ils/elles apprennent
venir	que je vienne	que nous venions	qu'ils/elles viennent
tenir	que je tienne	que nous tenions	qu'ils/elles tiennent
devenir	que je devienne	que nous devenions	qu'ils/elles deviennent
croire	que je croie	que nous croyions	qu'ils/elles croient
voir	que je voie	que nous voyions	qu'ils/elles voient
mourir	que je meure	que nous mourions	qu'ils/elles meurent

LE SUBJONCTIF DES VERBES À RADICAUX IRRÉGULIERS

être[7]	que je sois	que nous soyons	qu'il/elle soit
	que tu sois	que vous soyez	qu'ils/elles soient
avoir[7]	que j'aie	que nous ayons	qu'il/elle ait
	que tu aies	que vous ayez	qu'ils/elles aient
aller	que j'aille	que nous allions	qu'ils/elles aillent
vouloir	que je veuille	que nous voulions	qu'ils/elles veuillent
faire	que je fasse	que nous fassions	qu'ils/elles fassent
savoir	que je sache	que nous sachions	qu'ils/elles sachent
pouvoir	que je puisse	que nous puissions	qu'ils/elles puissent
valoir	que je vaille	que nous valions	qu'ils/elles vaillent

Verbes impersonnels

falloir	qu'il faille
pleuvoir	qu'il pleuve

[6]Les terminaisons pour **nous** et **vous** sont toujours celles de l'imparfait.

[7]Remarquez que les verbes **avoir** et **être,** comme dans toutes les langues, sont toujours les plus irréguliers.

LE SUBJONCTIF DES VERBES À CHANGEMENTS ORTHOGRAPHIQUES[8]

espérer	que j'espère	que nous espérions
mener	que je mène	que nous menions
acheter	que j'achète	que nous achetions
se lever	que je me lève	que nous nous levions
jeter	que je jette	que nous jetions
se rappeler	que je me rappelle	que nous nous rappelions

Pour tous les verbes qui se terminent en **-er,** le subjonctif des pronoms à la 3e personne coïncide avec le présent de l'indicatif, tandis que le subjonctif de **nous** et de **vous** est comme l'imparfait de l'indicatif.

Exercices

A. Répondez aux remarques de votre ami en employant les suggestions suivantes.

> MODÈLE: Dois-je *m'inscrire* à l'université en septembre?
> Il faut que tu t'inscrives à l'université.

1. Va-t-il *pleuvoir* ce soir?
   Je ne pense pas qu'il _____ .
2. Je *suis* déprimé.
   Je regrette que tu _____ déprimé.
3. Il faut *aller* voir le professeur demain.
   Il est essentiel que tu _____ le voir.
4. Je n'ai pas encore *fait* mon essai.
   Mais le professeur a demandé que nous le _____ pour aujourd'hui.
5. Je le *finirai* pour demain.
   Il aimerait mieux que tu le _____ aujourd'hui.
6. Je devrai *m'y mettre* bientôt.
   Je suis d'avis que tu _____ maintenant.
7. Nous n'*avons* jamais le temps de nous amuser!
   Il est dommage que nous n' _____ pas le temps ce soir.
8. Je n'ai pas encore *écrit* à mes parents.
   Il importe que tu leur _____ bientôt.
9. Je ne t'ai pas *dit* la vérité.
   Je souhaite que tu me la _____ .
10. Tu ne *sais* vraiment pas pourquoi je travaille si mal.
    Alors, dis-moi! Il est naturel que je le _____ . Je suis ton ami!

[8]Référez-vous à la section Grammaire de la Leçon 1.

11. Je me suis disputé avec mon père.
    Penses-tu que vous _____ *(pouvoir)* faire la paix?
12. Nous ne *nous comprenons* plus.
    Mais, il est possible que vous _____, si vous rétablissez la communication.
13. Je ne *veux* pas faire le premier pas!
    Je comprends que tu ne _____ pas le faire.
14. Il n'*aperçoit* que son propre point de vue.
    Mais je ne crois pas que tu _____ tes propres faiblesses.
15. Je vais *partir*.
    Je ne veux pas que tu _____.
16. Je *suis* content que tu sois mon ami.
    Il est heureux que nous _____ amis.

B. Exprimez une opinion sur les remarques suivantes. Choisissez entre l'indicatif ou le subjonctif selon l'expression.

1. Nous sommes malades.
   Je regrette que vous . . .
   J'espère que demain vous . . .
2. Mes amis ont un problème.
   Je suis surpris qu'ils . . .
   Je comprends qu'ils . . .
3. Il va pleuvoir demain.
   Je ne suis pas sûr qu'il . . .
   Je ne crois pas qu'il . . .
4. Mon ami boit trop!
   Moi aussi, je pense qu'il . . .
   Je suis fâché qu'il . . .
5. Faut-il rendre nos essais demain?
   Le professeur a demandé que nous les . . .
   Il voudrait que nous les . . .
6. Louis va mieux aujourd'hui.
   Pensez-vous qu'il . . .
   Il est douteux qu'il . . .
7. M. Mitterrand sera réélu.
   Il est possible qu'il . . .
   Mais j'espère qu'il ne . . .
8. Les Simard viendront nous voir ce soir.
   Je présume qu'ils . . .
   Je suis ravi qu'ils . . .

C. Que pensez-vous des prédictions faites par une tireuse de cartes?

1. Vous recevrez une lettre.
   Il est possible que . . .
   Je crois que . . .

2. Vous ferez un voyage.
   J'espère que . . .
   Il n'est pas certain que . . .
3. Vous aurez beaucoup de chance.
   Il est concevable que . . .
   Mais il n'est pas clair que . . .
4. Vous rencontrerez un monsieur.
   Vous dites que je . . . ?
   Il est possible que . . .
5. Il sera très beau.
   Je voudrais qu'il . . .
   Je préfère qu'il . . .
6. Vous reviendrez mariés.
   Je conçois que . . .
   Je ne crois pas que . . .
7. Vous aurez beaucoup d'enfants.
   Je crains que . . .
   Je doute que . . .
8. Vous me devez vingt-cinq dollars.
   Vous affirmez que je . . . ?
   Moi, je ne crois pas que . . . !

La concordance des temps au subjonctif

1. OBSERVEZ

Pilonne
$\left\{\begin{array}{l} \text{veut} \\ \text{voulait} \\ \text{voudra} \\ \text{voudrait} \\ \text{aurait voulu} \end{array}\right\}$
que Massais **s'en aille.**

ANALYSE Dans le langage parlé, *le présent du subjonctif* s'emploie lorsque l'action des deux propositions est *simultanée,* ou si l'action dans la proposition subordonnée *n'est pas encore réalisée.* Rappelez que le présent du subjonctif peut indiquer *le futur* aussi bien que *le présent* et *le conditionnel.*

2. OBSERVEZ

Il
$\left\{\begin{array}{l} \text{s'indigne} \\ \text{s'indignait} \\ \text{s'indignera} \\ \text{s'indignerait} \\ \text{se serait indigné} \end{array}\right\}$
que Philippe **sois venu** le voir.

ANALYSE Quand l'action de la proposition subordonnée est *antérieure à* l'action dans la proposition indépendante, on emploie *le subjonctif passé* qui indique *une action terminée.*

La formation du subjonctif passé

Le subjonctif passé se forme du subjonctif présent de **avoir** ou **être** + *le participe passé.*

Verbes conjugués avec avoir

que j'aie dîné
que tu aies dîné
qu'il ait dîné
qu'elle ait dîné
que nous ayons dîné
que vous ayez dîné
qu'ils aient dîné
qu'elles aient dîné

Verbes conjugués avec être

que je sois allé(e)
que tu sois allé(e)
qu'il soit allé
qu'elle soit allée
que nous soyons allé(e)s
que vous soyez allé(e)(s)
qu'ils soient allés
qu'elles soient allées

Verbes pronominaux

que je me sois amusé(e)
que tu te sois amusé(e)
qu'il se soit amusé
qu'elle se soit amusée

que nous nous soyons amusé(e)s
que vous vous soyez amusé(e)(s)
qu'ils se soient amusés
qu'elles se soient amusées

REMARQUES

1. Tous les verbes pronominaux se conjuguent avec **être,** sans exception.
2. N'oubliez pas de faire l'accord entre le participe passé et le pronom auquel il se réfère (**me, te, se, nous, vous, se**) quand il n'y a pas d'autre objet direct dans la phrase.

À la boucherie, on peut acheter de la viande crue ou froide, aussi bien que du pâté.

Exercices

A. Mettez le verbe en italique au *passé* du subjonctif.

1. Je ne dis pas qu'il _____ *(promettre)* d'aller à l'enterrement.
2. Il est désolé que nous _____ *(ne pas venir)*.
3. Il est possible que le bifteck et le jambon _____ *(pourrir)* hier, car tu as oublié de les mettre au frais.
4. Pensez-vous qu'il _____ *(manger)* toutes les grillades?
5. Elle est contente que je _____ *(se laver)* avant le repas.
6. Je suis vexé que tu _____ *(ne pas participer)* aux concours.
7. Il n'est pas sûr que Mathildé _____ *(se marier)* hier soir.
8. Il semble qu'un pneu _____ *(crever)* sur la route.
9. Je ne crois pas que les commerçants _____ *(boire)* plus que toi.
10. Il est désolé que nous _____ *(ne pas s'amuser)* à sa fête.

B. Vous êtes le commissaire Maigret qui se livre à des investigations sur la mort de Monsieur Martin. Formez les questions et les remarques du commissaire aussi bien que les réponses du suspect, selon le modèle donné.

MODÈLE: MAIGRET: Croire / vous / on / assassiner / M. Martin?
Croyez-vous qu'on ait assassiné M. Martin?

SUSPECT: Je / penser / il / se suicider.
Je pense qu'il s'est suicidé.

1. MAIGRET: Penser / vous / on / tuer / M. Martin?
   SUSPECT: Je / ne pas / croire / on / le / descendre.
2. MAIGRET: Croire / vous / donc. / il / se suicider?
   SUSPECT: Je / ne pas / dire / M. Martin / se donner / la mort.
3. MAIGRET: Être / nécessaire / savoir / tous les faits.
   SUSPECT: Je / être / désolé / ne pas / pouvoir / vous / dire plus.
4. MAIGRET: Valoir mieux / vous / me dire / la vérité.
   SUSPECT: Je / comprendre / vous / vouloir / tout savoir.
5. MAIGRET: Je / exiger / vous / me / révéler / ce que / vous / savoir.
   SUSPECT: Mais, Monsieur le commissaire, / être évident / je / ne pas / savoir / grand-chose.
6. MAIGRET: Être / possible / vous / me / cacher / l'essentiel.
   SUSPECT: Je / vouloir / tout dire, / mais je vous / prier / me croire.
7. MAIGRET: Vous / ne pas / me / sembler / affligé / M. Martin / mourir.
   SUSPECT: Être dommage / il / mourir, / mais je / ne pas / croire / on / pouvoir / savoir plus / sans interroger / sa femme.

8. MAIGRET: Falloir / vous / venir / avec moi / au commissariat de police.
   SUSPECT: Mais / être impossible / je / aller / avec vous.
9. MAIGRET: Je / préférer / vous / venir / sans être forcé.
   SUSPECT: Je / croire / vous / se tromper / de suspect.
10. MAIGRET: Être urgent / vous / s'expliquer sur le champ.
    SUSPECT: Je / croire / sa femme / l'empoisonner!

Conversation/Petit écrit

A. Préparez oralement les questions suivantes.

B. Écrivez une page sur une des questions de votre choix.

1. Avez-vous jamais participé à une veillée? Pourquoi la nourriture joue-t-elle un rôle si important? Quelle bénifice les participants tirent-ils d'une veillée? Croyez-vous qu'il soit ironique qu'une famille se réunisse après la mort d'un de leurs membres au lieu de se réunir pendant son vivant?

2. À quelle heure prenez-vous le petit déjeuner? Commandez un petit déjeuner à la française, ensuite à l'anglaise.

un café noir	le jus d'orange, de pamplemousse, d'ananas,
un café au lait	de tomate
un chocolat chaud	un œuf à la coque
un thé au lait	les œufs brouillés
un thé citron	les œufs sur le plat
un lait chaud	une omelette
le pain	la céréale
les croissants (*m.*)	les toasts (*au Québec, on dit* les rôtis)
la brochette	les saucisses (*f.*)
la tartine	le bacon
le beurre	les pommes (*f.*) de terre
la confiture	les fruits frais
la marmelade	

3. À quelle heure déjeunez-vous? Où déjeunez-vous: chez vous, au restaurant universitaire, chez vos amis? Qu'est-ce que vous avez pris hier au déjeuner: un sandwich au jambon, au rosbif? une salade verte, une salade de tomates ou de cresson? des crêpes? Quels fruits préférez-vous: les fraises, les abricots, les poires, les cerises, les brugnons, les mandarines, le raisin, les pêches, les mûres, les framboises, les prunes, les pruneaux? Aimez-vous mieux la tarte aux pommes ou la tarte à la crème? Inventez un menu que vous aimeriez servir à un bon ami.

4. Avez-vous jamais dîné dans un restaurant français? Qu'est-ce que vous avez pris à boire? du champagne? de l'eau minérale? Qu'est-ce qu'on a servi comme hors-d'œuvre? des tranches de saucisses, des radis au beurre, des cœurs de palmiers, des hors-d'œuvre variés? Décrivez le plat principal: un bifteck (saignant, à point, bien cuit) et des frites, une escalope de veau à la crème et aux champignons, du chou-fleur au gratin, du riz, des pommes de terre au persil, des pâtes, des artichauts. Qu'avez-vous pris comme dessert? une tarte au citron, un chou à la crème, un mille-feuille, des fraises Chantilly? Avez-vous pris un digestif après le café? (une liqueur: anis, anisette, Bénédictine, cassis, Chartreuse, Calvados, curaçao, mirabelle, menthe, prunelle).

5. Décrivez un dîner que vous aimeriez prendre dans un restaurant français. N'oubliez pas qu'en France, on sert la salade verte ou au cresson *après* le plat principal, et le fromage (brie, bleu, roquefort, camembert, etc.) après la salade et avant le dessert. Quelquefois, on sert une soupe (à l'oignon, aux légumes, etc.) ou un potage (plus épais qu'une soupe) avant le plat principal au lieu d'un hors-d'œuvre.

Étude du lexique

1. **un restaurateur**   une personne qui tient un restaurant ou travaille dans la restauration, un traiteur

   En France, la restauration est en crise; les Français surveillent leur ligne autant que leur portefeuille et les restaurateurs doivent en tenir compte.

2. **chahuter**   s'engager dans une agitation bruyante comme un élève

   Les méchants élèves ont chahuté le professeur.

3. **le réfectoire**   le restaurant d'une école

   Tous les étudiants s'assemblaient au réfectoire pour prendre le repas du soir.

4. **griser**   rendre légèrement ivre, enivrer, exciter

   Ce champagne m'a grisé.
   L'air salé de la mer nous grise; tout semble possible.

5. **un brancard**   un petit lit portatif pour transporter les malades

   On a transporté le blessé sur un brancard jusqu'à l'hôpital.

6. **s'affranchir**   s'émanciper, se libérer

   On ne s'affranchit jamais totalement de l'influence de ses parents.

7. **un forçat**   un condamné aux travaux forcés, un homme réduit à une condition pénible

   Ces derniers temps, il travaillait comme un forçat.

8. **inculte**   infertile, désertique; sans culture intellectuelle

On vivait d'une agriculture de subsistance sur cette terre inculte.
Il passe son temps à regarder la télé; c'est un être inculte.

9. **une dédicace**   une formule qu'un auteur inscrit sur un exemplaire de son ouvrage qu'il adresse à quelqu'un

Il lui a envoyé un exemplaire de son roman avec une dédicace qui témoignait ses sentiments amicaux.

10. **l'enfer** *(m.)*   le lieu destiné au supplice des damnés, le lieu de cruelles souffrances

«L'enfer est pavé de bonnes intentions.» (proverbe)
«L'enfer, madame, c'est de ne plus aimer.» (Bernanos)

11. **un procédé**   une manière de se conduire ou de se comporter; une méthode

Les êtres incultes se manifestent par leurs procédés indélicats.
Le procédé de fabrication pour cette auto est très avancé.

12. **pesant**   lourd, pénible à supporter

Qu'est-ce qui peut bien être dans ce colis pesant?
«Que le temps me semble pesant depuis que vous êtes partie!» (Stendhal)

13. **l'usure** *(f.)*   la détérioration par un usage prolongé

Après tant d'années de travail et de déception, l'usure de ses forces et de son énergie se faisait sentir.

14. **s'étendre**   occuper un certain espace, prendre de l'ampleur

Le Canada s'étend depuis l'océan Atlantique jusqu'à l'océan Pacifique.
Pendant son séjour en France, ses connaissances se sont étendues.

Qui a peur de Gault et Millau?

François Caviglioli

Depuis des décennies, Henri Gault et Christian Millau, auteurs de nombreux guides culinaires, exercent un monopole sur la cuisine française. Critiques redoutables et «grands prêtres de la bouffe», ils jugent de la qualité culinaire des restaurants, leur accordant ou leur enlevant un point ou une étoile selon le cas. C'est le nombre de symboles à côté du nom d'un restaurant qui détermine sa réputation. On comprend donc bien que les restaurateurs aient peur de ces deux messieurs omnipotents. L'article qui suit montre que, pour les Français, la cuisine reste un sujet très sérieux.

Extrait: *Le Nouvel Observateur,* 16 au 22 août 1985, page 39.

Gault et Millau, c'était un empire **bicéphale** qui **tenait en respect** un peuple soumis de cadres et de professions libérales (. . .) de chefs terrorisés à la perspective de perdre un point ou une toque.[1] La France culinaire était devenue une salle de classe où on **s'attablait** studieuse-
5 ment et où les meilleurs recevaient le **tableau d'honneur** au dessert.

    Aujourd'hui, on commence à **fronder** en cuisine et à chahuter au réfectoire. Certes l'empire Gault et Millau (. . .) est encore solide. D'abord le magazine mensuel, vendu à 147 000 exemplaires selon Christian Millau, à 125 000 selon d'autre sources. Ensuite, il y a le Guide
10 France, qui paraît tous les ans et qui est tiré à 200 000 exemplaires, les guides de Paris, de la Côte d'Azur, de Suisse, de New York, de Londres, celui d'Espagne qui va sortir prochainement, le Resto-Guide qui paraît tous les deux ans.

    Mais depuis la fondation de l'empire, en 1961, avec la parution du
15 guide Julliard de Paris, la France a changé. Elle **fait maigre,** elle surveille son portefeuille et son **foie,** et surtout elle s'est émancipée de ses mentors. En 1961, les mangeurs sortaient des restrictions de l'après-guerre qui s'étaient prolongées jusqu'aux années cinquante, et d'une cuisine **d'apparat** aux sauces lourdes, routinières et compli-
20 quées. Ils se sont laissés conduire par Gault et Millau. Ils avaient besoin de grands prêtres de la bouffe. Grisés par la société d'abondance, ils sortaient beaucoup.

    Mais les temps ont changé. La France de Gault et Millau est en train de mourir. Gault et Millau eux-mêmes n'y croient plus. Lorsqu'ils ont
25 publié «Garçon! un brancard!», un pamphlet où ils dénonçaient les horreurs de la restauration française, ils en ont adressé un exemplaire à un de leurs amis avec cette dédicace: «Pour vous inciter à rester chez vous.»

    Les cuisiniers aussi s'affranchissent de la **tutelle** Gault et Millau. Ils
30 ont pourtant été longtemps les plus fidèles sujets de l'empire. Ils avaient envers lui une dette de reconnaissance. Avant Gault et Millau, les cuisiniers étaient des forçats. Ils menaient la vie des marins embarqués à bord d'un bateau libérien. Leurs cuisines étaient des **gourbis.** Même chez Lucas Carton et Chez Maxim's[2] ils se déshabillaient
35 dans l'escalier. (. . .) Ils étaient incultes, ils ne sortaient jamais, ils n'allaient pas voir la cuisine des autres. Gault et Millau les ont tirés de cet enfer en répétant qu'on pouvait faire de la grande cuisine avec un équipement ultramoderne. Les grands chefs sont plus respectés que s'ils avaient inventé la pénicilline.

40   Mais ils se révoltent maintenant contre leurs protecteurs. Bocuse en a assez, par exemple, de se voir reprocher par Gault et Millau d'être

ayant deux têtes / tenait à distance

se mettait à table
liste des élèves les plus méritants / critiquer

ne mange ni viande ni graisse / *liver*

pompeuse et solennelle

direction, contrainte

habitations misérables et sales

[1]Une toque est le chapeau cylindrique que porte un chef de cuisine. Ici, il s'agit de petit symbole de toque dessiné à côté du nom du restaurant dans le *Guide Gault-Millau* pour indiquer son niveau culinaire.

[2]Fameux restaurants parisiens.

plus souvent à Tokyo qu'à ses fourneaux. Pour manifester sa mauvaise humeur, il a accordé son **parrainage** à Marc de Champerard et à Gilles Pudlowski qui publient un excellent guide de Lyon. (. . .)

patronage

45 Mais la **grogne** s'étend dans l'empire. Surtout contre les procédés de ses **proconsuls.** Certains restaurateurs ont l'impression qu'ils perdront une toque ou un point dans le guide de Gault et Millau s'ils ne passent pas une annonce dans le magazine.

mécontentement *(fam.)* / despotes

Le contenu rédactionnel du guide et celui du magazine sont peut-
50 être parfaitement indépendants de leur publicité, mais ces murmures sont significatifs. L'empire Gault et Millau devient pesant, sa magie n'opère plus. C'est un empire éclaté, menacé d'usure. Henri Gault, le mousquetaire du groupe, n'en fait plus partie. Il a créé un Gault et Millau **bis,** une société qui assure une promotion non journalistique
55 de produits vendus en Belgique dans des grandes surfaces. Christian Millau n'a plus la majorité des parts dans ce qui reste de l'empire. Il partage désormais le pouvoir avec André Gayot, qui fut son camarade de régiment et son collaborateur de la première heure, et avec Knapp, un partenaire américain. Il se dit préoccupé par la concurrence du *Fi-*
60 *garo-Magazine* et des pages touristiques du *Monde.*[3] Il donne, malgré sa célébrité, une impression de solitude. Puisque la France est le seul pays au monde où la cuisine peut devenir un sujet de tragédie,[4] on peut dire qu'il est le roi Lear[5] de la cuisine.

les articles

(ici) une seconde entreprise

[3]Publications lues par tous les français cultivés.

[4]Au XVIIe siècle, Vatel, maître d'hôtel au service du Grand Condé, se suicida à cause d'un retard dans l'arrivée des poissons lors d'une fête de Condé donnée pour Louis XIV.

[5]Personnage principal dans la tragédie de Shakespeare, *Le Roi Lear.*

La cuisine française est célèbre partout dans le monde.

Intelligence du texte

1. Qui sont Henri Gault et Christian Millau?
2. Quelle est leur importance pour la restauration française?
3. Qui a peur de ces deux messieurs?
4. Quel phénomène se produit aujourd'hui?
5. Quelles publications Gault et Millau font-ils paraître?
6. Comment la France a-t-elle changé depuis la parution du guide Julliard de Paris?
7. Quelle sorte de cuisine prisait-on jusqu'en 1961? Pourquoi?
8. Pourriez-vous imaginer le sujet du pamphlet «Garçon! un brancard!» de Gault et Millau?
9. Pourquoi les cuisiniers ont-ils été pendant longtemps les plus fidèles sujets de l'empire Gault et Millau?
10. Comment Gault et Millau ont-ils influencé l'opinion qu'on a des grands chefs?
11. Pourquoi Paul Bocuse se révolte-t-il contre Gault et Millau? Comment manifeste-t-il son mécontentement?
12. Pourquoi est-ce que la magie de Gault et Millau n'opère plus?
13. Qu'est-ce qui préoccupe Millau?
14. Quelle impression donne-t-il?

Résumé

En vous basant sur les questions suivantes, faites un résumé de l'article «Qui a peur de Gault et Millau?»

Comment le titre résume-t-il le sens de l'article? Comment l'article souligne-t-il la nature solennelle de la cuisine française? Qu'est-ce que les grands chefs doivent à Gault et Millau? Pourquoi se révoltent-ils contre leurs anciens protecteurs? Expliquez les allusions historiques et littéraires dans la dernière phrase de l'article.

Essai

Écrivez un essai (exposition, développement, conclusion) sur une des questions suivantes. Référez-vous aux leçons précédentes pour structurer votre essai.

1. La cuisine est une affaire de femmes.
2. Comment peut-on rester mince et ne pas tomber malade?
3. La haute cuisine n'existe pas aux États-Unis.

Voici quelques articulations nécessaires pour préciser vos idées.

Temporalité	Référence	Mise au point
à l'heure actuelle actuellement = maintenant jadis ≠ naguère autrefois	dans le cadre de dans cette optique sur ce sujet à ce propos	quoi qu'il en soit cela étant effectivement en réalité

Comment dirais-je?

Le lexique suivant vous aidera à élucider vos idées dans les Activités.

aliment: ce qui peut être mangé

aromates: plantes ou graines qui donnent une bonne odeur à la cuisine (oignons, ail, laurier, thym, vanille, cannelle, etc.)

arroser: verser du jus ou de la sauce sur un aliment

assaisonner: mettre du sel et du poivre

bain-marie: bain d'eau chaude dans lequel est placé un bol ou un saladier contenant des aliments à chauffer ou à cuire

battre: remuer en tournant très fort avec une fourchette

battre en neige: battre des blancs d'œufs jusqu'à ce qu'ils deviennent blancs comme de la neige

beurrer: étendre du beurre ou frotter l'intérieur d'un ustensile de cuisine avec du beurre

bouillon: eau dans laquelle on a fait cuire de la viande, des légumes ou du poisson

chapelure: pain grillé et écrasé

arroser

un couvercle

une cocotte

battre

cocotte: grande casserole épaisse avec un couvercle

court-bouillon: eau contenant des aromates dans laquelle on fait cuire du poisson ou de la viande

cuisson: temps nécessaire pour faire cuire les aliments

croûtons: pain coupé en petits morceaux et frit dans du beurre

dorer: faire cuire dans de l'huile ou du beurre pour donner une couleur d'or (mettre seulement 2 ou 3 cuillères à soupe d'huile ou 2 cuillères à soupe de beurre)

égoutter: retirer l'eau ou l'huile

éplucher: enlever la peau

farcir: mettre à l'intérieur d'un poulet, d'un rôti, d'un coquillage, un mélange de viande, d'œufs, de légumes, etc. Ce mélange s'appelle **une farce.**

égoutter

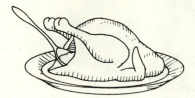

farcir l'intérieur d'un poulet

ficeler: attacher avec un ficelle

four: partie fermée d'une cuisinière où l'on fait cuire les aliments

frire: faire cuire dans de l'huile ou du beurre très chaude

gratiner: faire dorer au four—faire un gratin

griller: faire cuire très fort au four ou sur une flamme

une casserole

un bol

une soupière

une louche

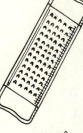

une râpe

hacher: couper en très petits morceaux—faire un hachis

jus: liquide produit par un fruit écrasé ou une viande cuite

mariner: laisser plusieurs heures dans un liquide avec des aromates (marinade)

mijoter: faire cuire très doucement

moule: ustensile servant à faire cuire les gâteaux ou les soufflés

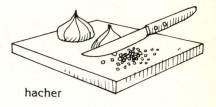

hacher

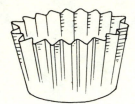

un moule à gâteaux (en métal)

couper en rondelles

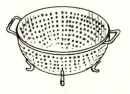

une passoire

une poêle

un rouleau à pâtisserie

des coupes

napper

napper: recouvrir avec de la sauce

œuf dur: œuf cuit 10 minutes dans l'eau bouillante

plat: 1°) grande assiette
2°) aliment préparé
3°) ustensile de terre ou de verre servant à faire cuire les aliments dans un four

passer: verser dans une passoire pour égoutter, retirer l'eau ou le jus

purée: fruits ou légumes écrasés

recette: façon de préparer les aliments

râper: frotter sur une râpe

remuer: tourner une sauce avec une cuillère

rôtir: faire cuire au four (un rôti)

tremper: mettre dans un liquide et retirer

tourtière: ustensile servant à faire cuire les tartes

tranche: partie coupée d'un pain ou d'un morceau de viande

passer

râper

une tourtière

couper une tranche de pain

Activités

1. Vous venez d'apprendre qu'une personne que vous aimez beaucoup arrive pour le dîner. Vous voulez l'impressionner en préparant un poulet. Donnez la recette que vous comptez employer.
2. Il vaut mieux être végétarien. Êtes-vous d'accord?
3. Préparez devant la classe un plat que vous aimez.

Mini-théâtre

Une jeune femme essaie de montrer à son petit ami comment préparer un repas. Mais lui, il est très maladroit et casse tout. En plus, il ne veut pas tellement apprendre à faire la cuisine.

Question sur le dessin humoristique

Comment ce dessin humoristique renforce-t-il la mythologie que la cuisine est une affaire de femmes et que même dans ce domaine elles ne brillent pas?

Leçon

9

Portraits

Étude du lexique

1. **d'un œil peu favorable**   sans indulgence
   L'enfant américain est considéré par l'Européen d'un œil peu favorable.

2. **rembourser**   rendre de l'argent dû à quelqu'un
   Pourrais-tu me prêter 100 F? Je te rembourserai demain.
   On a remboursé les professeurs de leurs dépenses pour le congrès.

3. **un comprimé**   une tablette, une capsule, un cachet
   En Amérique, quand on a le moindre mal, on prend un comprimé.

4. **standardiste** *(m. ou f.)*   téléphoniste
   Si je ne suis pas là, laisse un message à la standardiste.

5. **prendre des nouvelles de quelqu'un**   demander comment va une personne
   Je suis allé le voir pour prendre de ses nouvelles.

6. **constater**   remarquer, noter
   On doit constater un certain nombre de différences entre la mentalité américaine et la mentalité française.

7. **une angine**   un mal de gorge
   Comme elle est sortie sans manteau en décembre, elle a attrapé une angine.

8. **un réseau**   l'ensemble de lignes, de voies de communication
   Le réseau du métro de Montréal a été très bien conçu.
   Le réseau téléphonique de Paris n'est pas toujours fiable.

9. **à la faveur de**   au moyen de, à l'aide de, en profitant de
   À la faveur de la nuit, il est parti sans être vu.

10. **faire partie de**   être au nombre de, compter parmi, appartenir à
    Tu fais partie de ma famille après tout.

11. **inscrire**   noter
    Il a inscrit la date sur son calendrier.

    s'inscrire   entrer dans, adhérer
    Je me suis inscrit au club estudiantin.

12. **fugace**   éphémère, fuyant, momentané, passager
    L'amour fugace n'est pas l'amour.
    Il voulait mettre par écrit ses impressions fugaces.

13. **prescrire** (un traitement) **à quelqu'un** ordonner, conseiller formellement

Le médecin lui a prescrit quatre comprimés par jour pour son angine.

14. **un permis** une autorisation officielle

Il a son permis de conduire depuis l'âge de 18 ans.

Il faut un permis de pêche pendant cette saison.

15. **un complexe** une association de sentiments et de souvenirs

Il a tant de complexes que la conversation devient très pénible.

Le Secret du Major Thompson

Pierre Daninos

Pierre Daninos, écrivain humoriste français né à Paris en 1913, montre un sens aigu de l'observation sociale dans ses ouvrages. Après un grand voyage au Mexique et en Amérique du Sud, il fait publier à Rio de Janeiro Le Sang des hommes *(1940). Ensuite viennent plusieurs autres œuvres, mais c'est avec* Les Carnets du Major Thompson *(1954) que ce peintre ironique du Français moyen obtient le succès. Fasciné par les portraits, ce moraliste bienveillant présente, dans* Le Secret du Major Thompson *(1956), le profil psychologique de l'Anglais et de l'Américain moyens en les comparant au Français. Le portrait humoristique de l'Américain que Daninos dessine dans le passage suivant est, comme toute caricature, un stéréotype. En arrivant aux États-Unis, notre auteur s'avère saisi de vertige par la tâche de définir «l'Homo americanus.» Pourtant, trouvant une homogénéisation inquiétante partout où s'arrête son avion, il essaie de cerner certains phénomènes qu'il a remarqués pendant son voyage. En lisant ce passage, relevez les détails qui renforcent les stéréotypes. Comme l'œuvre parut en 1954, quels détails vous semblent dépassés?*

L'Amérique en une phrase

Quand je suis revenu des États-Unis à Paris, j'ai déclaré à mon éditeur: «Je crois que, tout compte fait, je pourrais résumer l'Amérique en une phrase.»

Malgré l'importance de la nouvelle, je dois à la vérité de dire que
5 l'on n'a pas paru content du tout. Si la concision est une loi salutaire, l'auteur qui revient d'un voyage de 20 000 kilomètres en disant que tout cela peut s'écrire en trois lignes est considéré par le directeur

Extraits de Pierre Daninos, *Le Secret du Major Thompson* (Paris: Hachette, 1956).

littéraire d'un œil peu favorable. Et quoiqu'il ait fallu que j'aille **pêcher**   (ici) chercher
cette phrase-là à Salt Lake City (Utah), soit à 9 800 kilomètres de Notre-
10 Dame, elle a paru vraiment trop chère à mon éditeur. «Vous ne pouvez
pas me faire ça, dit-il, ou alors . . . retournez-y!»

J'ai donc remboursé **la maison d'édition** en lui versant quelque   société qui publie des
chose comme 80 000 mots supplémentaires, mais mon opinion n'a   livres
pas variée pour autant: L'Amérique tout entière restera pour moi la
15 phrase que j'ai entendue un matin à l'Hôtel Utah de Salt Lake City.
J'avais demandé à être réveillé à sept heures. À l'heure dite, la sonnerie du téléphone retentit. Et arrive à mon oreille la voix divine de la
téléphoniste américaine, la voix formée à l'École de la Voix devant le
miroir de l'amabilité (trois mois pour être **brevetée**), une voix tout em-   diplômée
20 preinte de sex-appeal, de douceur, de netteté: «*Good morning, Mister
Denaïnos! It's seven o'clock! I hope you enjoyed your sleep! Weather is
nice and temperature 36° Fahrenheit. Thank you!* (Bonjour, Monsieur
Daninos! Il est sept heures! J'espère que vous avez bien profité de votre
sommeil! Le temps est beau et la température de 36 degrés Fahren-
25 heit. Merci!)»

Ces vingt mots, c'est un comprimé d'Amérique. D'abord mon nom.
Oh! adorable standardiste, comme tu as bien appris à dire mon nom!
(. . .) Tu as dit les mêmes mots à M. Pochet[1] et lui aussi ne s'est plus
senti seul au pays des Mormons (. . .) . . . *et la température est 36°*
30 *Fahrenheit . . . Merci!*

C'est peut-être ce qui a le plus saisi Pochet. Sans doute a-t-il pensé
à la **tête** du téléphoniste-veilleur de nuit de l'Hôtel de la Gare à Poitiers   (ici) expression faciale
s'il lui demandait de le réveiller en prenant de ses nouvelles et en lui
donnant la température extérieure. Ici, non seulement on ne demande
35 rien, mais on vous donne tout et on vous dit merci![2] Et quelle préci-
sion! La voix n'a pas dit: «Le fond de l'air est frais» ou «**Ça pince**, cou-   (fam.) il fait très froid
vrez-vous bien!» Non: 36° Fahrenheit. En Amérique, une phrase n'est
pas vraiment une phrase si elle ne contient pas au moins un chiffre.

M. Pochet est un grand garçon: il sait ce qu'il doit faire à 36 degrés
40 Fahrenheit s'il ne veut pas rapporter une angine à Madame, merci!
(. . .)

---

[1] Un collègue français de M. Daninos qui voyage avec lui aux États-Unis.

[2] (. . .) Quand on dit à une Française qu'elle a les plus beaux yeux du monde, elle sourit,
ne dit rien ou «Vous êtes fou!» et se laisse parfois embrasser. Quand on dit à une Anglaise qu'elle a les plus beaux yeux du monde, elle vous arrête en disant *«Don't be silly!*
(Ne soyez pas stupide.)» Quand on dit à une Américaine qu'elle a les plus beaux yeux du
monde, elle vous dit: «*Thank you*» comme si on lui avait passé le sucre. Les choses en
resteront là jusqu'au prochain pas: c'est la règle, le rite. À noter qu'elle dira *thank you*
exactement sur le même ton pour «Votre robe est ravissante» ou «J'aime votre écriture».

La chasse au bonheur[3]

Chaque fois que notre ami Cyrus B. Lippcott peut, à la faveur d'un
match de football, **se retremper** dans l'atmosphère du collège, il le fait
avec une irrésistible **attirance.** (. . .)
— *se replonger*
— *attraction, attrait*

45 Ce samedi-là était jour de fête pour Cyrus: Harvard, son université,
allait gagner! (. . .)

Assis à son côté, au milieu de 48 000 supporters **gagnés** par l'hy-
stérie, **j'éprouvais** l'étrange sensation, par la simple correction de mon
maintien, de rester seul gardien de la dignité humaine. (. . .) Com-
50 ment comprendre quoi que ce soit, du reste, à ces inextricables **mêlées** où le ballon disparaît à la vue de tous sans que personne puisse
savoir au juste ce qu'il devient? (. . .)
— *touchés, atteints*
— *je sentais*
— *combats, confusions*

Harvard gagnait. Harvard avait gagné! Cyrus Lippcott vivait un des
beaux jours de sa vie. (. . .) je me demandais s'il pouvait jamais con-
55 naître dans son existence un instant où il **fût** aussi heureux qu'au collège, un instant où il **pût** aussi sereinement pratiquer la religion de
l'Amérique: le bonheur.
— *was*
— *could*

Pour les Latins en général, et les Français en particulier, la notion
de bonheur est **entachée** de relativité. Une sagesse **millénaire,** sans
60 doute transmise avec les caractères héréditaires, leur enseigne dès
l'enfance que le bonheur est chose fugace. *Vaches grasses et vaches
maigres*[4] . . . *Profitez-en, allez . . . ça passe si vite! . . . Qui rit vendredi
dimanche pleurera . . .* — l'enfant français grandit au milieu de la
sombre forêt de ces refrains mélancoliques.
— *marquée d'une tâche morale / qui a mille ans*

65 Rien de tel ici, où le bonheur fait partie du programme quotidien.
Que dis-je? Il est inclu dans le **forfait** de base du minimum vital, inscrit
dès le départ dans les conditions du Voyage: les U. S. A. sont sans
doute la seule nation du monde qui garantisse officiellement le bonheur à ses **ressortissants.** La Déclaration d'Indépendance du 4 juillet
70 1776 (. . .) consigne le Bonheur parmi les droits inaliénables du citoyen: la Vie, la Liberté, et la poursuite du Bonheur. (. . .)
— *prix fixé par avance*
— *citoyens*

La poursuite du Bonheur . . . Un Américain frustré de bonheur se
sent aussi injustement frappé qu'un Français privé de son permis de
chasse: voilà pourquoi, sans doute, dès qu'il n'est pas heureux, il va
75 consulter un de ces professeurs de bonheur qui lui prescrit un traitement avec autant de précision qu'un laryngologiste. (. . .)

Le bonheur, l'enfant américain le poursuit pour l'atteindre, jeune
homme, dans ces collèges de rêve où, quatre années durant, échap-
pant aux **contingences** de la vie, il donne des *dates* aux plus jolies *girls*
— *hasards, événements imprévisibles*

[3]Le Major Thompson est le narrateur de cette partie du texte.

[4]Après l'abondance vient la rareté (proverbe).

80 du monde tout en suivant les cours de professeurs qui ont l'air de sortir
de Hollywood. (. . .)

Je me demande donc souvent pourquoi les compatriotes de Mr.
Lippcott—et Mr. Lippcott lui-même—qui sont les enfants les plus gâtés
du monde, font à partir de trente ans la fortune des psychiatres en
85 même temps que la plus abondante consommation de ces manuels de
bonheur intitulés: *Comment être heureux en ménage* ou *Comment ne
pas vivre sur ses nerfs* . . .

(. . .) Un «Gallup» récent montre que neuf Américains sur dix sont
la **proie** de préoccupations, de l'anxiété, de la peur, voire d'un com-   victime
90 plexe de culpabilité . . . «*Stop worrying! Relax and forget it!* (Ne vous
faites plus de bile! Relaxez et oubliez tout ça!)», leur crie-t-on tout le
temps de toutes parts. Étrange . . . Il n'y a pas un pays au monde où
l'on parle plus de «sexe» qu'aux U. S. A., où il y ait un plus abondant
étalage d'images «sexy», de théories sexuelles. Il n'y a pas non plus un
95 pays au monde où l'on vous parle plus de relaxation, de détente, de
bonheur. . . . Et pourtant l'amour, et pourtant le bonheur semblent plus
aisément atteints par un jeune fermier de Bracieux[5] ou un **maréchal-**   artisan qui ferre les
ferrant de San Gimignano[6] que par n'importe quel Lippcott des   chevaux
U. S. A., pour qui le bonheur, au fond, n'est qu'un souci de plus.

Intelligence du texte

1. De quelle nationalité est le narrateur? D'où est-il revenu? Où habite son
éditeur?
2. Pourquoi l'éditeur n'a-t-il pas paru content?
3. Comment Daninos a-t-il réussi à contenter son éditeur?
4. Comment les États-Unis se résument-ils pour Daninos? Qu'en pensez-
vous?
5. Décrivez la voix de la téléphoniste.
6. À qui M. Pochet a-t-il dû penser en entendant la voix de la standardiste?
7. Décrivez les réactions d'une Française, d'une Anglaise et d'une Américaine devant un compliment sur sa beauté. Êtes-vous d'accord?
8. Qu'est-ce que Daninos admire dans la phrase de la standardiste?
9. Qu'est-ce que leur ami Cyrus B. Lippcott aime faire chaque fois qu'il en
a l'occasion? Pourquoi était-ce jour de fête ce samedi-là?
10. Quelle sensation éprouvait le narrateur au match de football? Com-
prend-il ce qui se passe?
11. Quelle était la réaction de Cyrus Lippcott à la victoire de son équipe?

[5]Village français près de Blois, au sud de Paris.

[6]Vieille cité en Toscane, Italie.

12. Pour les Latins, de quoi la notion de bonheur est-elle entachée?
13. Quels proverbes typiques un enfant français entend-il autour de lui? Qu'est-ce que ces proverbes communiquent à l'enfant?
14. Comment le milieu est-il différent aux U. S. A.?
15. Que fait un Américain frustré de bonheur, selon le Major Thompson?
16. D'après le Major, comment un jeune Américain passe-t-il ses années au collège? Comment votre expérience est-elle différente?
17. Que remarque le Major sur l'Américain moyen à partir de 30 ans?
18. Qu'est-ce que «Gallup» montre sur les Américains? Selon le Major, qui semble pouvoir atteindre le bonheur plus aisément qu'un Américain? Êtes-vous d'accord?

Dissection de la mentalité américaine

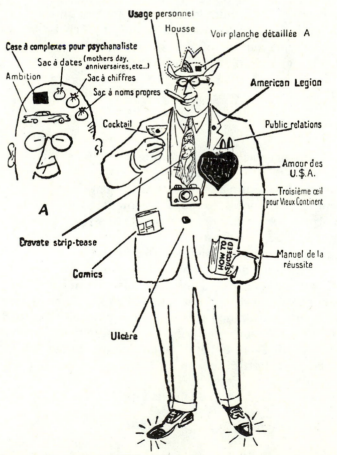

Coupe radioscopique de Mr J. H. S. W . . . , citoyen américain.

La géologie de la mentalité française

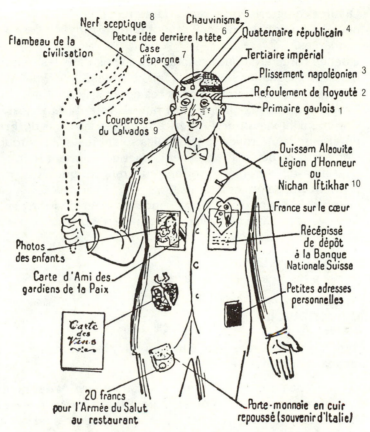

Coupe radioscopique de M. A . . . D . . . , citoyen français.

Notes

1. Les Français descendent des Gaulois. (**Primaire, tertiaire, quaternaire** sont des termes géologiques qui se réfèrent ici aux niveaux du caractère français.) français.)
2. Il y a encore en France ceux qui favorisent le retour de la monarchie.
3. Certains Français sont toujours partisans de l'Empire de Napoléon Ier.
4. Après la Révolution française en 1789, la France devient une République.
5. patriotisme exagéré
6. des intentions cachées
7. Certains Français gardent leur argent chez eux dans une boîte.
8. Le Français a la réputation de douter de tout.
9. Inflammation causée par le Calvados, alcool fort à base de pommes.
10. Honneurs reçues pendant le service militaire au Maroc, en Algérie, etc.

Questions sur les dessins humoristiques

1. Quelles caractéristiques remarquées reconnaissez-vous comme appartenant à l'Américain moyen? et au Français moyen? Lesquelles semblent exagérées?
2. Quelles caractéristiques reconnaissez-vous dans les gens que vous connaissez? Lesquelles sont tout à fait absentes?
3. Trouvez-vous les hommes dans ces dessins sympathiques? Pourquoi?
4. Croyez-vous que la plupart des Français voient l'Américain moyen ainsi?
5. Comment la vision de l'Américain moyen et celle du Français moyen diffèrent-elles? Croyez-vous qu'elles soient justes? Pourquoi?
6. Comparez ce que le Français et l'Américain aiment boire.
7. Qu'est-ce qui semble important au Français qui n'est pas important à l'Américain, selon les dessins?
8. Comment l'histoire a-t-elle influencé les idées du Français?
9. Comparez la santé du Français à celle de l'Américain, d'après le dessin.
10. Comparez les habitudes vestimentaires.

Mise en œuvre du vocabulaire

A. Complétez les phrases suivantes en remplaçant les mots en italique par une expression équivalente.

1. Il n'a pas un sou mais il me *rendra mon argent* dès qu'il pourra.
2. Puisque j'ai oublié mon écharpe, j'ai attrapé *un mal de gorge.*
3. *Grâce à* son intervention, nous sommes entrés au spectacle.
4. Ce n'est qu'une liaison *passagère* qui ne laissera aucune trace.
5. Si tu te replongeais dans l'atmosphère de ton enfance, tu *remarquerais* peut-être des choses oubliées.
6. Qu'*il fait froid*! Il faut mettre un édredon sur le lit ce soir.
7. *La téléphoniste* ne m'a pas donné ton message.
8. Le médecin *m'a ordonné* deux *cachets* d'aspirine toutes les 4 heures pour la méchante grippe que j'ai attrapée en faisant du ski.
9. Quand il m'a demandé de lui emprunter 50 dollars, je l'ai regardé *sans complaisance.*
10. Il *appartient au* club de tennis.

B. Remplissez les espaces vides avec le lexique que vous venez d'étudier.

1. Comme je ne veux pas oublier la date, je l'_____ sur mon agenda.
2. Comme ma tante est malade, il est venu _____ .
3. Il faut _____ avant le 1er mai pour les cours d'été.
4. Tu seras plus indépendant lorsque tu obtiendras ton _____ de conduire.

5. Comme il y avait une panne d'électricité, le _____ téléphonique était encombré d'appels.
6. Il est allé chez son psychiatre pour se débarrasser de ses _____ .

C. Complétez les phrases suivantes.

1. Il m'a regardé d'un œil peu favorable quand je . . .
2. Si les spectateurs n'aiment pas le spectacle, ils . . .
3. Comme il n'a pas pu obtenir son permis de conduire, il . . .
4. Si tu veux t'inscrire à l'université, il faut . . .
5. Il croit que tout le monde est plus intelligent; je pense qu'il a . . .
6. Mon médecin m'a prescrit . . .
7. Quand on fait la grève, le réseau du métro . . .
8. Il a constaté que . . .
9. Quand j'ai téléphoné, le standardiste a dit que . . .
10. Quand le fond de l'air est frais, il faut porter . . .

D. Faites une phrase originale avec les expressions suivantes.

à la faveur de
faire partie de
attraper une angine
une impression fugace

GRAMMAIRE

Les conjonctions qui gouvernent le subjonctif

1. OBSERVEZ Comment comprendre ces inextricables mêlées où le ballon disparaît à la vue de tous **sans que** personne **puisse** savoir ce qu'il devient?
Va à Paris **à moins que** tu ne **sois** sans argent.
Quoiqu'il ait fallu que j'**aille** pêcher cette phrase-là à Salt Lake City, elle a paru trop chère à mon éditeur.

ANALYSE Après certaines conjonctions qui indiquent *une restriction,* on emploie le subjonctif. Notez qu'après **à moins que** le **ne** est *explétif,* c'est-à-dire, il ne marque *aucune idée de négation.*

2. OBSERVEZ **Avant qu'**on se **mette** en route, je dois vérifier mon passeport.
mais:
Après que tu lui **as parlé,** il est parti. *(un fait accompli)*
On m'envoie en France **pour que (afin que, de sorte que)** j'**apprenne** la langue.
Faites mon portrait, **pourvu qu'**il **soit** favorable!
Reste en France **jusqu'à ce que** ton français **soit** bon.

ANALYSE Après les conjonctions qui marquent *une action qui n'est pas encore accomplie* ou *un but envisagé,* on emploie le subjonctif.

3. OBSERVEZ   On interdit la lecture de *L'Esprit des lois* **de crainte que** (**de peur que**) la population **n'apprenne** à aimer la démocratie.

ANALYSE   Le subjonctif s'emploie après les conjonctions qui indiquent la peur. Notez le **ne** explétif après ces expressions.

4. OBSERVEZ   Il est parti **sans** dire adieu.
Il est parti **afin d'**arriver à l'heure.
Il est parti **de peur d'**être en retard.
Il est parti **de crainte d'**être vu par le mari.

ANALYSE   Lorsque le sujet de la proposition principale est le même que celui de la proposition subordonnée, les conjonctions sont suivies par un infinitif et se transforment ainsi: **à condition que** → **à condition de**

> **sans que** → **sans** + *infinitif*
> **afin que** → **afin de** + *infinitif*
> **de peur que** → **de peur de** + *infinitif*
> **de crainte que** → **de crainte de** + *infinitif*
> **à moins que** → **à moins de** + *infinitif*

REMARQUES

1.   Il n'y pas de prépositions qui correspondent aux conjonctions **bien que** et **quoique;** par conséquent, on peut les employer même si le sujet de la proposition principale est le même:

> Il a raté l'examen, **bien qu'**il **ait** étudié.

Portrait de touristes près de la Cathédrale de Notre Dame à Paris.

2. Les conjonctions suivantes sont suivies par l'indicatif car elles n'indiquent ni restriction, ni possibilité, ni doute, ni émotion.

> après que
> aussitôt que
> dès que
> lorsque
> pendant que
> quand
> si
> tandis que

Exercices

A. Expliquez à un tiers (une troisième personne) pourquoi votre ami vous a dit de visiter la France.

> MODÈLE: pour que / *(apprendre)* à bien parler français
> Il me l'a dit pour que j'apprenne à bien parler français.

1. pour que / *(faire)* des progrès en français
2. afin que / *(comprendre)* les mœurs du pays
3. de sorte que / *(pouvoir)* mieux comprendre les Français
4. de peur que / *(devenir)* paresseux
5. de crainte que / *(perdre)* mon français
6. sans que / *(le lui demander)*

B. Détaillez les ennuis d'un de vos amis.

> MODÈLE: Il veut aller en France, mais il ne peut pas.
> Bien qu'il (Quoiqu'il)[7] veuille aller en France, il ne peut pas.

1. Il lit le français, mais il ne le parle pas bien.
2. Il a de l'argent pour voyager, mais il n'a pas le temps.
3. Il écrit à une Française, mais il reçoit rarement une réponse.
4. Il reçoit une lettre de temps en temps, mais il n'est pas satisfait.
5. Il dort huit heures par jour, mais il est souvent fatigué.
6. Il est fatigué, mais il travaille beaucoup.
7. Il vit bien, mais il n'est guère heureux.
8. Il connaît beaucoup de gens, mais il sort rarement.
9. Il doit oublier cette femme, mais il n'arrive pas à le faire.
10. Il me dit ses ennuis, mais il ne suit pas mes conseils.

[7]**Bien que** et **quoique** sont des conjonctions équivalentes qui marquent une réservation.

C. Vous planifiez un petit voyage avec deux amis. Mettez les verbes entre parenthèses au temps exigé par la conjonction, soit au subjonctif, soit à l'indicatif.

Avant que nous _____ *(partir)*, vérifions les billets d'avion. Pendant que vous _____ *(s'occuper)* de cela, je ferai ma valise. Aussitôt que vous _____ *(être)* prêts, j'appellerai un taxi. Ma mère s'occupera du chat jusqu'à ce que nous _____ *(être)* de retour. Quand nous _____ *(arriver)*, nous irons directement à l'hôtel. Nous pourrons aller à la plage tout de suite à condition qu'il _____ *(faire)* beau. Après que nous _____ *(se baigner)*, il serait bon de dîner dans un petit restaurant sur la côte, si vous _____ *(vouloir)*. Ensuite, nous irons chez les amis de mon père, à moins qu'ils _____ *(avoir)* d'autres projets.

D. Faites des recommandations à un ami. Choisissez la conjonction ou la préposition nécessaire. (Attention! Il y a souvent d'autres changements à faire dans la phrase.)

MODÈLES: Je te dis d'aller en France. Tu apprendras bien le français. *(pour, pour que)*
Je te dis d'aller en France pour que tu apprennes bien le français.

Va en France. Tu apprendras bien le français.
(afin de, afin que)
Va en France afin de bien apprendre le français.

1. Je te dis de me téléphoner. Tu n'es pas obligé de le faire. *(sans, sans que)*
2. Va en France. Tu suivras un cours de français. *(pour, pour que)*
3. Étudie bien. Tu réussiras. *(afin de, afin que)*
4. Je te prête mon livre. Tu me le rendras. *(à condition de, à condition que)*
5. J'irai chez toi, si tu ne sors pas. *(à moins de, à moins que)*
6. Va en France, si tes parents te le permettent. *(à condition de, à condition que)*
7. Téléphone-moi. Tu me feras savoir si tu es libre. *(afin de, afin que)*

Le subjonctif dans les propositions indépendantes et avec le superlatif

1. OBSERVEZ **Vivent** les jeunes! **Vive** la France! **Vive** le Québec!
Que tout le monde **se taise**! **Que** les enfants **se taisent**!
Sauve qui peut! **Pourvu que** nous **réussissions**!

ANALYSE Le subjonctif s'emploie dans une proposition indépendante pour exprimer un ordre, un souhait ou une défense (sens impératif). Dans certaines expressions consacrées, il s'emploie sans **que.**

2. OBSERVEZ   Les U. S. A. sont sans doute **la seule nation** du monde **qui garantisse** officiellement le bonheur à ses citoyens.
C'est **l'homme le plus prétentieux qu'on puisse** imaginer.
C'est **l'unique poste qui** lui **convienne.**

ANALYSE   Pour atténuer la valeur trop absolue de la phrase, le subjonctif s'emploie après un superlatif ou une expression de valeur analogue: **seul, unique, suprême, premier, dernier.**

Exercices

A.   Vous êtes à un banquet où vous allez prononcer un discours. Faites des déclarations selon les modèles.

MODÈLES: tout le monde (*se taire*)
Que tout le monde se taise!

la France (*vivre*)
Vive la France!

1. tous (*se taire*)
2. tous (*faire silence*)
3. tout le monde (*m'écouter*)
4. tous (*lever leur verre*)
5. tous (*faire un toast*)

6. la France (*être prospère*)
7. les États-Unis (*vivre*)
8. le Québec (*vivre*)
9. le Québec libre (*vivre*) (Charles de Gaulle, 1967)
10. vous (*s'en aller*) si vous n'êtes pas d'accord

B.   Vous faites le portrait d'un ami que vous admirez beaucoup.

MODÈLE: valoir la peine de connaître
C'est la seule (unique) personne qui vaille la peine de connaître.

1. avoir de si vastes connaissances
2. être si généreux
3. savoir comment faire plaisir aux autres
4. pouvoir résoudre les problèmes les plus difficiles
5. venir me voir tous les week-ends
6. m'inspirer la confiance
7. valoir la peine d'aimer
8. recevoir tant de lettres de louange
9. comprendre les autres

Le subjonctif hypothétique

OBSERVEZ **Où qu'il aille,** il s'instruit.
Quoi qu'il **fasse,** il ne comprend pas les mœurs des Français.
Qui qu'il **voie,** il prend des notes pour son futur livre.
D'où que viennent les renseignements, il s'y intéresse.
Quelles que soient ses objections, il écoute avec intérêt.
Quel que soit son métier, il faut s'instruire.
Quoi qu'il en **soit,** je veux y retourner.
Si bizarre qu'il paraisse, je le trouve sympathique.
Je cherche une personne **qui puisse** faire ce travail. (doute: Cette personne existe-t-elle?)
mais:
J'ai trouvé la personne **qui peut** faire ce travail. (certitude: Cette personne existe et je l'ai trouvée.)

ANALYSE Le verbe de la proposition indéfinie se met généralement au subjonctif pour marquer *une concession, une supposition (hypothèse)* ou *un doute.*

Les expressions avec n'importe

OBSERVEZ Ils peuvent aller **n'importe où,** ils sont toujours agréablement reçus.
On peut apprendre quelque chose **de n'importe qui.**
Il parle **à n'importe qui. N'importe qui** est au courant.
Il s'habille **n'importe comment** quand il travaille.
Choisis un livre; **n'importe lequel** (fera l'affaire).
Il téléphone **à n'importe quelle heure** de la nuit.
Tu peux venir me voir **n'importe quand.**
Quand il est ivre, il dit **n'importe quoi.**

ANALYSE Les expressions indéfinies présentent un concept sous son aspect le plus général. Notez que les expressions **n'importe qui, n'importe quoi, n'importe lequel** et **n'importe quel** + *nom* peuvent servir de sujet (+ *verbe à l'indicatif*), d'objet ou de régime (groupe de mots) d'une préposition. Les autres expressions indéfinies ne peuvent pas être le sujet d'une phrase.

ATTENTION! Notez la correspondance entre les expressions des deux sections précédentes:

Où qu'il aille . . .	Il peut aller n'importe où . . .
Quoi qu'il fasse . . .	Il peut faire n'importe quoi . . .
Qui qu'il voie . . .	Il peut voir n'importe qui . . .
Quel que soit son travail . . .	Il peut avoir n'importe quel travail . . .

Exercices

A. Exprimez l'amour absolu que vous avez pour une certaine personne.

> MODÈLE: Tu peux voir n'importe qui, je t'aimerai.
> Qui que tu voies, je t'aimerai.

1. Tu peux faire n'importe quoi, je t'aimerai.
2. Tu peux aller n'importe où, je te suivrai.
3. Tu peux aimer n'importe qui, je te serai fidèle.
4. Tu peux faire n'importe quel métier, je soutiendrai ton choix.
5. N'importe ce qui arrive, tu seras mon ami.
6. Tu peux avoir n'importe quelles idées, je t'écouterai.
7. Tu peux dire n'importe quoi, je t'écouterai.
8. Tu peux vivre n'importe où, j'irai te voir.
9. Tu peux connaître n'importe qui, il sera le bienvenu chez moi.
10. N'importe ce que tu fais, je t'aimerai toujours.

B. Exprimez votre exaspération avec des enfants difficiles.

> MODÈLE: Ils peuvent faire n'importe quelle promesse, ils finissent toujours par se battre.
> Quelle que soit leur promesse, ils finissent toujours par se battre.

1. Ils peuvent aller n'importe où, ils causent des difficultés.
2. Ils peuvent rendre visite à n'importe qui, ils causent des problèmes.
3. Ils peuvent visiter n'importe quel parc, ils finissent toujours par faire des dégâts.
4. Ils peuvent faire n'importe quoi, ils me causent des ennuis.
5. Ils peuvent avoir n'importe quels projets, ils finissent toujours par se battre.
6. N'importe ce qu'ils font, ils salissent toujours la maison.
7. N'importe ce qu'ils disent, ils m'exaspèrent.
8. Ils peuvent mettre les pieds n'importe où, ils agacent les autres.

Conversation/Petit écrit

A. Préparez oralement les questions suivantes.

B. Préparez par écrit la question de votre choix.

1. Quelle est votre nationalité? Faites votre portrait. En quoi votre culture influence-t-elle ce portrait? Êtes-vous jamais allé en France? en Angleterre? en Italie? au Québec? Décrivez vos impressions. Pensez-vous que l'on puisse résumer la France en une phrase? Si oui, quelle serait cette phrase? Sinon, pourquoi?

2. Pensez-vous que le portrait de l'Américain moyen soit authentique? Sinon, faites le portrait d'un Américain qui soit plus exact. Comparez les valeurs du Français moyen et de l'Américain moyen selon les deux dessins.

3. Êtes-vous jamais descendu dans un hôtel? Décrivez votre expérience. Où était-ce? Était-ce un hôtel de luxe, de prix modique ou bon marché? Comment vous a-t-on traité? En étiez-vous content? Y avez-vous bien mangé?

4. Quel est «l'âge idéal» de la femme, d'après vous? Et de l'homme? En quelle mesure votre opinion est-elle un produit de votre culture? Pourriez-vous tomber amoureux (amoureuse) d'une personne de 30 ans? de 40 ans? Quelles qualités estimez-vous chez une personne du sexe opposé? Si vous aviez 30 ou 40 ans, pourriez-vous tomber amoureux (amoureuse) d'une personne de 20 ans?

5. Lisez-vous des magazines et des revues qui traitent de la vie brillante d'Hollywood et des pin-up? Pourquoi? Aimeriez-vous voir votre photo dans une revue? Pourquoi? Comment réagissez-vous lorsqu'une personne du sexe opposé vous fait un compliment sur votre beauté? Croyez-vous que votre réaction soit déterminée par le pays où vous habitez? Sinon, comment expliquez-vous que les réactions soient si différentes chez la Française ou chez l'Anglaise? Si oui, est-il possible de définir ce qui est «normal»?

6. Croyez-vous que les parents permissifs créent des problèmes pour leurs enfants? Pourquoi la poursuite du bonheur semble-t-elle produire des frustrés? Comment aimeriez-vous élever vos enfants?

Étude du lexique

1. **déconcertant**   surprenant, troublant
   La situation mondiale est déconcertante.

2. **que de . . . !**   combien de . . . ! / que : . . ! / comme . . . !
   Que de difficultés, que d'obstacles à surmonter!
   Qu'il est bête! Que vous êtes jolie! Comme il est beau!

3. **le secours**   l'aide
   J'aurai besoin de ton secours dans cette entreprise.

4. **l'envers** (m.)   le côté d'une chose opposé à celui qui doit être vu; ≠ l'endroit
   L'envers de cette tapisserie est aussi soigné que l'endroit.

5. **épargner**   économiser

   Il a épargné une somme d'argent pour ses vacances.

   Elle n'a pas épargné le beurre ni le sucre dans ce gâteau.

6. **le frein**   ce qui retient, ce qui arrête

   Les freins de cette voiture marchent mal.

7. **un fonds**   l'ensemble des qualités morales et affectives

   Bien que le Français ait un grand fonds de bon sens, il peut être idéaliste jusqu'à l'utopie.

8. **prodigue**   qui fait des dépenses outre mesure

   Elle est avare avec ceux qu'elle n'aime pas pour être prodigue avec celui qu'elle aime.

9. **un trait**   une caractéristique, un élément, une ligne

   Quels sont les traits dominants de la mentalité française?

10. **semer**   mettre des graines en terre, planter

    On récolte ce qu'on a semé, c'est-à-dire, on a les résultats qu'on mérite.

11. **débrouillard**   qui se tire d'affaire facilement, adroit, habile

    Il faut être débrouillard si on ne parle pas la langue du pays.

12. **un défaut**   une imperfection, une faiblesse, une tache

    Il a de nombreux défauts de caractère.

13. **flâner**   errer sans but en s'arrêtant souvent pour regarder

    Le Parisien adore flâner; il y a tant de choses à voir dans les rues.

14. **un badaud**   quelqu'un qui regarde bouche bée (ouverte)

    Un autocar rempli de badauds s'arrêta devant la Cathédrale de Notre Dame.

15. **la bonne chère**   nourriture de qualité

    Le Français adore les bons vins et la bonne chère.

16. **se dérouler**   se passer, prendre place dans le temps, avoir lieu

    Les événements du roman se déroulent au XIXe siècle à Paris.

17. **un commis voyageur**   un représentant de commerce

    La vie d'un commis voyageur est peu stable.

18. **inattendu**   imprévu, surprenant, fortuit

    Son arrivée était tout à fait inattendue; nous sommes confus.

19. **un hebdomadaire**   une publication qui paraît chaque semaine

    Quelques hebdomadaires illustrés traînaient sur la table.

Les journaux d'un pays disent beaucoup sur la mentalité des citoyens.

À la recherche de la mentalité française

Guy Michaud et Georges Torrès

Il est bien difficile de présenter en quelques pages la mentalité d'un peuple sans la réduire à un stéréotype ou une caricature, d'autant plus qu'il s'agit d'une réalité complexe et **évolutive.** *Peut-on cependant comprendre l'histoire et les aspects de la civilisation française sans le secours d'une telle clef? On lira donc les pages qui suivent comme une tentative pour mettre en ordre des images* **léguées** *par la tradition autour d'un certain nombre de traits dont la plupart sont* **repérables** *encore aujourd'hui.*

qui évolue

transmises

reconnaissables

Extrait de Guy Michaud et Georges Torrès, *Le Nouveau Guide France* (Paris: Hachette, 1982), pages 17–22.

Une nation déconcertante

Certains ont essayé de retrouver, à travers la mentalité française, ce qui revient à chaque peuple: les Français devraient aux Celtes leur individualisme, aux Romains leur amour du droit et de l'ordre formel, aux Germains leur génie constructif, aux Normands leur esprit d'initiative.

Quelque hasardeuses que soient de telles attributions, elles soulignent du moins l'extrême diversité psychologique d'un peuple qui a toujours déconcerté les autres par ses contradictions et ses inconséquences. «Votre nation, écrivait déjà Frédéric II, est, de toutes celles de l'Europe, la plus inconséquente. Elle a beaucoup d'esprit, mais point de suite dans les idées. Voilà comme elle paraît dans toute son histoire.»

La France, terre du dialogue

Que de contradictions en effet! «Pas de pays plus hardi dans ses conceptions, pas de pays plus **routinier** dans ses habitudes . . . Il se passionne pour la création, pour l'invention et se désintéresse ensuite de l'application.» (A. Siegfried.) On pourrait multiplier les exemples.

qui agit par routine

Ces contradictions s'expliquent pourtant, si elles ne se justifient pas toujours, par le jeu d'un certain nombre de constantes qui résultent à la fois de la géographie et de l'histoire, et dont l'opposition, tant au niveau du **tempérament** qu'au niveau du **caractère,** crée des tensions qui, souvent, se changent en dialogue pour constituer la «personnalité» française.

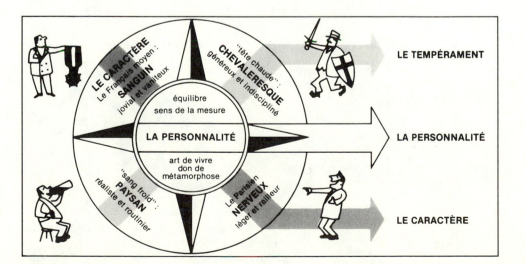

UN PAYSAN . . .

★ Une nation de paysans.
A. MAUROIS.

On a pu dire que par tempérament, par atavisme,[1] le Français est d'abord un paysan. Il en a les qualités. Il en a parfois aussi les défauts, qui ne sont le plus souvent que l'envers de ces qualités. Les observateurs étrangers se sont plu à souligner les traits, souvent contradictoires, du tempérament et du caractère des Français.

SES QUALITÉS . . .

• réaliste . . .

★ L'âme française n'a guère de place pour la nostalgie des départs. Elle reste intimement attachée à la **glèbe** ancestrale, par un sentiment semblable à l'amour du paysan pour ses **sillons.**

E.-R. CURTIUS.

le sol en culture

trace faite dans la terre par le soc de la charrue

• parcimonieux . . .

★ Épargner est instinctivement dans le sang de tout Français, au même titre que le sentiment de la durée nationale.

SIEBURG.

• précautionneux . . .

La France aime la sécurité.
★ La prévoyance est l'âme même de l'esprit français.

S. DE MADARIAGA.

ET LES DÉFAUTS DE CES QUALITÉS

jusqu'au terre-à-terre

"il a les deux pieds sur terre"

jusqu'à la mesquinerie

"mon verre n'est pas grand mais je bois dans mon verre"

jusqu'à la méfiance

"deux sûretés valent mieux qu'une"

Ce fonds paysan joue le rôle de **frein** . . .
en politique : COURANT TRADITIONALISTE
en littérature : COURANT RÉALISTE (esprit gaulois)

---

[1]Réapparition d'un caractère primitif après un certain nombre de générations.

. . . mais tête chaude

. . . CHEVALERESQUE

attaché à la terre

*Ce peuple **terrien** et sédentaire a été souvent aussi, au cours de son histoire, un peuple guerrier. Ne reste-t-il pas encore, aujourd'hui même, des traces de l'esprit de la chevalerie conquérante qui anima l'aristocratie féodale?*

★ Il y a chez les Français une intermittente folie qui les empêche de devenir trop raisonnables. À tout moment, ils sont prêts à sacrifier quelque chose à quoi ils tiennent beaucoup pour un beau geste.

CH. WASHBURN.

SES QUALITÉS

ET LES DÉFAUTS DE CES QUALITÉS

•**idéaliste . . .**

jusqu'à l'utopie

projet utopique

Sans doute le Français apparaît-il prompt à s'exalter, «bouillant et chimérique». Mais il arrive que ses **chimères** deviennent des réalités.

"il bâtit châteaux en Espagne"

•**généreux . . .**

jusqu'à la prodigalité

★ Les Français sont à la fois fort prodigues de leur bien et de celui des autres.

MACHIAVEL.

"il a le coeur sur la main"

•**individualiste . . .**

jusqu'à l'indiscipline

★ L'individualisme en France est trop souvent devenu l'ennemi du civisme, qui pourtant a joué un rôle si magnifique aux moments cruciaux.

H. AHLENIUS.

"il a la tête près du bonnet"[2]

. . . et le chevaleresque le rôle de **moteur**
en politique : COURANT RÉVOLUTIONNAIRE
en littérature : COURANT IDÉALISTE (esprit courtois).

motif déterminant,
cause d'action

[2]Il est colérique.

LE CARACTÈRE

ou le dialogue de la France

s'effacer, devenir flou

extraverti ≠ introverti

(caractériologie) optimiste

À la faveur des progrès de la vie urbaine, les traits originaux du paysan se sont **estompés** *et l'esprit chevaleresque s'est peu à peu embourgeoisé : ainsi est né le «Français moyen». C'est un* **extraverti** *: homme de société, souvent homme du monde, il présente tous les traits caractérologiques du «***sanguin***».*

★ Ce peuple sans caractère en avait plus qu'aucun peuple de l'univers.

DE BONALD.

jovial

★ Un fonds inépuisable de bonhomie, d'esprit libre et de belle humeur.

TH. FONTANE, romancier allemand.

C'est le type du bon vivant, optimiste, amateur de bon vin et de bonne chère.

LE FRANÇAIS MOYEN : UN «SANGUIN»

LE COMMIS VOYAGEUR

ingénieux

★ Il sème et ce sont d'autres qui récoltent.

KEYSERLING.

Il est pratique, voire «débrouillard». Il s'adapte facilement, conçoit vite et sa présence d'esprit en fait un brillant improvisateur.

LE BRICOLEUR

sociable

★ Quand je suis en France, je fais amitié avec tout le monde.

MONTESQUIEU.

Ami de tout le monde, il est pardessus tout homme de société : selon Brunetière, la sociabilité est le caractère essentiel de la littérature française.

L'HOMME DU MONDE

> Le caractère français, facteur de **stabilité**
>
> L'esprit bourgeois, c'est le BON SENS, la CLARTÉ, la LOGIQUE : L'ESPRIT DE GÉOMÉTRIE

. . . et de Paris

★ Cette nation fière et inconstante . . .

CONTARINI.

La réputation de légèreté que l'on fait au Français est établie depuis de longs siècles. Mais ne vaut-elle pas surtout pour le Parisien, l'habitant de cette cité ouverte à toutes les influences? Le Parisien renferme en lui, comme tout «nerveux», une pluralité d'êtres qui se succèdent tour à tour . . .

LE PARISIEN : UN «NERVEUX»

insouciant

★ Le caractère est bien inconséquent, mais il n'est pas mauvais.

MARIE-ANTOINETTE.

qui agit spontanément

Le Parisien est **primesautier,** d'humeur capricieuse, souvent frivole. Il passe pour libertin et **volage.**

peu fidèle

LE BOHÈME

curieux

★ Cette vivacité d'impression . . .

COSIMA WAGNER.

Ouvert à tout, il aime jouer, et voir jouer. Il paraît toujours pressé, mais aime la flânerie. Dilettante, il suit volontiers la mode, quand il ne la précède pas.

LE BADAUD

moqueur

persifleur

«Le merle blanc siffle et persifle.» (Devise du *Merle blanc,* ancien journal satirique).

vider de son air, rendre quelqu'un confus

D'esprit vif, il est toujours prompt à la moquerie, au persiflage qui **dégonfle** d'un mot ou d'un geste. Pour lui, le ridicule tue encore en France.

LE "TITI" PARISIEN

Le caractère parisien, facteur d'**instabilité**

L'esprit parisien, c'est la FANTAISIE, l'INTUITION, le GOÛT:
L'ESPRIT DE FINESSE

Intelligence du texte

1. Pourquoi est-il difficile de résumer la mentalité d'un peuple?
2. Selon certaines personnes, de quels peuples viennent les traits fondamentaux des Français?
3. Quelles sont les quatre catégories de Français, d'après les auteurs?
4. Que veut dire «il a les deux pieds sur terre»?
5. Comment le tempérament paysan se manifeste-t-il chez le Français?
6. À quelle qualité s'oppose l'individualisme en France?
7. Décrivez les qualités et les défauts d'un Français qui est une tête chaude.
8. Comment pourrait-on caractériser le «Français moyen»? Qu'est-ce qu'il aime?
9. Quelle est l'attitude du «Français moyen» à l'égard des plaisirs de la table? Et à l'égard des femmes?
10. Quelles contradictions existent dans le caractère du Parisien?
11. Qu'est-ce que le Parisien aime faire?

Résumé

En vous servant des questions comme guide, faites un résumé écrit du texte «À la recherche de la mentalité française».

Quel est le thème principal du texte? Quels sont les problèmes qui se posent aux auteurs? Quels sont les composants de la personnalité française? Quels sont les qualités et les défauts de chaque type de Français? Quel esprit caractérise chacun? Quel genre d'humour le Français apprécie-t-il tout particulièrement?

Questions sur le dessin humoristique

1. En quoi consiste le comique de la situation?
2. Comment sait-on que les messieurs dans ce dessin sont «typiquement» français? Quelles sont leurs caractéristiques?

Essai

En employant la structure du texte «À la recherche de la mentalité française», faites une description de la mentalité de votre pays. Traitez au moins trois régions différentes de votre pays. Êtes-vous un exemple typique d'une des régions? Les expressions ci-dessous vous seront utiles pour exprimer vos idées.

© Charillon-Paris

—On s'américanise de plus en plus . . .

Comment dirais-je?

le caractère: l'ensemble des manières habituelles de sentir et de réagir qui distinguent un individu d'un autre

caractère froid, flegmatique, pondéré, sérieux, passionné, exubérant

être aimable, accueillant, charmant, conciliant, doux, égal, gai, paisible, patient, sociable, sympathique

être agressif, grincheux = grognon, brutal, colérique, dur, violent, cruel, hargneux, irritable, revêche, exécrable, ironique, moqueur

avoir du courage, de la détermination, de l'énergie, de la fermeté, de la ténacité, de la volonté, de la discipline

la mentalité: l'ensemble des croyances et habitudes d'esprit qui informent et commandent la pensée d'une collectivité: la mentalité américaine, québécoise, latine, germanique

un tempérament romanesque, optimiste, pessimiste, actif, ardent

avoir une forte personnalité

être de tempérament exigeant, amoureux, excitable, impassible, endormi

être réaliste, idéaliste, parcimonieux, généreux ≠ mesquin, précautionneux, ingénieux, stable, nerveux, insouciant, capricieux, vaniteux, orgueilleux, frivole, inconséquent, crédule = facile à duper

aimer la vie, les femmes, la bonne chère, l'aventure, les biens matériels

la joie de vivre

être un esprit pratique, matérialiste

travailler pour vivre ≠ vivre pour travailler

la place de l'amitié, de l'amour, du confort, de l'argent, de la technologie dans la vie

accorder de l'importance à quelque chose

Activités

Préparez les questions suivantes pour une discussion en classe.

1. Les gens du nord sont travailleurs, les gens du sud sont paresseux.
2. Quelle peut être l'influence du climat sur le tempérament?
3. Quelle est l'influence de l'hérédité sur la personnalité de l'enfant? Quel est le rôle de l'environnement? Comparez les deux.

Mini-théâtre

Deux amis discutent leur séjour récent dans un pays étranger. L'un en était ravi, l'autre très perturbé par les différences qu'il a observées.

L'imagination
et les émotions

243

Étude du lexique

1. **l'obscurité** *(f.)*   l'absence de lumière, les ténèbres
   Dans l'obscurité de la chambre, il voyait des formes vagues.

2. **glacer**   causer une vive sensation de froid
   Cette petite pluie la glaçait; elle attraperait sans doute une angine.

3. **tout à coup**   brusquement, soudain, soudainement
   Tout à coup, il entendit un bruit étrange venant de la rivière.

4. **frissonner**   trembler de froid
   Cet abaissement de la température me fait frissonner.

5. **rôder**   errer çà et là avec de mauvaises intentions
   Il y a quelqu'un qui rôde autour de la maison; j'ai peur!

6. **un voile**   du tissu léger et fin
   La veuve était couverte d'un voile noir.

7. **entrevoir**   voir indistinctement
   La folle passait dans la forêt, je l'ai seulement entrevue.

8. **s'affaisser**   tomber en pliant les jambes
   affaissé   effondré, tassé
   Il perdit connaissance et s'affaissa.
   Il était affaissé dans son fauteuil quand je suis entré.

9. **plissé**   marqué de plis comme un accordéon
   La vieille avait la figure plissée.
   J'ai vu une jolie jupe plissée dans la boutique au coin.

10. **éperdument**   follement
    Elle est éperdument amoureuse de lui.

11. **imperceptible**   invisible, inaudible, impossible à percevoir
    Un sourire presque imperceptible jouait au coin de sa bouche.

12. **l'épouvante** *(f.)*   la panique, la terreur, l'effroi
    Il aime voir les films d'épouvante.
    Glacé d'épouvante, le chasseur resta cloué sur place.

13. **un fusil**   une arme à feu portative
    Il a envoyé un coup de fusil dans la direction du renard.

14. **grogner**   pousser un cri d'animal
    La bête grotesque a grogné avant de disparaître dans la caverne.

15. **un fouet**   *whip*

    Il a chassé la folle à coups de fouet.

16. **une berge**   le bord relevé d'un cours d'eau, d'un chemin

    Il est fort agréable de se promener sur les berges d'un canal un soir d'été.

17. **à bout de forces**   épuisé de fatigue

    Après cette expérience épouvantable, il était à bout de forces.

18. **accourir**   venir en courant, en se pressant

    Il a vite accouru m'aider.

La Peur

Guy de Maupassant

Nouvelliste et romancier, Guy de Maupassant, né en 1850, connaît très vite un succès considérable. Après des études à Yvetot et à Rouen, il rencontre Flaubert et s'exerce à des travaux littéraires sous la direction du grand écrivain. Chez Flaubert, il connaît Tourguéniev, Zola, Daudet. Il commence à écrire des contes et des vers à partir de 1875 et publie également des romans et des récits de voyages. Il souffre de problèmes de santé mentale à partir de 1877. Après une tentative de suicide, il est interné à une clinique. Il meurt l'année suivante à l'âge de 42 ans.

Les thèmes extrêmement variés des contes de Maupassant, souvent marqués de pessimisme et d'étrangeté, trouvent leur source dans sa propre vie. Ne dissociant pas la vie de la littérature, il considère l'expérience vécue comme indispensable à la création littéraire. La peur panique décrite dans le conte que nous présentons correspond à de véritables angoisses de l'écrivain. «La peur (. . .) c'est quelque chose d'effroyable, une sensation atroce, comme une décomposition de l'âme, un spasme affreux de la pensée et du cœur, dont le souvenir donne des frissons d'angoisse. (. . .) La vraie peur, c'est comme une réminiscence des terreurs fantastiques d'autrefois.» Comment Maupassant fait-il naître le sentiment d'attente angoissée chez le lecteur?

(L'auteur et un voyageur âgé engagent la conversation dans un wagon de chemin de fer. Le voyageur regrette la disparition du fantastique et du merveilleux devant la science. Si l'on explique l'inexpliqué, si l'on supprime l'invisible, on détruit de même la poésie.)

Comme l'obscurité des soirs devait être sombre, terrible, autrefois, quand elle était pleine d'êtres fabuleux, inconnus, rôdeurs, méchants, dont on ne pouvait deviner les formes, dont l'appréhension glaçait le cœur, dont la puissance occulte passait les **bornes** de notre pensée, et   limites
5 dont l'**atteinte** était inévitable!   attaque, crise

(. . .) Il répéta: «On n'a vraiment peur que de ce qu'on ne comprend pas.»

Et tout à coup un souvenir me vint, le souvenir d'une histoire que nous conta Tourguéniev,[1] un dimanche, chez Gustave Flaubert.[2] L'a-t-
10 il écrite quelque part, je n'en sais rien.

Personne plus que le grand romancier russe ne sut faire passer dans l'âme ce frisson de l'inconnu voilé, et, dans la demi-lumière d'un conte étrange, laisser entrevoir tout un monde de choses inquiétantes, incertaines, menaçantes.

15 Avec lui, on la sent bien, la peur vague de l'Invisible, la peur de l'inconnu qui est derrière le mur, derrière la porte, derrière la vie apparente. Avec lui, nous sommes brusquement traversés par des lumières douteuses, qui éclairent seulement assez pour augmenter notre angoisse.

20 Il semble nous montrer parfois la signification de coïncidences bizarres, de rapprochements inattendus de circonstances en apparence fortuites, mais que guiderait une volonté cachée et **sournoise.** On croit   hypocrite, fausse
sentir, avec lui, un fil imperceptible qui nous guide d'une façon mystérieuse à travers la vie, comme à travers un rêve nébuleux dont le
25 sens nous échappe sans cesse.

Il n'entre point hardiment dans le surnaturel, comme Edgar Poe[3] ou Hoffmann[4]; il raconte des histoires simples où se mêle seulement quelque chose d'un peu vague et d'un peu troublant.

Il nous dit aussi, ce jour-là: «On n'a vraiment peur que de ce qu'on
30 ne comprend point.»

Il était assis, ou plutôt affaissé dans un grand fauteuil, les bras pendants, les jambes allongées et molles, la tête toute blanche, noyée dans ce grand flot de barbe et de cheveux d'argent qui lui donnait l'aspect d'un Père éternel (. . .).

35 Il parlait lentement, avec une certaine paresse qui donnait du charme aux phrases et une certaine hésitation de la langue un peu lourde qui soulignait la justesse colorée des mots. Son œil pâle, grand ouvert, reflétait, comme un œil d'enfant, toutes les émotions de sa pensée.

40 Il nous raconta ceci:

Il chassait, étant jeune homme, dans une forêt de Russie. Il avait

[1]Ivan Sergeïevitch Tourguéniev (1818–1883), grand écrivain russe.

[2]Gustave Flaubert (1821–1880), écrivain français, auteur de *Madame Bovary, Trois Contes,* et *L'Éducation sentimentale,* parmi bien d'autres ouvrages.

[3]Edgar Poe (1808–1849), écrivain américain de contes surnaturels, rendu célèbre en France par ses traductions des œuvres de Baudelaire.

[4]Ernst Theodor Hoffmann (1776–1822), écrivain et compositeur allemand, auteur de récits fantastiques.

marché tout le jour et il arriva, vers la fin de l'après-midi, sur le bord d'une calme rivière.

Elle coulait sous les arbres, dans les arbres, pleine d'herbes flot-
45 tantes, profonde, froide et claire.

Un besoin impérieux saisit le chasseur de se jeter dans cette eau transparente. Il **se dévêtit** et s'élança dans le courant. C'était un très grand et très fort garçon, vigoureux et hardi nageur.   se déshabilla

Tout à coup une main se posa sur son épaule.
50 Il se retourna d'une secousse et il aperçut un être effroyable qui le regardait avidement.

Cela ressemblait à une femme ou à une **guenon.** Elle avait une fi-   femelle du singe
gure énorme, plissée, grimaçante et qui riait. Deux choses innom-
mables, deux **mamelles** sans doute, flottaient devant elle, et des chev-   organes sécrétant le
55 eux **démesurés,** mêlés, **roussis** par le soleil, entouraient son visage et   lait / excessifs /
flottaient sur son dos.   rendus roux

Tourguéniev se sentit traversé par la peur hideuse, la peur glaciale des choses surnaturelles.

Sans réfléchir, sans songer, sans comprendre, il se mit à nager éper-
60 dument vers la rive. Mais le monstre nageait plus vite encore et il lui touchait le cou, le dos, les jambes, avec des petits **ricanements** de joie.   rires méchants
Le jeune homme, fou d'épouvante, toucha la berge, enfin, et s'élança de toute sa vitesse à travers le bois, sans même penser à retrouver ses habits et son fusil.
65 L'être effroyable le suivit, courant aussi vite que lui et grognant tou-
jours.

Le **fuyard,** à bout de forces et **perclus** par la terreur, allait tomber,   personne qui fuit /
quand un enfant qui gardait des chèvres accourut, armé d'un fouet; il   paralysé
se mit à frapper l'affreuse bête humaine, qui se sauva en poussant des
70 cris de douleur. Et Tourguéniev la vit disparaître dans le feuillage, pa-
reille à une femelle de gorille. C'était une folle, qui vivait depuis plus de trente ans dans ce bois, de la charité des bergers, et qui passait la moitié de ses jours à nager dans la rivière.

Le grand écrivain russe ajouta: «Je n'ai jamais eu si peur de ma vie,
75 parce que je n'ai pas compris ce que pouvait être ce monstre.» (...)

Intelligence du texte

1. Que regrette le voyageur?
2. Quel rapport fait-il entre la science et la poésie?
3. Comment imagine-t-il l'obscurité des soirs autrefois?
4. Selon le voyageur, que craint-on le plus?
5. Qu'est-ce que Tourguéniev a fait sentir à Maupassant?
6. Qu'est-ce que Tourguéniev semble nous montrer parfois?

7. Quelles sortes d'histoires raconte Tourguéniev, selon Maupassant?
8. Faites une description de Tourguéniev.
9. Comment parlait-il?
10. Étant jeune homme, que faisait-il un jour dans une forêt de Russie?
11. Décrivez la rivière.
12. Après s'être dévêtu, que fit-il?
13. Savait-il nager?
14. Décrivez la folle qui posa sa main sur le corps du chasseur.
15. Que fit-il par la suite?
16. Que fit l'enfant qui gardait les chèvres?
17. À l'avis de Tourguéniev, pourquoi avait-il eu si peur?

Mise en œuvre du vocabulaire

A. Remplacez les mots en italique avec une expression équivalente.

1. *Brusquement,* il a ri méchamment comme un fou.
2. C'est un changement presque *invisible.*
3. Quand nous avons appelé, elle *est venue en courant.*
4. *Épuisé de fatigue,* il s'est effondré sur le canapé.
5. Des *tissus fins et légers* couvraient le berceau du nouveau-né.
6. Il a pris *son arme à feu* et a couru *follement* vers *le bord* de la rivière.
7. Je l'ai vu *trembler de froid* quand il est entré au salon.
8. En effet, il *avait très froid;* je lui ai donné tout de suite un cognac.
9. Dans *les ténèbres,* il *voyait indistinctement* un animal tassé dans son lit.
10. Une espèce *d'effroi* l'a saisi et il a fui la chambre obscure.

B. Complétez les phrases suivantes avec une expression du lexique que vous venez d'étudier.

1. Il a tiré sur le rôdeur avec son _____.
2. En ricanant, il avait le visage tout _____.
3. L'ours _____ une dernière fois, puis s'est éloigné dans l'obscurité de la forêt.
4. Il _____ dans la maison comme un animal dans une cage.
5. L'enfant a frappé la folle avec son _____.

C. Complétez les phrases suivantes.

1. À cause de l'obscurité, je . . .
2. Tout à coup, j'ai entrevu . . .
3. Un voleur rôdait . . .
4. Les films d'épouvante sont populaires parce que . . .

5. Je suis à bout de forces après . . .
6. Elle a frissonné quand . . .
7. Il a accouru quand je . . .
8. Si tu es éperdument amoureux, il faut . . .
9. Il a pris le fouet et . . .
10. Sur la berge, j'ai aperçu . . .

Questions sur le dessin humoristique

1. En quoi consiste le comique de la situation? Pensez-vous qu'un enfant trouverait drôle cette bande dessinée? Pourquoi? Pourquoi les enfants aiment-ils quelquefois se faire peur?
2. Quand on devient adulte, les craintes imaginaires disparaissent-elles? Les craintes imaginaires de l'adulte sont-elles acceptées par la société comme le sont celles de l'enfant? Pourquoi?

1

2

3

4

GRAMMAIRE

Les pronoms relatifs

I. QUI ET QUE

Les pronoms relatifs simples sont *invariables* en genre et en nombre. Ils servent à joindre à un nom, ou à un pronom (l'antécédent) qu'ils représentent une proposition dépendante dite *relative.* La proposition relative qualifie l'antécédent. Notez qu'un pronom relatif peut être suivi d'un verbe au pluriel: Les gens qui *sont venus.*

1. OBSERVEZ   Il aperçut un être effroyable **qui** le regardait avidement.
C'était une folle, **qui** vivait dans ce bois, et **qui** passait ses jours à nager dans la rivière.

ANALYSE   **qui** est le *sujet* du verbe de la proposition dépendante et représente le nom qui le précède directement.

2. OBSERVEZ   Je me souviens d'une histoire **que** Tourguéniev nous conta.
C'était l'inconnu **qu'**il craignait le plus.

ANALYSE   **que** est l'objet direct de la proposition dépendante. Notez l'élision devant une voyelle avec **que.** (On *ne peut pas* faire une élision avec **qui.**)

3. OBSERVEZ   L'écrivain russe **à qui** Maupassant parlait était Tourguéniev.
L'écrivain français **chez qui** il était s'appelait Flaubert.
Le voyageur **avec qui** l'auteur parlait était vieux.

ANALYSE   **à qui, chez qui, avec qui, sans qui, par qui, de qui, contre qui** sont des compléments avec préposition et ne peuvent être utilisés qu'avec les personnes. Pour les animaux ou les choses, voir «**dont**».

ATTENTION!   Le pronom relatif suit directement son antécédent.

Exercices

Employez le pronom relatif **qui** ou **que,** avec une préposition s'il est nécessaire.

MODÈLE: Il se jeta dans la rivière. Elle était glacée.
Il se jeta dans la rivière qui était glacée.

1.   Il a pris le fouet. Le fouet était par terre.
2.   Il a couru à la rivière. Elle était glacée.

3. Il a vu une folle. Elle avait la figure plissée.
4. Tout à coup, un rôdeur entra par la porte ouverte. Il portait un vête-ment déchiré.
5. De grands arbres rendaient la forêt obscure. On avait planté ces arbres il y a vingt ans.
6. Une femme vivait dans les bois. Elle était folle.
7. Une folle vivait dans les bois. J'ai vu cette folle plusieurs fois.
8. Il aimait une femme. J'ai connu cette femme.
9. Voilà le chemin. Le chasseur a pris ce chemin.
10. C'est la folle. Il a été surpris par cette folle.
11. J'ai vu l'enfant. Il a parlé avec cet enfant.
12. C'est un monsieur riche. J'ai déjeuné chez ce monsieur.

II. DONT

1. OBSERVEZ   Flaubert était l'écrivain **de qui** Maupassant parlait.
Flaubert était l'écrivain **dont** Maupassant parlait.
La science a détruit le voile **duquel** l'inconnu était couvert.
La science a détruit le voile **dont** l'inconnu était couvert.

ANALYSE   On remplace souvent la préposition **de** + *pronom relatif* par **dont,** qui est plus concis. Comparez, par exemple, les phrases suivantes:

EXEMPLE: Il aimait **la manière de laquelle** Tourguéniev racon-tait l'histoire.
Il aimait **la manière (la façon) dont** Tourguéniev ra-contait l'histoire.

Vous voyez bien que la 2e phrase est moins lourde.

ATTENTION!   **dont** est l'objet d'un verbe ou d'une expression + la préposition **de,** par exemple:

avoir besoin de	s'occuper de
avoir envie de	parler de
avoir peur de	se servir de
être content de	se souvenir de
être couvert de	être question de

2. OBSERVEZ   C'est un rêve **dont** le sens nous échappe.
C'était un fantôme **dont** la puissance passait les bornes de notre pensée.
L'auteur **dont** les amis étaient aussi écrivains s'appelait Mau-passant.

ANALYSE   **dont** indique la possession.

Exercices

A. Vous jouez aux devinettes avec vos amis. Faites une description de l'objet auquel vous pensez.

MODÈLE: Il est question d'un objet qui est fait en métal.
L'objet dont il est question est fait en métal.

1.   Il est question d'un objet qui est utile.
2.   Il s'agit d'un objet qui est électrique.
3.   Je parle d'un objet qui est utilisé dans la maison.
4.   On a besoin de cet objet qui rend la vie facile.
5.   Il s'agit d'un instrument qui nettoie la maison.

(C'est un aspirateur.)

B. Maintenant choisissez un autre objet ou animal et décrivez-le en cinq phrases. Employez le pronom relatif **dont.**

C. Vous avez été mal reçu(e) chez des gens que vous avez considérés vos amis. Exprimez votre déception.

MODÈLE: Ils m'ont traité de manière inacceptable.
Je n'aime pas la manière dont ils m'ont traité.

1.   Ils m'ont accueilli de manière décevante.
2.   Ils m'ont parlé de façon irrespectueuse.
3.   Ils m'ont hébergé à contrecœur.
4.   Ils ont servi les repas sans grâce.
5.   Ils m'ont traité de façon ignoble.

D. Vous amenez un bon copain à votre cours. Comme il ne connaît personne, vous lui décrivez les personnes dans la classe.

MODÈLE: C'est Marie. Son père est médecin.
C'est Marie dont le père est médecin.

1.   C'est Claude. Sa mère est agent de police.
2.   C'est Pierre. Son père est photographe.
3.   C'est Louise. Sa sœur est mannequin.
4.   C'est Jean-Marie. Son frère est très gros.
5.   C'est Mireille. Ses cheveux sont les plus beaux du monde.
6.   C'est Gaston. Ses idées sont brillantes.
7.   C'est Matilde. Son intelligence est supérieure.
8.   C'est Chantale. Ses amis sont très snob.

III. LES PRONOMS RELATIFS COMPOSÉS

OBSERVEZ   C'est la rivière **dans laquelle** le chasseur se jeta.
La route **par laquelle** il arriva était hantée.

C'était un monstre **pour lequel** il ne trouvait pas de nom.

Le conte **auquel** il pensait était surnaturel.

Le voyageur **auquel** (ou **à qui**) il parlait préférait la poésie à la science.

ANALYSE Le relatif **lequel** s'applique principalement à des choses, mais peut s'appliquer aussi à des personnes et le plus souvent s'emploie comme complément d'une préposition. Le tableau suivant donne les formes des pronoms relatifs variables.

	Singulier	*Pluriel*
Masculin	lequel duquel auquel	lesquels desquels auxquels
Féminin	laquelle de laquelle à laquelle	lesquelles desquelles auxquelles

Quel plaisir de retrouver un ami!

Exercices

A. Vous avez loué une maison à la campagne. Faites sa description à un ami. (N'oubliez pas d'accorder le pronom relatif **lequel** avec l'antécédent qu'il représente.)

> MODÈLE: Il y a un parc autour de cette maison.
> C'est une maison autour de laquelle il y a un parc.

1. Il y a un étang derrière cette maison.
2. Je t'ai parlé de cette maison il y a quelques semaines.
3. J'ai rencontré notre ami Maurice à cette maison.
4. Il y a des arbres autour de cette maison.
5. Il y a une bibliothèque dans cette maison.
6. Il y a un chêne devant cette maison.
7. Il y a un jardin de roses à côté de cette maison.
8. Il y a un atrium au milieu de cette maison.
9. Je paie 700 dollars par mois pour cette maison.

B. Votre ami a acheté un chalet à la montagne. Vous l'avez vu et vous le décrivez à un camarade de classe.

> MODÈLE: Il y a un sapin devant son chalet.
> C'est un chalet devant lequel il y a un sapin.

1. Il y a une petite terrasse derrière son chalet.
2. Le mont Blanc se situe au nord de son chalet.
3. Il y a une cheminée dans son chalet.
4. Il invite beaucoup d'amis à son chalet.
5. On passe par son chalet pour aller au mont Blanc.
6. Il y a souvent des animaux sauvages autour de son chalet.
7. Il se ruine pour ce chalet.

IV. OÙ

OBSERVEZ   Voilà la rivière **dans laquelle** le chasseur se jeta.
Voilà la rivière **où** le chasseur se jeta.
C'est le chemin **sur lequel** je n'ai jamais osé aller.
C'est le chemin **où** je n'ai jamais osé aller.
Voilà le chalet **auquel** nous allons.
Voilà le chalet **où** nous allons.
J'ai vu le lac **duquel** émergeait le fantôme.
J'ai vu le lac **d'où** émergeait le fantôme.
Il a indiqué le trou **par lequel** sortait une créature.
Il a indiqué le trou **par où** sortait une créature.

ANALYSE **où, d'où, par où** remplacent **dans, sur, à, de, par** + *pronom relatif*. Notez qu'avec les expressions de temps, on emploie toujours **où:** l'époque **où,** le jour **où,** l'heure **où,** le moment **où** je t'ai rencontré.

Exercice

Vous montrez à un ami les lieux d'une expérience épouvantable. Remplacez les pronoms relatifs par **où** + *préposition* s'il est nécessaire.

1. C'est le chemin par lequel je suis arrivé.
2. Voilà le lac dans lequel j'ai plongé.
3. Voilà la forêt de laquelle est sortie la vieille folle.
4. Vois-tu le trou par lequel l'eau coule?
5. C'est l'endroit enchanté par lequel montait un étrange bruit.
6. C'est la route sur laquelle j'ai couru jusqu'à la maison.
7. Voilà la maison dans laquelle je me suis réfugié.

V. CE

1. OBSERVEZ   Le conte était fantastique, **ce qui** lui a plu.
Le monstre était incompréhensible, **ce que** Tourguéniev a trouvé effroyable.
L'imagination et la poésie, c'est **ce dont** on a besoin de nos jours.
L'inconnu effraie le plus. C'est **ce à quoi** tu n'as pas réfléchi.

ANALYSE   **ce** peut se référer à *une phrase* ou à *un groupe de mots* qui le précède.
Quelquefois l'antécédent n'est pas spécifique.

2. OBSERVEZ   On n'a vraiment peur que de **ce qu'**on ne comprend pas.
Je n'ai pas compris **ce que** pouvait être ce monstre.
Ce qui l'a effrayé, c'était l'inconnu.
Tout **ce dont** vous avez besoin est sur le lit.
Ce à quoi vous pensez est bien bizarre.

ANALYSE   **ce qui, ce que, ce dont,** et **ce à quoi** peuvent aussi désigner *la chose* que le locuteur a dans l'esprit. Par exemple:
Ce (la chose) qui l'effraie, c'est l'inconnu.
Ce (la chose) dont vous avez besoin est sur le lit.
Ce (la chose) à quoi vous pensez est bien bizarre.

VI. PRONOMS RELATIFS AVEC PRÉPOSITIONS COMPOSÉES

OBSERVEZ C'est l'écrivain **dont** (duquel, de qui) je vous ai parlé.

C'est l'écrivain **au sujet duquel** on a écrit beaucoup d'articles.

ANALYSE On ne peut pas remplacer **duquel** par **dont** dans la deuxième phrase. Pourquoi? Parce que l'on ne peut pas employer **dont** avec des prépositions composées comme **au sujet de, au milieu de, à côté de, autour de, au bout de,** etc. Il faut utiliser la *préposition* + **duquel** (**de laquelle,** etc.).

EXEMPLES: C'est la rivière **au bord de laquelle** le jeune homme chassait.

C'était le bois **près duquel** habitait la folle.

C'est l'homme **chez l'ami de qui** nous avons dîné.

C'est la forêt **au milieu de laquelle** il y a une maison hantée.

Exercices

A. Employez **dont** là où il est possible. (Rappel: s'il y a une préposition autre que **de,** *on ne peut pas* employer **dont.**)

MODÈLES: C'est un homme. Son ami est écrivain.

C'est l'homme **dont** l'ami est écrivain.

À côté de cette maison il y a une rivière.

C'est la maison **à côté de laquelle** il y a une rivière.

1. C'est un rêve nébuleux. Son sens m'échappe sans cesse.
2. Ce sont des êtres fabuleux. On ne pouvait en deviner les formes.
3. Voilà une femme. Sa fille étudie à l'université.
4. C'est un livre. J'ai besoin de ce livre.
5. L'écrivain a gagné des prix littéraires. Il a parlé de cet écrivain.
6. Au bord de ce lac, il y a un chalet. C'est un grand lac.
7. Voilà l'arbre. Sur les branches de cet arbre, il y a un nid.
8. Ce monsieur est très intelligent. On a beaucoup écrit au sujet de ce monsieur.
9. C'est la forêt. Au milieu de cette forêt habitait une folle.
10. La rivière était pleine de poissons. Un jeune homme lisait au bord de cette rivière.

B. Vous ne comprenez plus les actions et les idées de votre ami. Choisissez entre **ce qui** et **ce que** pour former vos phrases.

MODÈLES: Tu dis quelque chose.

Je ne comprends pas ce que tu dis.

Quelque chose t'intéresse.

Je ne comprends pas ce qui t'intéresse.

1. Tu fais quelque chose.
2. Tu désires quelque chose.
3. Quelque chose t'inquiète.
4. Quelque chose ne va pas.
5. Tu veux faire quelque chose.
6. Quelque chose t'inspire.

C. Exprimez vos inquiétudes, vos besoins et vos intérêts. Employez **ce qui, ce à quoi** ou **ce dont,** selon le cas.

> MODÈLE: Il s'agit de mes intérêts.
> C'est ce dont il s'agit.

1. Il est question de mes inquiétudes.
2. Je parle de mes problèmes.
3. J'ai peur de ne pas réussir.
4. Je pense à mes études.
5. Je réfléchis à la situation mondiale.
6. Je m'intéresse à la psychologie.
7. La science politique m'intéresse.
8. Ma santé m'inquiète.

Les jeunes Français adorent se taquiner.

Les pronoms démonstratifs

1. OBSERVEZ **Celui qui** ne croit pas aux fantômes manque d'imagination.
   Je n'ai pas vu **celle dont** vous m'avez parlé.
   Il a acheté beaucoup de livres. **Ceux qu'**il a achetés au Québec étaient en français.

   ANALYSE Les pronoms démonstratifs peuvent introduire une proposition relative.

2. OBSERVEZ Prends ma voiture; je prendrai **celle de** mon copain.

   ANALYSE Les pronoms démonstratifs **celui de, celle de, ceux de, celles de** évitent la répétition du nom qu'ils représentent.

3. OBSERVEZ Des deux appartements, je préfère **celui-ci.** (l'appartement où se trouve le locuteur)
   De ces tableaux, **celui-là** est bien le plus beau. (le tableau qui est plus loin du locuteur)
   Les Dumarset et les San Martin sont venus; **ceux-ci** (les San Martin) ont apporté des fleurs, **ceux-là** (les Dumarset) du champagne.

   ANALYSE Les pronoms démonstratifs **celui-ci (ceux-ci, celle-ci, celles-ci)** et **celui-là, (ceux-là, celle-là, celles-là)** désignent ce qui est près (ici) ou loin (là-bas) de la personne qui parle.

TABLEAU DES PRONOMS DÉMONSTRATIFS

	Singulier	*Pluriel*
Masculin	celui	ceux
Féminin	celle	celles

Exercice

Remplacez le nom par le pronom démonstratif exigé par la phrase.

MODÈLE: *Le monstre* qu'il avait vu était effroyable.
*Celui qu'*il avait vu était effroyable.

1. Il n'a jamais revu *la folle* dont il était question.
2. *Les gens* qui n'étaient pas là avaient de la peine à croire cette histoire.
3. *La femme* qui est sortie de la forêt était folle.
4. J'ai raconté cette aventure *aux dames* qui sont venues me voir.

5. De ces deux contes, je préfère *ce conte-ci; ce conte-là* me fait trop peur.
6. Prends mon livre de contes; je me servirai *du livre* de Michel.
7. Je préfère les contes de Daudet; *les contes* de Maupassant me font trop peur.
8. Flaubert et Tourguéniev sont de grands écrivains; *Flaubert* a écrit *Madame Bovary, Tourguéniev* a écrit *Un Mois à la campagne.*

Les pronoms et les adjectifs indéfinis

Nous avons déjà étudié les expressions indéfinies avec **n'importe.** Les pronoms indéfinis peuvent être affirmatifs ou négatifs. Ils désignent de manière vague les personnes ou les choses.

Affirmatif	*Négatif*
Chacun(e) est venu(e).	**Aucun(e)** n'est venu(e). **Nul(le)** n'est venu(e). *(litt.)*
On **Quelqu'un** } vient.	**Personne** n'est arrivé.[5]
L'un et l'autre sont venus.	**Ni l'un ni l'autre** { **n'**est venue. **ne** sont venus.
Certains **Quelques-uns** } pensent ainsi. **Plusieurs**	**Pas un** **Aucun** } **ne** pense ainsi.
Quelque chose est arrivé.	**Rien** n'est arrivé.

REMARQUES

1. Au négatif, il faut employer **ne** pour compléter le sens.
2. Pour qualifier **quelqu'un, quelque chose, pas un, rien,** employez **de** + *adjectif:* **quelqu'un de bizarre, quelque chose d'innommable, rien de mystérieux, pas un de bon.** (Notez que **quelqu'un** et **quelque chose** sont toujours masculins.)
3. Avec **ni l'un ni l'autre,** le verbe peut être au singulier ou au pluriel, selon le sens désiré.
4. **Quelqu'un** est une expression impersonnelle, donc invariable. **Quelques-uns** peut s'accorder en genre *quand il s'accompagne de* **en** *ou de* **de.**

EXEMPLES: Voilà de belles fleurs. Donne-m'**en quelques-unes.**
J'ai lu **quelques-unes de ses lettres.**

[5]Notez que dans la négation, **personne** n'est pas féminin.

OBSERVEZ   Il n'a pas dit **grand-chose** dans sa conférence.
Quiconque manque d'imagination, manque de poésie.
Il ne faut pas convoiter les biens **d'autrui.**
Un autre arrive. **D'autres** arrivent.

ANALYSE   **grand-chose** est invariable. Le pluriel d'**un autre** est toujours **d'autres.** Le pronom indéfini **quiconque** n'a pas d'antécédent; il a la valeur de **celui, quel qu'il soit, qui.**

Les adjectifs indéfinis suivants correspondent aux pronoms indéfinis que nous venons d'étudier.

Adjectif	*Pronom*
Aucun homme (aucune femme) n'est là.	**Aucun(e)** n'est là.
	Nul(le) n'est là.
Certains hommes (certaines femmes) sont venu(e)s.	**Certain(e)s** sont venu(e)s.
Il y a **plusieurs personnes** là-bas.	Il y **en a plusieurs** là-bas.
Quelques personnes sont là.	**Quelques-uns** sont là.
Plus d'une personne s'est présentée.	**Plus d'un** s'est présenté. (pris absolument)
Chaque personne est unique.	**Chacun** est unique. (pris absolument)

Exercices

A.   Vous êtes de mauvaise humeur. Répondez négativement aux remarques de votre ami.

MODÈLE: Quelqu'un est venu te voir?
Non, personne n'est venu me voir.

1. Tu fais quelque chose ce soir?
2. Tu vois quelqu'un ce soir?
3. Qu'est-ce qui se passe ce soir?
4. Quelqu'un viendra ce soir?
5. Bernard et Xavier viendront demain, n'est-ce pas?
6. Quelque chose d'intéressant arrivera ce week-end, n'est-ce pas?
7. Il y a quelque chose d'étrange chez toi ce soir.
8. Tu veux quelques-unes de mes fleurs?

B.   Votre ami n'a pas pu aller à votre fête. Vous lui en parlez. En employant le pronom indéfini qui correspond à l'adjectif indéfini, inventez une remarque supplémentaire.

> MODÈLE: Plusieurs amis sont partis tôt.
> Et plusieurs sont restés jusqu'à minuit passé.

1. Chaque invité a apporté quelque chose à manger.
2. Quelques filles ont apporté des disques.
3. Aucun garçon n'a refusé de danser.
4. Il y avait quelques cadeaux pour moi.
5. Il y avait quelques fleurs pour moi.
6. Certains invités ont chanté.
7. Plus d'un invité m'a souhaité «Bon anniversaire».

C. Donnez le pluriel des phrases suivantes.

1. _Un autre_ m'a dit la même chose.
2. J'ai vu _une autre personne_ qui montait dans l'autobus.
3. Il y avait _un autre_ qui est arrivé en retard.
4. Si tu en vois _un autre,_ fais-moi signe.

D. Récapitulation des pronoms relatifs: complétez les phrases suivantes.

1. C'est l'époque _____ le roi décidait de tout.
2. C'est le jour _____ j'ai fait sa connaissance.
3. C'est la forêt _____ habite la folle.
4. C'est le chalet _____ demeure le vieil homme.
5. Il a pris le chemin à côté _____ il y avait une maison hantée.
6. Je ne comprends pas _____ vous parlez.
7. Voilà le lac au bord _____ habite la folle.
8. Ce sont les écrivains _____ Maupassant a parlé.
9. _____ vous avez besoin est sur la table.
10. L'homme _____ j'ai parlé est parti ce matin.

Conversation/Petit écrit

A. Préparez les questions suivantes pour une discussion en classe.

B. Préparez par écrit une des questions suivantes.

1. Qu'est-ce que la vieille folle voulait? Pourquoi Tourguéniev, grand garçon vigoureux, a-t-il eu si peur? Comment auriez-vous réagi dans une telle situation?
2. Avez-vous jamais eu très peur? À quelle occasion? Racontez votre histoire en vous servant d'autant d'adjectifs que possible tirés du conte de Maupassant.

3. De quoi aviez-vous peur quand vous étiez petit? Comment la peur chez l'enfant diffère-t-elle de celle chez l'adulte? Quelle est la relation entre l'imagination et la peur? Pourquoi a-t-on plus peur la nuit que le jour? Pourquoi un enfant craint-il le noir?

4. Inventez un récit où il s'agit de la peur. Employez autant de verbes que possibles qui traitent de la peur. Vous en trouverez beaucoup dans le conte de Maupassant.

Étude du lexique

1. **fredonner**   chanter à mi-voix, la bouche fermée; chantonner
   Elle fredonnait un petit air pendant qu'elle se promenait.

2. **dégager**   isoler d'un ensemble, extraire
   Son discours a été embrouillé; je n'arrivais pas à en dégager les points principaux.

3. **approfondir**   examiner en profondeur, explorer, pénétrer
   Votre étude est bonne, mais il faut l'approfondir.

4. **acquérir**   obtenir
   Ce qu'on acquiert sans difficulté est rarement apprécié.

5. **bricoler**   s'occuper à de petits travaux manuels (réparations, etc.)
   Le Français aime bricoler; il est très bricoleur.

6. **tricoter**   *to knit*
   Elle m'a tricoté une belle écharpe.

7. **volontiers**   par inclination et avec plaisir
   Nous recevrons très volontiers ton ami chez nous.

8. **le qu'en dira-t-on**   ce que disent les autres
   Si on reste insensible au qu'en dira-t-on, on sera bien plus heureux.

9. **régler un problème**   résoudre un problème
   Il vaut mieux régler le problème avant qu'il ne devienne trop gros.

10. **un interlocuteur**   celui qui s'adresse à quelqu'un
    Si mon interlocuteur ne me regarde pas, je me fâche.

11. **stoïque**   dur, impassible, qui souffre en silence
    Il est toujours resté stoïque devant le danger.

12. **un outil**   un instrument, un appareil
    Mettez les outils dans la remise, s'il vous plaît.

13. **un cadre**   ce qui circonscrit ou entoure un lieu

   Si je n'ai pas un cadre agréable, j'ai de la peine à travailler.

14. **souple**   flexible, agile

   Le corps d'un danseur doit être souple et fort.

15. **se renseigner**   s'éclairer sur un point précis, demander des renseignements

   Il pourra se renseigner auprès de son chef.

16. **se fier à**   avoir confiance en

   On ne peut pas se fier à tout le monde.

17. **un pair**   un égal

   La pression exercée par ses pairs détermine souvent les actions d'un adolescent.

18. **volubile**   qui parle beaucoup

   Étant volubile, il anime toutes les réceptions.

Êtes-vous auditif ou visuel?

Sylvie Devilette

Entre les amateurs de paysages et les fanatiques de concerts, entre ceux qui se rappellent toutes les paroles d'une chanson et ceux qui en fredonnent les notes, il n'y a pas seulement une différence de goûts, mais aussi une différence de psychologie, de comportements, de ré-
5 actions. Le docteur Lafontaine, neurologue canadien, a dégagé d'une étude approfondie sur des enfants et leurs parents, deux profils prédominants—visuel et auditif—qui sont complémentaires à condition que chacun prenne conscience des caractéristiques dominantes de l'autre.
10   Nos réactions aux situations de la vie courante sont différentes selon que nous appartenons au type visuel ou au type auditif. Au début de son existence, le petit enfant se conforme au profil du parent le plus présent psychologiquement. Mais ses relations avec l'autre parent qui a généralement un profil différent l'amènent à acquérir le profil com-
15 plémentaire. Le **dosage** entre tendances auditives et tendances vi-   proportion
suelles varie avec les époques de la vie et les adultes ont pratiquement autant des deux; mais ils restent marqués par leur tendance dominante.
   Il n'est pas rare de rencontrer des musiciens visuels, des peintres

Extrait de *Psychologies*, mai 1984, pages 14–17.

20 auditifs. Mozart était visuel et Beethoven auditif. Une tendance n'est pas meilleure que l'autre et, à mieux se connaître, on peut jouer de ses caractéristiques en fonction du contexte. En répondant au test préliminaire vous allez découvrir si vous êtes auditif ou visuel.

1.	Regardez-vous la télévision tout en faisant autre chose (par exemple: tricoter, bricoler, bavarder . . .)?	oui non	
2.	Toujours en regardant la télévision, faites-vous des commentaires à haute voix?	oui non	
3.	Aimez-vous pratiquer le sport (ski, cyclisme . . .) en solitude?	oui non	
4.	Lisez-vous volontiers les romans **à l'eau de rose,** des biographies?	oui non	sentimentaux
5.	Êtes-vous du genre à «vivre pour manger»?	oui non	
6.	Quand votre interlocuteur ne vous regarde pas, avez-vous l'impression qu'il ne vous écoute pas?	oui non	
7.	Quand on vous explique la route à suivre, vous faut-il un plan?	oui non	
8.	Supportez-vous difficilement qu'on vous donne des ordres?	oui non	
9.	Êtes-vous découragé par l'échec au point de refuser toute nouvelle tentative?	oui non	
10.	Êtes-vous sensible au «qu'en dira-t-on»?	oui non	
11.	Quand on vous lit une lettre, demandez-vous ensuite à la voir?	oui non	
12.	Êtes-vous capable de suivre une conférence **ardue** sans aucun support visuel?	oui non	pénible, difficile
13.	Considérez-vous que le moindre détail a son importance?	oui non	
14.	Avez-vous tendance à passer très vite à l'action?	oui non	
15.	Avez-vous besoin de l'approbation de vos pairs?	oui non	
16.	Êtes-vous inquiet devant les situations inconnues?	oui non	
17.	Êtes-vous influencé par l'expression du visage de votre interlocuteur?	oui non	
18.	Si vous avez un problème, cherchez-vous à le régler tout de suite?	oui non	
19.	Quand vous êtes concentré sur un travail, entendez-vous ce qui se passe autour de vous sans perdre le fil de vos idées?	oui non	

Total ____ ____

Si vous avez répondu par une majorité de OUI, vous êtes du type visuel. Une majorité de NON traduit au contraire un type auditif.

Voici les comportements typiques déduits par le docteur Lafontaine et son étude.[1]

Le visuel	*L'auditif*
L'adulte visuel est hypersensible à la façon dont on s'adresse à lui, au point de ne reconnaître en premier lieu, dans un message, que l'expression du visage. Donnant priorité à ce qu'il voit et non à ce qu'il entend, sa perception en sera différente selon que son interlocuteur est sérieux ou souriant. Quand c'est lui qui parle, il préfère qu'on le regarde.	Pour l'adulte auditif, le message verbal passe indépendamment du ton ou de l'intensité de la voix. Peu importe l'expression du visage qu'il ne voit même pas tant il a peu tendance à regarder son interlocuteur. C'est le message qui compte.
L'explication	
Le visuel l'aime concrète, nette et précise; le moindre détail a son importance. Il la comprend encore mieux doublée d'images.	L'auditif l'apprécie courte mais bien synthétisée; pas besoin de dessin, l'abstrait ne le dérange pas.
Les caresses	
Le visuel n'en **raffole** pas, par contre il aime caresser, le touchement semblant un prolongement de son œil.	L'auditif les accepte de bonne grâce. La meilleure façon de le rassurer est encore de le prendre dans ses bras ou de lui poser une main sur l'épaule; il n'est pas toujours nécessaire de parler.
La douleur	
Le visuel n'y réagit pas immédiatement et peut adopter une attitude stoïque.	L'auditif réagit immédiatement et demande de l'aide aussitôt.
L'action	
Le visuel a besoin de bouger, d'agir. Aussitôt dit, aussitôt fait. Il ne prend pas toujours le temps de réfléchir avant.	L'auditif n'a pas tendance à agir spontanément, c'est le penseur! Lorsqu'il passe à l'action, c'est après mûre réflexion et en ayant tous les outils en main.

adore

[1]Dr Raymond Lafontaine, *Béatrice Lessoil. Êtes-vous auditif ou visuel?* (Éd. Marabout)

Le visuel	*L'auditif*
Le temps	
Pour le visuel, rien ne va assez vite; c'est une personne aux décisions rapides, il n'a jamais le temps d'attendre.	L'auditif doit toujours avoir du temps devant lui, surtout avant d'agir. Il prend des décisions à long terme.
La discipline	
Le visuel a besoin d'un cadre de référence, d'une structure. Il se sent bien dans la routine mais cela ne l'empêche pas d'être un individu plein de fantaisies.	Pour l'auditif, elle doit être souple, il aime avoir une certaine liberté de manœuvre.
La maladie	
On ne peut hospitaliser le visuel sans qu'il se croie abandonné. Face à la maladie, il a un besoin encore plus grand de ses parents.	L'auditif accepte difficilement d'être malade mais on peut l'hospitaliser plus facilement.
L'échec	
Le visuel éprouve de la difficulté à ne pas réussir du premier coup, il se déprécie immédiatement. Quand on lui fait remarquer son échec, il n'accepte pas toujours de recommencer.	L'auditif, toujours déçu par l'échec, accepte quand même de recommencer une tâche manquée, mais alors il se renseigne afin d'obtenir d'autres moyens de réussite.
La réussite	
Le visuel, s'il n'apprend pas à s'auto-évaluer et continue à se fier aux réactions des autres, peut ne pas croire objectivement à sa compétence. Il a alors tendance à se sous-estimer ou, au contraire, à affirmer qu'il est le meilleur.	L'auditif a moins besoin que le visuel de l'approbation de ses pairs, qui cependant peut être très appréciée; il peut déterminer d'après ses propres critères s'il a ou non réussi.

Le visuel	*L'auditif*
La concentration	
Le visuel peut se concentrer profondément mais la moindre chose le dérange ou contribue à le déconcentrer.	L'auditif peut se concentrer au point de ne plus rien voir ni rien entendre.
La verbalisation	
Le visuel est volubile et très expressif. Quand il n'est pas en confiance, il a néanmoins tendance à se replier sur lui-même. Il peut très vite être angoissé mais une intervention positive le rassure aussi rapidement. L'anxiété et la bonne humeur alternent chez lui facilement.	L'auditif a tendance à tout intérioriser, de ce fait, il s'exprime peu. Dans les situations de non-confiance, il reste impassible, très fermé et accumule les impressions. Mais quand la goutte fait déborder le vase, il peut s'exprimer avec un **débit** rapide, ses paroles dépassent parfois sa pensée. Il se déprime lentement au fil de l'accumulation des déceptions, et dans ces moments dépressifs, **se cantonne** dans le mutisme. Il est difficile de le rassurer ou de lui remonter le moral.
Le changement	
Le visuel s'enthousiasme face au changement et s'implique le premier dans l'action mais, la curiosité passée, il se fatigue de ne pouvoir prévoir les événements et essaye de les contrôler à tout prix.	L'auditif, quelque peu sceptique, attend la suite des événements avant de s'impliquer dans un changement, mais une fois convaincu de la nécessité de celui-ci, il est le premier à l'encourager.
Le temps	
Pour le visuel, seul le présent importe. S'il demande quelque chose, il le lui faut immédiatement.	L'auditif peut attendre sans se rendre compte du temps qui passe. S'il veut obtenir quelque chose, il attend le moment opportun pour le demander.

écoulement de paroles

s'isole

Intelligence du texte

1. Qui est le docteur Lafontaine et quelle étude a-t-il faite?
2. À qui le petit enfant se conforme-t-il? Peut-il changer par la suite?
3. Ceux qui se marient ont-ils généralement le même profil, selon l'article?
4. Croyez-vous qu'il soit souhaitable d'avoir le même profil que son époux (épouse)?
5. Quelles sont les caractéristiques psychologiques du visuel au niveau du message? et de l'auditif?
6. Comparez le visuel et l'auditif au niveau de l'explication.
7. Comment diffèrent le visuel et l'auditif sur le plan des caresses?
8. Comment réagit le visuel à la douleur? et l'auditif?
9. Comparez le visuel et l'auditif en ce qui concerne l'action.
10. Quelles sont les différences sur le plan du temps?
11. Comment le visuel diffère-t-il de l'auditif au niveau de la discipline?
12. Comment le visuel réagit-il à la maladie et à l'échec? et l'auditif?
13. De quoi le visuel a-t-il besoin pour se concentrer?
14. Quelles sont les caractéristiques psychologiques du visuel au niveau de la verbalisation? et l'auditif?
15. Quel serait le comportement d'un enfant visuel dont la famille déménage fréquemment?

Résumé

En vous servant des questions suivantes comme guide, faites un résumé de l'article «Êtes-vous auditif ou visuel?»

Quels sont les résultats de l'étude du docteur Lafontaine? Quelle est la valeur de son étude? Décrivez le test présenté dans l'article. Comment peut-on évaluer les résultats? Des 14 rubriques, lesquelles traitent du language, lesquelles abordent la vie du corps, lesquelles exposent les habitudes de travail?

Essai

En France, on sépare les étudiants qui poursuivent leurs études au niveau du baccalauréat en deux groupes: les scientifiques (ceux qui font des études scientifiques) et les littéraires. En essayant de distinguer comment les facultés de l'imagination et de l'intellect diffèrent, traitez un des sujets suivants:

1. Un peintre n'a pas besoin d'intellect!
2. Un avocat peut-il fonctionner sans imagination?
3. Un imaginatif fera un mauvais président!

N'oubliez pas qu'un bon essai expose le sujet, le développe et tire une conclusion basée sur son développement. Le vocabulaire à la page suivante vous aidera dans l'articulation de vos idées.

© Charillon-Paris

—*Quand je suis déprimé, les raisons pour lesquelles je suis dé-*
primé sont profondes, essentielles, fondamentales. Il m'arrive
d'être heureux, bien sûr. Mais les raisons pour lesquelles je suis
heureux sont si futiles, si ténues, que ça me déprime.

Question sur le dessin humoristique

Celui qui parle est-il visuel ou plutôt auditif? Appuyez-vous sur l'article «Êtes-
vous auditif ou visuel?»

Comment dirais-je?

la vie
l'ordre } de l'intellect

la capacité
la vie } intellectuelle
l'activité

au niveau
dans le domaine } de l'imagination
sur le plan

l'association des idées, des images
l'intelligence, l'esprit
intellectuel, cérébral
la pensée, la réflexion
les considérations d'ordre pratique
le jugement
la compréhension, l'entendement
la créativité
l'intuition, la clairvoyance
la création (littéraire, artistique, scientifique)
découvrir, la découverte
inventer, l'invention
la structure
la métaphore, la pensée métaphorique
trouver des combinaisons nouvelles
l'imagination fertile
l'inspiration artistique
un esprit logique, un esprit intuitif

Activités

1. Qu'est-ce qui manque dans l'article «Êtes-vous auditif ou visuel?»? Est-il scientifique? Comparez et discutez en classe les résultats que vous avez obtenus en faisant le petit test. Les caractéristiques psychologiques liées à chaque type correspondent-elles à votre manière d'agir et de penser? Est-il utile de savoir si une personne est dominée par un type ou l'autre? Pourquoi? Pouvez-vous concevoir un autre «type» psychologique basé sur un des autres sens (l'odorat, le toucher, le goût)? Quel serait le portrait psychologique d'un tel type?

2. Classifiez vos camarades de classe, votre professeur, vos parents.

3. *Devinettes.* La classe sera divisée en deux équipes. Chaque étudiant préparera trois petits paragraphes qui décriront le comportement d'une personne, soit un auditif, soit un visuel. Quelqu'un de l'autre équipe essaiera de deviner si c'est un visuel ou un auditif en donnant les raisons de son choix. S'il a raison, il gagne un point pour son équipe, et c'est son tour. S'il a tort, l'équipe opposée aura gagné un point et aura un autre tour. L'équipe qui gagne le plus grand nombre de points gagne le match.

EXEMPLES:

a. Olivette est traductrice pour une société immobilière à La Rochelle. L'autre jour son patron lui a proposé un travail dans l'établissement principal de la société. Une telle mutation nécessiterait un déplacement de La Rochelle à Paris. Bien qu'elle ait toujours désiré vivre dans la capitale, Olivette a hésité à accepter la proposition de son chef. Il lui fallait quelques semaines d'études et de réflexion avant de se convaincre de l'accepter. C'est une . . .

b. Ghislain est étudiant en lettres. La semaine dernière, il a fait la connaissance de Sylvie, une fille dans son cours de phonétique. Il s'est attaché très rapidement à elle, mais, comme elle a une forte personnalité, ils se disputent souvent. Pendant ces moments Ghislain s'affirme supérieur à Sylvie, mais, quand elle n'est plus là, il devient très vite angoissé. Il lui arrive de lui téléphoner le soir même pour se rassurer de son affection. Ghislain est . . .

Clef aux devinettes: a. auditif, b. visuel.

Mini-théâtre

Deux amis partagent le même appartement. L'un est auditif, l'autre visuel. Bien qu'ils s'aiment beaucoup, ils ont des difficultés.

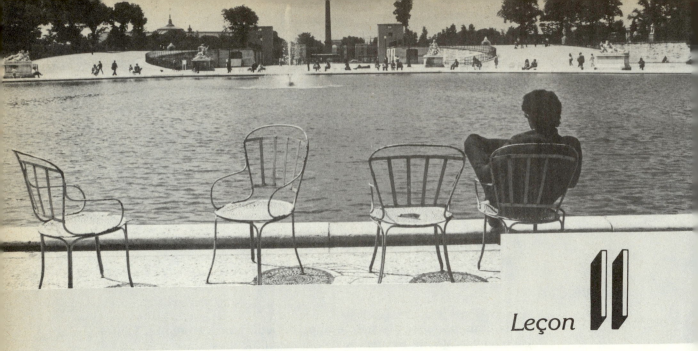

Le sens de la vie

TEXTE I
En attendant Godot *(extrait),*   Samuel Beckett

GRAMMAIRE
L'interrogation

TEXTE II
Le Walkman: la solitude entre les oreilles,   Bernard Montelh

Étude du lexique

1. **une intrigue**   l'ensemble des événements qui forme l'action d'une pièce, d'un roman, d'un film

   Cette pièce n'a pas vraiment d'intrigue car rien n'arrive.

2. **le dénouement**   ce qui termine une intrigue, la conclusion, la fin

   Il est rare de pouvoir deviner le dénouement d'un roman policier.

3. **dérouté**   déconcerté, troublé

   Les spectateurs étaient déroutés par la première représentation de cette pièce.

4. **un schéma**   une esquisse, un bref résumé, un abrégé

   Le décor de cette pièce est un schéma de la réalité, c'est-à-dire, il représente la réalité sans la reproduire dans ses détails.

5. **un écran**   tout objet interposé qui dissimule ou protège

   Il a fait un écran de sa main pour se protéger les yeux du soleil.

   On a placé un écran devant la cheminée.

6. **boitiller**   (de *boîter*) marcher en inclinant le corps d'un côté

   Quand on a mal au pied, on boitille.

7. **la coulisse**   la partie du théâtre placée sur les côtés et en arrière de la scène, hors de la vue des spectateurs.

   Ne chuchotez pas dans les coulisses! On peut vous entendre dans la salle!

8. **la rampe**   la rangée de lumières sur le devant de la scène d'un théâtre

   Si vous ne projetez pas votre voix, votre monologue ne passera pas la rampe.

9. **un arbrisseau**   un petit arbre ramifié dès sa base, comme le lilas

   Un arbrisseau atteindra la maturité plus rapidement qu'un arbre.

10. **un arbuste**   une plante plus petite qu'un arbre mais présentant un tronc principal[1]

    L'oranger est un arbuste.

11. **fouiller**   inspecter minutieusement

    Elle a fouillé dans son sac pour trouver ses clefs.

12. **ramasser**   prendre par terre (des choses éparses), cueillir

    Il a ramassé de jolis coquillages sur la plage.

    Je déteste ramasser les balles, au tennis.

---

[1]Dans le langage courant, le mot **arbrisseau** et le mot **arbuste** sont synonymes.

13. **cracher** lancer de la bouche; rejeter; insulter

Défense de cracher.

Attention! ce stylo crache.

Avant de quitter son poste, il a craché des injures sur son chef.

En attendant Godot

Samuel Beckett

Romancier et dramaturge irlandais, Samuel Beckett (né à Dublin en 1906) écrit principalement en français depuis 1945. Son œuvre, fortement influencée par celles de Kafka et de Joyce dont il fut l'ami et le traducteur, exprime l'absurdité de la condition humaine. Dans ses poèmes, essais et romans Beckett décrit la dégradation de l'humanité. Son œuvre théâtrale d'une ironie sombre et inquié-tante présente la futilité et le ridicule des efforts humains: En attendant Godot *(1952) et* Oh! les beaux jours *(1961) parmi bien d'autres. Il gagne le prix Nobel en 1969.*

Comme les romans de Beckett, En attendant Godot *est une recherche, mais une recherche transformée en attente d'un être indéfini (Godot) qui changerait peut-être le néant de la vie des deux vagabonds bouffons et pitoyables, Estra-gon et Vladimir. Leur dialogue, composé de non-sens, de trivialités et de fausse logique, tend à réduire le langage au bruit. Godot ne vient jamais mais Estragon et Vladimir ne peuvent pas ne pas attendre. Le lecteur de cette tragi-farce, habi-tué à une intrigue et à un dénouement, est souvent dérouté au cours de sa pre-mière lecture; il est aussi inquiété. N'est-ce pas peut-être le spectateur qui se voit sur la scène? N'est-ce pas finalement notre vie à nous dont le sens est mis en question? Et Godot, qui peut-il bien représenter pour nous?*

L'extrait que nous présentons vient du premier acte de cette pièce. La scène schématique représente une route à la campagne avec un arbre. Le temps passe mais rien n'arrive.

(Estragon) se lève péniblement, va en boitillant vers la coulisse gauche, s'arrête, regarde au loin, la main en écran devant les yeux, se retourne, va vers la coulisse droite, regarde au loin. Vladimir le suit des yeux, puis va ramasser la chaussure, regarde dedans, la lâche précipitam-
5 *ment.*

VLADIMIR: Pah! *(Il crache par terre.) (Estragon revient au centre de la scène, regarde vers le fond.)*

ESTRAGON: Endroit délicieux. *(Il se retourne, avance jusqu'à la rampe, regarde le public.)* Aspects riants.[2] *(Il se tourne vers Vladi-*
10 *mir.)* Allons-nous-en.

Extrait de Samuel Beckett, *En attendant Godot* (Paris: Éditions de Minuit, 1952), acte I.

[2]Estragon se moque des spectateurs.

VLADIMIR:	On ne peut pas.	
ESTRAGON:	Pourquoi?	
VLADIMIR:	On attend Godot.	
ESTRAGON:	C'est vrai. *(Un temps.)* Tu es sûr que c'est ici?	
15 VLADIMIR:	Quoi?	
ESTRAGON:	Qu'il faut attendre.	
VLADIMIR:	Il a dit devant l'arbre. *(Ils regardent l'arbre.)* Tu en vois d'autres?	
ESTRAGON:	Qu'est-ce que c'est?	
20 VLADIMIR:	**On dirait** un **saule.**	Il est peut-être / *willow*
ESTRAGON:	Où sont les feuilles?	
VLADIMIR:	Il doit être mort.	
ESTRAGON:	Finis les pleurs.[3]	
VLADIMIR:	À moins que ce ne soit pas la saison.	
25 ESTRAGON:	Ce ne serait pas plutôt un arbrisseau?	
VLADIMIR:	Un arbuste.	
ESTRAGON:	Un arbrisseau.	
VLADIMIR:	Un—*(Il se reprend.)* Qu'est-ce que tu veux insinuer? Qu'on s'est trompé d'endroit?	
30 ESTRAGON:	Il devrait être là.	
VLADIMIR:	Il n'a pas dit **ferme** qu'il viendrait.	avec certitude
ESTRAGON:	Et s'il ne vient pas?	
VLADIMIR:	Nous reviendrons demain.	
ESTRAGON:	Et puis après-demain.	
35 VLADIMIR:	Peut-être.	
ESTRAGON:	**Et ainsi de suite.**	et cetera
VLADIMIR:	C'est-à-dire . . .	
ESTRAGON:	Jusqu'à ce qu'il vienne.	
VLADIMIR:	Tu es impitoyable.	
40 ESTRAGON:	Nous sommes déjà venus hier.	
VLADIMIR:	Ah non, là **tu te goures.**	tu te trompes *(fam.)*
ESTRAGON:	Qu'est-ce que nous avons fait hier?	
VLADIMIR:	Ce que nous avons fait hier?	
ESTRAGON:	Oui.	
45 VLADIMIR:	Ma foi . . . *(Se fâchant.)* Pour jeter le doute, **à toi le pompon.**	tu l'emportes, tu gagnes
ESTRAGON:	Pour moi, nous étions ici.	
VLADIMIR:	*(regard circulaire)* L'endroit te semble familier?	
ESTRAGON:	Je ne dis pas ça.	
50 VLADIMIR:	Alors?	
ESTRAGON:	Ça n'empêche pas.[4]	

[3]Jeu de mots sur «saule pleureur».

[4]C'est-à-dire, il est possible qu'ils aient été là hier.

VLADIMIR:	Tout de même . . . cet arbre . . . *(se tournant vers le public)* . . . cette **tourbière.**[5]	peat bog
ESTRAGON:	Tu es sûr que c'était ce soir?	
55 VLADIMIR:	Quoi?	
ESTRAGON:	Qu'il fallait attendre?	
VLADIMIR:	Il a dit samedi. *(Un temps.)* Il me semble.	
ESTRAGON:	Après le **turbin.**	travail
VLADIMIR:	J'ai dû le noter. *(Il fouille dans ses poches, **archibondées** de saletés de toutes sortes.)*	pleines à craquer
60		
ESTRAGON:	Mais quel samedi? Et sommes-nous samedi? Ne serait-on pas plutôt dimanche? Ou lundi? Ou vendredi?	
VLADIMIR:	*(regardant avec affolement autour de lui, comme si la date était inscrite dans le paysage.)* Ce n'est pas possible.	
65 ESTRAGON:	Ou jeudi.	
VLADIMIR:	Comment faire?	
ESTRAGON:	S'il s'est dérangé pour rien hier soir, **tu penses bien** qu'il ne viendra pas aujourd'hui.	tu peux être sûr
VLADIMIR:	Mais tu dis que nous sommes venus hier soir.	
70 ESTRAGON:	Je peux me tromper. *(Un temps.)* Taisons-nous un peu, tu veux?	
VLADIMIR:	*(faiblement)* Je veux bien. *(Estragon se rassied par terre. Vladimir **arpente** la scène avec agitation, s'arrête de temps en temps pour scruter l'horizon. Estragon s'endort. Vladimir s'arrête devant Estragon.)* Gogo . . . *(Silence.)* Gogo . . . *(Silence.)* Gogo! *(Estragon se réveille en sursaut.)*	parcourt rapidement
75		
ESTRAGON:	*(**rendu** à toute l'horreur de sa situation)* Je dormais. *(Avec reproche.)* Pourquoi tu ne me laisses jamais dormir?	revenu
VLADIMIR:	Je me sentais seul.	
80 ESTRAGON:	J'ai fait un rêve.	
VLADIMIR:	Ne le raconte pas!	
ESTRAGON:	Je rêvais que . . .	
VLADIMIR:	NE LE RACONTE PAS!	
ESTRAGON:	*(geste vers l'univers)* Celui-ci te suffit? *(Silence.)* Tu n'es pas gentil, Didi. À qui veux-tu que je raconte mes cauchemars privés, sinon à toi?	
85		
VLADIMIR:	Qu'ils restent privés. Tu sais bien que je ne supporte pas ça.	
ESTRAGON:	*(froidement)* Il y a des moments où je me demande si on ne ferait pas mieux de se quitter.	
90		
VLADIMIR:	Tu n'irais pas loin.	
ESTRAGON:	Ce serait là, en effet, un grave inconvénient. *(Un temps.)* N'est-ce pas, Didi, que ce serait là un grave inconvénient? *(Un temps.)* Étant donné la beauté du chemin. *(Un temps.)*	

[5]Maintenant Vladimir se moque des spectateurs.

95		Et la bonté des voyageurs. *(Un temps.* **Câlin.***)* N'est-ce pas, Didi?	affectueux
	VLADIMIR:	Du calme. (. . .) Qu'est-ce qu'on fait maintenant?	
	ESTRAGON:	On attend.	
	VLADIMIR:	Oui, mais en attendant.	
100	ESTRAGON:	Si on se pendait?	
	VLADIMIR:	Ce serait un moyen de **bander.**	être en érection *(pop.)*
	ESTRAGON:	*(aguiché)* On bande?	excité, attiré
	VLADIMIR:	Avec tout ce qui s'ensuit. Là où ça tombe il pousse des mandragores.[6] C'est pour ça qu'elles crient quand on les arrache. Tu ne savais pas ça?	
105			
	ESTRAGON:	Pendons-nous tout de suite.	
	VLADIMIR:	À une branche? *(Ils s'approchent de l'arbre et le regardent.)* Je n'aurais pas confiance.	
	ESTRAGON:	On peut toujours essayer.	
110	VLADIMIR:	Essaie.	
	ESTRAGON:	Après toi.	
	VLADIMIR:	Mais non, toi d'abord.	
	ESTRAGON:	Pourquoi?	
	VLADIMIR:	Tu pèses moins lourd que moi.	
115	ESTRAGON:	Justement.	
	VLADIMIR:	Je ne comprends pas.	
	ESTRAGON:	Mais réfléchis un peu, voyons. *(Vladimir réfléchit.)*	
	VLADIMIR:	*(finalement)* Je ne comprends pas.	
	ESTRAGON:	Je vais t'expliquer. *(Il réfléchit.)* La branche . . . la branche . . . *(Avec colère.)* Mais essaie donc de comprendre!	
120			
	VLADIMIR:	Je ne compte plus que sur toi.	
	ESTRAGON:	*(avec effort)* Gogo léger—branche pas casser—Gogo mort. Didi lourd—branche casser—Didi seul.[7] *(Un temps.)* Tandis que . . . *(Il cherche l'expression juste.)*	
125	VLADIMIR:	Je n'avais pas pensé à ça.	
	ESTRAGON:	*(ayant trouvé)* Qui peut le plus peut le moins.[8]	
	VLADIMIR:	Mais est-ce que je pèse plus lourd que toi?	
	ESTRAGON:	C'est toi qui le dis. Moi je n'en sais rien. Il y a une chance sur deux. Ou presque.	
130	VLADIMIR:	Alors quoi faire?	
	ESTRAGON:	Ne faisons rien. C'est plus prudent.	
	VLADIMIR:	Attendons voir ce qu'il va nous dire.	
	ESTRAGON:	Qui?	

[6]La mandragore est une plante dont la racine rappelle la forme d'un corps humain, d'où la légende qui lui attribue des propriétés magiques.

[7]C'est du babil enfantin. Estragon a des difficultés à s'exprimer sur le sujet.

[8]Proverbe populaire: Celui qui est capable de faire une chose difficile peut à plus forte raison faire une chose plus facile.

VLADIMIR:	Godot.	
135 ESTRAGON:	Voilà.	
VLADIMIR:	Attendons d'être **fixés** d'abord.	sûrs
ESTRAGON:	D'un autre côté, on ferait peut-être mieux de battre le fer avant qu'il soit glacé.[9]	
VLADIMIR:	Je suis curieux de savoir ce qu'il va nous dire. Ça ne nous	
140	engage à rien.	
ESTRAGON:	Qu'est-ce qu'on lui a demandé au juste?	
VLADIMIR:	Tu n'étais pas là?	
ESTRAGON:	Je n'ai pas fait attention.	
VLADIMIR:	Eh bien . . . Rien de bien précis.	
145 ESTRAGON:	Une sorte de prière.	
VLADIMIR:	Voilà.	
ESTRAGON:	Une vague **supplique.**	requête pour demander une grâce
VLADIMIR:	Si tu veux.	
ESTRAGON:	Et qu'a-t-il répondu?	
150 VLADIMIR:	Qu'il verrait.	
ESTRAGON:	Qu'il ne pouvait rien promettre.	
VLADIMIR:	Qu'il lui fallait réfléchir.	
ESTRAGON:	**À tête reposée.**	à loisir
VLADIMIR:	Consulter sa famille.	
155 ESTRAGON:	Ses amis.	
VLADIMIR:	Ses agents.	
ESTRAGON:	Ses correspondants.	
VLADIMIR:	Ses registres.	
ESTRAGON:	Son compte en banque.	
160 VLADIMIR:	Avant de se prononcer.	
ESTRAGON:	C'est normal.	
VLADIMIR:	N'est-ce pas?	
ESTRAGON:	Il me semble.	
VLADIMIR:	À moi aussi.	

Repos.

Intelligence du texte

1. Que voit le spectateur lorsque le rideau se lève? Pourquoi cette scène est-elle étrange?
2. Comment Estragon manifeste-t-il son opinion des spectateurs?
3. Où Godot a-t-il dit de l'attendre?
4. Quelle sorte d'arbre est-ce? En quelle saison sommes-nous?

[9]Jeu de mots sur le proverbe «Il faut battre le fer pendant qu'il est chaud» (il faut pousser activement une affaire qui est en bonne voie).

5. Godot a-t-il précisé l'heure de l'attendre?
6. Vladimir est-il sûr que Godot ait dit samedi? Est-ce samedi?
7. Pourquoi Vladimir est-il affolé?
8. Que fait Vladimir pendant qu'Estragon se rassied par terre?
9. Pourquoi Vladimir réveille-t-il Estragon?
10. Pourquoi Vladimir ne veut-il pas entendre le rêve d'Estragon?
11. Qu'est-ce qu'ils se proposent de faire pendant qu'ils attendent?
12. Pourquoi Estragon ne veut-il pas essayer de se pendre le premier?
13. Vladimir pèse-t-il plus lourd qu'Estragon?
14. Décident-ils finalement de se pendre? Pourquoi?
15. Qu'est-ce qu'on a demandé à Godot au juste?
16. Qu'est-ce que Godot a répondu?
17. Quels sont les thèmes principaux révélés dans cet extrait?

Mise en œuvre du vocabulaire

A. Complétez les phrases suivantes en substituant une expression équivalente aux mots en italique.

1. Voilà _le plan_ de l'opération.
2. Je suis _déconcerté_ par son comportement.
3. Je ne sais pas où se trouve ton cahier; je ne _cherche_ pas dans tes affaires!
4. Qu'il est méchant! Il _a insulté_ son meilleur ami!
5. Nous aimons _cueillir_ des champignons dans la forêt.

B. Complétez les phrases suivantes avec les mots nécessaires du lexique que vous venez d'étudier.

1. Quel beau jardin tu as, avec tous ces _____ et ces _____ !
2. Il est venu au théâtre adorer l'actrice aux feux de la _____ .
3. L'_____ de cette pièce est bien compliquée.
4. Est-ce que tu t'es fait mal? Tu _____ .
5. Il faut mettre _____ devant le feu pour protéger le tapis des étincelles.
6. Au cinquième acte, on apprend qui a tué la dame, mais le _____ est quelque peu décevant, car l'assassin est un personnage mineur.
7. La danseuse étoile a fait un grand jeté jusqu'dans les _____ .

C. Employez le proverbe correct dans les cas suivants.

1. Il vaut mieux aller à la plage aujourd'hui parce qu'il fait beau. Demain il pourra pleuvoir.
2. Si tu peux sortir avec tes amis, tu n'es pas trop malade pour nettoyer ta chambre!

D. Terminez les phrases suivantes.

1. Dans le métro, on voit des affiches qui disent «Défense de fumer» et «Défense de . . . »
2. Dans la coulisse, on voyait . . .
3. Il a ramassé ses affaires et . . .
4. À la douane, le douanier a fouillé dans . . .
5. Pour agrémenter son jardin, il a fait planter . . .
6. Il boitillait parce qu'il . . .
7. Le dénouement de cette pièce . . .
8. Pour inventer une intrigue intéressante, il faut . . .
9. Aux feux de la rampe, un jeune homme . . .
10. Je suis dérouté par . . .

Questions sur le dessin humoristique

1. Qu'est-ce qui préoccupe ce monsieur?
2. À quoi accorde-t-il de l'importance?
3. Que pensez-vous de son attitude?
4. Quel aspect de la vie moderne Sempé satirise-t-il dans ce dessin? Connaissez-vous des gens comme ça?

Sempé

© Charillon-Paris

—Ce n'est pas de réaliser que je suis un salaud qui m'inquiète, c'est le fait qu'il y en a beaucoup . . .

GRAMMAIRE

L'interrogation

Vous avez déjà appris les quatre formes possibles d'une phrase interrogative.

1. Tu es sûr que c'était ce soir? *(le ton de voix monte)*
2. Sommes-nous samedi? *(l'inversion)*
3. **Est-ce que** tu es sûr que c'est ici?
4. Il va venir, **n'est-ce pas?**

LES PRONOMS INTERROGATIFS SIMPLES

1. OBSERVEZ **Qui** (**Qui est-ce qui**) va venir ce soir? (Godot)
Qui (**Qui est-ce qui**) est l'ami d'Estragon? (Vladimir)
Qui (**Qui est-ce qui**) sont ces deux pauvres clochards? (Vladimir et Estragon)

ANALYSE **Qui?** ou **qui est-ce qui?** (forme d'insistance de la langue parlée) est le *sujet* du verbe *pour des personnes*. Notez qu'il peut s'employer au pluriel *seulement* avec **être.**

2. OBSERVEZ **Qu'est-ce qui** se passe ici? (rien)
Qu'est-ce qui est arrivé? (rien)
Qu'est-ce qui fait ce bruit? (un animal, un camion)

ANALYSE **Qu'est-ce qui?** est le sujet du verbe pour des choses. Il n'y a pas de forme courte.

3. OBSERVEZ **Qui** attendons-nous au juste? (Godot)
Qui est-ce que nous attendons? (Godot)
À qui veux-tu que je raconte mes cauchemars? (à Godot)
À qui est-ce que tu veux que je raconte mes cauchemars?

ANALYSE Dans la première paire de phrases, **qui** + *inversion du sujet et du verbe,* ou bien **qui est-ce que** + *sujet et verbe sans inversion* représente des personnes. **Qui,** comme **qui est-ce que,** est l'objet de la phrase. Dans la deuxième paire de phrases, **à qui** ou **à qui est-ce que** s'emploie comme complément d'une préposition.

4. OBSERVEZ **Qu'est-ce que** tu veux insinuer? (rien)
Que veux-tu insinuer? (rien)
Qu'est-ce qu'on lui a demandé au juste? (rien de bien précis)
Qu'a-t-il répondu? (qu'il verrait)

De quoi ont-ils besoin? (un sens)
Avec quoi a-t-il écrit la pièce? (un stylo)

ANALYSE **que** + *inversion du sujet et du verbe,* ou **qu'est-ce que** + *sujet et verbe sans inversion* s'emploie pour des choses et est l'objet de la phrase. **De quoi** et **avec quoi** sont des *compléments d'une préposition* pour des choses.

REMARQUES

1. Les expressions **que faire? que devenir?** indiquent «que **peut-on** faire?», «que **peut-on** devenir?» Notez l'ellipse du verbe **pouvoir.**
2. La langue parlée renforce les interrogations telles que **Qu'est-ce que c'est?** et **Qu'est-ce que tout cela?** qui deviennent **Qu'est-ce que c'est que cela?** et **Qu'est-ce que c'est que tout cela?**

5. OBSERVEZ   Qu'a répondu Godot à la question?
Que fait Vladimir maintenant?

ANALYSE   On fait *l'inversion simple* quand le sujet d'une question qui commence par **Que . . .** est un nom. L'inversion à double sujet est impossible dans ce cas.

Les pronoms interrogatifs

	Sujet du verbe	*Objet du verbe*
Pour les personnes	**qui?** **qui est-ce qui?**	**qui** + *inversion du sujet et du verbe* **qui est-ce que** + *sujet et verbe sans inversion*
Pour les choses	(pas de forme courte) **qu'est-ce qui?**	**que** + *inversion du sujet et du verbe* **qu'est-ce que** + *sujet et verbe sans inversion*

Après une préposition

Pour les personnes	*préposition* + **qui**	À qui, avec qui, de qui parlez-vous?
Pour les choses	*préposition* + **quoi**	À quoi penses-tu? De quoi parle-t-il? Sur quoi écrivez-vous?

Exercices

A. Vous voudriez louer un grand appartement ayant une belle vue. Donnez les quatre formes interrogatives possible.

> MODÈLE: Oui, l'appartement est très éclairé.
> 1. L'appartement est éclairé?
> 2. Est-ce que l'appartement est éclairé?
> 3. L'appartement est-il éclairé?
> 4. L'appartement est éclairé, n'est-ce pas?

1. Oui, les murs du salon sont en pierre.
2. Oui, l'appartement a une très jolie vue.
3. Oui, il y a un réfrigérateur.
4. Oui, le plancher est en bois.
5. Oui, il est meublé.
6. Oui, l'appartement est chauffé.
7. Oui, on peut stationner sa voiture derrière l'immeuble.

B. Transformez les phrases suivantes en questions en remplaçant le sujet par un pronom interrogatif.

> MODÈLES: *Godot* va venir.
> *Qui* va venir?
> *Qui est-ce qui* va venir?
>
> *Une réponse* leur plairait.
> *Qu'est-ce qui* leur plairait?

1. *Godot* répondra à leur supplique.
2. *Estragon* a fait un rêve.
3. *Ils* sont devant l'arbre.
4. *Un objet est* devant l'arbre.
5. *Le saule pleureur* semble mort.
6. *Vladimir* ne veut pas être seul.

C. Remplacez l'objet de la phrase par le pronom interrogatif approprié.

> MODÈLES: Ils attendent *Godot.*
> *Qui* attendent-ils?
> *Qui est-ce qu'*ils attendent?
>
> Ils désirent *quelque chose.*
> *Que* désirent-ils?
> *Qu'est-ce qu'*ils désirent?
>
> Vladimir désire *quelque chose.*
> *Que* désire Vladimir?

1. Estragon veut *une pomme.*
2. On lui a demandé *quelque chose.*
3. Il a répondu *qu'il verrait.*
4. Il n'a pas vu *Godot* hier.
5. C'est *un saule.*
6. Nous avons fait *quelque chose* hier.

D. Vous rentrez chez vous après de longues vacances et vous posez des questions à la personne qui a gardé votre appartement. Vous voulez savoir:

1. si elle a payé les factures téléphoniques.
2. qui a appelé pour vous.
3. ce qui est arrivé pendant votre absence.
4. ce qui n'allait pas bien.
5. ce qu'elle a fait pendant votre absence.
6. s'il y avait beaucoup de lettres pour vous.
7. ce qu'elle pense de votre nouveau manteau de fourrure.

E. Votre meilleur ami revient d'un voyage en France et vous lui posez des questions. Vous voulez savoir:

1. ce qu'il a mangé dans l'avion.
2. quelle était sa première impression en arrivant à Paris.
3. si ses amis sont venus le chercher à la gare.
4. ce qu'il a fait le premier jour de sa visite.
5. qui il a rencontré à Paris.
6. ce qu'il pense des Parisiens.
7. s'il a visité d'autres villes en France.
8. ce qu'il a fait le dernier soir de son séjour.
9. qui l'a raccompagné à l'aéroport le jour de son départ.

LES PRONOMS INTERROGATIFS COMPOSÉS

Vous vous rappellerez que l'adjectif interrogatif **quel** varie en genre et en nombre selon le nom qu'il représente: **Quelle heure** est-il? Devant **quel arbre** faut-il attendre? **Quelles** sont vos **idées? Quels rêves** vas-tu raconter? **Quel** est **le sens** de la vie?

1. OBSERVEZ   Devant **quel arbre** faut-il attendre?
Devant **lequel** faut-il attendre?
Parmi ces livres, **lesquels** voulez-vous acheter? (plus d'un)
Lequel est plus sensible? (Vladimir)
Laquelle est la plus intelligente? (Jacqueline)
Lesquelles de ces idées semblent les plus utiles?

ANALYSE   **lequel** remplace **quel** + *nom* et varie *en genre* et *en nombre* selon le nom qu'il représente. Ce nom peut être une personne ou une chose, explicite ou implicite.

2. OBSERVEZ **Auquel** donnes-tu ta préférence? (à Beckett)
À laquelle de ces filles a-t-il parlé? (à Mireille)
Duquel avez-vous besoin? (du livre *En attendant Godot*)
Quels beaux desserts! **Desquels** ont-ils envie?
Desquelles de ces questions allez-vous parler?

ANALYSE **lequel,** pronom interrogatif, peut se combiner avec les prépo-sitions **à** ou **de.**

LES ADVERBES DANS LES PHRASES INTERROGATIVES

OBSERVEZ **Pourquoi** doit-on attendre? Pourquoi Vladimir doit-il attendre?
Où sont les feuilles? **Où** les feuilles sont-elles?
Où Marc est-il allé?
Quand Godot donnera-t-il la réponse?
Quand vient Godot? **Quand** Godot vient-il?
Combien vaut la maison? **Combien** la maison vaut-elle?

ANALYSE Si la phrase a *un nom sujet* et est *au temps composé,* ou si elle a *un nom sujet et un objet direct, il faut* employer *l'inversion à sujet double:* Où Marc **est-il allé?** Quand Godot **donnera-t-il** la réponse?

Même dans leurs activités quoti-diennes, il arrive aux Parisiens de débattre des questions philoso-phiques.

Exercices

A. Vous arrivez une semaine après la rentrée et par conséquent, vous avez beaucoup de questions à poser à un camarade qui suit le même programme que vous.

> MODÈLE: *Quels livres* faut-il acheter pour le cours de
> français?
> *Lesquels* faut-il acheter pour le cours de
> français?

1. *Quel professeur* est le plus sympa?
2. *Quel cours* est le plus intéressant?
3. *Quelle classe* est la plus intelligente?
4. *Quels exercices* faut-il faire pour demain?
5. *Sur quelle question* faut-il écrire pour demain?
6. *À quel administrateur* faut-il parler pour obtenir une bourse?
7. *Quels livres* as-tu consultés pour ton essai?

B. Un nouvel étudiant arrive sur le campus. Vous voulez l'aider en lui demandant de préciser ses désirs.

> MODÈLE: J'ai besoin d'*une brochure.*
> *De laquelle* avez-vous besoin?

1. J'ai besoin d'*un catalogue.*
2. Je veux parler à *un professeur.*
3. Je voudrais voir *un journal.*
4. Je voudrais vous parler d'*une de vos amies.*
5. J'aimerais consulter *un dictionnaire.*
6. J'ai besoin d'*une clef.*

C. Formez des questions avec les mots entre parenthèses. (N'oubliez pas que l'inversion à double sujet est obligatoire si la phrase a un nom sujet et un objet, ou si elle a un nom sujet et est au temps composé.)

> MODÈLE: Godot viendra demain. (quand, comment)
> Quand viendra Godot?
> Quand Godot viendra-t-il?
> Comment Godot viendra-t-il?

1. On attend. (pourquoi, où)
2. Mon ami gagne le salaire minimum. (combien)
3. Il n'y a que deux acteurs sur la scène. (combien)
4. Ils partiront demain. (quand, comment, pourquoi)
5. Estragon a fait un rêve. (quand, comment, pourquoi, où)
6. Le jeune garçon est entré de la coulisse gauche. (d'où, comment, pourquoi, quand)

Questions sur le dessin humoristique

1. Pourquoi ce monsieur est-il malheureux?
2. Que désire-t-il dans la vie?
3. Pensez-vous qu'il soit important de se distinguer? de faire des choses extraordinaires pour être heureux?

© Charillon-Paris

—Le drame, c'est que même mes extravagances sont ordinaires . . .

Conversation/Petit écrit

A. Préparez oralement les questions suivantes.

B. Répondez par écrit à une des questions suivantes.

1. Quel semble être le sens de la vie pour Vladimir et Estragon? La vie a-t-elle un sens en général? Quel est pour vous le sens de la vie? Pourquoi pensez-vous ainsi?
2. Avez-vous jamais attendu quelqu'un qui n'est pas venu? Décrivez vos sentiments pendant la période d'attente. Avez-vous jamais «posé un lapin» à quelqu'un (ne pas aller au rendez-vous)? Pour quelle raison? Comment vous êtes-vous expliqué par la suite?
3. À votre avis, que représente Godot?
4. Décrivez le rapport entre Vladimir et Estragon. Leur relation vous rappelle-t-elle celle d'autres personnes? Qui? Relevez le côté comique, ensuite le côté pathétique de leur rapport, de leur situation.
5. Qui semble plus sensible et plus timide, Vladimir ou Estragon? Donnez des exemples. Pourquoi décident-ils de ne pas se pendre?
6. Pour lequel des deux personnages Godot semble-t-il plus important? Donnez des exemples.

Étude du lexique

1. **planer**   se soutenir en l'air sans remuer; ne pas avoir le sens des réalités
    Regarde l'oiseau qui plane au-dessus de l'étang!
    Il plane sous son Walkman pendant qu'il fait son jogging.

2. **sourd**   qui entend mal ou pas du tout
    Mais je te l'ai dit dix fois! Tu n'es pas sourd!

3. **le dégât**   un dommage occasionné par une cause violente; de la saleté
    La gelée a fait de grands dégâts dans les orangeries.
    Son chien a fait des dégâts sur le tapis.

4. **se balader**   se promener (*fam.*)
    J'adore me balader au bord de la mer.

5. **un siège**   où l'on s'assied
    Le monsieur a offert un siège à la vieille dame dans le métro.

6. **un embouteillage**   un encombrement de la circulation sur la voie publique
    Il est déjà 20 h; Mario a dû être bloqué dans un de ces embouteillages de samedi soir.

7. **un cocon**   l'enveloppe formée par un long fil de soie dont les chenilles s'enroulent afin de devenir papillons
    C'est un jeune homme très timide; si tu es trop brusque, il rentrera tout de suite dans son cocon.

8. **quitte à**   qui accepte le risque de, en admettant la possibilité de
    «Commençons toujours par en rire, quitte à en pleurer quand il sera temps.» (Musset)

9. **se passer de**   vivre sans
    Elle pouvait se passer d'argent mais non pas d'amour.

10. **un prodige**   un événement extraordinaire; une personne extraordinaire par ses talents
    Cette femme a une vigueur intellectuelle qui tient du prodige.
    Mozart fut un enfant prodige.

11. **à domicile**   où l'on habite
    On livrera votre abonnement à domicile.

12. **un ralentissement**   une diminution de vitesse
    Le ralentissement de la circulation a été causé par un embouteillage.

13. **à tout prendre**   tout bien considéré

À tout prendre, il vaut mieux ne pas avoir trop de loisirs, si l'on ne sait pas quoi en faire.

14. **croiser**   passer à côté de, en allant en sens contraire

J'ai croisé M. Bouchard dans la rue ce matin.

Ma lettre a dû croiser la vôtre, car vous ne la mentionnez pas dans la vôtre.

15. **la complicité**   une entente profonde et spontanée entre deux personnes

«Le rire cache une arrière-pensée d'entente, je dirais presque de complicité.» (Bergson)

Le Walkman: la solitude entre les oreilles

Bernard Montelh

Sur patins à roulettes ou en seconde[1] dans le métro, ils ont tous le même air de zombie: le regard absent, les oreilles et l'esprit pleins de bruit et de fureur, ils planent. Coupés du monde qu'ils ne comprennent pas, ils se sentent incompris, semblables en cela aux adolescents de
5 tous les temps. Le Walkman n'est après tout qu'un **avatar** moderne de la tour d'ivoire du poète.   transformation, métamorphose

Coup de téléphone au journal: «Depuis que ma petite-fille a un Walkman, elle ne me parle plus.» Comme en écho à cette grand-mère inquiète, le docteur Jean Larget, médecin à l'Institut national des
10 jeunes sourds, lance un cri d'alarme. «Physiquement et psychologiquement, le Walkman peut être dangereux», **prévient**-il. Au delà   avertit
d'une certaine intensité—80 décibels—le volume sonore provoque en effet des dégâts dans l'oreille interne, centre de l'équilibre, et sur les nerfs auditifs. Troubles qui deviennent irréversibles en cas d'écoute
15 trop fréquente et prolongée. «J'ai vu des oreilles détériorées; des jeunes qui, à seize ans, avaient le système auditif dans l'état de celui d'une personne de soixante ans», explique le docteur Larget.

Mais c'est l'aspect psychologique de cette pratique qui l'inquiète le plus: la stimulation continue, et dans les deux oreilles, possède une
20 puissance beaucoup plus **percutante** que l'écoute en milieu ouvert.   qui frappe brutalement
Elle agit sur les autres sens, provoquant un ralentissement des réflexes de défense, du self-contrôle et de la capacité d'auto-critique. «C'est

Extrait de *Psychologies,* mai 1984, pages 28–29.

[1]Dans le métro parisien, il y a deux classes: première et seconde qui coûte moins cher.

290

Leçon 11

une drogue qui crée un univers **factice** et **douillet** isolant du stress, de l'environnement», affirme-t-il. Une drogue plus inoffensive que
25 d'autres? «À tout prendre, je préférais encore la marijuana, plaisante Jean Larget, car elle ne renferme pas sur soi. Essayez donc une balade à 70 décibels pendant quatre heures, et vous m'en direz des nouvelles!»[2]

artificiel / doux, confortable

Drogue, isolement, non-communication . . . Faut-il irrémédiable-
30 ment condamner le Walkman? Bien qu'il ne lui soit guère sympathique, le docteur Larget admet qu'une utilisation «raisonnable» n'est pas dangereuse. Et le phénomène mérite qu'on aille y voir de plus près. Isolé, le porteur de Walkman? Sans doute. Mais l'est-il plus que les gens pressés qu'il croise sur les trottoirs, que ceux qui se plongent
35 dans leur journal, leur livre ou leurs pensées sur les sièges du métro et des salles d'attente en tout genre?

Enfant de la vie moderne, le «baladeur musical» n'est qu'une des manifestations de la montée de l'individualisme. Pas tellement parce qu'on l'écoute seul: par-delà ce spectaculaire «isolement», il peut être
40 sujet de conversation, d'échange, voire . . . de «drogue». «Viens faire un tour avec moi, je te prêterai mon Walkman!»; d'ailleurs, il en existe des **bi-places.** Et n'allez pas dire qu'on ne se parle plus; la complicité muette, ça existe aussi, avec ou sans écouteurs sur les oreilles.

pour deux personnes

C'est plutôt parce qu'il participe d'un nouveau rapport de l'individu
45 à la musique, qu'il est marqué de cet individualisme. Depuis peu, la musique explose et sort des lieux qui lui étaient réservés. Qu'on choisisse ou pas, elle est là, partout (alors, autant choisir celle que l'on désire, où et quand on veut, proclame le porteur de Walkman). Et nous pourrons de moins en moins nous en passer. Le cinéma, par exemple,
50 nous a convaincu qu'elle pouvait **décupler** l'émotion esthétique. Que seraient les images—pourtant magnifiques—de *Mort à Venise* de Visconti sans la 5e symphonie de Mahler? Musique, rythme, pulsation: c'est tout le corps, tous les sens qui participent. «À la personnalisation sur mesure de la société correspond une personnalisation de l'individu
55 se traduisant par le désir de sentir «plus», de planer, de vibrer en direct, d'éprouver des sensations immédiates, d'être mis en mouvement intégral», écrit Gilles Lipovetsky dans son essai sur l'individualisme contemporain.

augmenter beaucoup

Pour Laure, élève de troisième dans un collège[3] parisien, le Walk-
60 man apparaît surtout comme un remède pratique contre l'ennui. «Oui, les drogués du Walkman existent, dit-elle. Ils ne cherchent pas à communiquer et ont l'air heureux comme cela.» Inquiétant? Certes, mais ils sont peu nombreux. Ses copains, pour la plupart, l'utilisent modéré-

---

[2]Vous serez sûrement d'accord avec moi.

[3]Un collège est un établissement municipal d'enseignement secondaire pour étudiants entre 11 et 15 ans. Les classes sont comptées dans le sens inverse; l'avant dernière année s'appelle «première», la dernière année s'appelle «terminale».

Le Walkman a envahi la France.

ment: lorsqu'ils sont seuls, dans les lieux publics, les voyages. Ou le
65 soir, pour ne pas déranger. Car chez soi, chez les amis, on préfère
écouter le son grandeur nature fourni par des **enceintes.** Finalement,   haut-parleurs
le Walkman, intelligemment utilisé, ne serait que le prolongement de
la radio qu'on allume en faisant son ménage ou pour tuer le temps
dans les embouteillages. Un cocon douillet? S'il n'est pas permanent,
70 après tout, pourquoi pas?

Mais attention à la saturation. Pour réduire les risques, le docteur
Larget souhaiterait qu'on oblige les fabricants à limiter la puissance
des appareils en-deça du **seuil** critique. Et conseille, quitte à renoncer   limite
à la stéréo, de n'écouter . . . que d'une oreille. L'autre restant ouverte
75 sur le monde extérieur.

Le bon usage du Walkman est à peine défini qu'apparaît le «Watchman», mini-télé grande comme un paquet de cigarettes. Après les oto-
rhinos,[4] les oculistes vont-ils **fulminer** contre ce nouveau prodige de la   éclater en reproches
miniaturisation? Et qu'en diront les «**psy**»? La drogue-télé existait, on   psychologues ou
80 la rencontrait à domicile. Voici qu'elle devient transportable . . . Pour   psychiatres *(pop.)*
communier dans une même émotion avec son voisin, il suffira, dans   être en union
le métro, de se pencher par-dessus son épaule. **Somme toute,** une   spirituelle / en
manière de s'ouvrir au monde.   résumé

Intelligence du texte

1. Comment l'auteur décrit-il les adolescents qui écoutent le Walkman?
2. Quelles sont les découvertes physiologiques du docteur Larget à propos
   des jeunes qui écoutent le Walkman? Sur le plan psychologique, pourquoi
   le Walkman inquiète-t-il encore plus le docteur? À quoi compare-t-il le
   Walkman?

---

[4]Oto-rhino-laryngologiste, médecin qui s'occupe des maladies des oreilles, du nez et de la gorge
(abréviation: O. R. L.).

3. Selon le docteur Larget, faut-il condamner irrémédiablement le Walk-man?
4. De quel désir Gilles Lipovetsky parle-t-il dans son essai sur l'individua-lisme contemporain?
5. Quel est l'avis de Laure sur le Walkman? Quel âge a-t-elle?
6. Quels sont les conseils proposés par le docteur Larget pour réduire les risques?
7. Quelle autre invention récente risque de faire fulminer les médecins et les «psy»?
8. Que pensez-vous du Walkman?

Résumé

En vous basant sur les questions qui suivent, faites un résumé de l'article «Le Walkman: la solitude entre les oreilles».

Quels sont les buts de l'article? Comment le terme *avatar* s'applique-t-il au Walkman? Quels sont les apports des deux autorités cités dans l'article? Comment le Walkman ressemble-t-il à une drogue? Quels sont les dangers du Walkman? Y a-t-il des bénéfices? Quel nouveau rapport y a-t-il entre l'individu et la musique? Quel rôle le Walkman joue-t-il dans ce rapport? Quelle est la conclusion de l'article?

Essai

Écrivez un essai sur une des questions suivantes. Vous pourriez être pour ou contre.

1. Aujourd'hui, les gens ne sont plus heureux. (On dit souvent que les gens étaient plus heureux d'autrefois. Est-ce vrai? Pourquoi?)
2. Il faut abolir le Walkman! (Est-ce une activité antisociale d'écouter un Walkman en public? Pourquoi? Faut-il l'encourager?)
3. Il est plus facile d'être heureux si l'on est riche. (Seriez-vous plus heureux si vous aviez plus d'argent? Pourquoi? Qu'est-ce qu'on ne peut pas acheter avec de l'argent? Quel est le rôle de l'argent dans l'amitié et l'amour?)

Les articulations et les expressions ci-dessous vous aideront dans la com-position de votre essai. Toutefois, référez-vous aux Leçons 1, 2, et 4 (Essai) pour de précieux conseils.

Articulations

jadis = dans le passé = autrefois
maintenant = actuellement = à présent = aujourd'hui = présentement

—«*J'ai essayé le christianisme . . . Puis le socialisme . . . Le marxisme . . . Maintenant, je vais essayer l'érotisme . . . »*

Questions sur le dessin humoristique

1. Quelle est la différence entre les «-ismes» considérés par celui qui parle?
2. Comment montre-t-il l'évolution idéologique de notre siècle? Quel âge donnez-vous à ces messieurs? Leur âge est-il significatif dans la compréhension du dessin? Comment?

Comment dirais-je?

la technologie
la révolution industrielle, ses résultats
l'acquisition des biens matériels
une usine, le travail à la chaîne
les techniques visant à faciliter le travail de la maison, à accroître (faire grandir) le confort, à agrémenter (rendre plus agréable) la vie au foyer
les appareils ménagers
le chauffage central
le climatiseur
la machine à laver, le séchoir
le lave-vaisselle
le temps libre = les loisirs
les effets psychologiques
l'aliénation *(f.)*, le déséquilibre émotionnel, l'ennui, le stress
la solitude, la monotonie, la dépression nerveuse, le désespoir

le médicament, le remède-miracle
l'espérance de vie = la durée moyenne de la vie
l'accroissement de l'insécurité, de l'instabilité
le racisme, le terrorisme, l'anarchie, le crime
la pollution, la surpopulation
l'angoisse *(f.)* face au présent, à l'avenir
l'espoir *(m.)* dans le futur, le doute
une vie nouvelle

Activités

Préparez les sujets suivants pour une discussion en classe.

1. Pourquoi tant de jeunes se suicident-ils de nos jours?
2. Autrefois, les gens étaient plus heureux!
3. Qu'est-ce qu'il vous faut pour être heureux?

Mini-théâtre

Trois personnes discutent le sens de la vie. Une vient d'une famille pauvre et croyante, la deuxième vient d'une famille riche et matérialiste, la troisième, abandonnée par sa mère, a été élevée dans un orphelinat.

Conceptions de la vie

Étude du lexique

1. **redoutable**   qui est à craindre, effrayant, puissant
   La vieillesse est un adversaire redoutable.

2. **un démêlé**   une difficulté, une dispute, une querelle
   Il a eu un démêlé avec un ennemi redoutable.

3. **un bigot, une bigote**   une personne qui manifeste une dévotion exa-gérée et étroite
   On ne peut pas discuter de religion avec un bigot.

4. **digérer**   assimiler les aliments, une pensée, une lecture; accepter, en-durer *(fam.)*
   J'arrive mal à digérer ce grand repas.
   Il n'a jamais digéré le comportement de ses collègues.

5. **confus**   embarrassé, gêné
   Elle était confuse d'avoir oublié leur rendez-vous.

6. **honteux**   dégradant, avilissant; qui éprouve un sentiment de honte
   L'armée a fait une fuite honteuse à travers les champs.
   N'êtes-vous pas honteux de votre ignorance?

7. **inondé**   recouvert par les eaux, submergé; envahi
   Cette vallée a été inondée pendant la fonte des neiges.
   Je suis absolument inondé de travail.

8. **accablé**   écrasé, opprimé; comblé
   Elles sont accablées de fatigue.
   À Noël, les enfants étaient accablés de cadeaux.

9. **les ténèbres** *(f.)*   l'obscurité profonde
   Chacun cache un secret dans les ténèbres de l'inconscient.

10. **jouir de**   apprécier, goûter, savourer, profiter de
    Il a joui pleinement de son séjour au Québec.

11. **sensibilité**   l'émotion, le sentiment, l'affectivité, du cœur
    L'intellect ne suffit pas, encore faut-il la sensibilité.

12. **le voisinage**   l'espace qui se trouve à proximité
    Les maisons du voisinage furent inondées au printemps.

13. **sot**   bête, stupide
    Il n'a jamais vu une femme si sotte.

14. **un marché**   une affaire, un contract

Ayant conclu le marché, le marchand a passé à autre chose.

le marché   l'ensemble des opérations commerciales

Les marchés internationaux bénéficient de la baisse du dollar.

par-dessus le marché   au delà de ce qui a été convenu

Il est venu sans être invité et, par-dessus le marché, il a amené un ami!

15. **insensé**   qui manque le bon sens, déraisonnable, absurde

Est-il insensé de vouloir être «normal» et avoir du génie?

L'Histoire d'un bon bramin

Voltaire

*Le plus renommé des «philosophes» du siècle des lumières, infatigable et re-
doutable défenseur de la liberté, François-Marie Arouet de Voltaire (1694–
1778) fut plus qu'un esprit incisif et un polémiste vigoureux. Cet écrivain
aux talents multiples domina le climat intellectuel de son temps. Ses nombreux
démêlés avec le pouvoir royal (il fut mis à la Bastille) causés par ses écrits
contre l'injustice sociale et l'intolérance religieuse lui firent connaître l'Angleterre
où il s'exila pendant trois ans. Il écrit des poèmes, des essais et des pièces de
théâtre. Mais ce fut surtout les idées philosophiques exposées dans ses contes
satiriques qui le rendirent célèbre en Europe. Le plus connu de ces contes est
Candide (1759).*

   *À l'encontre des autres contes de Voltaire, L'Histoire d'un bon bramin
(1761) a un ton sérieux plutôt qu'ironique. Il explore les questions qui tortur-
aient Voltaire à l'époque: la raison mène-t-elle au bonheur? Sinon, à quoi sert-
elle? S'excluent-ils mutuellement? Est-il raisonnable de préférer la raison au bonheur? À quel prix le bonheur? à quel prix la lucidité? Voltaire ne donne pas de
réponse à ces questions; ainsi le conte reste-t-il un paradoxe.*

Je rencontrai dans mes voyages un vieux bramin,[1] homme fort sage,
plein d'esprit, et très savant; de plus, il était riche, et, **partant,** il en   par conséquent
était plus sage encore: car, ne manquant de rien, il n'avait besoin de
tromper personne. Sa famille était très bien gouvernée par trois belles
5 femmes qui s'étudiaient à lui plaire; et, quand il ne s'amusait pas avec
ses femmes, il s'occupait à philosopher.

   Près de sa maison, qui était belle, ornée et accompagnée de jardins
charmants, demeurait une vieille Indienne, bigote, imbécile, et assez
pauvre.

---

[1]Membre de la caste sacerdotale (des prêtres) de l'Inde.

10   Le bramin me dit un jour: «Je voudrais n'être jamais né.» Je lui demandai pourquoi. Il me répondit: «J'étudie depuis quarante ans, ce
sont quarante années de perdues; j'enseigne les autres, et j'ignore tout:
cet état porte dans mon âme tant d'humiliation et de dégoût que la vie
m'est insupportable. Je suis né, je vis dans le temps, et je ne sais pas

15   ce que c'est que le temps; (. . .) et je n'ai nulle idée de l'éternité. Je
suis composé de matière; je pense, je n'ai jamais pu m'instruire de ce
qui produit la pensée; j'ignore si mon **entendement** est en moi une   *faculté de comprendre*
simple faculté, comme celle de marcher, de digérer, et si je pense avec
ma tête comme je prends avec mes mains. Non seulement le principe

20   de ma pensée m'est inconnu, mais le principe de mes mouvements
m'est également caché: je ne sais pourquoi j'existe. Cependant on me
fait chaque jour des questions sur tous ces points: il faut répondre; je
n'ai rien de bon à dire; je parle beaucoup, et je demeure confus et
honteux de moi-même après avoir parlé.

25   «C'est bien pis quand on me demande si Brama a été produit par
Vitsnou,[2] ou s'ils sont tous deux éternels. Dieu m'est témoin que je
n'en sais pas un mot, et il y paraît bien à mes réponses. «Ah! mon
révérend père, me dit-on, apprenez-nous comment le mal inonde toute
la terre.» Je suis aussi en peine que ceux qui me font cette question.

30   (. . .) Je me retire chez moi accablé de ma curiosité et de mon ignorance. Je lis nos anciens livres, et ils redoublent mes ténèbres. Je parle
à mes compagnons: les uns me répondent qu'il faut jouir de la vie, et
se moquer des hommes; les autres croient savoir quelque chose, et se
perdent dans des idées extravagantes; tout augmente le sentiment

35   douloureux que j'éprouve. Je suis prêt quelquefois de tomber dans le
désespoir, quand je songe qu'après toutes mes recherches je ne sais ni
d'où je viens, ni ce que je suis, ni où j'irai, ni ce que je deviendrai.»

    L'état de ce bon homme me fit une vraie peine: personne n'était ni
plus raisonnable ni de meilleure foi que lui. Je conçus que plus il avait

40   de lumières dans son entendement et de sensibilité dans son cœur,
plus il était malheureux.

    Je vis le même jour la vieille femme qui demeurait dans son voi-
sinage: je lui demandai si elle avait jamais été affligée de ne savoir pas
comment son âme était faite. Elle ne comprit **seulement** pas ma ques-   *(ici)* même

45   tion: elle n'avait jamais réfléchi un seul moment de sa vie sur un seul
des points qui tourmentaient le bramin; elle croyait aux métamorphoses de Vitsnou de tout son cœur, et pourvu qu'elle pût avoir quelquefois de l'eau du Gange pour se laver, elle se croyait la plus heureuse
des femmes.

[2]Vitsnou, aussi Vishnu, divinité hindouiste qui est le principe de la conservation du
monde.

50   Frappé du bonheur de cette pauvre créature, je revins à mon philosophe, et je lui dis: «N'êtes-vous pas honteux d'être malheureux, dans
le temps qu'à votre porte il y a un vieil automate qui ne pense à rien,
et qui vit content?» «Vous avez raison, me répondit-il; je me suis dit
cent fois que je serais heureux si j'étais aussi sot que ma voisine, et
55 cependant je ne voudrais pas d'un tel bonheur.»

    Cette réponse de mon bramin me fit une plus grande impression
que tout le reste; je m'examinai moi-même, et je vis qu'en effet je n'aurais pas voulu être heureux à condition d'être imbécile.

    Je proposai la chose à des philosophes, et ils furent de mon avis. «Il
60 y a pourtant, disais-je, une furieuse contradiction dans cette façon de
penser: car enfin de quoi s'agit-il? D'être heureux. Qu'importe d'avoir
l'esprit ou d'être sot? Il y a bien plus: ceux qui sont contents de leur
être sont bien sûrs d'être contents; ceux qui raisonnent ne sont pas si
sûrs de bien raisonner. Il est donc clair, disais-je, qu'il faudrait choisir
65 de n'avoir pas le sens commun, **pour peu que** ce sens commun contri-
bue à notre mal-être.»[3] Tout le monde fut de mon avis, et cependant je
ne trouvai personne qui voulût accepter le marché de devenir imbécile
pour devenir content. De là je conclus que, si nous faisons cas du bonheur, nous faisons encore plus de cas de la raison.

70   Mais, après y avoir réfléchi, il paraît que de préférer la raison à la
félicité, c'est être très insensé. Comment donc cette contradiction peut-
elle s'expliquer? Comme toutes les autres. Il y a là de quoi parler beaucoup.

si peu que ce soit

Intelligence du texte

1. Quels sont les avantages du vieux bramin? Comment est-il différent de la
vieille Indienne?
2. Pourquoi est-il malheureux? Pourquoi est-il honteux de lui-même devant
les questions des autres?
3. Quelles sortes de questions lui pose-t-on?
4. Que répondent ses amis quand le bramin leur pose des questions?
5. Que pense le narrateur du vieux bramin? Quelle conclusion tire-t-il sur la
sensibilité et l'intelligence du bramin?
6. Comment l'attitude de la vieille Indienne contraste-t-elle avec celle du bramin?
7. Pourquoi le bramin ne veut-il pas être heureux de la manière de sa voisine?
8. Quelle est la contradiction? Qu'en pensez-vous?

[3]C'est-à-dire, il vaut mieux ne pas avoir de sens commun s'il arrive à nous rendre malheureux.

Questions sur le dessin humoristique

1. Partagez-vous le désir de ce monsieur?
2. Croyez-vous que la réalisation du désir de ce monsieur soit possible?

© Charillon-Paris

—J'aurais aimé être normal et avoir du génie.

Mise en œuvre du vocabulaire

A. Remplacez les mots en italique par une expression équivalente.

1. Si vous n'*appréciez* pas la vie, à quoi bon vivre?
2. Un rat se cachait dans *l'obscurité* de la pièce.
3. À ce moment de l'année, tout le monde est *écrasé* de travail.
4. Il vaut mieux l'avoir comme ami car c'est un homme *effrayant*.
5. Il était *embarrassé* d'être arrivé le premier à la réception.
6. Si tu n'engages pas un secrétaire, tu seras *submergé* de travail.
7. Il est vraiment *dégradant* de se laisser aller comme ça!
8. Ce journaliste est *déraisonnable* d'aller voir les terroristes.
9. Nous sommes *bêtes* de croire qu'il tiendra sa parole.
10. Cet homme semble manquer d'*affectivité*.

B.   Complétez les phrases suivantes par une expression du lexique étudié.

1.   Elle va à l'église tous les jours mais ne manifeste aucune charité envers ses prochains; c'est une vraie _____ .
2.   On ne peut acheter ces produits que sur le _____ noir.
3.   Vous cherchez un petit restaurant? Il y en a un de très bon dans le _____ .
4.   Un petit digestif après ce grand dîner fait _____ .
5.   Après cet article calomniateur, il a eu un _____ avec le journal.
6.   Il est arrivé en retard et _____ il a oublié le vin!

C.   Employez chacune des expressions suivantes dans une phrase originale.

1.   Il est insensé de
2.   Il est honteux de
3.   Il est sot de
4.   Pour bien digérer, il faut
5.   inondé de
6.   accablé de
7.   dans les ténèbres
8.   Pour jouir de la vie, il faut
9.   par-dessus le marché
10.   dans le voisinage

Le passage de l'activité à la retraite est un moment critique dans la vie de l'être humain.

GRAMMAIRE

Le discours indirect et la concordance des temps

Le discours direct reproduit *exactement* les paroles de celui qui parle ou les paroles d'autrui. *Le discours indirect* rapporte les paroles *par l'intermédiaire d'un narrateur.*

1. OBSERVEZ

Discours direct

Le bramin me dit: «**Je suis triste.**»

Je lui répondrai: «**Je ne vous comprends pas.**»

Ils lui demandent: «**Apprenez-nous comment le mal inonde la terre.**»

Discours indirect

Le bramin me dit **qu'il est triste.**

Je lui répondrai **que je ne le comprends pas.**

Ils lui demandent **de leur apprendre comment le mal inonde la terre.**

ANALYSE   Lorsque celui qui parle rapporte *ses propres paroles* (deuxième phrase), *les pronoms personnels restent les mêmes.* Mais si l'on rapporte *les paroles d'autrui, des substitutions ont lieu. L'impératif* se transforme *en infinitif* dans le discours indirect (troisième phrase). Si le verbe de la première proposition est *au présent* ou *au futur,* aucun changement de temps n'a lieu dans le discours indirect.

2. OBSERVEZ

Discours direct

Le bramin a remarqué: «**Je suis triste.**»

Il a ajouté «**Aujourd'hui, j'irai voir mes compagnons.**»

Je demandai à l'Indienne: «**Avez-vous jamais été affligée de ne savoir pas comment votre âme est faite?**»

Discours indirect

Le bramin a remarqué **qu'il était triste.**

Il a ajouté **que ce jour-là, il irait voir ses compagnons.**

Je lui demandai **si elle avait jamais été affligée de ne savoir pas comment son âme était faite.**

ANALYSE   Lorsque le verbe de la proposition introductive est *au passé,* certains changements ont lieu dans le discours indirect. En dehors des changements de pronoms, des possessifs ou des démonstratifs, il y a des changements dans le temps des verbes et dans les adverbes de temps lorsque la première proposition est au passé. Le précis suivant vous aidera à voir ces changements.

Discours direct	*Discours indirect*
«Qu'est-ce que c'est?»	Il a demandé **ce que c'était.**
(présent) ⟶	*(imparfait)*
«**Je partirai!**»	Il disait **qu'il partirait.**
(futur) ⟶	*(conditionnel)*
«Ne **m'avez-vous** pas **compris?**»	Il demanda **si nous** ne l'**avions** pas
(passé composé) ⟶	**compris.** *(plus-que-parfait)*
«**Nous aurons terminé** le travail **avant demain.**»	Il a dit **qu'ils auraient terminé** le travail **avant le lendemain.**
(futur antérieur) ⟶	*(conditionnel passé)*

3. OBSERVEZ

Discours direct	*Discours indirect*
Il m'a demandé:	Il m'a demandé . . .
«Que veux-tu?»	ce que je voulais.
«Qu'est-ce qui se passe?»	ce qui se passait.
«Est-ce que tu le veux?»	si je le voulais.
«Quelle heure est-il?»	quelle heure il était.
«Pourquoi pars-tu?»	pourquoi je partais.
«Où vas-tu?»	où j'allais.

ANALYSE   Il n'y a pas d'inversion dans une question en discours indirect.

4. OBSERVEZ

Discours direct	*Discours indirect*
«**Hier,** j'**étais** triste.»	Il dit **que la veille,** il **était** triste.
«Je **serais** heureux d'y aller.»	Il disait **qu'il serait** heureux d'aller **là-bas.**
«J'**aurais pu** être heureux si j'**avais été** aussi sot que ma voisine.»	Il a dit **qu'il aurait pu** être heureux s'il **avait été** aussi sot que sa voisine.

ANALYSE   Au discours indirect, il n'y a *pas de changement de temps* avec l'imparfait, le plus-que-parfait, le conditionnel ou le conditionnel passé. Pourtant, vous avez sans doute remarqué que les adverbes et les expressions de temps changent dans le discours indirect.

Discours direct	*Discours indirect*
aujourd'hui	ce jour-là
hier	la veille
demain	le lendemain
ce soir, ce matin, etc.	ce soir-là, ce matin-là, etc.
la semaine prochaine	la semaine suivante
l'année dernière	l'année précédente
maintenant (en ce moment)	à ce moment-là

Pour varier et préciser la première proposition du discours indirect, il y a une quantité de verbes qui s'emploient. En voici quelques-uns:

affirmer	crier	insister	répéter
assurer	déclarer	jurer	reprendre
avouer	expliquer	lancer	suggérer
constater	exprimer	protester	

Pour indiquer la manière dont une chose est dite, on peut ajouter une expression adverbiale. Voici des exemples.

Il a demandé . . .

avec intérêt	brutalement	en bégayant	d'une voix tendre
avec assurance	calmement	en badinant	d'une voix douce
avec colère	clairement	en criant	d'un ton amer

Exercices

A. Mettez le dialogue suivant au discours indirect. Attention au temps des verbes. N'oubliez pas: **demander + si.**

1. Le bramin me dit un jour: «Je voudrais n'être jamais né.»
2. Je lui demandai: «Pourquoi?»
3. Il me répondit: «J'enseigne les autres, et j'ignore tout.»
4. Il ajouta: «Je suis né, je vis dans le temps, et je ne sais pas ce que c'est que le temps.»
5. Il continuait en disant: «Je pense, mais je n'ai jamais pu m'instruire de ce qui produit la pensée. Je ne sais pas pourquoi j'existe.»
6. Il dit: «Mes compagnons m'ont répondu qu'il fallait jouir de la vie.»
7. Je voulais savoir: «Qu'est-ce que vous ferez?»
8. Il suggéra: «Allons consulter l'oracle.»

B. Mettez le dialogue suivant au discours indirect. Attention aux verbes et aux expressions de temps.

1. J'ai demandé à l'Indienne: «Avez-vous jamais été affligée de ne savoir pas comment votre âme était faite?»
2. Elle a répondu: «Je n'y ai jamais réfléchi. Je crois aux métamorphoses de Vitsnou, et si je peux avoir de l'eau du Gange pour me laver, je m'estime la plus heureuse des femmes.»
3. J'ai remarqué: «Vous n'aurez rien compris alors!»
4. Elle a riposté: «Malgré cela, je vis contente.»
5. J'ai avoué au bramin: «Aujourd'hui, je suis allé voir l'Indienne. Vous seriez heureux si vous étiez sot comme elle.»
6. Il m'a assuré: «Je ne voudrais pas d'un tel bonheur.»
7. Je voulais savoir: «Est-ce que vous allez rester ici?»

8. Il a expliqué: «Non, demain ou après-demain, je partirai avec ma famille.»

C. Mettez la conversation au discours indirect en employant autant de verbes différents dans les propositions principales que possible. Modifiez aussi les verbes en ajoutant une expression adverbiale.

THIERRY: Hier, j'ai commencé à lire un article intéressant.

MOI: Puis-je le voir?

THIERRY: Je te le donnerai quand je l'aurai terminé.

MOI: Dis-moi plutôt de quoi il s'agit car j'aurai trop de travail pour le lire demain.

THIERRY: Il s'agit des façons de voir la vie et comment elles influencent la qualité de notre vie.

MOI: Un tel sujet est très à la mode de nos jours et me semble bien intéressant. Je vais peut-être le lire après tout.

Précis de la négation

Nous avons déjà révisé la négation des verbes simples et composés. Les constructions suivantes devraient être familières. Notez la place de la négation.

1. OBSERVEZ
a. Je **ne** sais **pas.**
b. Il **n'**a **jamais** pu s'instruire.
c. Je **n'**ai **rien** de bon à dire.
d. Il **n'**y va **pas,** moi **non plus.**
e. Il regrette de **ne pas** savoir. (ou **ne** savoir **pas**)
f. **Personne n'**était venu.
g. Je **n'**ai vu **personne.**
h. **Rien n'**est arrivé.
i. Je **n'**ai **nulle** idée. Je **n'**ai **aucune** idée.
j. Je **ne** suis allé **nulle part.**
k. Ils **n'**en croient **rien, ni** moi **non plus.**
l. Il **ne** se fie **à personne.**
m. Je **ne** pense **à rien.**

ANALYSE La négation se compose de deux parties: **ne** devant le verbe et **pas (jamais, plus, guère, point)** après le verbe ou l'auxiliaire. Phrases *f* et *h* commencent par la négation: **Personne ne . . . , Rien ne . . . ; ne** suit directement.

REMARQUES

1. La négation d'un infinitif (phrase *e*) a deux solutions possibles: **ne pas (jamais, plus,** etc.) + *infinitif,* ou **ne** + *infinitif* + **pas (jamais, plus,** etc.).
2. Aux temps composés, **personne, nulle part, aucun** *(+ nom)* se placent après le participe passé: je n'ai vu **personne,** il n'est allé **nulle part,** je n'y ai trouvé **aucun** (objet).

3. Dans la phrase *k*, **ni** renforce la négation.
4. Dans les phrases *l* et *m*, notez que **personne** et **rien** peuvent être l'objet d'une préposition.

2. OBSERVEZ Il **n'**aime **ni** le vin **ni** la bière.
(**ne** + *verbe*, **ni** + *nom*, **ni** + *nom*)
(*négation simple:* Aime-t-il *le* vin et *la* bière?)
Je **n'**ai **ni** vin **ni** bière.
(*négation du partitif:* Avez-vous *du* vin et *de la* bière?)
Je **ne** sais **ni** d'où je viens, **ni** où j'irai.
(**ne** + *verbe*, **ni** + *proposition*, **ni** + *proposition*)
Ni toi **ni** moi **n'**accepterions d'être heureux à ce prix.
(**ni** + *nom* ou *pronom*, **ni** + *nom* ou pronom, **ne** + *verbe*)
Ni lui **ni** elle **ne comprend** (ou **comprennent**) l'éternité.
(*L'accord du verbe au pluriel est facultatif.*)
Il **n'**était **ni** raisonnable **ni** faible.
(**ne** + *verbe*, **ni** + *adjectif*, **ni** + *adjectif*)
Il **ne** chante **ni ne** danse.
Il **ne** sait **ni** chanter **ni** danser.
(*Notez la structure parallèle de la négation d'une série.*)

3. OBSERVEZ Êtes-vous **encore** (**toujours**) perplexe? Non, je **ne** suis **plus** perplexe.
As-tu **déjà** mangé? Non, je **n'**ai **pas encore** mangé.

ANALYSE La négation de **encore** ou **toujours** est **ne . . . plus**.
La négation de **déjà** est **ne . . . pas encore**.

ATTENTION N'oubliez pas l'interro-négatif: **N'**a-t-il **jamais** vu **personne?**

Exercices

A. Décrivez un mauvais étudiant en donnant le contraire des phrases suivantes.

MODÈLE: Un bon étudiant est *toujours* préparé.
Un mauvais étudiant *n'*est *jamais* préparé.

1. Un bon étudiant sait *tout*.
2. Il a *toujours* la bonne réponse.
3. *Tout* est intéressant pour lui.
4. *Tout le monde* veut être avec lui.
5. Il veut faire son travail.
6. Il a le temps et l'intérêt pour accomplir son travail.
7. Il a ses livres et ses cahiers en classe.
8. Il a de la patience et de la persévérance.

9. Il sait où il va et comment y arriver.
10. Il sait étudier et organiser son temps.

B. Répondez négativement aux questions suivantes.

1. Avez-vous le temps et l'énergie pour faire ce travail?
2. Êtes-vous gros et bête?
3. Connaissez-vous l'U. R. S. S. et la Chine?
4. Avez-vous fini tous les exercices?
5. Lui et vous, comprenez-vous la relativité?
6. Est-ce que tout est facile pour vous?
7. Avez-vous des amis partout?
8. Avez-vous déjà dîné?
9. Êtes-vous toujours amoureux du professeur?
10. Êtes-vous encore au début du livre?
11. Émanuel va à la plage. Et vous aussi?

Questions sur le dessin humoristique

1. Pourquoi les pharmaciens, ayant tous les moyens chimiques pour être heureux, ne le sont-ils pas?
2. Comment la remarque du mari de Marthe manifeste-t-elle l'attitude «moderne» envers les problèmes? Quel est votre avis?
3. Comment la façon d'envisager la vie influence-t-elle sa qualité?

—«Pourtant, Marthe, nous avons tout pour être heureux . . . »

© Charillon-Paris

Conversation/Petit écrit

A. Préparez oralement les questions suivantes.

B. Préparez par écrit la question de votre choix.

1. S'il fallait choisir, choisiriez-vous d'être le bramin ou l'Indienne? Pourquoi?
2. Est-il possible d'être intelligent, sensible et aussi heureux? Expliquez.
3. Pensez-vous que ceux qui sont riches ont plus ou moins de chance d'être contents dans la vie? Quel est le rôle des biens matériels dans le bonheur individuel? Quelle est l'importance d'autrui? Quelle est l'importance de la profession? de la famille?
4. Croyez-vous que le pays où l'on habite compte dans le bonheur personnel de ses habitants? Comment? Donnez des exemples.
5. Comparez la qualité du bonheur d'un «automate» ou d'un animal et le bonheur idéal.
6. Pourquoi la question du mal a-t-elle toujours causé des problèmes pour la religion?
7. Que vous faut-il pour être heureux?
8. Comment les façons de voir la vie influencent-elles sa qualité?

Étude du lexique

1. **faire le point**   préciser la situation où l'on se trouve
    La fin de l'année est un bon moment pour faire le point.

2. **avoir trait à**   se rapporter à, être relatif à
    Tout ce qui a trait à notre vie personnelle nous intéresse.

3. **cocher**   marquer d'un trait, d'un signe d'une coche (✓)
    Il a coché la réponse qui lui semblait correcte.

4. **exigeant**   difficile à contenter, qui demande beaucoup, sévère
    Il vaut mieux être exigeant avec soi-même qu'avec les autres.

5. **marcher sur les pieds de quelqu'un**   marcher sur ses principes
    Elle ne laisse plus personne lui marcher sur les pieds.
    Je ne laisse personne me marcher sur les pieds.

6. **néfaste**   fatal, dangereux
    Les effets du soleil peuvent être néfastes.

7. **taquiner**   agacer, embêter légèrement
    Elle est très susceptible et n'aime pas qu'on la taquine.

8. **à loisir**   autant qu'on le désire; en prenant tout son temps

Chez Castel, on peut manger à loisir.

«Rien d'excellent ne se fait qu'à loisir.» (Gide)

9. **côtoyer**   marcher ou vivre à côté de quelqu'un

Des passants que Sylvain côtoyait portaient des cadeaux de Noël.

10. **un commérage**   un commentaire indiscret *(fam.)*

Ce ne sont que des commérages; il ne faut pas les écouter.

11. **garder rancune**   tenir un souvenir d'une offense avec un désir de vengeance

Lucile a bon cœur; elle garde rarement rancune, même contre ses ennemis.

12. **numéroter**   marquer d'un numéro, d'un chiffre

Mon manuscrit est en désordre car j'ai oublié de numéroter les pages.

13. **coupable**   qui a commis une faute ≠ innocent

Le prisonnier était coupable; il avait avoué son crime.

la culpabilité   l'état de celui qui est coupable

L'avocat a établi la culpabilité de l'accusé.

14. **de même**   de la même façon

Laurent traite sa femme et sa mère de même.

15. **terrassé**   abattu physiquement

Elle a abusé de sa santé cet hiver et se trouve actuellement terrassée.

16. **à tout prix**   quoi qu'il puisse en coûter, coûte que coûte

Il faut à tout prix qu'il surmonte ce sentiment de culpabilité.

17. **tirer le meilleur parti de**   profiter au maximum de

Si tu désires tirer le meilleur parti de la vie, il vaut mieux vivre dans le moment présent.

Prenez-vous la vie du bon côté?

Lyne Rivard

Notre façon de voir et de prendre la réalité quotidienne influence directement nos santés morale et physique. Ce test vous fera faire le point en ce qui vous concerne et, sans doute, vous y trouverez matière à réflexion en ce qui a trait à la réévaluation de votre qualité de vie.

SOURCE: *Vivre*, juillet 1984.

Lisez les phrases ci-dessous et cochez celles qui semblent le mieux représenter votre genre de réaction, ou la personne que vous êtes.

1. Je suis très exigeant pour moi-même.
2. Je peux sembler docile mais je ne laisse personne me marcher sur les pieds.
3. Je me sens seul la plupart du temps.
4. Je me fâche immédiatement lorsque les événements prennent une tournure imprévue.
5. Le bonheur est plus important que l'argent.
6. Je m'efforce constamment d'être une «bonne personne».
7. Je travaille fort et je m'amuse fort aussi.
8. Quand je me sens fatigué ou malade, je **traîne** au lit.   reste longtemps
9. Je déteste **décevoir** les gens.   tromper dans leurs
10. Les gens rencontrent rarement mes exigences.   espoirs
11. J'essaie de vivre dans le présent et je prends la vie comme elle vient.
12. Un de mes défauts est que j'essaie trop de plaire à chacun.
13. J'ai grand besoin de compliments et de flatteries.
14. Je sais apprécier une grande variété de gens.
15. Lorsqu'on me critique, je **me renfrogne.**   fais la grimace
16. Je suis une personne agressive et **soupe au lait.**   coléreuse
17. Ça ne me dérange pas de travailler sous pression.
18. Je m'aperçois que souvent, les gens suivent ma trace.
19. J'aime ou je déteste, sans demi-mesures.
20. Il m'arrive de désirer demeurer seul, chez moi.
21. Je ne peux supporter de vivre en compagnie de gens hostiles ou trop rudes.
22. Quand un homme (une femme) me plaît, je fais tout pour le (la) séduire.
23. Il m'est difficile de garder rancune.
24. Il m'est difficile de dire «non».
25. Je dois toujours **me battre** pour obtenir satisfaction.   lutter
26. J'aime les hommes qui ont de l'humour et qui savent se montrer agréables.
27. Quand je suis en colère, je sais contrôler mes émotions.
28. Je suis rarement satisfait de mes réalisations.
29. Dans l'ensemble, la vie m'apporte suffisamment de satisfaction.
30. Pour moi, l'amour est la plus belle chose au monde.
31. Il m'est difficile de prendre les choses calmement.
32. J'aime la compétition, même si je suis perdant.
33. J'ai bon cœur et je suis loin d'être égoïste.
34. J'ai un seuil de tolérance très bas en ce qui a trait aux frustrations.
35. J'aime les sorties ou excursions improvisées.
36. Je me préoccupe de ce que les gens pensent de moi.

37. Même lorsque tout semble bien aller, je demeure insatisfait.
38. Ma vie amoureuse est calme.
39. Je suis parfois submergé de sentiments désespérants et doulou-
    reux.
40. Je déteste être malade et sais **passer outre** les petits malaises.   passer au-delà
41. J'adore rencontrer de nouvelles personnes.
42. Il me semble que la vie est cruelle et si rarement gratifiante.
43. Je déteste perdre mon temps en bavardages ou insignifiances.
44. Je ne pourrais pas travailler pour une personne malhonnête.
45. Quand je perds un ami ou un amant, ma vie **chavire.**   bascule, coule
46. Je suis très perfectionniste pour mes amants et mes proches.
47. En autant que ça demeure amusant, on peut me taquiner à loisir.
48. Je me considère comme une personne forte et diplomate.
49. J'essaie toujours de me présenter dans une tenue impeccable.
50. Quand il s'agit de quelqu'un que j'aime, je peux fermer les yeux
    sur des imperfections.
51. Je deviens souvent malade, suite à des contrariétés émotion-
    nelles.
52. Attention, je peux devenir féroce!
53. Généralement, je suis de nature conciliante.
54. J'essaie toujours de trouver le bon côté des gens et des événe-
    ments.
55. Je deviens tendu lorsqu'il m'arrive de côtoyer des gens célèbres
    ou importants.
56. J'admets facilement m'être trompé.
57. Lorsqu'on me demande un service, je refuse rarement.
58. Les critiques ou commérages à mon sujet me rendent furieux.
59. Je suis heureux du succès de mes proches.
60. Je travaille sans cesse à parfaire mes idéaux.

Les résultats

À chaque question numérotée correspond une colonne classifiée par
lettre. Trouvez celle qui vous représente le mieux.

A	B	C	A	B	C
1	2	3	4	5	6
7	8	9	10	11	12
13	14	15	16	17	18
19	20	21	22	23	24
25	26	27	28	29	30
31	32	33	34	35	36
37	38	39	40	41	42
43	44	45	46	47	48
49	50	51	52	53	54
55	56	57	58	59	60

Analyse des résultats

S'il y a des constantes qui vous stabilisent davantage dans une ou deux colonnes, la colonne principale sera celle où vous cumulez le plus de réponses et indiquera votre façon primaire de réagir au stress quotidien.

La personne A

La personne correspondante à cette colonne a eu une enfance où «l'effort mérite récompense» était un axiome primordial. Cette personne est devenue par la suite ambitieuse, agressive et très concernée par son image sociale. Elle ne peut tolérer la critique parce que celle-ci **pointerait** ses faiblesses qui, selon elle, doivent demeurer cachées. Elle trouve la relaxation difficile. Elle réagit au stress en le combattant sans cesse. Ses faiblesses physiques ou émotionnelles sont combattues de même ou niées si nécessaire. Elle passe outre les signes annonciateurs de troubles physiques bénins et se voit soudain terrassée par une maladie grave ou une attaque cardiaque.

ferait remarquer

La thérapie
La méditation transcendentale, le «biofeedback» et toute autre méthode de relaxation physique et psychique sont recommandées. Une aide psychologique plus suivie (thérapie personnelle) serait recommandée avec un spécialiste.

La personne B

Cette personne a connu une enfance **sécurisante** et acquiert naturellement une maturité adulte. Elle ne se sent pas **amoindrie** ou dévalorisée lorsque survient une adversité ou une maladie. Cette personne est la plus apte à **conjurer** le stress et ses effets néfastes.

rassurante
diminuée

détourner

La personne C

Ce que cette personne ressent le plus souvent est une sorte de «rejet». Son enfance a été marquée par le manque d'affection sincère et de support moral. Elle a grandi dans une solitude émotionnelle difficile. Ainsi, elle a développé une angoisse latente qui se traduit par cette obsession de plaire à tout prix. Cette personne peut devenir même «**bonasse**» juste pour ne plus sentir ce «rejet» si douloureux. Elle n'arrivera pas à ressentir de l'hostilité et fera tout pour éloigner l'antipathie naturelle. Si elle ressent de la rage ou de l'agressivité, elle retournera ces sentiments contre elle-même: culpabilité, auto-destruction.

d'une bonté excessive

Elle est portée à la dépression et aux maladies (attention: cancer). Des recherches ont en effet prouvé que les personnes dites du groupe «C» étaient plus facilement atteintes par le cancer.

La thérapie
Ce type de personne bénéficierait de pratiquer une discipline spéciale telle: danse aérobique, arts martiaux, etc. afin de libérer les émotions. Elle doit à tout prix dépasser sa crainte du rejet. À tout prix, il faut à cette personne une approche positive du quotidien pour une réinsertion sociale saine.

La seconde réponse du groupe B

Même si la majorité de vos réponses vous placent dans un groupe à risque, le fait que vous avez également des tendances du groupe «B» est excellent. En connaissant les facteurs probants de stress, vous devenez plus en mesure de les combattre en tirant le meilleur parti possible des événements.

Intelligence du texte

1. En général, qu'est-ce que ce test essaie de mesurer?
2. Comment peut-on caractériser les personnes du groupe A? Quels items du test s'appliquent à eux? Connaissez-vous des gens qui rentrent dans cette catégorie? Décrivez-les.
3. Comment peut-on caractériser une personne du groupe B? Quels items du test s'appliquent à elle? Connaissez-vous des gens qui appartiennent à ce groupe? Décrivez-les.
4. Comment peut-on classifier les gens du groupe C? Quels items du test s'appliquent à eux? Connaissez-vous des personnes qui rentrent dans cette catégorie? Sont-elles plutôt des femmes ou des hommes? Commentez votre réponse. Quel rôle la société joue-t-elle dans cette prédominance? Croyez-vous que les femmes du groupe C diminuent en nombre de nos jours? Pourquoi?
5. Pensez-vous qu'un tel test puisse vous apprendre des choses nouvelles sur vous-même? Que pensez-vous de la «thérapie» recommandée pour ceux qui rentrent dans les groupes A et C?
6. Pensez-vous qu'il y ait plus d'hommes que de femmes dans la catégorie A? Comment la société détermine-t-elle la psychologie de l'individu?
7. Décrivez les parents d'un enfant de la catégorie B.

Résumé

En vous appuyant sur les questions suivantes, faites un résumé de l'article «Prenez-vous la vie du bon côté?»

Quel est l'intérêt général de l'article? Comment Madame Rivard divise-t-elle les êtres humains? Quelle méthode emploie-t-elle pour décider dans quel groupe un individu rentre? Donnez les caractéristiques de chaque groupe. Quels sont les conseils donnés aux membres des groupes A et B? Décrivez l'enfance d'une personne de chaque groupe. Quelle est l'utilité du test?

Essai

Les tests psychologiques que nous subissons tous les jours, dans les entreprises, dans les journaux, dans les périodiques, dans les livres, donnent l'impression qu'il existe une personnalité dite «normale» et que c'est ce que tout le monde ferait bien d'imiter.

En vous référant aux Leçons 1 à 7 pour la structure d'un essai et au vocabulaire ci-dessous, composez un essai bien raisonné sur un des sujets suivants. Essayez, d'abord, de définir les termes. Pouvez-vous convaincre quelqu'un de votre point de vue?

1. Être «normal», c'est être conformiste! (Que veut dire «normal»? Veut-il dire se comporter comme les autres? Est-ce souhaitable? Qu'arrive-t-il donc à la créativité et à la découverte? Sentez-vous que votre milieu social exerce une pression sur vous pour être comme les autres?)
2. Faut-il renoncer à la liberté individuelle pour être «normal»? (Dans la sphère de ce qui peut être considéré normal, peut-il exister des variations? Faut-il sacrifier certaines idées pour s'adapter aux autres? Lesquelles?)
3. Êtes-vous égoïste? (Comment réagissez-vous aux demandes des autres? Aimez-vous la proximité des êtres, ou préférez-vous être seul? Êtes-vous capable de partager votre vie avec un autre?)

Comment dirais-je?

la conformité aux règles *(f.)*
le conformisme, se conformer à, se contraindre
les conventions *(f.)*, conventionnel, uniforme, orthodoxe
selon les règles
l'usage *(m.)*

la non-conformité aux règles
aberrant, une aberration, anormal
anti-conformiste, anti-conformisme *(m.)*
agressif, l'agressivité *(f.)*

Un chien peut-il remplacer un être humain? Certains pensent que oui.

l'originalité *(f.)*, original
révolutionnaire, se révolter contre
contrevenir à, désobéir à, enfreindre, manquer à, offenser, pécher contre, violer
    une règle

avoir du génie, la faculté créatrice, du talent, de l'intelligence
l'égalitarisme *(m.)*
la société égalitaire, l'égalité *(f.)* des êtres
la monotonie, monotone
s'identifier à, identique, pareil, semblable
imiter, copier, imitation, être l'image de, suivre un modèle

Activités

Préparez les sujets suivants pour discuter en classe.

1. Est-ce qu'un génie peut être normal?
2. Les tests psychologiques devraient être abolis au niveau des entreprises;
   c'est une incursion dans la vie privée.
3. Comment peut-on se libérer des attitudes néfastes à l'égard de la vie et à
   l'égard de nous-mêmes, qui ont été formées pendant notre enfance?

Mini-théâtre

    Une jeune personne veut se suicider. Son ami essaie de la persuader de ne
pas le faire.

Les arts

TEXTE I
Oscar et Erick,   *Marcel Aymé*

GRAMMAIRE
L'emploi et la formation de l'adverbe
La place des adverbes
Le participe présent et le gérondif

TEXTE II
Diane Dufresne (extrait),   *Geneviève Beauvarlet*

Étude du lexique

1. **un navire**   un grand bateau, un vaisseau
   Sur l'horizon, on voyait venir de grands navires de guerre.

2. **sauvegarder**   défendre, conserver, préserver, protéger
   Il faut être toujours vigilant pour sauvegarder sa liberté.

3. **franchir**   passer par-dessus (un obstacle), aller au delà de (une limite), surmonter
   Il y a beaucoup de barrières à franchir avant d'arriver au but.

4. **se frayer un chemin**   ouvrir un chemin en écartant les obstacles
   Elle s'est frayée un chemin à travers le bois.
   La vie n'est pas toujours facile; il faut se frayer un chemin.

5. **une toile**   ce sur quoi un artiste peint; la peinture elle-même
   La toile était tendue; il fallait la peindre.

6. **dire que . . . !**   quand on pense que . . . ! (expression d'indignation, de surprise)
   Dire qu'on a tout fait pour lui! L'ingrat!

7. **un atelier**   le lieu où travaille un artiste
   Des toiles de toutes les grandeurs remplissaient son atelier.

8. **le zèle**   la ferveur, le dévouement, l'empressement
   Il travaillait avec tant de zèle qu'il finissait son tableau en très peu de
      temps.

9. **griffonner**   écrire ou dessiner à la hâte
   Il a griffonné quelques dessins qui ne valaient pas grand-chose.

10. **sonder quelqu'un**   chercher à connaître son état d'esprit, ses intentions
    Lucienne est venue me sonder sur mes idées politiques.

11. **de bonne grâce**   avec douceur, avec gentillesse
    Il a accepté ma critique de bonne grâce.

12. **étaler**   exposer; déplier; montrer avec ostentation
    Il a étalé sa marchandise sur le quai.
    Assis au café devant un verre de rouge, il étala son journal.
    Elle étalait ses charmes et ses connaissances.

13. **hérisser**   dresser les cheveux, les poils, les épines (plantes)
    Le chat hérisse ses poils.
    Le froid et la peur hérissent les poils.

14. **rugir**   pousser des cris terribles comme un lion, un tigre

Son père rugissait de colère.

15. **redouter**   craindre, avoir peur de

Oscar redoutait la réaction de son père.

16. **C'est une autre paire de manches**   c'est une autre histoire

Lucien réussit dans tout ce qu'il entreprend, mais son frère, ah! c'est une autre paire de manches.

17. **soupçonner**   deviner, pressentir, entrevoir

Le vieux soupçonnait l'influence néfaste d'Erick sur Oscar.

18. **s'enfoncer**   pénétrer profondément, s'avancer

Simone s'est enfoncée dans son fauteuil.
Il s'enfonça dans la forêt.
Il s'enfonçait de plus en plus dans une rêverie fantastique.

Oscar et Erick

Marcel Aymé

*Nouvelliste, romancier, dramaturge et essayiste, Marcel Aymé (1902–1967) est un des prosateurs les plus originaux de son temps. Son œuvre romanesque aussi bien que théâtrale mélange de façon ingénieuse le merveilleux et le quotidien, le fantastique et le réel. Dans ses récits en prose—*La Jument verte *(1930), *Le Passe-muraille *(1934), *Le Chemin des écoliers *(1947), *En Arrière *(1950), dont est tiré «Oscar et Erick»—on trouve un réalisme fantaisiste et des personnages savoureux et comiques. Marcel Aymé ironise avec irrévérence l'absurdité et la banalité du monde journalier qui essaie d'imposer sa vision médiocre sur les esprits imaginatifs—un monde où règne une «vigilante hypocrisie . . . trop consciente pour qu'on la puisse habiller du nom honorable de conformisme.»*

*Dans «Oscar et Erick», Aymé montre que même dans le domaine des beaux-arts la tyrannie s'exerce sur ceux qui désirent sauvegarder leur liberté de l'imagination. Comme *L'Histoire du bon bramin, *cette nouvelle est proche de l'apologue—c'est-à-dire, une petite fable visant essentiellement à illustrer une leçon morale.*

Comment la famille d'Oscar limite-t-elle sa liberté? Le vieux Olgerson aime-t-il son fils ou bien le succès de son fils?

Il y a trois cents ans, au pays d'Ooklan,[1] vivait une famille de peintres qui portaient le nom d'Olgerson et ne peignaient que des chefs-

Extrait de Marcel Aymé, *En Arrière* (© Éditions Gallimard, Paris, 1950).

[1]Pays imaginaire.

d'œuvre. Tous étaient célèbres et vénérés et si leur renommée n'avait pas franchi les frontières, c'est que le **royaume** d'Ooklan, isolé en plein Nord, ne communiquait avec aucun autre. Ses navires ne prenaient la mer que pour la pêche ou la chasse, et ceux qui avaient cherché un passage vers le Sud s'étaient tous brisés sur des lignes de **récifs.** (. . .)

Hans, **formé à l'école** de ses dix-huit frères et sœurs, devint un ad-mirable **paysagiste.** Il peignait les sapins, les **bouleaux,** les **prés,** les neiges, les lacs, les cascades, et avec tant de vérité qu'ils étaient sur la toile comme Dieu les avait faits dans la nature. (. . .)

Hans Olgerson se maria et eut deux fils. Erick, l'aîné, ne manifestait aucun don artistique. Il ne rêvait que chasse à l'ours (. . .) et s'inté-ressait passionnément à la navigation. Aussi faisait-il le désespoir de la famille et surtout du père (. . .). Au contraire, Oscar, qui avait un an de moins que son frère, se révéla **dès** le jeune âge un extraordinaire artiste, d'une sensibilité et d'une sûreté de main incomparables. À douze ans, il brossait déjà des paysages à rendre jaloux tous les Olger-son. (. . .)

Ayant des goûts si opposés, les deux frères ne s'en aimaient pas moins tendrement. Lorsqu'ils n'étaient pas à la pêche ou à la chasse, Erick ne quittait pas l'atelier de son frère et Oscar ne se sentait jamais pleinement heureux qu'avec lui. Les deux frères étaient si unis qu'il n'était pour l'un ni joie ni peine que l'autre ne ressentît comme siennes.

À dix-huit ans, Erick était déjà un très bon marin et participait à toutes les grandes expéditions du pêche. Son rêve était de franchir les lignes de récifs (. . .). Quoiqu'il n'eût encore que dix-sept ans, Oscar était devenu un maître. Son père déclarait avec orgueil n'avoir plus rien à lui apprendre. Or, le jeune maître, tout à coup, parut montrer un zèle moins vif pour la peinture. Au lieu de peindre des paysages su-blimes, il se contentait de griffonner des **croquis** sur des feuilles vo-lantes qu'il déchirait aussitôt. Alertés, les Olgerson, qui étaient encore au nombre de quinze, se réunirent pour le sonder. Parlant au nom de tous, le père demanda:

—Est-ce, mon doux fils, que vous seriez dégoûté de la peinture?

—Oh! non, mon père, je l'aime plus que jamais.

—Allons, voilà qui est bien (. . .). Parlez, Oscar, et dites-nous s'il manque quelque chose à votre repos. Et si vous avez un désir, ne nous cachez rien.

—Eh bien, mon père, je vous demanderai de m'abandonner pour un an votre maison des montagnes du R'han. Je voudrais y faire une re-traite. Il me semble que j'y travaillerais bien, surtout si vous autorisiez mon frère à m'accompagner dans ces solitudes.

Le père accepta de bonne grâce et, le lendemain même, Oscar et Erick partaient en **traîneau** pour les montagnes (. . .). Un an jour pour

Margin glosses:

pays gouverné par un roi

barrières de rochers sous l'eau

suivant l'exemple

peintre de paysages / *birches* / *fields*

à partir de, depuis

esquisses rapides, dessins

véhicule à patins, luge

jour après le départ de ses fils, il prit lui-même la route et après un voyage d'une semaine arriva dans sa maison des montagnes du R'han. (. . .)

50   En entrant dans l'atelier, il demeura d'abord muet d'horreur. Sur toutes les toiles s'étalaient des objets d'une forme absurde, monstrueuse, auxquels leur couleur verte semblait vouloir conférer la qualité végétale. Certains de ces monstres étaient constitués par un assemblage d'énormes oreilles d'ours, vertes, hérissées de **piquants.**   épines longues et acérées / chandelles
55 D'autres ressemblaient à des **cierges** et à des chandeliers à plusieurs branches. (. . .)

    —Qu'est-ce que c'est que ces **saloperies**-là? rugit le père.   saletés, cochonneries

    —Mais, mon père, répondit Oscar, ce sont des arbres.

    —Quoi? des arbres, ça?

60   —À vrai dire, je redoutais l'instant de vous montrer ma peinture et je comprends qu'elle vous surprenne un peu. Mais telle est maintenant ma vision de la nature et ni vous ni moi n'y pouvons rien.[2]

    —C'est ce que nous verrons! Ainsi, c'était pour vous livrer à ces dépravations que vous avez voulu vous retirer dans la montagne? Vous
65 allez me faire le plaisir de rentrer à la maison. Quant à vous, Erick, c'est une autre paire de manches! (. . .)

    (. . .)À l'égard d'Erick, soupçonné de corrompre le goût de son frère, il fut décidé de l'éloigner pendant deux ans. Le jeune homme arma un **bâtiment** avec lequel il projeta de franchir les récifs pour ex-   *(ici)* navire
70 plorer les mers d'au delà. Sur le quai d'embarquement, après de tendres adieux où il mêla ses larmes aux larmes de son frère, Erick lui dit:

    —Mon absence durera sans doute de longues années, mais ayez confiance et n'oubliez jamais que vous êtes le terme de mon voyage.

75   Pour Oscar, les Olgerson avaient décidé de le tenir prisonnier dans son atelier jusqu'à ce qu'il eût retrouvé le goût de peindre honnêtement. (. . .) Loin de revenir à une vision plus saine de la nature, il s'enfonçait chaque jour davantage dans l'absurde, et le mal paraissait sans remède.

80   —Voyons, lui dit un jour son père, comprenez donc une bonne fois que vos tableaux sont un **attentat** à la peinture. On n'a pas le droit de   tentative criminelle peindre autre chose que ce qu'on voit.

    —Mais, répondit Oscar, si Dieu n'avait créé que ce qu'il voyait, il n'aurait jamais rien créé.

85   —Ah! il ne vous manquait plus que de philosopher! Petit malheureux, dire que vous n'avez jamais eu que de bons exemples sous les yeux! Enfin, Oscar, quand vous me voyez peindre un bouleau, un sapin. Au fait, qu'est-ce que vous pensez de ma peinture?

    —Excusez-moi, mon père.

---

[2]Nous ne pouvons rien faire pour changer la situation.

90 —Mais, non, parlez-moi franchement.
—Eh bien, franchement, je la trouve bonne à **flanquer** au feu.   jeter
Hans Olgerson fit bonne contenance, mais quelques jours plus tard,
sous prétexte que son fils dépensait trop de bois pour se chauffer, il le
chassait de sa maison sans lui donner un sou. Avec le peu d'argent
95 qu'il avait sur lui, Oscar loua une **bicoque** sur le port et s'y installa avec   habitation mal
sa boîte de couleurs. Dès lors commença pour lui une existence misé-   construite
rable. (. . .) Non seulement sa peinture ne se vendait pas, mais elle
était un objet de dérision. (. . .) On l'appelait Oscar le fou. Les enfants
lui crachaient **dans le dos,** les vieillards lui jetaient des pierres (. . .).   derrière lui
100 Un jour de quatorze juillet,[3] une grande rumeur **se propagea** dans   se répandit, courut
le port et dans la ville. Un navire (. . .) venait d'être signalé par le
veilleur de la tour. (. . .) Les autorités de la ville apprirent que le vaisseau était celui d'Erick revenant d'un voyage autour du monde après
une absence de dix années. Aussitôt informés, les Olgerson se frayèr-
105 ent un chemin à travers la foule jusqu'au quai de débarquement. Vêtu
d'une culotte de satin bleu, d'un habit brodé d'or et coiffé d'un tri-
corne, Erick mit pied à terre en face des Olgerson et **fronça les sour-**   fit des rides au front
cils.
—Je ne vois pas mon frère Oscar, dit-il à son père qui s'avançait
110 pour l'embrasser. Où est Oscar?
—Je ne sais pas, répondit le père en rougissant. **Nous nous sommes**   Nous nous sommes
brouillés.   disputés.
Cependant, un homme vêtu de **loques,** au visage **décharné,** parve-   étoffes déchirées / très
nait à sortir de la foule.   maigre
115 Erick l'**étreignit** en pleurant et, lorsque son émotion fut un peu **apai-**   serra dans ses bras /
sée, il se retourna aux Olgerson avec un visage dur.   calmée
—Vieux **birbes,** il n'a pas tenu à vous que mon frère ne meure de   personnes ennuyeuses
faim et de misère.[4] (. . .) Sachez qu'il n'est pas de plus grand peintre   (*pop.*)
qu'Oscar.
120 Les birbes se mirent à **ricaner** méchamment. Erick, s'adressant aux   rire
matelots demeurés sur le navire, commanda:
—Amenez ici les cactus, les dattiers, (. . .) les bananiers (. . .).
Et à la stupéfaction de la foule, les matelots déposèrent sur le quai
des arbres plantés dans des caisses, qui étaient les modèles très exacts
125 de ceux que peignait Oscar. (. . .) Du jour au lendemain, la peinture
des vieux Olgerson fut entièrement **déconsidérée.** Les gens de goût ne   discréditée
voulaient plus que des cactus et autres arbres exotiques. Les deux
frères se firent construire une très belle maison où vivre ensemble. Ils
se marièrent et, malgré leurs femmes, continuèrent à s'aimer tendre-
130 ment. Oscar peignait des arbres de plus en plus étranges, des arbres
encore inconnus et qui n'existaient peut-être nulle part.

[3]La fête nationale française.

[4]Ce n'est pas grâce à vous que mon frère a survécu.

Intelligence du texte

1. Qui vivait au pays d'Ooklan? Que faisait-elle? Pourquoi était-elle célèbre?
2. Pourquoi la renommée des peintres n'avait-il pas franchi les frontières?
3. Qu'est-ce qui arrivait aux navires qui avaient cherché un passage vers le sud?
4. Décrivez la manière de peindre de Hans.
5. Décrivez les deux fils de Hans. Quel était le rapport entre Oscar et Erick?
6. Pourquoi Oscar, à l'âge de dix-sept ans, parut-il montrer moins de zèle pour la peinture?
7. Que propose Oscar lorsque son père lui demande s'il manque quelque chose à son repos?
8. Comment Oscar et Erick partent-ils pour les montagnes du R'han?
9. Pourquoi le père est-il muet d'horreur en entrant dans l'atelier?
10. Comment Oscar s'explique-t-il?
11. Que les Olgerson avaient-ils décidé de faire à Oscar? et à Erick?
12. Oscar change-t-il sa manière de peindre?
13. Que pense le père d'Oscar des tableaux de son fils?
14. Quel est l'avis d'Oscar sur les peintures de son père?
15. Pourquoi le vieux Olgerson chasse-t-il Oscar de la maison?
16. Décrivez la vie d'Oscar après qu'il quitte le domicile paternel.
17. Qu'arrive-t-il un jour de quatorze juillet dix ans plus tard?
18. Comment Erick est-il vêtu? Pourquoi fronce-t-il les sourcils?
19. Décrivez la réunion des deux frères.
20. Qu'est-ce qu'Erick ramène avec lui de son voyage?
21. Comment la vue des arbres exotiques change-t-elle la vogue chez les gens de «goût»? Comment est-ce que l'ironie de l'auteur souligne l'ignorance du public?
22. Que font les deux frères?
23. Comment le style d'Oscar évolue-t-il?
24. Selon Oscar, quel est le rapport entre l'art et la réalité? Comment l'opinion d'Oscar sur ce rapport diffère-t-elle de celle de son père?
25. Est-ce que le narrateur penche pour l'attitude d'Oscar ou pour celle de son père?

Questions sur les tableaux

1. Quels éléments sont retenus dans la peinture abstraite?
2. Quels éléments semblent exagérés?
3. Quels éléments semblent nouveaux dans la peinture abstraite?

L'oiseau bleu de Jean Metzinger (1883–1937) témoigne de l'influence cubiste sur l'artiste.

Jean Metzinger, «Colored Landscape with Aquatic Birds». *Paysage aux oiseaux aquatiques.*

Mise en œuvre du vocabulaire

A. Remplacez les expressions en italique par un des termes du lexique que vous venez d'étudier.

1. Il faut *surmonter* bien des obstacles si l'on veut être artiste.
2. Il m'a rendu ce service avec *gentillesse.*
3. *Quand on pense qu'*il n'a que dix-sept ans et il est déjà un maître!
4. J'ai peine à lire ce qu'il *a écrit.*
5. Un artiste sans *ferveur* est une contradiction.
6. Il voulait *protéger* son indépendance et sa liberté contre l'esprit petit bourgeois.
7. Elle a traversé la mer dans un *grand bateau* anglais.
8. Elle *a exposé* ses achats sur la table de la salle à manger.
9. Ce qu'il *craignait* le plus, c'était l'ennui.
10. Dans l'art comme dans la vie, il faut *ouvrir un chemin.*
11. Après avoir perdu sa fortune, il *se perdit* dans la folie.
12. Il est possible de regarder des croquis sans *deviner* leur importance.
13. Les Olgerson tenaient Oscar prisonnier dans *sa salle de travail,* mais pour Erick, ce fut *une autre histoire.*
14. Ses cheveux *se sont dressés* quand il a entendu *crier* le lion.

B. Remplissez les espaces vides par une expression du lexique.

1. Ce n'est que les pédants qui _____ leur savoir.
2. L'artiste l'a invitée à regarder ses _____ dans son _____ .
3. Ils sont venus me _____ sur mes opinions esthétiques.
4. Au delà des _____ , la mer s'étalait à perte de vue.

C. Terminez les phrases suivantes.

1. Je pense que les toiles de Degas . . .
2. Ce qu'il a griffonné . . .
3. Il montre beaucoup de zèle pour . . .
4. Dans son atelier, l'artiste . . .
5. Pour sauvegarder son indépendance, un artiste . . .
6. Un grand navire . . .
7. Pour franchir la frontière, il faut . . .
8. Le lion a rugi lorsque . . .
9. Le commerçant avait étalé . . .
10. Ses parents voulaient sonder leurs enfants sur . . .

D. Faites des phrases originales avec les expressions suivantes.

1. dire que
2. se frayer un chemin
3. s'enfoncer dans
4. soupçonner que + *indicatif*
5. c'est une autre paire de manches
6. redouter
7. de bonne grâce

GRAMMAIRE

L'emploi et la formation de l'adverbe

1. OBSERVEZ　Les deux frères s'aimaient **tendrement.**
Erick s'intéressait **passionnément** à la navigation.
Les cafés sont **bien** éclairés.
Trois heures, c'est **toujours trop** tard ou **trop** tôt pour tout ce qu'on veut faire.

ANALYSE　L'adverbe modifie le sens d'un verbe, d'un adjectif ou d'un autre adverbe; il est *invariable*. Beaucoup d'adverbes se forment en ajoutant le suffixe **-ment** au féminin de l'adjectif. Dans le cas des adjectifs se terminant par une voyelle, l'adverbe s'obtient à partir du masculin. Si la forme de l'adjectif est identique pour le masculin et le féminin, ajoutez simplement **-ment.**

	Adjectifs		**Adverbes**
Masculin		**Féminin**	
	Groupe A		
distrait		distraite	distraitement
doux		douce	doucement
frais		fraîche	fraîchement
léger		légère	légèrement
long		longue	longuement
mou		molle	mollement
net		nette	nettement
	Groupe B		
poli		(polie)[5]	poliment
absolu		(absolue)	absolument
vrai		(vraie)	vraiment
	Groupe C		
brusque		(*formes*	brusquement
facile		*identiques*	facilement
nécessaire		*au*	nécessairement
paisible		*féminin*)	paisiblement
probable			probablement

[5]Comme le **-e** féminin est muet, il a disparu de l'orthographe de l'adverbe (vers le XVIIᵉ siècle).

RÈGLES PARTICULIÈRES

	Adjectifs	Adverbes
Adjectifs en -ent et -ant	méchant	méchamment
	courant	couramment
	évident	évidemment
	négligent	négligemment
EXCEPTION:	lent	lentement
L'accent circonflexe marque la chute du -e féminin.	assidu	assidûment
	cru	crûment
	gai	gaîment (ou gaiement)
Adverbes en -ément	décidé	décidément
	forcé	forcément
	précis	précisément
	profond	profondément
Adverbes irréguliers	bon	bien
	meilleur	mieux
	mauvais	mal
	pire	plus mal (pis)
	bref	brièvement
	gentil	gentiment

2. OBSERVEZ   Il a travaillé dur.
Tu parles fort!
Les fleurs sentent bon.

ANALYSE   Certains adjectifs peuvent être employés comme adverbes.

Exercice

Donnez la forme adverbiale de l'adjectif entre parenthèses.

1. D'habitude, elle parle (doux).
2. Il écrit (net) mieux après son cours d'orthographe.
3. Marianne m'a entretenu (long) sur ses ennuis.
4. Je vais (léger) mieux après avoir mangé cette bonne soupe.
5. Tu es (vrai) très gentil de m'avoir rendu ce service.
6. Il est (absolu) fou de la peinture.
7. Ils s'intéressent (vif) aux beaux-arts.
8. Tu as (tel) grandi! Dire que tu n'avais que 4 ans quand je t'ai vu la dernière fois!
9. (Heureux), ils sont revenus à temps pour voir l'exposition des peintures de Degas.
10. Il m'a répondu (brusque) qu'il ne voulait (absolu) pas y aller.

11. Il a *(probable)* changé d'idée.
12. Elle m'a regardé *(méchant)* en se renfrognant.
13. Ils parlent *(courant)* le français.
14. *(Évident),* vous n'avez rien compris!
15. Parlez plus *(lent).*
16. Il travaille *(assidu)* tous les jours dans son atelier.
17. Elle chantait *(gai)* un petit air que je n'ai pas reconnu.
18. *(Décidé),* c'est un méchant individu!
19. Ce que vous dites m'a *(profond)* ému.
20. C'est *(précis)* ce que je voulais dire!
21. Il peint *(meilleur)* que son père.
22. J'ai *(mauvais)* dormi.
23. Je vous dirai *(bref)* ce que j'ai vu à l'exposition.

La place des adverbes

1. OBSERVEZ   Je voyais **bien** qu'il avait quelque chose à dire.
Erick s'intéressait **beaucoup** à la navigation.
Je l'ai **encore** vu aujourd'hui.
J'ai **enfin** compris ce que tu voulais.
Il a **complètement** perdu sa raison.

ANALYSE   Au temps simple, l'adverbe se place après le verbe. Au temps composé, les adverbes les plus utilisés se placent *après l'auxiliaire.* Voici une liste partielle de ces adverbes:

mal	tant	encore	toujours
bien	déjà	souvent	sans doute
peu	assez	beaucoup	pas du tout
trop	enfin	presque	tout à fait

certainement	malheureusement	seulement
complètement	probablement	tellement
finalement	réellement	vraiment
heureusement	vraisemblablement	

REMARQUES   1.   La place habituelle de l'adverbe de lieu et de temps est après le participe passé, ou au début ou à la fin de la phrase:

Aujourd'hui, je vais écrire dans mon journal.
N'as-tu pas vu mon journal **ici?**

2.   **Presque** et **sans doute** précèdent le mot **pas** au temps composé:

Il n'a **sans doute pas** imaginé cette possibilité.
Il n'a **presque pas** dormi.

3. Il y a quelques cas spéciaux:

Il viendra peut-être.
Peut-être viendra-t-il.
Peut-être qu'il viendra. *(langue parlée)*
Il est sans doute au théâtre.
Sans doute est-il au théâtre.
Sans doute qu'il est au théâtre. *(langue parlée)*

2. OBSERVEZ   Il m'a parlé **d'un air content.**
J'ai répondu **de manière vexée.**
Elle parlait **de façon fâchée, concise . . .**
Le père répondit **d'un ton tremblant, familier . . .**

ANALYSE   Certains adjectifs n'ont pas d'adverbes en **-ment.** On emploie
donc une périphrase qui rend le même sens.

Exercices

A. Vous vous sentez très bien. Expliquez pourquoi en ajoutant l'adverbe **bien**
à chaque phrase.

1. J'ai dormi.
2. Je me suis habillé.
3. J'ai mangé.
4. J'ai préparé ma leçon.
5. J'ai compris tous les exemples.
6. J'ai réussi à l'examen.

B. Votre ami ne se sent pas bien. Expliquez pourquoi en ajoutant l'adverbe
mal à chaque phrase.

1. Il a dîné.
2. Il a étudié.
3. Il a dormi.
4. Il a mangé ce matin.
5. Il a compris les instructions
pour l'examen.
6. Il a réussi à l'examen.

C. Vous et votre ami vous préparez pour un marathon. Ajoutez l'adverbe **peu**
à chaque phrase.

1. Hier soir, nous avons mangé.
2. Nous avons bu.
3. Nous avons regardé la télé.
4. Nous nous sommes amusés.

D. L'été dernier, vos amis sont allés au Québec. Ajoutez l'adverbe **souvent,
trop** ou **vraiment** aux phrases suivantes, selon le cas.

1. Ils sont allés à Montréal.
2. Ils n'ont pas téléphoné à leurs parents.
3. Ils sont allés au cinéma.
4. Ils ont été malades parce qu'ils ont mangé aux restaurants bon marché.

5. Mais ils ont profité de leur séjour.
6. Ils se sont amusés.
7. Ils désirent y retourner l'été prochain.

E. Vous avez passé une journée difficile avec un ami. Ajoutez l'adverbe **presque** aux phrases suivantes.

1. Je n'ai rien fait aujourd'hui.
2. Je me suis disputé avec mon ami.
3. Par conséquent, je n'ai rien mangé.
4. Je n'ai pas bu non plus.
5. Je n'ai pas compris la raison de notre désaccord.

F. Votre ami s'inquiète de votre désaccord aussi. Ajoutez **sans doute** aux phrases suivantes.

1. Tu n'as pas compris la raison de notre désaccord.
2. Tu n'as pas bien dormi.
3. Tu n'as rien mangé.
4. Notre désaccord va recommencer, si nous ne nous parlons pas à cœur ouvert.

G. Vous avez un différend avec un ami. Décrivez votre manière de vous parler.

MODÈLE: Je lui ai parlé. *(inquiet, calme, fâché)*
Je lui ai parlé d'un air inquiet.
Je lui ai parlé de façon calme.
Je lui ai parlé d'un ton fâché.

1. Il m'a répondu. *(content, irritant, agressif)*
2. Je lui ai répliqué. *(vexé, tremblant, méprisant)*
3. Il m'a rétorqué. *(détaché, péremptoire, théâtral)*

H. Employez les adverbes de lieu et de temps pour parler de votre semaine.

aujourd'hui	toute la fin de semaine
hier	ici (où vous habitez)
demain	là-bas (où vous travaillez)
vendredi soir	chez mes amis
samedi après-midi	partout
dimanche matin	loin
bientôt	maintenant

Le participe présent et le gérondif

1. OBSERVEZ
On voyait un navire venant (= qui venait) du sud, ayant (= qui avait) des voiles pourpres et une proue dorée.
Voyant (= Parce que je voyais) qu'il n'allait pas partir, je l'ai mis à la porte.

ANALYSE
Le participe présent sert à qualifier un nom ou un pronom. Il peut remplacer une proposition relative (première phrase). Il peut également indiquer la cause d'une action exprimée par le verbe de la proposition principale (deuxième phrase). Dans le style littéraire (soutenu), il peut aussi exprimer la simultanéité: J'ai vu Sylvain **lisant** (= au moment où il lisait) un gros livre de voyage.

2. OBSERVEZ
J'ai répondu rapidement **en me rejetant** en arrière.
En réfléchissant, il a découvert qu'il pouvait peindre des objets qui n'existaient pas dans la réalité.

ANALYSE
Le gérondif (**en** + *participe présent*) sert à qualifier un verbe. Il exprime la simultanéité (première phrase), ou la manière: comment une action est faite (deuxième phrase).

3. OBSERVEZ
Tout en bourrant sa pipe, il regardait par la fenêtre.
Tout en sachant qu'il fallait écrire mon livre, je suis resté étendu sur mon lit.

ANALYSE
tout + *gérondif* peut renforcer la simultanéité (première phrase) ou bien traduire une concession ou une opposition dans la pensée (deuxième phrase).

Les liens familiaux se resserrent au moyen d'activités artistiques.

4. OBSERVEZ En **ne lui** cachant **pas** son impatience, Olgerson pensait détourner son fils de la peinture abstraite.
Ne se sentant **pas** en danger, il descendit l'escalier.

ANALYSE L'ordre qui s'applique aux compléments d'objet, aux pronoms et à la négation d'un verbe au temps simple s'applique également au participe présent et au gérondif.

LA FORMATION DU PARTICIPE PRÉSENT

Présent	_Participe présent_
nous mangeons	mangeant[6]
nous commençons	commençant[6]
nous répondons	répondant
nous venons	venant
nous comprenons	comprenant
nous apercevons	apercevant

Les verbes irréguliers

avoir	ayant
être	étant
savoir	sachant

ATTENTION! Employé comme adjectif, le participe présent s'accorde au nom qu'il modifie:

EXEMPLES: une plante grimpante
une soirée fatiguante
des animaux vivants
des paroles surprenantes

Exercices

A. Remplacez les propositions en italique par le participe présent.

1. _Parce qu'il savait_ la réaction de son père, il s'en alla.
2. Olgerson, _qui ne voulait pas_ qu'Erick influence son frère, l'a écarté pendant plusieurs années.
3. Il a vu son fils _au moment où il peignait_ des arbres bizarres.
4. _Comme il ne comprenait pas_ la critique de son fils, il l'a mis à la porte.
5. Oscar, _qui n'avait plus_ de famille à plaire, peignait des arbres de plus en plus étranges.
6. Erick, _qui était_ l'aîné de la famille, partit à l'aventure sur les hautes mers pour chercher fortune.

[6]Il faut retenir la cédille ou la lettre **e** pour maintenir la prononciation de la consonne.

B. Refaites les phrases suivantes en employant le gérondif. Employez **tout en . . .**

1. Il savait qu'il fallait travailler. Il restait au bar avec ses amis.
2. Il observe les gens dans la rue et il fume sa pipe.
3. Il a voyagé. Il a eu des aventures.
4. Quand il a réfléchi, il a compris son erreur.
5. Le vieux Olgerson a lu des livres. Il est resté ignorant.

C. Refaites les phrases suivantes soit avec le participe présent, soit avec le gérondif, soit avec **tout en . . .**

1. Il savait qu'il fallait travailler, mais il restait immobile devant sa toile.
2. Si vous lisez, vous apprendrez beaucoup de choses.
3. Il voulait une vraie aventure qui finissait comme dans les romans.
4. Il a renoncé à la peinture et il a perdu sa raison d'être.
5. Il observait les gens, mais il pensait à autre chose.
6. Comme il n'était pas encore sûr de lui, il ne faisait que des croquis.
7. Il a été dégoûté quand il a regardé les peintures de son père.
8. Parce qu'il ne se sentait pas à l'aise avec l'école réaliste, il a essayé de créer un art nouveau.
9. Je l'ai vu au moment où il peignait un cactus herissé de piquants.
10. Il préparait sa toile et il pensait à ce qu'il allait peindre.

D. Employez l'adjectif verbal des verbes entre parenthèses.

1. Ce n'est pas une femme _____ . *(croire)*
2. Ce sont des chaises _____ . *(plier)*
3. Cette voiture a un toit _____ . *(ouvrir)*
4. Voilà des jeunes gens bien _____ . *(obliger)*
5. Elle est bien _____ . *(charmer)*

Conversation/Petit écrit

A. Préparez oralement les questions suivantes.

B. Préparez par écrit la question de votre choix.

1. Comment le vieux Olgerson essaie-t-il de limiter la liberté créatrice de son fils? Pourquoi veut-il qu'Oscar peigne comme lui? Quelle semble être l'attitude du narrateur envers «les gens de goût»? Quel ton emploie-t-il pour la dernière phrase de la nouvelle? Comment peut-on interpréter le sens de la dernière phrase?
2. Allez-vous quelquefois au musée? Quelles sorte de tableaux préférez-vous? les tableaux réalistes, les tableaux impressionnistes, les peintures fauvistes, les toiles abstraites? Pourquoi? En comparant un tableau réaliste et un tableau abstrait, quelles différences voit-on? Connaissez-vous les artistes français? Connaissez-vous les tableaux de Degas, de

Chagall, de Monet, de Manet, de Chardin, de Boucher? Ai-meriez-vous visiter le Louvre à Paris? Choisissez un peintre et décrivez quelques-unes de ses toiles.

3. Préférez-vous les peintures qui représentent des personnes ou les natures mortes? Quelles couleurs préférez-vous dans un tableau? l'orangé, le jaune, l'indigo, le violet? Quelles formes préférez-vous? les cercles, les triangles, les rectangles, les losanges, les cœurs? Aimez-vous mieux une ligne droite ou une ligne courbe? Aimez-vous les tableaux paysagistes, ou préférez-vous les portraits? Lesquels?

4. Peignez-vous quelquefois? Employez-vous la peinture à l'huile ou la peinture à l'eau? Faites-vous des dessins? En faisiez-vous quand vous étiez plus jeune? Préfériez-vous dessiner au crayon feutre, à la plume, au pastel, ou au fusain (_charcoal_)? Quelles sortes d'objets aimiez-vous dessiner? Que dessiniez-vous à Noël pour vos parents? Faisiez-vous des cartes de Noël? Avez-vous jamais créé un dessin humoristique ou une bande dessinée?

5. Aimez-vous la photographie? Avez-vous un appareil photo simple ou complexe? Êtes-vous un bon photographe? Étudiez-vous l'angle de la lumière quand vous prenez une photo ou en prenez-vous spontanément? Quelle sorte de pellicule achetez-vous? Votre appareil photo produit-il des diapositives en couleurs ou des négatifs? A-t-il un flash, un objectif à grand angle? un téléobjectif, un trépied? Qu'aimez-vous photographier quand vous êtes en vacances? des monuments, des gens, des maisons, des rues? Avez-vous un album de photographies? Avez-vous une caméra? un vidéo?

Étude du lexique

1. **la tenue**   la manière dont une personne est habillée, dont elle se présente

    Pour le bal masqué, je suis venu en tenue militaire, mon ami en tenue de vol d'un aviateur. Luc ne s'est pas déguisé; il était en tenue de sport.

2. **escalader**   franchir, passer; faire l'ascension de, monter

    En se sauvant, les voleurs ont escaladé le mur du jardin.
    Les alpinistes escaladeront le mont Blanc ce matin.

    une escalade   une montée rapide, une intensification (d'un phénomène)

    L'escalade des prix a causé une escalade de la violence dans les quartiers pauvres.

3. **sursauter**   réagir par un mouvement brusque, par un sursaut
    Le bruit du téléphone m'a fait sursauter.

4. **se déguiser en**   s'habiller de manière à être méconnaissable, se travestir

   Elle s'est déguisée en danseuse, lui en vedette de cinéma.

   un déguisement   un habit qui cache l'identité d'une personne

   Il a pris deux heures pour se maquiller et pour mettre son déguisement.

5. **apaiser**   calmer, adoucir

   La présence d'un bon ami m'apaise beaucoup.

6. **soulager**   débarrasser quelqu'un partiellement de ce qui pèse sur lui (douleur, remords, inquiétude)

   Téléphone-moi dès que tu seras arrivé chez toi; cela me soulagera.
   Il n'y aura pas d'examen aujourd'hui? Ah! cela me soulage!

7. **un éloge**   un jugement favorable, une louange, un compliment

   Les critiques ont couvert la star d'éloges.
   Je suis confus devant tant d'éloges!

8. **une esplanade**   le terrain devant un édifice, une terrasse, une place

   On avait planté des tulipes sur l'esplanade.
   L'esplanade du vieux port à Montréal fut le site du concert.

9. **rendre compte à quelqu'un**   se justifier devant quelqu'un

   Depuis qu'il a gagné le grand prix, il a quitté son travail; il n'a plus de compte à rendre à personne.
   Je dois rendre compte à mon patron de mes dépenses professionnelles.

10. **insolite**   étrange, extraordinaire

    Les jeunes de nos jours s'habillent de façon insolite; à vrai dire, c'est le culte de l'insolite et du bizarre.

Diane Dufresne

Geneviève Beauvarlet

Elle a fait de la déraison un art, du délire un moyen d'expression. Depuis ses débuts, elle **heurte,** elle choque. . . . Pas gratuitement, pour le plaisir, pour la joie de faire sursauter les autres. Mais parce que c'est ainsi que **jaillit** l'**étincelle.** (. . .) La France l'admire, le Québec la vénère, personne ne s'en étonne. N'est-elle pas en cette fin de siècle la seule star de la chanson de langue française?

Montréal, 28 octobre 1982. En début de soirée, les avenues et les

(ici) scandalise

sort en un jet subit / spark

Extrait de Geneviève Beauvarlet, *Diane Dufresne* (Paris: Éditions Seghers, 1984).

rues du centre sont **envahies** par une foule étrange, **grimée, bigarrée** `remplies / maquillée`
et joyeuse. Ils sont là des milliers qui convergent vers le Forum, haut `pour le théâtre /`
10 lieu du spectacle de la ville. Des jeunes en majorité, tous vêtus de `multicolore`
tenues extravagantes et insolites. Maquillés, déguisés en clowns, en
religieuses, en lampes chinoises ou en soldats, ils avancent. L'ambi-
ance est au rire, à la fête.

Car c'est à une fête qu'ils se rendent. Diane Dufresne les y a **con-** `invités`
15 **viés.** (. . .)

Diane est vêtue d'une longue robe chromée, surmontée d'une haute
corolle faite de miroirs qui reflètent ses deux profils. Une tenue cho- `ensemble des pétales`
quante, même pour un public habitué à ses folies vestimentaires. Mais `d'une fleur`
entre elle et ses admirateurs, il y a en permanence une sorte d'escalade
20 dans l'extravagance. (. . .)

De cette fête du déguisement qu'est Halloween, Diane fait revivre
les fantômes, les symboles et les fantasmes. (. . .)

Puis elle s'en va, traversant la salle en lançant: «J'veux pas que tu
t'en ailles.»

25 Elle disparue, ses admirateurs continuent la fête toute la nuit. Dans
la rue Sainte-Catherine, dans la rue Saint-Denis, ils stoppent la circulation. Ils entrent dans les cafés, les boîtes de nuit, chantent et poussent les consommateurs à chanter aussi. L'énergie que Diane leur a
communiquée les rend audacieux, les rend invulnérables. (. . .) Luc
30 Plamondon, le **parolier** de Diane, explique: «Diane personnifie les fan- `auteur des paroles`
tasmes de son public. Il y a, entre les spectateurs et elle, un extraordi- `d'une chanson`
naire phénomène d'identification. (. . .)»

C'est pour la soutenir qu'ils ont commencé à se travestir pour venir
à ses shows. La tradition est née en 1978, alors que Diane inaugurait
35 la réouverture du Théâtre Saint-Denis. Pour thème de son spectacle,
elle avait choisi «Comme un film de Fellini»[1] et avait demandé à son
public de se déguiser pour le soir de première. (. . .) Le public avait
fait preuve d'imagination. Diane devait aller plus loin que lui. C'est en
robe de mariée qu'elle apparaît sur scène. Un choix symbolique.
40 Diane: «Je m'étais dit que je ne me marierais jamais et j'ai décidé, un
soir, d'épouser mon public.» (. . .)

Ces **épousailles** entre Diane, son public et la presse ont été fé- `célébrations de`
condes. Aujourd'hui, elle est devenue ce que furent Edith Piaf en `mariage`
France ou Janis Joplin aux États-Unis. Plus qu'une star, qu'une grande
45 dame de la chanson: un personnage mythique dont la vie quotidienne
et la présence sur scène s'accordent totalement. Elle n'est pas seulement une **interprète** qu'on va voir, entendre et applaudir, ou une mer- `chanteuse`
veilleuse «meneuse de show». Elle est autre. Elle porte dans sa voix et
sur son corps les exploits et les malheurs des autres. En s'immolant
50 au dieu Spectacle, au dieu Public, elle apaise, elle soulage, elle con-

[1]Federico Fellini, cinéaste italien très célèbre.

sole. Elle lance comme une invitation: «Donnez-moi vos fantasmes—
Que je les exorcise—Donnez-moi votre violence—Que je la neutra-
lise», et on lui obéit. Dans chaque chanson, elle joue sa vie, elle donne
son corps et son âme. (. . .)

55   En 1965, elle fait connaissance avec la scène. Elle a 21 ans. (. . .)
L'année suivante, Diane quitte Montréal pour la France, pour Paris.
Une ville dont elle a rêvé. Elle **déchante.** Les Français ne sont pas   perd ses illusions
encore prêts à accueillir à bras ouverts leurs cousins d'Amérique. Du
Québec, ils ignorent tout. Ils voient encore le vieux Canada en termes
60   de clichés: Maria Chapdelaine, les trappeurs, les traîneaux, la police
montée, les grands espaces glacés et enneigés. . . . Les Canadiens
français, c'est ainsi qu'on appelle les Québécois à Paris, sont les habi-
tants d'une lointaine province, sympathiques, certes, mais un peu **de-**   intellectuellement
meurés, un peu attardés. La langue qu'ils parlent est démodée, elle a   retardés
65   deux siècles de retard. Et puis, il y a leur accent, pesant, insistant,
presque insupportable. La mode régionaliste et le snobisme aidant, on
trouvera plus tard cet accent savoureux et irrésistible. Mais le moment
n'est pas encore venu, et les quelques Québécois égarés dans la capitale française ne s'y sentent pas à l'aise. «Ce n'était pas facile de vivre
70   avec les Français, dans ces années-là, explique Diane. Quand j'ouvrais
la bouche, je comprenais aux sourires qu'on se moquait de moi. À
cause de mon accent. Je me sentais ridicule.»

Ceux qui riaient alors des tournures de phrases **désuètes** ne s'ima-   démodée, vieille
ginaient certainement pas que Montréal était déjà une ville ultramo-
75   derne, très américanisée. Plus moderne en tout cas que Paris. Ils i-
gnoraient que sa population venait de subir une fantastique mutation.
Le Québec changeait. À grands pas, il courait vers le XXIe siècle. Jusqu'en 1959, il avait vécu sous la tutelle paternaliste de Maurice Du-
plessis, un Premier ministre **affairiste** et **confit** en dévotion. Duplessis   peu scrupuleux / fixé,
80   est mort. Un homme moderne, Jean Lesage, a pris sa place, et se dé-   figé *(fig.)*
roule alors ce phénomène social qu'on appellera la Révolution tran-
quille. En quelques mois l'oppression et la dictature cléricales qui pe-
saient sur le Québec ont disparu. Une **brèche** s'est ouverte, un torrent   ouverture
libérateur submerge les villes et les campagnes de la Belle Province.
85   (. . .)

C'est en 1978 que sont célébrées les véritables noces entre Paris et
la star du Québec. Enthousiasme dans la salle, éloges sans nuances
dans la presse. (. . .) Désormais, l'habitude est prise. On a adopté
Diane et, semble-t-il, définitivement. On éprouve du bonheur à la voir
90   et à l'entendre. Ce bonheur, Jacques Martin, journaliste et animateur
de télévision, le traduit parfaitement dans un article qu'il confie au
Matin de Paris et qu'il a intitulé: «Je vous aime, Diane Dufresne».

Le but est atteint. La France a totalement adopté Diane. Elle est
nôtre. Comme au Québec? Pas tout à fait? «En France, dit Luc Pla-
95   mondon, Diane est une chanteuse, au Québec, elle est une légende
vivante.» Diane le prouvera le 24 juin 1981, lorsqu'elle chantera pour

la Saint-Jean[2] à Montréal devant 300 000 personnes sur l'esplanade
du vieux port, dans un décor ornementé de fleurs de lys.

UNE FILLE FUNKY

J'ai laissé tomber mon make-up
y'a plus personne pour me dire stop
depuis que j'suis dev'nue
une fille funky
mon ancien chum me r'connaît **pus**　　　　plus (langage parlé)
quand **y** m'voit passer dans sa rue　　　　il (langage parlé)
depuis que j'suis dev'nue
une fille funky

tout le monde me trouve pas mal o.k.
o.k. o.k. o.k. o.k.
depuis qu'j'suis dev'nue une fille funky
funky, funky, funky
une fille funky

tous les matins j'fais mon jogging
j'ai l'impression qu'j'vas m'envoler
j'me laisse aller à mes feelings
j'me laisse pus marcher sur les pieds

j'passe pus mes jours devant mon four
j'vis d'amour et de yaourt
Faut qu'j'fasse attention à ma **ligne**　　　silhouette
depuis que j'suis une fille qui swingue
(. . .)
j'ai pus d'compte à rendre à personne
j'passe pus ma vie au téléphone
j'suis dev'nue un peu plus **maligne**　　　astucieuse, rusée
depuis que j'suis seule sur ma **ligne**　　　ligne téléphonique

moi qui fumais comme une usine
mois qui m'stonais aux aspirines
j'suis dev'nue un peu plus maligne
de temps en temps je sniffe ma ligne
(. . .)
j'ai laissé tomber mon make-up
y'a pus personne pour me dire stop.

Paroles: Luc Plamondon
Musique: Germain Gauthier
© 1980 Éditions Mondon

[2]La fête de la Saint-Jean, le saint patron du Québec.

Intelligence du texte

1. Qui est Diane Dufresne? Quel est son effet sur son public?
2. Décrivez les milliers de fans qui sont venus l'entendre chanter au Forum à Montréal en 1982.
3. Comment Diane est-elle vêtue?
4. Que font ses admirateurs après le spectacle?
5. Qui est Luc Plamondon? Comment la décrit-il?
6. Qu'est-ce que Diane Dufresne a demandé à ses admirateurs en 1978?
7. Comment est-elle apparue le soir de première? Pourquoi?
8. À quelles autres vedettes peut-on comparer Diane Dufresne?
9. Décrivez l'effet qu'elle a sur ses admirateurs.
10. Quel âge a-t-elle lorsqu'elle fait connaissance avec la scène?
11. Que se passe-t-il l'année suivante? Pourquoi est-elle déçue?
12. Pourquoi les Français ne sont-ils pas prêts à la recevoir en 1966? Comment les Français voient-ils le Québec? Que pensent-ils de la langue?
13. Comment Diane se sentait-elle devant les Français? Pourquoi?
14. Comparez Paris et Montréal à l'époque.
15. Qui était Maurice Duplessis? Quand est-il mort? Qui est Jean Lesage?
16. Qu'est-ce qui s'est passé pendant la Révolution tranquille?
17. Comment les Français ont-ils accueilli Diane Dufresne en 1978?
18. Décrivez le spectacle qu'elle a donné pour la Saint-Jean en 1981.
19. D'après la chanson «Une Fille funky», essayez de dégager le sens du mot *funky*. Comment cette chanson révèle-t-elle la prise de conscience des Québécois?
20. Pourquoi est-il utile de savoir l'anglais pour comprendre le vocabulaire de cette chanson? Repérez les expressions qui relèvent de l'anglais et donnez leurs équivalents en français.

Résumé

En vous référant aux questions suivantes, faites un résumé du texte «Diane Dufresne».

Comment Diane Dufresne est-elle présentée dans le texte? Qu'est-ce qui rend uniques ses spectacles? Quelle atmosphère arrive-t-elle à créer? Tracez sa carrière. Comment les préjugés et l'ignorance empêchent-ils les Français d'accepter Diane Dufresne en 1965? Qu'est-ce qui se passait au Québec à l'époque? De nos jours, est-ce que Diane est adoptée en France comme au Québec? Comment la chanson révèle-t-elle la révolution sociale au Québec? Comment montre-t-elle que le Québec fait plutôt partie de l'Amérique du Nord que de la France?

Essai

Écrivez un essai bien raisonné (exposition, développement, conclusion) sur une des questions suivantes. Référez-vous aux leçons précédentes pour des conseils précieux sur la structure d'un essai.

1. Dans le domaine des arts, la chanson populaire est la meilleure façon d'atteindre le public. (Quelle est l'importance de la musique, des paroles? Quel est leur rapport? Quels sont les éléments d'un spectacle qui arrivent à capter le public?)
2. L'état devrait subventionner les arts à un plus haut niveau.
3. L'art est-il essentiel à la vie? (Après avoir assuré sa vie matérielle, l'être humain est-il entièrement content?)

Pour corriger l'opinion contraire à la vôtre, citez-la en indiquant qu'elle ne contient qu'une parcelle de vérité. Ensuite, démontrez logiquement que cette opinion ne prend pas en considération les faits les plus importants.

Articulations

De nos jours, il est souvent question de
On parle beaucoup aujourd'hui de
L'opinion actuelle qui veut que . . . contient une part de vérité.

Concession

On peut accepter que + _subjonctif_
Il est probable que + _indicatif_
On comprend bien que + _subjonctif_

Opposition

En dépit de + _nom_
Malgré + _nom_
Par contre

Démonstration

C'est pourquoi
On peut donc conclure que
Par conséquent

Le vocabulaire à la page suivante vous aidera à exprimer vos idées.

En 1863, *Le Déjeuner sur l'herbe* de Manet, exposé au Salon des Refusés, provoqua un scandale retentissant.

Comment dirais-je?

la littérature
    la poésie, le roman, la nouvelle, le conte, la pièce (de théâtre)
les beaux-arts
    les arts plastiques ou les arts de l'espace:
        l'architecture *(f.)*
        la peinture, la sculpture, la gravure
        la photographie
    les arts du temps: la danse, la musique, le théâtre, le cinéma
les artistes
    écrivain *(m.)*, auteur *(m.)*, poète *(m.)*, dramaturge *(m.)*

romancier/romancière
architecte *(m.)*, peintre *(m.)*, sculpteur *(m.)*, photographe *(m.* ou *f.)*
danseur/danseuse
musicien/musicienne
compositeur/compositrice
acteur/actrice
cinéaste *(m.* ou *f.)*
chanteur/chanteuse
le théâtre
   la scène
   le décor
   l'avant-scène *(f.)*
   les accessoires *(m.)* de théâtre
   le rideau
   les coulisses *(f.)*
la salle de spectacle
   les galeries *(f.)*
   le deuxième balcon
   le premier balcon
   le parquet
la loge d'artiste
   le costume de théâtre
   le maquillage

Activités

Débat. La classe sera divisée en deux équipes dont une soutiendra que les arts sont ce qu'il y a de plus important dans le monde, tandis que l'autre équipe soutiendra qu'il y a des choses beaucoup plus importantes que les arts—par exemple, le logement, la nourriture—et que toute subvention gouvernementale doit aller en priorité à ces choses-là.

Mini-théâtre

1. Il faut trois personnes pour la scène suivante.
   Une jeune personne veut devenir artiste, mais ses parents veulent qu'elle devienne avocate ou qu'elle entre dans les affaires.
2. Il faut deux personnes pour la scène suivante.
   Une personne insiste qu'il est nécessaire de faire la censure des paroles des chansons populaires pour protéger les jeunes, tandis que l'autre dit que la liberté d'expression est bien plus importante que les paroles d'une chanson.

La guerre

Étude du lexique

1. **grogner**   manifester son mécontentement en poussant des cris
   Les pacifistes continuaient à grogner contre la guerre.

2. **ramper**   se traîner sur le ventre; s'abaisser
   Les reptiles rampent.
   L'enfant rampe avant de marcher.
   Les vignes rampent le long du mur.
   Un homme qui rampe devant ses supérieurs est méprisable.

3. **essoufflé**   hors d'haleine, à bout de souffle
   En descendant du char d'assaut, il était essoufflé.

4. **orgueilleux**   qui manifeste une estime excessive de soi, arrogant
   Il est orgueilleux comme un paon!

5. **une fuite**   une évasion rapide; un écoulement
   L'armée était mise en fuite.
   Il y a une fuite d'eau dans la salle de bains et une fuite de gaz à la cuisine.

6. **à l'aise**   état d'une personne que rien ne gêne
   Mettez-vous à l'aise!   Mais je suis à l'aise.
   On est mal à l'aise dans cette atmosphère.

7. **la rosée**   la condensation de la vapeur d'eau atmosphérique, à la fin de la nuit, sur les feuilles
   Quand on se lève tôt, on peut voir des gouttes de rosée sur les feuilles et sur le gazon.

8. **le béton**   un matériau de construction formé de gravier et de cailloux
   Les maisons en béton, les trottoirs en ciment, les rues en asphalte, quelle horreur! Où sont les jardins?

9. **abrité**   protégé, couvert
   Les chaises et tables extérieures étaient abritées par un auvent.

10. **brûler les étapes**   aller plus vite que prévu (par la nature)
    Une personne, comme une plante, a besoin de temps pour arriver à la maturité; toute tentative de brûler les étapes est pleine de risques.

11. **aigri**   que les déceptions ont rendu irritable, agressif, amer
    Elle était aigrie par une vie dure et une famille ingrate.

12. **obèse**   anormalement gros, corpulent, énorme
    Des types obèses occupaient toute la place sur le banc du métro.

13. **tailler** couper

Taillez-moi une part de ce camembert; il a l'air bon.

14. **l'acier** *(m.)* l'alliage de fer et de carbone

Elle a acheté des ustensiles d'acier inoxydable.

d'acier dur, froid

Vous avez des nerfs d'acier!
Voilà une belle guitare aux cordes d'acier!

15. **l'aube** *(f.)* le point du jour, la première lueur du soleil à l'horizon

À l'aube, des gouttes de rosée paraissaient sur les pétales.

La Fée et le soldat

René Barjavel

René Barjavel, écrivain, cinéaste et journaliste contemporain, fait de nombreux métiers pour gagner sa vie avant de débuter dans le journalisme, à l'âge de 18 ans. Il publie une série de romans et emporte des prix littéraires. On le considère comme précurseur de la «science-fiction.» Son essai Cinéma total *prédit un nombre de «formes futures du cinéma» qui se sont réalisées depuis.*

Après sa première adaptation et son premier dialogue de cinéma, il écrit deux pièces de théâtre de science-fiction. Suivant ses années de cinéma, il reprend son activité de romancier: La Nuit des temps *et* Le Grand Secret.

Le récit satirique «La Fée et le soldat» vient du recueil Le Prince blessé *(1974). Ce conte fantastique et futuriste ironise sur l'occupation principale d'un monde où l'amour a disparu. La guerre, centre d'intérêt exclusif, a tout transformé en mal. Comme la beauté et l'amour n'existent plus sur terre, il faut les chercher au paradis de l'imagination. La rencontre inattendue entre une créature extraterrestre—la fée—et un être terrien—le soldat—produit une situation explosive qui change la vie des deux à tout jamais. Barjavel fait ressortir ainsi le pouvoir transformateur de l'amour qui est, peut-être, le seul espoir sur terre pour goûter les plaisirs du paradis.*

Dieu se pencha hors de son trône et regarda les hommes.

—Quelle **engeance!** grogna-t-il en se relevant.

Une fois de plus, les nations s'affrontaient. Les champs de bataille couvraient les continents. Des guerriers conduisaient des machines à
5 tuer volantes, rampantes, flottantes, **fouisseuses.** (. . .) Qu'avait-il engendré là? Quelle **colique!** Décidément, il allait écraser cette vermine. Il levait déjà le talon quand un vol d'**angelots** essoufflés **s'abattit** sur ses genoux, sur ses épaules et jusque dans sa barbe.

ensemble de
personnes
méprisables

qui creusent le sol
chose ennuyeuse
petits anges / tomba

Extrait de René Barjavel, *Le Prince blessé* (Paris: Flammarion, 1974).

—Père, père, **piaillaient** les roses créatures, fais-la cesser. C'est en-
10 core la fée Pivette . . . (. . .)

poussaient des cris répétés

Il gronda:—Tu m'avais promis de ne plus recommencer. Me voilà obligé de te punir . . .

Tête basse devant l'œil de Dieu, Pivette, par sa **mine,** s'avouait coupable.

expression du visage

15 Elle avait quitté la terre en pleine jeunesse, à l'âge de deux mille sept cent trois ans, au moment où les hommes, devenus raisonnables, avaient chassé les fées des bois et des sources. En paradis, elle habitait un petit cottage au cinquième ciel, celui des vierges, où ne poussent que des lys. (. . .)

20 Un jour, un angelot vint se poser sur le bord du toit de son cottage. Il fit le dos rond au soleil, **lissa** ses ailes, **s'ébroua** d'aise. Une plume blanche vola et entra par la fenêtre. Pivette la toucha du bout de sa canne d'ivoire. La plume fleurit en pâquerette[1] . . . De ce jour, la fée poursuivit les angelots pour recueillir les plumes qu'ils perdaient au 25 vent. Elle eut sur sa fenêtre des pots de géraniums et de capucines,[2] et bientôt un petit jardin. (. . .) Son impatience lui fit commettre des excès. Elle attrapa un angelot par une aile et entreprit de le plumer. Il poussait de grands cris et se débattait. Elle le fit taire d'un coup de baguette. Il devint un saule. (. . .)

polit / s'agita pour se réveiller

30 Pivette fut heureuse et surprise de l'efficacité de son geste. Dieu n'avait sans doute pas imaginé que sa petite troupe **pût** être l'objet de pareilles attaques. (. . .)

could

Il parut très fâché. (. . .) Il pardonna, cependant, car il connaissait le fond du cœur de la fée, ce qu'elle ne connaissait pas elle-même. Une 35 créature féminine ne conserve pas sa virginité pendant deux mille sept cent trois ans sans se trouver, à la fin, un peu **refoulée.** (. . .)

inhibée

Elle avait promis de ne plus recommencer. Et voilà qu'elle reprenait sa chasse, peut-être à cause du printemps. (. . .)

—Puisque tu regrettes tant la Terre, décida Dieu, retournes-y. Tu 40 remonteras en Paradis le jour où tu auras été changée de fille en femme.

Elle tomba sur la terre en gouttes de rosée. C'était une nuit de juin.

Elle voulut revoir les lieux de son enfance, une forêt noire que han- taient les chasseurs. (. . .)

45 Pivette ne retrouva pas sa forêt. À sa place s'étendait une **aire** im- mense de ciment percée de cheminées. Sous une épaisseur de cent mètres de béton, vivait un **conglomérat** d'usines abritées des bombes

surface de terrain

groupe

[1]Petite marguerite blanche qui fleurit dans les prés aux environs de Pâques.

[2]Plante ornementale originaire de l'Amérique du Sud.

qui fabriquaient mille tanks, deux mille avions et trois cents sous-marins à la minute. (. . .)

50 La population civile se composait de vieillards et de femmes maigres. Les riches payaient très cher le pain et le lard. Les pauvres se nourrissaient de navets et de **cresson.** Ils allaient pieds nus, tous vêtus de la même étoffe kaki, taillée en vêtements **exigus.** Les femmes sans hommes aigrissaient, séchaient autant de leur solitude que des priva-
55 tions. Tous les dix-huit mois, un certain nombre d'entre elles, choisies d'après des règles de strict eugénisme,[3] étaient artificiellement inséminées (. . .). Elles abandonnaient ces fils sans père à des **forceries** nationales où des éleveuses spécialisées leur faisaient brûler les étapes. Ils devenaient **garçonnets** en dix mois, soldats en cinq ans. (. . .)

60 La fée Pivette vécut plusieurs années parmi ces insensés. Elle changea de ville et d'hémisphère, trouva partout la même misère. (. . .)

Elle rendit hommage à la sagesse du Tout-Puissant qui avait permis que les fées **fussent** chassées de la Terre. (. . .)

Elle désira ardemment retourner en Paradis. Il lui fallait, pour cela,
65 trouver un homme.

Elle parcourut en vain toute la ville. La guerre prenait les adolescents avant que l'amour leur fût poussé.[4] Elle se glissa dans le lit d'un vieillard qui lui parut encore **vert.** Il se **récusa.** Il ne mangeait pas assez de vitamines. (. . .)

70 Son poste de T. S. F.,[5] resté ouvert, versait des chants pleins de mots d'amour. Une voix d'homme **susurrait:** «Toujours, amour, je t'aime, je t'attends, je te veux, baisers, étreintes, passion.» Sur les ailes des ondes, la fée se précipita vers lui. Elle trouva un obèse blanchâtre qui **glapit** en la voyant: «Par où est-elle entrée, cette folle?»

75 Le gouvernement l'utilisait pour canaliser la sentimentalité vacante de femmes de la nation. (. . .) Il chassa la fée à coups de mouchoir.

Pivette décida d'aller trouver les hommes où ils étaient: sur les champs de bataille. Elle choisit un garçon aux yeux de ciel, qui conduisait un **char** de sept cents tonnes. (. . .) Assis tout en haut et à
80 l'avant du monstre, il se nourrissait de pilules. Il dormait de temps en temps, quelques minutes, parfois une heure (. . .). Il vivait dans un bruit effrayant, au sein d'un monde de flammes et de chocs. Sa peau était devenue grise et polie comme les flancs de sa machine. Mais ses yeux demeuraient clairs. Après le combat, au milieu des cadavres d'a-
85 cier fumant, il pensait à la juste cause pour laquelle il se battait, pour laquelle il avait accepté de tuer et de mourir. C'était un vétéran. Il avait seize ans. (. . .)

Le soir tomba sur sa victoire. Un soleil rouge tacha de sang les **fer-**

---

[3]Théorie sociale basée sur l'étude des conditions les plus favorables à la réproduction et à l'amélioration de la race humaine.

[4]C'est-à-dire, avant qu'ils n'arrivent à l'âge adulte.

[5]«Télégraphie sans fil», c'est-à-dire, la radio.

(marginal glosses)
- *watercress* — minuscules
- endroits où l'on force la croissance
- petits garçons
- *be*
- viril / affirma son incompétence
- murmurait doucement
- poussa un bref cri d'animal
- tank

railles tordues. C'est alors que Pivette se révéla à son héros. Il dormait. · débris de fer ou d'acier
90 Il rêvait qu'il était encore enfant et qu'il courait dans le pré de mai,
couvert de fleurs. Leur parfum, si merveilleux et si fort, l'éveilla. Une
femme était dans ses bras. (. . .)

Une femme. À peine savait-il ce que c'était. (. . .)

Faute d'imaginer mieux, il serra très fort, contre lui, le petit corps
95 **tiède.** Il ferma les yeux, poussa un très profond soupir de bonheur. · légèrement chaud
(. . .) Pivette fut émue jusqu'au fond de son âme par cette innocence.
(. . .) Elle avait déjà beaucoup moins de hâte à retrouver le Paradis.

Le lendemain, exalté et triomphant, il fit une telle **charpie** de l'ad- · destruction
versaire qu'**il faillit** décider du sort de la bataille. À la nuit tombante, · il a presque
100 la fée fut de nouveau là. (. . .) L'amour et le désir aidant, elle se laissait
dévêtir peu à peu, le souffle court, la chair brûlante. Au moment où
leur passion allait les unir, elle trouvait le courage de s'arracher à ses
bras, car elle savait que la minute même de leur plus grand bonheur
marquerait leur séparation. (. . .) Ainsi la petite fée et son héros souf-
105 fraient-ils de la puissance même de leur passion. Pour l'apaiser, elle
lui parlait du printemps, des fleurs, des oiseaux dans les arbres et d'un
amour léger comme la brume de l'aube. «C'est ainsi, disait-elle, que tu
dois m'aimer. C'est ainsi que je t'aime.»

Il la croyait. On croit tout quand on ne sait pas mentir. (. . .)
110 Elle s'agenouilla parmi les **entrailles** du monstre et pria. (. . .) · intestins

«Père, Père, supplia-t-elle, permets-moi d'aimer celui que j'aime et
de n'être point séparée de lui à tout jamais, aie pitié de ton enfant
torturée . . . » (. . .)

La guerre se poursuivait. (. . .)
115 Pivette accompagnait son héros. Il ne la voyait pas, mais il savait
qu'elle était près de lui. Éperdue d'épouvante, elle multipliait les signes
de croix sur le front de l'adolescent.

Il fut **cerné** par vingt **engins.** (. . .) L'œil **fulgurant,** il cracha le feu · entouré / machines (de
et la mort, détruisit la moitié de ses adversaires, contraignit les autres · guerre) / brillant
120 à la fuite. Ce qui restait de l'armée ennemie rompait le combat. C'était
la victoire.

La petite fée, enthousiasmée, **saoule** de **vacarme** et d'odeurs, se jeta · ivre / grand bruit
dans ses bras. Il était plus brûlant que ses canons. (. . .) Elle ferma les
yeux. Ah! que le destin s'accomplisse . . .
125 Trente chars revenus firent tout à coup converger leurs feux sur la
forteresse du guerrier distrait. Sur les murs de métal sonnèrent tous
les tonnerres de Jupiter. Il n'entendit qu'un chant de douceur infinie
(. . .).

Une **escadrille** piqua sur la cible immobile (. . .). Une explosion · groupe d'avions
130 formidable lança des débris jusqu'au bleu du ciel. Un canon de dix · militaires
mille kilos retomba dans une île de l'Océan. Du guerrier, de ses armes
et de sa machine orgueilleuse, il ne resta, très exactement, plus rien.

Et la fée Pivette connut que Dieu l'avait **exaucée** lorsqu'elle se trouva · satisfaite
transportée, d'un seul coup, avec son héros, au septième ciel.

Intelligence du texte

1. Qu'est-ce que Dieu voyait quand il regardait les hommes?
2. Qu'est-ce qu'il voulait leur faire à l'arrivée des angelots? Pourquoi?
3. De qui se plaignent les angelots?
4. Pourquoi Pivette avait-elle quitté la terre?
5. Où habitait-elle au paradis?
6. Que se passa-t-il un jour chez Pivette?
7. Qu'arriva-t-il à la plume de l'angelot lorsque Pivette la toucha du bout de sa canne d'ivoire?
8. Que fit Pivette dès ce moment-là?
9. En quoi transforma-t-elle un des angelots?
10. Pourquoi Dieu pardonna-t-il Pivette?
11. Que Dieu décida-t-il de faire avec Pivette? Comment exécuta-t-il son dessein?
12. Que cherche Pivette en arrivant sur terre? Que trouve-t-elle?
13. Décrivez la population civile.
14. Comment vivent les riches? Comment vivent les pauvres?
15. Pourquoi les femmes s'aigrissaient-elles?
16. Comment les enfants étaient-ils produits? Que devenaient-ils?
17. Que fait Pivette pour trouver un homme? Décrivez ses expériences. Qui choisit-elle finalement? Décrivez-le.
18. Comment Pivette se révèle-t-elle à son héros?
19. Pourquoi avait-elle déjà beaucoup moins de hâte à retrouver le paradis?
20. Pourquoi Pivette s'arrache-t-elle aux bras du jeune homme à la dernière minute? Que fait-elle pour l'apaiser? Que demande-t-elle à Dieu?
21. Comment Dieu exauce-t-il sa prière?
22. Quelle est l'attitude du narrateur à l'égard de la guerre? et à l'égard des hommes en général? Quelle est sa vision de l'avenir?
23. Que représente la fée dans l'univers de Barjavel?
24. Repérez et commentez les éléments fantastiques et les éléments réalistes du récit.

Questions sur la bande dessinée

1. Quelles conclusions peut-on tirer de cette bande dessinée?
2. Est-il possible de discerner de quel pays il s'agit? Comment cet anonymat affecte-t-il le sens de la bande dessinée?
3. Quels sont les sentiments de la foule dans le troisième dessin?
4. Pourquoi les spectateurs arrêtent-ils de pousser des hourras? Quelles sont leurs pensées dans le dernier dessin?
5. Pensez-vous que la foule ait changé? Décrivez ce changement.

Mise en œuvre du vocabulaire

A. Remplacez les mots en italique par un des termes du lexique que vous venez d'étudier.

1. Il est parti *au point du jour.*
2. Il *m'a coupé* une bonne tranche de bifteck.
3. Les femmes *corpulentes* sont peu appétissantes.
4. Il y a un serpent qui *se traîne sur le ventre* à la cuisine!
5. C'est une terrasse bien *protégée* de la pluie.
6. Après un match de tennis, je suis *à bout de souffle.*
7. On ne peut plus le faire sourire; c'est un homme *amer.*
8. Je déteste les chiens qui *poussent des cris* à tout moment.
9. On ne peut pas *aller plus vite que prévu* sans de graves conséquences.
10. Ceux qui sont *arrogants* ont peu d'amis.
11. Le plombier est venu réparer *un écoulement* d'eau aux toilettes.

B. Remplissez les espaces vides avec un mot du lexique.

1. Ce boxeur a des muscles d'_____ .
2. Le petit, ne voulant pas se coucher, obéissait en _____ .
3. Je me suis promenée dans le jardin à 7 h et _____ a mouillé ma jupe.
4. Chez toi, je suis toujours _____ .
5. Ce ne sont pas de vrais rochers, c'est du _____ !

C. Complétez les phrases suivantes.

1. Si tu veux brûler les étapes, . . .
2. Quand on est obèse, . . .
3. Demain, dès l'aube, je . . .
4. Taille-moi . . .
5. Il était aigri par . . .
6. J'ai téléphoné au plombier pour réparer . . .
7. Il était essoufflé en revenant de . . .
8. Mon père a grogné quand je lui ai demandé de . . .

D. Faites des phrases originales avec les expressions suivantes.

1. à l'aise
2. orgueilleux
3. la rosée
4. abrité
5. couvert de béton
6. des muscles d'acier
7. ramper

Six mille soldats ont perdu la vie à Belleau en 1917 pendant la Première Guerre mondiale.

GRAMMAIRE

La voix passive

L'AGENT ET L'OBJET DE L'ACTION

1. OBSERVEZ   Les hommes ont chassé les fées de la Terre. *(voix active)*
Les fées ont été chassées de la Terre par les hommes. *(voix passive)*

ANALYSE   Les deux phrases expriment la même idée. Pourtant, dans la première phrase, on met l'accent sur les hommes, sujet de la phrase. Dans la deuxième phrase, l'accent est mis sur le destin des fées.

	Sujet	Verbe	Objet direct	Complément d'agent
Voix active	Les hommes	ont chassé	les fées.	
Voix passive	Les fées	ont été chassées		par les hommes.

Le sujet de la voix active, **les hommes,** est mis au second plan dans la phrase passive, tandis que l'objet de la phrase active, **les fées,** en devenant le sujet de la phrase passive, prend la place principale.

2. OBSERVEZ   Un conglomérat d'usines **fabriquait** mille tanks.

Mille tanks **étaient fabriqués** par un conglomérat d'usines.

ANALYSE   Pour former la voix passive, on emploie le verbe **être** au temps voulu et le participe passé du verbe de la phrase active. Vous voyez, par exemple, que **fabriquait** à l'imparfait devient **étaient** (pluriel pour un sujet pluriel, **tanks**) + **fabriqués.** Le participe passé a, alors, la valeur d'un adjectif.

VERBE MODÈLE: ÊTRE AIMÉ

Présent	elle est aimée
Imparfait	elle était aimée
Passé simple	elle fut aimée
Futur	elle sera aimée
Conditionnel	elle serait aimée
Passé composé	elle a été aimée
Plus-que-parfait	elle avait été aimée
Passé antérieur[6]	elle eut été aimée
Futur antérieur	elle aura été aimée
Conditionnel passé	elle aurait été aimée

Subjonctif

Présent	qu'elle soit aimée
Imparfait	qu'elle fût aimée[6]
Passé	qu'elle ait été aimée
Plus-que-parfait[6]	qu'elle eût été aimée

3. OBSERVEZ   Les chars furent conduits **par** les soldats.

Il fut cerné **par** vingt engins.

Les ferrailles furent tâchées **de** sang.

Le soldat fut accompagné **de** la fée.

Pivette était aimée **du** soldat.

ANALYSE   La préposition **par** introduit *l'agent* de la phrase (les soldats, vingt engins). Cet agent joue un rôle actif dans l'action de la phrase. La préposition **de** remplace **par** avec les verbes qui expriment une émotion ou un état:

Il est
{ admiré de   méprisé de
aimé de   accompagné de
craint de   écouté de
détesté de   obéi de
haï de   suivi de }
tous.

Il est tâché de sang. Il est couvert de piqûres.

[6]Voir Leçon facultative.

Exercice

Transformez les phrases actives en phrases passives.

1. Des usines fabriquaient des avions et des sous-marins.
2. Les hommes chassèrent les fées de la Terre.
3. Les angelots l'avaient accusée d'une injustice.
4. Pivette a accompagné le soldat.
5. Le soldat aimera toujours la fée.
6. La fée a admiré le soldat.
7. Dieu a changé la fée en gouttes de rosée.
8. Pivette persécutait les angelots.
9. Les mères abandonnaient les fils à un âge encore jeune.
10. Le chanteur obèse chassa la fée à coups de mouchoir.

LE PASSIF AVEC ON

OBSERVEZ

Elle a été changée en gouttes de rosée.	On l'a changée en gouttes de rosée.
Pivette fut chassée de la Terre.	On chassa Pivette de la Terre.
Elle était accusée de harceler les angelots.	On l'accusait de harceler les angelots.
Elle a été pardonnée.	On l'a pardonnée.

ANALYSE Le complément d'agent peut disparaître de la phrase passive. Alors, la phrase active se construit avec **on**.

Exercice

Vous vous préparez pour un voyage. Donnez la forme active des phrases suivantes en employant le pronom **on**.

1. Les valises ont été faites.
2. Les passeports ont été vérifiés.
3. Les billets ont été achetés.
4. L'itinéraire a été consultée.
5. Deux places à côté de la fenêtre ont été retenues dans l'avion.
6. Une chambre d'hôtel a été réservée à Paris.
7. Notre argent a été changé en francs français.
8. Un taxi a été appelé.
9. Un rendez-vous a été pris avec le ministre des Affaires étrangères.

LE PASSIF PRONOMINAL

OBSERVEZ

Le français **se parle** à Qué-   **On parle** français à Québec.
bec.
Ça **ne se fait pas** en France.   **On ne fait pas** ça en France.
Des journaux français **se**   Ici, **on vend** des journaux fran-
vendent ici.   çais.

ANALYSE   La construction pronominale peut remplacer la phrase avec **on**
dans le cas d'un fait général.

Exercice

Employez la construction pronominale à sens passif dans les phrases suivantes.

1. On parle anglais à Ottawa.
2. On parle français à Chicoutimi au Québec.
3. On parle français et anglais à Montréal.
4. Dans le temps, on vendait des périodiques français dans ce magasin.
5. On comprend cela tout de suite.
6. On voit cela partout de nos jours.
7. On ne fait pas ça en France.
8. On ne dit pas cela au Québec.

Le faire "causatif"

1. OBSERVEZ   Pivette **a fait taire** l'angelot. (L'angelot s'est tu.) *(sens actif)*
Pivette **a fait bâtir** un cottage. (Un cottage a été bâti.) *(sens passif)*

ANALYSE   Dans les deux phrases, le sujet (**Pivette**) *a causé* l'action. Dans
la première phrase, l'objet (**l'angelot**) accomplit l'action. Par
contre, dans la deuxième phrase, l'objet (**un cottage**) a joué un
rôle passif.

2. OBSERVEZ   Pivette a fait bâtir la maison par les ouvriers.
Elle l'a fait bâtir par les ouvriers.
Elle la leur fait bâtir.

Dieu a fait réciter des prières par Pivette.
Il en a fait réciter par Pivette.
Il lui en a fait réciter.

ANALYSE   Dans la deuxième phrase de chaque groupe, notez que le pronom réprésentant l'objet de la phrase (**maison, des prières**) précède le verbe **faire.** Dans la troisième phrase de chaque groupe, l'agent (**les ouvriers, Pivette**) devient l'objet indirect de la phrase (**leur, en**) et précède le verbe **faire** dans l'ordre normal des compléments d'objets directs et indirects.

REMARQUES

1.   Quand il y a deux objets dans la phrase, c'est toujours la personne ou le complément d'agent qui deviennent l'objet indirect.
2.   Le participe du verbe **faire** (**fait**) reste *toujours invariable* dans la construction causatif.

3. OBSERVEZ   Il **a fait faire** la cuisine par la bonne.
La fée **s'est fait faire** une robe par la couturière.
Elle **s'est fait gronder** par Dieu.

ANALYSE   Suivi d'une expression contenant déjà le verbe **faire** (**faire la cuisine, faire une robe, faire le travail,** etc.), on emploie **faire** deux fois de suite. Dans la deuxième phrase, le pronom **se** montre que la robe a été faite *pour* la fée. La troisième phrase a un sens passif: Elle a été grondée. La construction avec **se faire** est bien plus élégante et plus française.

4. OBSERVEZ   Pivette a fait taire **les angelots.**
Elle **les** a fait taire.
Elle a fait piailler **un angelot.**
Elle **l'**a fait piailler.

ANALYSE   Lorsqu'il n'y a *qu'un seul objet* dans la phrase, c'est un *objet direct,* même si l'objet est une personne.

Exercices

A.   Transformez les phrases suivantes selon le modèle.

MODÈLE: L'angelot s'est tu. *(Pivette)*
Pivette a fait taire l'angelot.

1.   On a construit une maison. *(Pivette)*
2.   Pivette a pleuré. *(les angelots)*
3.   Le jardin a été nettoyé. *(Elle)*
4.   Pivette a été punie. *(un angelot)*
5.   Pivette est descendue sur terre. *(Dieu)*

B. Transformez les phrases suivantes selon le modèle.

MODÈLE: On l'a grondée.
Elle a été grondée.
Elle s'est fait gronder.

1. On l'a chassée.
2. On l'a battue.
3. On l'a écrasée.

4. On l'a écoutée.
5. On l'a applaudie.
6. On l'a punie.

C. Votre ami vous pose des questions à propos des voisins qui sont très riches. Répondez-lui selon les modèles.

MODÈLES: Ils nettoient leur maison? *(Non, la bonne)*
Non, ils la font nettoyer par la bonne.

Ont-ils construit un pavillon?
Non, ils se sont fait construire un pavillon.

1. Conduisent-ils leur voiture? *(Non, le chauffeur)*
2. Soignent-ils leur chien? *(Non, le vétérinaire)*
3. Arrosent-ils leur jardin? *(Non, le jardinier)*
4. Écrivent-ils leurs lettres? *(Non, la secrétaire)*
5. Ont-ils bâti un chalet?
6. Ont-ils construit un château?
7. Est-ce que Madame fait ses robes?
8. Est-ce que Madame fait la cuisine?
9. Fait-elle le ménage?
10. Est-ce que Monsieur se coupe les cheveux?

D. Une de vos voisines est très curieuse et vous pose tout un tas de questions. Vous êtes patient(e) et vous lui répondez.

MODÈLES: As-tu construit la maison? *(des ouvriers)*
Non, je l'ai fait construire par des ouvriers.

C'est toi qui t'es coupé les cheveux? *(le coiffeur)*
Non, je me les suis fait couper par le coiffeur.

1. C'est toi qui as préparé le repas? *(Non, la bonne)*
2. As-tu fait ce gâteau? *(Non, ma grand-mère)*
3. C'est toi qui t'es fait cette jolie robe? *(Non, la couturière)*
4. As-tu écrit cette lettre? *(Non, mon professeur)*
5. C'est toi qui as pris cette photo? *(Non, le photographe)*
6. C'est vous qui avez planté ces arbres? *(Non, nous, le jardinier)*
7. Est-ce vous qui nettoyez la maison? *(Non, nous, une domestique)*
8. C'est vous qui lavez la voiture? *(Non, nous, le garagiste)*

E. On vous pose des questions sur votre amie. Répondez selon le modèle.

MODÈLE: A-t-elle fait bâtir ce chalet par des ouvriers?
Oui, elle la leur a fait bâtir.

1. A-t-elle fait construire ce petit pavillon par des menuisiers?
2. Est-ce qu'elle fait réciter des prières par ses enfants?
3. Est-ce qu'elle fait faire leurs leçons à ses enfants?
4. A-t-elle fait lire les contes de fée de Perrault par ses enfants?
5. Est-ce qu'elle fait faire leurs lits à ses enfants?
6. Est-ce qu'elle fait fabriquer des meubles à son mari?
7. Est-ce qu'elle fait laver l'auto par son domestique?
8. Fait-elle extirper les mauvaises herbes du jardin par son jardinier?
9. A-t-elle fait faire sa belle robe par une couturière?
10. A-t-elle fait nettoyer les chiens par son fils?

Questions sur le dessin humoristique

Commentez l'évolution des idées de celui qui parle. Pourquoi est-ce que l'idéalisme de la jeunesse se transforme souvent en réalisme? Quel est le rôle de la prise de conscience dans cette évolution?

Sempé
© Charillon-Paris

—Quand j'étais jeune je voulais tout faire sauter, maintenant j'ai peur ça saute réelement . . .

Conversation/Petit écrit

A. Préparez oralement les questions suivantes.

B. Préparez par écrit la question de votre choix.

1. Quelle est la vision de la terre que le narrateur nous donne? Quels mots soulignent l'attitude du narrateur envers «l'engeance» humaine?
2. Quel univers le narrateur oppose-t-il au monde guerrier? Comment maintient-il un ton léger et fantaisiste malgré le sérieux du sujet?
3. Relevez les phrases où les angelots semblent être des oiseaux. Quel vocabulaire souligne cette similitude? Quels sont les éléments comiques des activités de Pivette?
4. Quels sont les attributs de Dieu dans cette nouvelle? Comment se montre-t-il un père «moderne»? Pourquoi est-ce comique?
5. Que pensez-vous du réalisme de la description de la population civile? Quels éléments de la vie d'aujourd'hui ressemblent déjà à ce que présente Barjavel? Pourquoi est-ce inquiétant?
6. Pour retourner au paradis, Pivette doit trouver un homme. Comment sa recherche est-elle comique? Comment est-elle réaliste et un peu troublante?
7. Comment l'auteur inspire-t-il notre sympathie pour le jeune soldat? Comment semble-t-il différent du monde dans lequel il est né?
8. Quel parallèle et quel contraste peut-on tirer entre l'amour et la guerre dans ce conte?

Étude du lexique

1. **sanglant** couvert de sang
   Ils venaient d'exposer leur vie dans une guerre sanglante.

2. **un esclave** une personne qui est sous la puissance absolue d'un maître
   Il avait accompli l'affranchissement des esclaves.

3. **un défilé** une marche de personnes disposées à la file, une manifestation populaire
   Il y avait un défilé dans la rue contre la course aux armements.

4. **régner** exercer un pouvoir absolu; prédominer
   Le proverbe «Diviser pour régner» veut dire qu'il faut créer des rivalités si l'on veut rester le maître.
   La peur règne dans le monde; il vaut mieux que la confiance règne.

5. **une planète**   un corps céleste en orbit autour d'une étoile

   Il y a neuf planètes dans notre système solaire: Mercure, Vénus, Terre, Mars, Jupiter, Saturne, Uranus, Neptune, Pluton.

   La planète Terre, notre planète, risque d'être annihilée si l'on ne contrôle pas la prolifération des armements.

6. **s'armer jusqu'aux dents**   s'armer autant que possible, au maximum

   Les pays s'arment jusqu'aux dents, et il y a, pourtant, des gens qui n'ont rien à manger.

7. **d'avance**   avant le temps prévu

   Chaque adversaire savait d'avance ce dont l'autre était capable.

8. **déclencher**   lancer, provoquer, commencer

   On déclenche seul une attaque, une révolution, une guerre, mais la paix se fait à deux.

9. **efficace**   qui produit l'effet qu'on en attend; sûr, bon

   On cherche un remède efficace contre les hostilités.

10. **écarter**   éloigner (de soi)

    Elle écarta toutes les petites misères de son ami.

    Si l'on désire la paix, il faut écarter la notion de supériorité militaire.

11. **constater**   observer, remarquer, reconnaître

    Vous pouvez constater par vous-même que la méfiance est une attitude apprise par expérience.

12. **céder (à)**   capituler (à), faiblir (devant), reculer

    L'armée a cédé par lassitude.

13. **désormais**   à partir du moment actuel

    Désormais, une guerre peut anéantir toute la planète.

14. **le néant**   rien; le non-être

    Une guerre nucléaire réduirait la planète au néant.

    «L'homme est matière, il sort du néant, il rentre dans le néant.» (Victor Hugo)

    On conçoit le néant comme une absence de tout.

    L'Être et le néant, ouvrage de Jean-Paul Sartre, est lu par tous ceux qui s'intéressent à la philosophie.

15. **se résigner à**   accepter sans résister une chose désagréable, se résoudre, se soumettre

    Faut-il se résigner à l'inévitabilité d'une troisième guerre mondiale?

Guerre à la guerre

Jean Guitton

*Dans son article «Guerre à la guerre», Jean Guitton, de l'Académie française,
analyse l'aspect psychologique de la course aux armements. Dans un monde
où la guerre est devenue impensable car suicidaire, on dissuade l'ennemi par
l'arme psychique de la peur qui a remplacé l'arme physique.*

Généralement on pense que l'homme de guerre désire faire la guerre.
Mais l'art suprême en ce domaine sanglant est au contraire d'éviter de
faire la guerre, en utilisant la passion la plus profonde de l'animal pen-
sant qui est la peur. À quoi sert de tuer? Le cadavre gêne. Il vaut mieux
5 effrayer, paralyser, rendre votre adversaire esclave, en lui faisant peur.
Les cris, les plumes, les fanfares, les uniformes, le bruit des canons,
les propagandes—et aussi les images de terreur, les défilés des écolo-
gistes s'expliquent par la même loi: faire peur pour éviter la guerre.
Cet art d'économie suprême, je le vois régner plus que jamais sur cette
10 planète tremblante.

Car, depuis une vingtaine d'années, nous vivons dans la crainte
d'une guerre sans ressemblance avec les autres guerres, parce qu'elle
serait un suicide collectif. Dès lors, plus que jamais (et à jamais, sans
doute) pour le meilleur ou pour le pire la sagesse conseille d'éviter la
15 catastrophe. Après une guerre totale, il n'y aurait ni vainqueur ni
vaincu, mais des cadavres sur une Terre sans vie. La seule méthode est
donc de remplacer l'arme physique qui tue par l'arme psychique qui
dissuade, comme l'avaient compris Staline, Hitler et Mao. Celui-ci avait
poussé au plus haut point cette arme dissuasive, puisqu'il avait dit
20 qu'on pouvait gagner sans aucune arme, en persuadant l'ennemi de
vous livrer ses armes.

De nos jours les grandes puissances s'arment jusqu'aux dents. Pour
faire la guerre? Eh non!—pour convaincre l'adversaire qu'il est vaincu
d'avance à cause de la disproportion des armements. Dès lors, le pro-
25 blème des problèmes, en matière de stratégie politique, est d'éviter la
disproportion: le jour où une armée se croit la plus forte, elle déclenche une guerre, qu'elle imagine violente et courte.

C'est pourquoi le seul moyen efficace d'écarter le risque épouvantable est de limiter les armes et d'obtenir une fragile égalité. Lorsque
30 j'envisage sur une durée de vingt siècles l'histoire de la paix et de la
guerre, je constate un singulier renversement. Jadis, sous l'influence
du christianisme, on avait réglementé et codifié les guerres, on avait
créé le «droit des gens». La guerre était un jeu, mais tout jeu a ses lois.
Et les lois de la guerre étaient admises **de part et d'autre.** On déclarait,   des deux côtés

Extrait du *Figaro,* 4 juillet 1983.

35 on traitait, on épargnait. . . . Et l'on peut dire que tout était en un sens
paix, même la guerre.

Désormais, ce qui est possible à chaque instant, c'est une réduction
au néant des uns et des autres. Tout devient arme de guerre, même la
paix. Mais il faut s'y résigner. Et du pire peut sortir le meilleur, **à savoir**   c'est-à-dire
40 la disparition des guerres mondiales. À condition que, par la disproportion des forces en présence, un des antagonistes ne cède pas à la
tentation et n'applique pas à une immense échelle l'art de la guerre,
qui est de vaincre par la dissuasion sans avoir à faire la guerre.

Intelligence du texte

1. Quel est l'art suprême de la guerre?
2. Comment évite-t-on la guerre?
3. À quoi servent les cris, les plumes, les uniformes, le bruit des canons et les propagandes?
4. Comment la guerre a-t-elle changé depuis une vingtaine d'années?
5. Que pourrait-on espérer après une guerre totale?
6. Par quoi est-ce qu'on remplace l'arme physique qui tue?
7. Quels tyrans avaient compris cette stratégie?
8. Selon Mao, comment peut-on gagner une guerre sans aucune arme?
9. De nos jours, pourquoi les grandes puissances s'arment-elles jusqu'aux dents?
10. Qu'est-ce que c'est que la disproportion des armements?
11. Comment la disproportion cause-t-elle la guerre?
12. Selon Guitton, quel est le seul moyen efficace d'écarter le risque épouvantable de la guerre?
13. En ce qui concerne la guerre, qu'est-ce qu'on avait fait sous l'influence du christianisme?
14. De nos jours, qu'est-ce qui est possible à chaque instant?
15. Comment un des antagonistes peut-il se servir de la disproportion des forces pour vaincre son ennemi?

Résumé

En vous appuyant sur les questions suivantes, résumez et analysez l'article
«Guerre à la guerre».

Quelles sont les étapes du raisonnement de Jean Guitton? Comment
l'homme de guerre utilise-t-il la peur pour persuader l'ennemi de livrer ses
armes sans lutte? Pouvez-vous illustrer cet art en vous servant d'un des exemples de l'article (Staline, Hitler ou Mao)? Expliquez ce que c'est que la disproportion des armements. Quelle est l'importance de cette idée dans la poli-

tique actuelle? Y a-t-il un danger? Définissez la dissuasion. Détaillez le rapport entre la disproportion et la dissuasion. Comment la paix peut-elle être arme de guerre? Quel est le danger de disproportion de notre ère? Quelle est la solution selon Jean Guitton? Êtes-vous d'accord? Y a-t-il d'autres moyens de faire disparaître les guerres mondiales?

Essai

Prononcez-vous pour ou contre une des questions suivantes en essayant de convaincre votre adversaire de votre point de vue. Référez-vous aux Leçons 1, 2, 4 et 7 pour la composition d'un essai, aussi bien qu'au vocabulaire ci-dessous.

1. L'agressivité naturelle de l'être humain rend la guerre inévitable. (Y a-t-il jamais eu une époque sans guerre?)
2. Il vaudrait mieux que chaque citoyen ait un fusil chez lui.
3. S'il y a une guerre, il faudra que les femmes prennent les armes comme les hommes. (Est-ce que l'égalité des sexes demande que les femmes se battent comme les hommes?)

Comment dirais-je?

être équilibré   ≠ déséquilibré
   calme   ≠ violent
   paisible   ≠ combatif
   une personne évoluée ≠ non-évoluée
le progrès personnel
tenir compte de, compter avec, l'animalité de l'homme
la loi de la jungle
la sélection naturelle
les besoins, les désirs
l'intérêt personnel, l'égoïsme, des raisons égoïstes
la domination, le désir de dominer, de posséder
l'intimidation, la peur, la crainte
effrayer, faire peur à, paralyser l'ennemi = l'adversaire
la stratégie
les rapports personnels, entre les pays
déclencher, causer, déclarer la guerre
défendre, soutenir, protéger, venir à la rescousse de, aider, venir à l'aide de, rendre service à quelqu'un
l'association (f.), la collaboration, la coopération
construire, créer, bâtir ≠ détruire, dévaster, nuire à
l'optimisme (m.) ≠ le pessimisme
optimiste ≠ pessimiste (n. our adj.)

Au salon de l'aéronautique à Paris, on peut prendre connaissance de l'arsenal de guerre le plus sophistiqué.

vivre en harmonie avec
soutenir la vie, élever des enfants
s'entraider = s'aider les uns les autres
aimer, réconforter, consoler, soulager, soutenir, soigner, nourrir, guider, s'attacher à, apprécier, s'intéresser à, consacrer son temps, ses soins à quelqu'un

Activités

1. Organisez un débat sur un des sujets d'essai.
2. Quelle est l'importance des langues étrangères dans la coopération internationalnationale?
3. Comment l'ère nucléaire affecte-t-elle la vie quotidienne?
4. Que peut faire l'individu pour encourager la paix? pour calmer l'agressivité de ses prochains? la sienne propre?

Mini-théâtre

Un diplomate soviétique et un diplomate américain se réunissent pour discuter les armements. Ils se méfient l'un de l'autre, mais savent bien cacher leur méfiance.

Travaillez par groupes de deux. Préparez un petit discours qui vise à convaincre votre adversaire de réduire ses armements sans que votre pays ait besoin de faire de même.

L'amour et l'amitié

Étude du lexique

1. **la fleur de l'âge**   le moment le plus beau de son âge
   Le pauvre est mort à la fleur de l'âge.

2. **séduire**   débaucher, déshonorer, fasciner, charmer
   Il cherchait à séduire la jeune veuve.
   Vos idées me séduisent.

3. **être dupe**   être trompé
   Il me ment, mais je ne suis pas dupe, je le sais!

4. **empressé**   dévoué, plein de zèle, d'attentions
   Alcibiade faisait une cour empressée à la prude.

5. **prendre quelqu'un au mot**   prendre littéralement ce qu'il dit
   Moi, je voulais plaisanter, et voilà qu'il m'a pris au mot!

6. **louer**   complimenter, glorifier
   «On ne loue d'ordinaire que pour être loué.» (La Rochefoucauld)
   Dieu soit loué! (expression de soulagement)

7. **tenir bon**   tenir le coup, résister aux difficultés, supporter
   Malgré l'exigence de la demande de la prude, Alcibiade tint bon.

8. **faire la cour à quelqu'un**   chercher à obtenir ses faveurs, courtiser
   Il a fait la cour à son supérieur pour obtenir une promotion.

9. **avoir beau** + *infinitif*   faire quelque chose en vain
   J'ai beau lui parler, il ne m'écoute jamais.
   Il a beau faire la cour à cette femme, elle a un cœur insensible.
   Nous avons beau préparer un dîner somptueux, il ne viendra pas.

10. **un vœu**   un souhait, un désir, une prière
    Je vous envoie mes vœux les plus sincères pour une bonne année.

11. **feindre**   faire semblant
    Il feint de dormir, mais je sais qu'il veille.

12. **à toute épreuve**   résistant, solide, inébranlable
    Elle est favorisée d'une santé à toute épreuve.

13. **la démarche**   la façon de marcher, l'allure
    Par sa démarche, je sais qu'elle est danseuse.

14. **un coup de foudre**   événement désastreux *(vieux)*; manifestation subite de l'amour
    Quand elle l'a vu pour la première fois, c'était le coup de foudre.

15. **s'emparer de**   envahir, gagner

   Une colère sourde s'emparait doucement de son esprit.
   Une rêverie s'est emparée de moi.

16. **priver**   enlever, frustrer

   La peur le prive de la logique.
   On l'a privé de liberté.

17. **vous vous moquez!**   vous n'êtes pas sérieux!

   Ils ne se sont vus qu'une seule fois et ils sont déjà amoureux? Mais, vous
   vous moquez!

Alcibiade, ou le Moi

Jean-François Marmontel

*Jean-François Marmontel (1723–1799), écrivain français, protégé et disciple
de Voltaire, connut une grande célébrité à la Cour de Louis XV et de Louis XVI
par ses* Contes moraux *(1761) et par ses deux romans,* Bélisaire *et* Les Incas.
*Comme tous les «philosophes» de la période, il favorisait la tolérance et con-
damnait l'esclavage; ses deux romans exposent ses idées sur l'intolérance et
l'oppression. Il écrivit des articles pour* l'Encyclopédie *aussi bien que ses Mé-
moires d'un père (inachevés) qui sont un témoignage précieux sur la société
du XVIIIᵉ siècle.*

«Alcibiade, ou le Moi», tiré des Contes moraux, *ironise sur l'obsession des
jeunes: la recherche du «moi» et l'égoïsme que cette recherche implique. L'histoire se déroule dans la Grèce antique à l'époque du grand philosophe Socrate.
Alcibiade, disciple favori de Socrate, veut être aimé pour «lui-même». Mais, ne
sachant pas ce que c'est que ce «lui-même», il passe à côté de bien des femmes
qui auraient pu l'aimer. Dégoûté par tant d'expériences décevantes, il se console
chez son maître, Socrate, qui lui donne un conseil surprenant pour ce philosophe. Le conte, qui ressemble à une apologue par sa moralité et son ton, s'apparente, donc, à* L'Histoire d'un bon bramin, *aussi bien qu'à* La Fée et le soldat.*

Alcibiade ne pense qu'à être aimé, mais sait-il aimer un autre?

La nature et la fortune semblaient avoir conspiré au bonheur d'Alcibiade. Richesses, talents, beauté, naissance, la fleur de l'âge et de la
santé; que de titres pour avoir tous les ridicules![1] Alcibiade n'en avait
qu'un: il voulait être aimé pour lui-même. Depuis la coquetterie
5 jusqu'à la sagesse,[2] il avait tout séduit dans Athènes; mais en lui, était-
ce bien lui qu'on aimait? Cette délicatesse lui prit un matin, comme il
venait de faire sa cour à une **prude**: c'est le moment des réflexions.   puritaine hypocrite
Alcibiade en fit sur ce qu'on appelle le sentiment pur, la métaphysique

[1]Que de raisons de se tourner en ridicules.

[2]Depuis les femmes jeunes et coquettes jusqu'aux femmes âgées et sages.

de l'amour.[3] Je suis bien dupe, disait-il, de prodiguer mes soins à une
10 femme qui ne m'aime peut-être que pour elle-même! (. . .) S'il en est
ainsi, elle peut chercher parmi nos athlètes un **soupirant** qui me remplace.   prétendant

La belle prude, suivant **l'usage,** opposait toujours quelque faible ré-   coutume
sistance aux désirs d'Alcibiade. C'était une chose épouvantable![4] Elle
15 ne pouvait y penser sans rougir. Il fallait aimer comme elle aimait,
pour s'y résoudre. Elle aurait voulu, pour tout le monde, qu'il fût moins
jeune et moins empressé. Alcibiade la prit au mot. Je m'aperçois,
madame, lui dit-il un jour, que ces **complaisances** vous coûtent: hé   indulgences,
bien, je veux vous donner une preuve de l'amour le plus parfait. Oui,   tolérances
20 je consens, puisque vous le voulez, que nos âmes seules soient unies,
et je vous donne ma parole de n'exiger rien de plus.

La prude loua cette résolution d'un air bien capable de la faire évanouir;[5] mais Alcibiade tint bon. Elle en fut surprise et **piquée;** cepen-   fâchée
dant il fallut dissimuler. (. . .)

25 (. . .) Il reçut le lendemain, à son réveil, un billet conçu en ces termes:
«J'ai passé la plus cruelle nuit; venez me voir. Je ne puis vivre sans
vous.»

Il arrive chez la prude. Les rideaux des fenêtres n'étaient
qu'entr'ouverts; un jour tendre se glissait dans l'appartement (. . .). La
30 prude était encore dans un lit **parsemé** de roses. Venez, lui dit-elle,   couvert par endroits,
d'une voix plaintive, venez calmer mes inquiétudes. (. . .) Vous avez   ça et là
beau me promettre de vous vaincre, vous êtes trop jeune pour le pou-
voir longtemps. Ne vous connais-je pas? Je sens que j'ai trop exigé de
vous. (. . .) Sois heureux, j'y consens. Je le suis, madame, s'écria-t-il,
35 du bonheur de vivre pour vous: cessez de me soupçonner et de me
plaindre; vous voyez l'amant le plus fidèle, le plus tendre, le plus respectueux. . . . Et le plus sot, interrompit-elle en tirant brusquement ses
rideaux (. . .). Alcibiade sortit furieux de n'avoir été aimé que comme
un autre, et bien résolu de ne plus revoir une femme qui ne l'avait pris
40 que pour son plaisir. Ce n'est pas ainsi, dit-il, qu'on aime dans l'âge de
l'innocence; et si la jeune Glicérie éprouvait pour moi ce que ses yeux
semblent me dire, je suis bien certain que ce serait de l'amour tout
pur.

Glicérie, dans sa quinzième année, attirait déjà les vœux de la plus
45 brillante jeunesse.[6] Qu'on imagine une rose au moment de s'épanouir;
tels étaient la fraîcheur et l'éclat de sa beauté.

Alcibiade se présenta, et ses rivaux se dissipèrent. (. . .) Quel dommage qu'avec tant de charmes elle n'eût pas un cœur sensible! Je vous
adore, lui disait-il, et je suis heureux si vous m'aimez. Ne craignez pas

[3]La réflexion métaphysique de l'amour.

[4]Du point de vue de la prude.

[5]En vérité elle désirait Alcibiade tout en faisant la difficile.

[6]C'est-à-dire, des plus beaux jeunes gens.

50 de me le dire (. . .). Glicérie voulait, avant de s'expliquer, que leur **hy-**   mariage *(vieux)*
men fût conclu. Alcibiade voulait qu'elle s'expliquât avant de penser à
l'hymen. (. . .)—Hé bien, soyez content, et ne me reprochez plus de
n'avoir pas un cœur sensible; il l'est du moins depuis que je vous vois.
(. . .) Mais (. . .) j'exige de vous une complaisance: c'est de ne me plus
55 parler tête à tête que vous ne soyez d'accord avec ceux dont je dé-
pends. (. . .) (Alcibiade) voulait voir jusqu'au bout s'il était aimé pour
lui-même. Je ne vous dissimulerai pas, lui dit-elle, que la démarche
que je vais faire peut avoir un mauvais **succès.** Vos parents me   résultat
reçoivent avec une politesse froide, que j'aurais prise pour un **congé,**   renvoi
60 si le plaisir de vous voir n'eût vaincu ma délicatesse: mais si j'oblige
votre père à s'expliquer, il ne sera plus temps de feindre. Il est membre
de l'Aréopage;[7] Socrate, le plus vertueux des hommes, y est suspect
et odieux: je suis l'ami et le disciple de Socrate; et je crains bien que
la haine qu'on a pour lui ne s'étende jusqu'à moi. (. . .) Si votre père
65 nous sacrifie à sa politique, s'il me refuse votre main, à quoi vous dé-
terminez-vous? À être malheureuse, lui répondit Glicérie, et à céder à
ma destinée. —Vous ne me verrez donc plus?—Si l'on me défend de
vous voir, il faudra bien que j'obéisse. —Vous obéirez donc aussi si
l'on vous propose un autre époux? —Je serai la victime de mon devoir.
70 (. . .) —Non, Glicérie, l'amour ne connaît point de loi; il est au-dessus
de tous les obstacles. Mais je vous rends justice: ce sentiment est trop
fort pour votre âge. (. . .) Vous êtes bien le maître, lui dit-elle les larmes
aux yeux, d'ajouter l'injure au reproche. Je ne vous ai rien dit que de
tendre. (. . .) Que me demandez-vous de plus? Je vous demande, lui
75 dit-il, de me jurer une constance à toute épreuve, de me jurer que vous
serez à moi, quoi qu'il arrive, et que vous ne serez qu'à moi. —En
vérité, seigneur, c'est ce que je ne ferai jamais. —En vérité, madame,
je devais m'attendre à cette réponse, et je rougis de m'y être exposé.
À ces mots, il se retira **outré** de colère, et se disant à lui-même: J'étais   scandalisé
80 bien bon d'aimer un enfant qui n'a point d'âme, et dont le cœur ne se
donne que par avis de parents! (. . .)

*Alcibiade devient l'amant d'une jeune veuve qui veut, par vanité, afficher
leur liaison.*

Chaque jour elle se donnait plus d'aisance et de liberté. Au spectacle
85 elle exigeait qu'il fût assis derrière elle, qu'il lui donnât la main pour
aller au Temple, qu'il fût de ses promenades et de ses soupers. Elle
affectait surtout de se trouver avec ses rivales; et au milieu de ce concours, elle voulait qu'il ne vît qu'elle. Elle lui commandait d'un ton
absolu (. . .). J'ai pris des airs pour des sentiments, dit-il avec un sou-
90 pir: ce n'est pas moi qu'elle aime, c'est l'éclat de ma conquête; elle me

[7]Ancien tribunal d'Athènes.

mépriserait, si elle n'avait point de rivales. Apprenons-lui que la vanité n'est pas digne de fixer l'amour.

Alcibiade commence à s'intéresser à Rodope, la femme d'un magistrat qui ne se résout pas à se donner à lui à cause de son honneur.

95 Ne pensez pas qu'un fol espoir de vous séduire et de vous **égarer** se fût glissé dans mon âme: la vertu, bien plus que l'esprit et la beauté, m'a- vait enchaîné sous vos lois. Mais vous aimant d'un amour aussi délicat que tendre, je me flattais de vous l'inspirer. (. . .)

détourner, tromper

Elle tremblait surtout pour l'honneur et le repos de son mari. Alci- 100 biade lui fit le serment d'un secret inviolable; mais la malice du public le dispensa d'être indiscret. (. . .) **Le bruit** en vint aux oreilles de l'é- poux. Il n'avait garde d'y ajouter foi;[8] mais son honneur et celui de sa femme exigeaient qu'elle se mît au-dessus du soupçon. Il lui parla de la nécessité d'éloigner Alcibiade. (. . .)

la rumeur

105 Rodope, dès ce moment, résolut de ne plus voir Alcibiade. (. . .)

Alcibiade, après tant d'épreuves, était bien convaincu qu'il ne fallait plus compter sur les femmes (. . .).

Dans cette inquiétude secrète, comme il se promenait un jour sur le bord de la mer, il vit venir à lui une femme que sa démarche et sa 110 beauté lui auraient fait prendre pour une déesse, s'il ne l'eût pas recon- nue pour la courtisane Érigone. (. . .)

Alcibiade devient l'amant d'Érigone.

Deux mois s'écoulèrent dans cette union délicieuse, sans que la cour- tisane **démentît** un seul moment le caractère qu'elle avait pris; mais le 115 jour fatal approchait, qui devait dissiper une illusion si flatteuse. (. . .)

contredît

*Érigone abandonne Alcibiade pour Pisicrate qui gagne une course de chars. Alcibiade ne le sait pas encore, mais il est **abattu** d'avoir perdu la course.*

découragé, affligé

Dès qu'Alcibiade fut revenu de son premier abattement: Tu es bien 120 faible et bien vain, se dit-il à lui-même, de t'affliger à cet excès! (. . .) J'ai même lieu de m'applaudir de ce moment d'adversité: c'est pour son cœur[9] une nouvelle épreuve, et l'amour me **ménage** un triomphe plus flatteur que n'eût été celui de la course. Plein de ces idées con- solantes, il arrive chez Érigone: il trouve le char du vainqueur à la 125 porte.

prépare

Ce fut pour lui un coup de foudre. La honte, l'indignation, la déses- poir s'emparent de son âme: éperdu et frémissant, ses pas égarés se tournent comme d'eux-mêmes vers la maison de Socrate. (. . .)

Alcibiade lui raconta ses aventures avec la prude, la jeune fille, la

[8]Il n'avait aucunement l'intention d'y croire.

[9]Celui d'Érigone.

130 veuve, la femme du magistrat et la courtisane, qui dans l'instant même
venait de le sacrifier. De quoi vous plaignez-vous? lui dit Socrate après
l'avoir entendu: il me semble que chacune d'elles vous a aimé à sa
façon, de la meilleure foi du monde. La prude, par exemple, aime le
plaisir; elle le trouvait en vous: vous l'en priviez; elle vous renvoie:
135 ainsi des autres. (. . .) Vous avouez donc, dit Alcibiade, qu'aucune d'elle
ne m'a aimé pour moi? Pour vous! s'écria le philosophe; ah! mon cher
enfant, qui vous a mis dans la tête cette prétention ridicule? Personne
n'aime que pour soi. L'amitié, ce sentiment si pur, ne fonde elle-même
ses préférences que sur l'intérêt personnel (. . .). Je voudrais bien sa-
140 voir quel est ce *moi* que vous voulez qu'on aime en vous? La naissance,
la fortune et la gloire, la jeunesse, les talents et la beauté ne sont que
des accidents. Rien de tout cela n'est vous, et c'est tout cela qui vous
rend aimable. Le moi qui réunit ces **agréments** n'est en vous que le   charmes, grâces
canevas de la tapisserie; la broderie en fait **le prix**. (. . .) N'exigez donc   la valeur
145 pas que l'amour soit plus généreux que l'héroïsme, et trouvez bon
qu'une femme ne fasse pour vous que ce qu'il lui plaît. Je ne suis pas
fâché que votre délicatesse vous ait détaché de la prude et de la veuve,
ni que la résolution de Rodope et la vanité d'Érigone vous aient rendu
la liberté; mais je regrette Glicérie, et je vous conseille d'y retourner.
150 Vous vous moquez, dit Alcibiade: c'est un enfant qui veut qu'on l'é-
pouse. —Hé bien, vous l'épouserez. —L'ai-je bien entendu? c'est Socrate qui me conseille le mariage! —Pourquoi non? Si votre femme
est sage et raisonnable, vous serez un homme heureux; si elle est méchante ou coquette, vous deviendrez un philosophe: vous ne pouvez
155 jamais qu'y gagner.

Intelligence du texte

1. Quels agréments posséda Alcibiade? Quel était son seul trait ridicule?
2. Quelle réflexion fait-il à propos de la prude?
3. Comment la prude traitait-elle Alcibiade?
4. Pourquoi la prude fut-elle piquée qu'Alcibiade tînt sa parole?
5. Que lui écrit-elle dans son billet? Que lui propose-t-il quand il arrive chez elle?
6. Décrivez la scène chez la prude. Pourquoi lui dit-elle qu'il est l'amant le plus sot? Quelle est la réaction d'Alcibiade lorsque la prude le renvoie?
7. Décrivez Glicérie. Que désirait-elle avant d'avouer son amour à Alcibiade?
8. Quelle complaisance Glicérie demande-t-elle d'Alcibiade après avoir avoué son amour?
9. Que dit Alcibiade pour mettre à l'épreuve le sentiment de Glicérie? Quelle réponse lui fait-elle?
10. Que demande Alcibiade de Glicérie?
11. Pourquoi sort-il de chez Glicérie outré de colère?

12. Pourquoi Alcibiade est-il déçu par la jeune veuve?
13. Qui est Rodope? Pourquoi ne veut-elle pas céder à l'amour d'Alcibiade?
14. Pourquoi devient-elle finalement son amante? Pourquoi renonce-t-elle à le voir?
15. De qui devient-il l'amant après la jeune veuve? Qui est-elle?
16. Après avoir perdu la course de chars, que trouve Alcibiade à la porte d'Érigone?
17. Pourquoi Érigone abandonne-t-elle Alcibiade?
18. Qu'est-ce qu'Alcibiade raconte à Socrate? Comment Socrate lui répond-il?
19. Comment Socrate définit-il le «moi»?
20. Qu'est-ce que Socrate conseille à Alcibiade? Comment justifie-t-il son conseil?

Mise en œuvre du vocabulaire

A. Remplacez les expressions en italique par une des expressions du lexique que vous venez d'étudier.

1. Vous avez une patience _inébranlable._
2. C'est une femme qui a _une allure_ majestueuse.
3. Il ne cherchait pas à la _débaucher,_ mais à la convaincre.
4. Je t'envoie mes meilleurs _souhaits_ pour ton anniversaire.
5. Tu _raisonnes en vain_ avec lui, c'est un idiot.
6. Vous êtes _au plus beau moment de votre vie._
7. C'est une femme qui aime que l'on _la courtise._
8. Vous avez prêté votre appareil photo à ce sot! Mais, _vous n'êtes pas sérieux,_ voyons!
9. C'est une commère, il ne faut pas _croire à_ ce qu'elle dit.
10. Il _m'a complimenté sur mon_ charme personnel.
11. Il adore plaisanter, il ne faut pas _le prendre littéralement._
12. Il a fait une faute, mais _ne le frustrez pas_ de votre amitié.
13. Tu _fais semblant_ de ne rien comprendre, mais je sais que tu es très astucieux.
14. Une idée bizarre _a gagné_ son esprit.
15. Malgré un hiver surchargé de travail, il _a tenu le coup._

B. Remplissez les espaces vides par une des expressions du lexique.

1. Quand Roméo a vu Juliette pour la première fois, c'était _____.
2. Elle a de la chance d'avoir des amis tellement _____.
3. Les hommes sont souvent _____ de ce qui flatte leur vanité.
4. Il faut que vous vous mariiez maintenant, parce que vous êtes à _____.
5. Comme il a trouvé cette femme très belle, il a décidé de lui _____.

C. Composez des phrases originales avec chacun des mots du lexique.

GRAMMAIRE

L'imparfait du subjonctif

OBSERVEZ

Proposition principale au passé	*Imparfait du subjonctif*
Glicérie **voulait**	que leur hymen **fût** conclu.
Alcibiade **voulait**	qu'elle s'**expliquât** avant de penser à l'hymen.
Il **fut étonné**	qu'on **publiât** son aventure.
La veuve **exigeait**	qu'il lui **donnât** la main pour aller au Temple.
Son honneur **demandait**	que sa femme **se mît** au-dessus du soupçon.
Elle **aurait voulu**	qu'il **fût** moins jeune.
Je **voudrais**	qu'il **sût** la vérité.

ANALYSE Dans le style littéraire, *l'imparfait du subjonctif* s'emploie lorsque (1) la proposition principale exigeant le subjonctif dans la subordonnée est *au passé* ou *au conditionnel* et que (2) l'action de la proposition subordonnée est *contemporaine* ou *postérieure* à celle de la principale.

ATTENTION! Dans la langue parlée, *le présent du subjonctif* remplace l'imparfait du subjonctif.

EXEMPLE: Elle n'était pas fâchée qu'il **connaisse** la vérité.

Le radical de l'imparfait du subjonctif vient du passé simple.

VERBES MODÈLES

aimer (passé simple: **-ai, -as, -a**)	**mettre** (passé simple: **-is, -is, -it**)	**savoir** (passé simple: **-us, -us, -ut**)
que j'aimasse	que je misse	que je susse
que tu aimasses	que tu misses	que tu susses
qu'il/elle aimât	qu'il/elle mît	qu'il/elle sût
que nous aimassions	que nous missions	que nous sussions
que vous aimassiez	que vous missiez	que vous sussiez
qu'ils/elles aimassent	qu'ils/elles missent	qu'ils/elles sussent

avoir	être
que j'eusse	que je fusse
que tu eusses	que tu fusses
qu'il/elle eût	qu'il/elle fût
que nous eussions	que nous fussions
que vous eussiez	que vous fussiez
qu'ils/elles eussent	qu'ils/elles fussent

Le plus-que-parfait du subjonctif

1. OBSERVEZ

Proposition principale au passé	*Plus-que-parfait du subjonctif*
Alcibiade **fut** outré	qu'Érigone **eût accepté** Pisicrate.
Il **aurait voulu**	qu'elle **fût restée** fidèle.
Il **partit**	sans qu'elle **eût pu** lui parler.
Rodope **craignait**	que son mari **eût cru** la rumeur.
Il **nia**	qu'un espoir de la séduire **se fût glissé** dans son âme.

ANALYSE Dans le style littéraire, *le plus-que-parfait du subjonctif* s'emploie lorsque (1) la proposition principale qui exige le subjonctif est *au passé* ou *au passé du conditionnel* et que (2) l'action de la subordonnée est *antérieure* à celle de la principale.

ATTENTION! Dans le langage courant, *le passé du subjonctif* remplace le plus-que-parfait du subjonctif.

EXEMPLE: Il était affligé qu'elle ne **soit** pas **venue.**

Le plus-que-parfait du subjonctif se forme avec *l'imparfait du subjonctif du verbe auxiliaire* **avoir** ou **être** et *le participe passé* du verbe qui indique l'action.

VERBES MODÈLES

voir	aller
que j'eusse vu	que je fusse allé(e)
que tu eusses vu	que tu fusses allé(e)
qu'il/elle eût vu	qu'il/elle fût allé(e)
que nous eussions vu	que nous fussions allé(e)s
que vous eussiez vu	que vous fussiez allé(e)(s)
qu'ils/elles eussent vu	qu'ils/elles fussent allé(e)s

2. OBSERVEZ

Langage courant	*Style littéraire*
Cependant, **aurais-je épousé** mille femmes, je vous trouverais belle.	Cependant, **eussé-je**[10] **épousé** mille femmes, je vous trouverais belle.
L'amour me ménage un triomphe plus flatteur que n'**aurait été** celui de la course.	L'amour me ménage un triomphe plus flatteur que n'**eût été** celui de la course.

ANALYSE   Dans le style littéraire, *le plus-que-parfait du subjonctif* exprime une idée de *conditionnel*.

3. OBSERVEZ   Il **serait tombé** amoureux, s'il ne l'**avait** pas **reconnue** pour Érigone.

Il serait tombé amoureux, s'il ne l'**eût** pas **reconnue** pour Érigone.

Il **fût tombé** amoureux, s'il ne l'avait pas reconnue pour Érigone.

Il **fût tombé** amoureux, s'il ne l'**eût** pas **reconnue** pour Érigone.

ANALYSE   Dans les phrases hypothétiques de cette espèce (contraire à la réalité = irréel), le plus-que-parfait du subjonctif peut remplacer soit le conditionnel passé, soit le plus-que-parfait, soit les deux, *dans le style littéraire*.

Exercices

A.   Remplacez l'imparfait du subjonctif par le présent du subjonctif selon le modèle.

MODÈLE: Il fallait qu'Alcibiade *s'en allât*.
Il fallait qu'il *s'en aille*.

1. Il l'aimait toujours, quoiqu'il n'*osât* plus le lui faire paraître.
2. On ne pouvait soupçonner qu'elle *fût* une courtisane.
3. Il ne croyait pas que sa femme lui *fût* infidèle.
4. Encore fallait-il qu'Alcibiade *trouvât* une femme idéale.
5. Alcibiade voulait que Glicérie *fût* à lui pour tout jamais.
6. Il désirait qu'elle *désobéît* à ses parents.
7. Glicérie n'était pas libre, quoique *prétendît* Alcibiade.
8. Il voulait qu'elles l'*aimassent* pour lui-même.
9. Il ne comprenait pas pourquoi elles ne *fussent* pas parfaites.
10. Il exigeait que Rodope le *préférât* à son mari.

[10]Dans l'inversion avec **je,** on ajoute un accent aigu pour l'euphonie.

B. Remplacez les temps littéraires par les temps du langage courant selon le modèle.

> MODÈLE: Elle s'en alla sans qu'il eût pu lui parler.
> Elle s'en est allée sans qu'il ait pu lui parler.

1. Elle partit avant qu'il lui eût parlé.
2. Il fut affligé qu'elle ne fût pas restée fidèle.
3. Elle craignait que son mari eût appris la vérité.
4. Il s'étonna que les invités fussent venus si tard.
5. Il aurait voulu que les femmes eussent mieux compris ses désirs.
6. Il s'abandonna à de noires pensées jusqu'à ce qu'il en fût devenu fou.

C. Remplacez les temps littéraires par les temps du langage courant.

1. Rien ne l'eût arrêtée d'aimer son ami.
2. Quel amour n'eût pas paru banal après celui qu'elle vivait à ce moment-là?
3. À peine de retour, il eût voulu s'abandonner à ses pensées.
4. Si son mari eût su la vérité, il se fût fâché.
5. Érigone était la plus belle femme qu'il eût pu choisir.
6. Alcibiade eût été heureux, si les femmes l'eussent aimé pour lui-même.

Le passé antérieur

OBSERVEZ

Première action	*Deuxième action*
Alcibiade revint de sa déception.	Il rentra chez Érigone.

Quand
Lorsque } Alcibiade **fut revenu** de sa déception, il rentra chez Érigone.

Dès
Aussitôt } qu'Alcibiade **fut revenu** de sa déception, il rentra.

Après qu'il **eut perdu** la course, les spectateurs ne l'estimèrent plus.

ANALYSE Le passé antérieur est un temps littéraire qui indique une action *immédiatement antérieure* à une autre action. Il se trouve après les adverbes de temps tels que **aussitôt que, sitôt que, dès que, quand, lorsque, après que, à peine que.**

ATTENTION! Après **à peine,** il faut faire l'inversion.

EXEMPLE: À peine **fut-il mort** que l'intrigue éclata.

Le passé antérieur se forme avec *le passé simple du verbe auxiliaire* et *le participe passé* du verbe qui indique l'action. Le passé antérieur s'emploie avec le passé simple.

Le passé surcomposé

OBSERVEZ Aussitôt que ⎫
Dès que ⎪
Lorsque ⎬ j'**ai eu appris** la nouvelle, je suis rentré.
Quand ⎪
Après que ⎭

ANALYSE Le passé surcomposé est l'équivalent du passé antérieur dans la langue parlée et s'emploie avec le passé composé. Il est formé du passé composé de l'auxiliaire **avoir** et du *participe passé* du verbe qui indique l'action.

ATTENTION! Il paraît *seulement* avec l'auxiliaire **avoir**.

L'égalité des sexes s'exprime non seulement au niveau vestimentaire mais aussi au niveau des tâches quotidiennes.

Exercices

A. Transformez selon le modèle.

> MODÈLE: On porta le roi dans son lit et on l'examina aussitôt.
> Aussitôt (Dès que, Lorsque, À peine,[11] _etc._) qu'on eut porté le roi dans son lit, on l'examina.

1. Le roi fut blessé et on le porta au château aussitôt.
2. On l'examina et on découvrit la gravité de sa blessure tout de suite.
3. Elle revint chez elle et elle s'abandonna à ses pensées aussitôt.
4. Son mari revint et il se désola aussitôt.

B. Substituez aux temps littéraires les temps du langage courant.

> MODÈLE: Dès qu'elle eut vu le duc, elle rentra.
> Dès qu'elle a eu vu le duc, elle est rentrée.

1. Lorsqu'il eut compris la vérité, il se désola.
2. Quand elle eut rangé la lettre, elle ferma le tiroir.
3. Aussitôt que son mari eut appris la vérité, il sombra dans le désespoir.
4. Dès que les courtisans eurent compris, ils commencèrent à intriguer.
5. Après qu'elle eut vu le roi, elle comprit qu'il mourait.
6. À peine eut-il bu la potion, il mourut.

Conversation/Petit écrit

A. Préparez oralement les questions suivantes.

B. Préparez par écrit la question de votre choix.

1. Quelle est l'attitude du narrateur à l'égard du désir d'être aimé pour soi-même? Êtes-vous d'accord avec lui? Que pensez-vous de ce qu'Alcibiade exige de Glicérie? Est-il juste envers elle? Est-il honnête avec lui-même en ce qui concerne Rodope? Qu'est-ce qu'Alcibiade semble découvrir chez toutes les femmes? Que pensez-vous de la définition du «moi» donnée par Socrate?
2. _(Pour les filles)_ Aimez-vous qu'on vous fasse la cour? Comment? Aimez-vous les garçons qui vous donnent des fleurs, qui vous écrivent des poèmes? qui viennent vous chercher pour vous sortir au restaurant et au cinéma? Que mettez-vous quand vous sortez? Jouez-vous à la prude ou à la coquette quelquefois? Êtes-vous franche avec les garçons? Aimez-vous qu'on soit franc avec vous? Préférez-vous un beau garçon à un garçon intelligent? Est-il important pour vous qu'un garçon sache faire la cuisine?

[11]N'oubliez pas qu'il faut faire l'inversion après l'expression **à peine.**

3. *(Pour les garçons)* Croyez-vous qu'une fille doive payer sa part quand vous sortez ensemble? Pourquoi? Ouvrez-vous les portes pour votre compagne? L'aidez-vous à s'asseoir? De quoi aimez-vous parler quand vous sortez avec une fille? S'il fallait choisir, préfériez-vous sortir avec une jolie fille ou une fille intelligente? En général, croyez-vous que les jolies filles soient bêtes? Qu'est-ce que vous cherchez chez une fille? Croyez-vous qu'il soit important qu'une fille sache faire la cuisine? Pourquoi? Croyez-vous qu'une fille doive savoir réparer une voiture? Pourquoi?

4. Quelles qualités sont nécessaires pour être aimé? Quelles qualités sont nécessaires pour pouvoir aimer? La beauté est-elle essentielle? Quel rôle la fidélité joue-t-elle dans l'amour? Croyez-vous que l'amour soit éternel? Comment définissez-vous l'amour? L'amour est-il un coup de foudre ou un choix raisonné? Peut-on aimer deux personnes à la fois? Faut-il toujours être rigoureusement honnête avec la personne aimée? Faut-il lui dire tout? Croyez-vous l'idée que les opposés s'attirent?

5. L'argent joue-t-il un rôle dans l'amour? Lequel? Croyez-vous que l'amour puisse continuer entre deux personnes qui vivent loin l'un de l'autre? Quelle est l'importance de la correspondance? des appels téléphoniques? Selon vous, quelle place l'amour occupe-t-il dans l'échelle de valeurs? Est-il plus important que votre choix de carrière? Est-il plus important que la ville où vous habitez? Est-il plus important que votre famille? votre religion (si vous en avez une)? votre race? Est-ce que l'amour entre deux personnes de pays différents peut marcher? Quels compromis faut-il faire? Donnez des exemples.

Étude du lexique

1. **se charger de**   s'occuper de . . . en prenant la responsabilité
    Tu te chargeras des invitations, je me chargerai du menu.
    Ne t'en inquiètes pas, je m'en chargerai!

2. **tricher**   enfreindre une règle en feignant de la respecter
    On l'a renvoyé de l'école parce qu'il avait triché aux examens.

3. **d'emblée**   au premier effort, au premier coup
    Votre projet a été accepté d'emblée.

4. **vivre en retrait**   vivre retiré de la société par rapport aux autres
    Beaucoup d'intellectuels vivent un peu en retrait par rapport au monde extérieur.

5. **parvenir**   arriver

Il parvient facilement à communiquer ses idées.
Votre lettre m'est parvenue vendredi dernier.

6. **autrui**   d'autres personnes

Les généreux cultivent l'amour d'autrui.

7. **dresser**   lever; préparer avec soin

Il a dressé la tête. Son chien a dressé les oreilles.
Elle dressait une barrière autour d'elle comme *La Belle au bois dormant*.
Si tu me dresses un plan de la ville et une liste de restaurants, je pourrai me débrouiller sans peine.

8. **s'accommoder de**   s'adapter à, s'accorder avec

Il s'accommode de tout.
Elle s'accommode mal à la vie urbaine.

9. **dépaysé**   mal à l'aise par le changement de milieu, d'habitudes

La première fois qu'il est allé à Paris, il se sentait très dépaysé, mais il s'y est habitué à la longue.

10. **farouche**   sauvage, timide, insociable

Cet enfant est un peu farouche, comme un animal; il faut le traiter avec douceur.

11. **s'épanouir**   s'ouvrir pleinement

Un professeur doit aider ses étudiants à s'épanouir.

12. **frêle**   fragile

La danseuse étoile ressemblait à un papillon frêle parmi les roses.

13. **détendu**   décontracté, calme

Lorsqu'on est avec ses amis, l'atmosphère est détendue et amicale.

14. **une saute d'humeur**   un brusque changement de l'humeur

Il est sujet aux sautes d'humeurs les plus surprenantes.

15. **impunément**   sans subir de punition

On ne peut pas mal traiter ses amis impunément.

16. **trancher sur**   se distinguer avec netteté, contraster

Son caractère romanesque tranche sur celui de ses amis qui sont plutôt d'un caractère pratique, voire matérialiste.

17. **en marge**   à une distance rélativement grande de la norme

Les artistes et les professeurs vivent un peu en marge de la société.

Votre main est «un paysage choisi»

Pierre-Jean Villon

«Mon Dieu protégez-moi de mes amis, mes ennemis je m'en charge» disait Voltaire. En effet, même s'ils sont discrets et bienveillants, vos amis en disent long sur vous. Dites ceux que vous aimez et Pierre-Jean Villon vous dira qui vous êtes.

5   Comment vous choisissez vos amis et ce que ce choix révèle sur votre caractère.

    1° Sur la main reproduite de deux côtés, côté paume et côté dos, nous avons indiqué 4 points (**A, B, C, D**). Imaginez que cette main soit une île déserte: sur lequel de ces points aimeriez-vous habiter? (Soit **A,**
10 soit **B,** soit **C,** soit **D**).

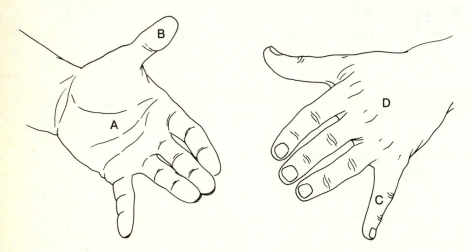

    2° Nous reproduisons les dessins de 4 mains, numérotées de 1 à 4; laquelle trouvez-vous la plus sympathique?

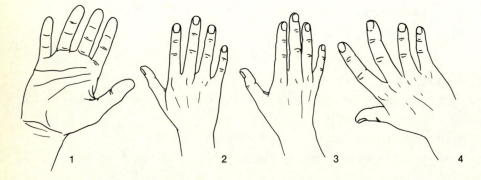

Extrait de *Psychologies,* juin 1984, pages 56–58.

Faites ces deux choix—juxtaposez la lettre (**A, B, C, D**) et le chiffre (**1, 2, 3, 4**) correspondant. Si vous avez choisi par exemple le point A
15 et la main 2, votre choix s'exprime par le signe A2. (. . .)

Voici ce que vos mains révèlent

A1

Vous avez une méfiance instinctive du risque, de l'aventure, de l'inattendu. Autour de vous s'agite un monde turbulent, quelquefois hostile, assez peu coopératif devant lequel vous vous sentez fragile. Ainsi s'explique votre besoin de sécurité. Vous appréciez la discrétion de vos
20 amis, leur patience dans les petits comme dans les grands moments de votre vie. Vous avez une confiance absolue en eux parce qu'ils sont solides et entreprenants; l'amitié risque de se confondre, chez vous, avec le culte de la force.

A2

Vous vivez un peu en retrait par rapport au monde extérieur et vous
25 parvenez difficilement à communiquer avec autrui. Avant d'accorder votre confiance à quelqu'un, vous avez d'abord besoin de l'admirer, de partager son idéal. Vos amis sont des gens qui vous apparaissent comme d'une nature très supérieure à la vôtre, tant sur le plan intellectuel qu'artistique ou social. Vous attendez qu'ils sachent faciliter vos
30 confidences, qu'ils vous aident à prendre conscience de vos problèmes. **Vous vous en remettez** complètement à eux pour résoudre   vous vous fiez
vos difficultés à votre place. C'est à cela que vous reconnaissez vos vrais amis. En échange, vous apportez votre adhésion totale, votre fidélité.

A3

35 Vous êtes très vulnérable et vous le savez. C'est pourquoi vous avez une tendance instinctive à vous attacher à des êtres qui vous apparaissent aussi désarmés (sinon plus désarmés) que vous. Vous les avez choisis parce qu'ils vous ressemblent. Vous avez su mettre en commun votre solitude, votre fragilité, vous **épauler** mutuellement pour abor-   soutenir moralement
40 der les petites difficultés de la vie. Dans les cas exceptionnels, vous avez même découvert avec surprise que l'amitié vous donnait le courage d'entreprendre des actes que vous n'aviez jamais imaginé de faire auparavant. De toute façon, vous avez un attachement réel pour cet autre vous-même dont la vulnérabilité vous rassure (et réciproque-
45 ment).

A4

Vous épouverez une attirance, voire une fascination presque magique pour les êtres inatteignables. Les «princesses lointaines», «les beaux

ténébreux» font souvent l'objet de vos choix sentimentaux. Il vous faut
pour amis des esthètes **romanesques** et déchirés auxquels vous n'hé-
50 sitez pas à vous sacrifier corps et âme. Vous avez un besoin fonda-
mental de sécurité et de protection et ces individus séduisants mais
instables vers qui vous allez sont bien les derniers qui pourraient
vous l'assurer. Tant que l'admiration et la reconnaissance vous
aveuglent, vous avez l'impression d'un bonheur constructif. Puis l'a-
55 mitié devient **orageuse,** difficile. Vous avouez rarement votre déception, et pourtant![1] N'êtes-vous pas un peu masochiste?

mystérieux

rêveurs, sentimentaux

tumultueuse, agitée

B1

Parce que vous êtes d'une nature relativement indépendante et que
votre forte personnalité s'accommode mal de la facilité, vous vous
montrez très rigoureux dans le choix de vos amis. Vous n'éprouvez pas
60 un besoin vital de vous confier ni de recevoir des confidences. Pour
que vous vous attachiez solidement à quelqu'un il faut que vous dé-
couvriez ces qualités de cœur et d'esprit que vous tenez pour essentielles. Votre amitié se nourrit toujours d'un idéal commun au service
d'une action commune. Il vous arrive même souvent de vous mesurer
65 avec vos amis dans un esprit de compétition loyale.

B2

Vous considérez l'amitié comme un sentiment rare et précieux qui ne
peut naître que d'une rencontre exceptionnelle. Choix libre, admiration et estime réciproques, l'entente doit être parfaite, l'accord sans
concession sur les problèmes fondamentaux. Vous avez peu d'amis
70 mais ils sont de qualité. Leurs exigences sont les vôtres. Leur idéal
aussi, et entre vous s'établit spontanément un échange spirituel. Ces
liens, qui supposent une confiance absolue, mais pas n'importe quelles
confidences, résistent à tout parce qu'ils échappent aux **contingences,**
aux ambitions personnelles, aux **vicissitudes** de l'action.

hasards, imprévus

petits changements

B3

75 Il semble paradoxal que vous, qui êtes farouchement partisan de l'indépendance et de l'épanouissement de la personnalité (la vôtre comme
celle des autres), manifestiez un tel attachement à des êtres aussi frêles
et aussi désarmés. Ce qui vous attire surtout en eux, c'est leur sensibilité discrète, leur fraîcheur d'âme. Vous les prenez tels qu'ils sont
80 sans chercher à leur faire partager vos goûts ou vos ambitions. S'il
vous arrive de les protéger, c'est de loin. Ce que vous souhaitez surtout
leur donner, ce n'est pas une sécurité plus ou moins illusoire mais un
peu de confiance en eux-mêmes. Les sentir détendus, rassurés près de
vous suffit à votre bonheur.

[1]*(expression adversative)* Et pourtant votre déception est grande *(ici)*.

B4

85 Ce que vous demandez essentiellement à vos amis, c'est de partager votre amour de l'aventure, tout au moins de l'aventure spirituelle dans ce qu'elle a, à la fois, d'enrichissant et de désintéressé. Vous avez besoin d'échanger avec eux, sur un pied de parfaite égalité, vos idées et vos idéaux, de les associer à vos recherches et à vos expériences, de
90 participer aux leurs, d'«imaginer ensemble». Vous aimez découvrir en leur compagnie livres, pièces de théâtre, œuvres d'art. . . . Ils peuvent être plus romanesques que vous, avoir les idées les plus extravagantes, vous acceptez toujours leur choix. L'important, c'est l'accord de vos sensibilités et votre respect commun de la liberté créatrice.

C1

95 Vos amis sont aussi différents que possible de vous: solides, rationnels, alors que vous aimez laisser vagabonder votre imagination et que vous vous complaisez dans des spéculations intellectuelles sans trop vous soucier de la réalité quotidienne. Les choisissez-vous ainsi par goût du paradoxe ou plus simplement parce qu'en vous entourant
100 d'êtres **concrets** et efficaces vous savez que vous pouvez impunément   *(ici)* rationnels
vous laisser aller à votre penchant naturel pour la rêverie, à votre goût pour l'art? Auditeurs fidèles, témoins attentifs, ils supportent avec bonhomie vos sautes d'humeur les plus fantasques. Si vous leur demeurez fidèles, c'est un peu par curiosité, un peu par masochisme.
105 L'amitié avec vous n'est pas de tout repos. Surtout pour les autres.

C2

Les êtres grands, minces, **racés,** dont la personnalité un peu distante   d'une élégance
tranche fortement sur la **grisaille** de votre entourage, exercent sur votre   naturelle / monotonie
esprit une fascination irrésistible. Ils répondent à peu près parfaitement à cette image idéale que vous poursuivez **inlassablement** dans   sans vous fatiguer
110 vos rêves. Aussi, lorsque vous les rencontrez, vous vous attachez d'abord à l'aspect extérieur, **au brio,** à l'élégance. Votre amitié pourtant   à l'éclat
ne sera durable que s'il existe un accord parfait sur le plan de la sensibilité. La vôtre est sans doute plus éthérée, mais aussi plus **malléable.** Vous savez l'adapter à celle de la personne que vous avez choisie   flexible
115 jusqu'à ce que vous parveniez à une véritable communion dans un état d'âme semblable. Être bien ensemble est pour vous l'essentiel.

C3

Vous n'avez guère d'amis. Non parce que vous manquez de séduction, mais parce que les êtres auxquels vous vous attachez se révèlent incapables de répondre à vos sentiments. Vous êtes d'un naturel **chimé-**   rêveur, romanesque
120 **rique,** perpétuellement à la recherche d'émotions rares. Ceux (celles) qui vous attirent sont comme vous difficilement saisissables, ils dressent autour d'eux une barrière invisible, mais qui suffit souvent à les

protéger contre vos **velléités** romanesques. Parfois, le contact s'éta-   tendances
blit. C'est que vous avez réussi l'échange rare: la communion de deux
125 sensibilités blessées, mal à l'aise, l'une dans le monde quotidien, l'autre
dans celui du rêve. Cette amitié se révèle en général solide.

C4
Vous recherchez systématiquement les personnalités originales et dé-
concertantes. Vous vous sentez moins dépaysé dans la compagnie de
ceux qui, comme vous, vivent en marge des **sentiers battus** et qui ont   chemins fréquentés
130 une conception assez peu concrète de l'existence quotidienne. Votre
besoin d'évasion, de dépaysement vous mène parfois à rêver vos amis
au lieu de les accepter tels qu'ils sont. Vous les transformez **au gré** de   selon le goût
votre imagination, les **parant** d'un certain nombre de qualités qui cor-   embellissant
respondent à vos besoins affectifs du moment. Ce comportement peut
135 vous apporter des satisfactions intenses mais **passagères** et risque de   transitoires
se traduire **à longue échéance** par d'amères déceptions. Vos amitiés   avec le temps
sont passionnées mais fragiles.

D1
Vous demandez à vos amis ce que vous demandez à la vie en général:
l'efficacité, la réussite dans le sens le plus complet du terme. Vous avez
140 de l'admiration pour les gens qui doivent à leurs mérites, à leur persévérance une place de choix dans la cité, un mariage exceptionnel,
des victoires sportives éclatantes. Vous espérez qu'ils vous aideront à
vous réaliser vous-même. L'amitié, telle que vous la concevez, est non
seulement un échange de sentiments mais aussi un échange de ser-
145 vices. Elle est exigeante, aussi bien envers vous qu'envers les autres et
s'accommode mal de l'absence ou de la négligence. Elle est aussi solide que les bases concrètes sur lesquelles elle repose. Vous pardonnez
tout à vos amis sauf de décevoir les espoirs que vous avez mis en eux.

D2
Vous choisissez vos amis parmi les gens qui ont généralement l'appro-
150 bation, voire les **louanges** de la société dans son ensemble. Vous leur   éloges, compliments
demandez d'être ambitieux (comme vous) dans le sens le plus noble
du terme, de partager vos goûts et surtout vos buts. Vous savez recon-
naître quelqu'un de votre **trempe,** dont la personnalité est au moins   caractère, énergie
aussi forte que la vôtre. Votre admiration toute sincère qu'elle soit n'est
155 pas entièrement désintéressée. L'échange cependant se situe au niveau le plus élevé et se traduit par un enrichissement mutuel, une col-
laboration efficace. Cette amitié un peu **brouillonne,** un peu envahis-   désordonnée, confuse
sante n'est pas à l'abri des vicissitudes. L'admiration risque de faire
place à la déception; en cas de rivalité, de se transformer en haine
160 féroce.

D3

C'est parce que vous avez de l'énergie **à revendre** que vous aimez vous   en abondance
entourer de personnes fragiles et vulnérables. Vous avez un besoin vital de vous dépenser non seulement pour vous, mais pour les autres,
de distribuer votre aide et votre protection, de tracer la voie. Avec votre
165   forte personnalité vous leur apportez votre enthousiasme, votre largeur de vue, votre efficacité dans une véritable transfusion perma-
nente. Vous **n'avez de cesse** qu'ils n'aient surmonté leur réserve et leur   ne vous arrêtez pas
timidité. Vous êtes tout prêt à assumer leurs problèmes à leur place.   avant
Vous avez l'amitié facile et généreuse et vous êtes rarement déçu,
170   même lorsque les résultats ne correspondent pas à vos efforts. L'attachement que l'on vous porte vous tient lieu de récompense.

D4

Vous êtes dynamique, concret, très ouvert à autrui, et si vous recherchez de préférence aux autres les êtres solitaires, c'est qu'ils vous paraissent habités d'un mystère qui vous intrigue et vous attire irrésisti-
175   blement. Plus ils sont lointains, étranges, insaisissables, plus vous
désirez les approcher. Votre besoin de communiquer, de faire naître la
sympathie autour de vous, d'établir avec vos semblables de solides
relations, s'accorde mal du fait qu'il existe des êtres qui semblent inatteignables. Vous partez d'emblée à leur conquête. Vous construisez
180   l'amitié avec **fougue** et obstination. Si l'échange se révèle difficile au   ardeur, feu
niveau de la sensibilité, vous vous contentez de l'**apport** esthétique   ce qu'on apporte
que l'on vous fait.

Intelligence du texte

1. Résumez très brièvement les directives du test psychologique.
2. Si vous avez choisi le point A et la main 1, quelles qualités appréciez-
   vous chez vos amis?
3. Dans le choix A2, de quoi a-t-on besoin avant d'accorder sa confiance?
   Comment les amis apparaissent-ils à la personne qui a choisi A2?
4. Quels sont les traits de personnalité du type A3? À quel genre de personne a-t-il tendance à s'attacher? Pourquoi?
5. Dans le type A4, pourquoi est-il souvent déçu?
6. Pour le type B1, que cherche-t-il dans un ami?
7. Comment le type B2 considère-t-il l'amitié? Décrivez l'amitié que recherche ce type.
8. Quel paradoxe le type B3 cache-t-il? Qu'est-ce qui suffit au bonheur de
   ce type?
9. Qu'est-ce que le type B4 demande essentiellement de ses amis? Qu'aime-
   t-il découvrir en la compagnie de ses amis?

10. Comment le type C1 est-il différent de ses amis?
11. Quelle sorte de personne attire le type C2?
12. Pourquoi le type C3 n'a-t-il guère d'amis?
13. Que recherche le type C4? Qu'est-ce qui risque de causer d'amères déceptions à longue échéance?
14. Qu'est-ce que le type D1 demande à ses amis comme à la vie?
15. Comment le type D2 choisit-il ses amis?
16. Décrivez la personnalité du type D3, aussi bien que le genre d'amis qu'il recherche.
17. Pourquoi le type D4 recherche-t-il les êtres solitaires? Comment construit-il l'amitié?

Résumé

En vous servant des questions suivantes comme guide, résumez l'article «Votre main est ‹un paysage choisi›».

Quel est le but de l'article? Comment détermine-t-on la sorte d'amis que l'on recherche? Quels sont les traits principaux de chaque type?

Y a-t-il une ville plus propice que Paris à la poursuite d'une douce amitié?

Essai

Analysez une des questions suivantes en vous appuyant sur le vocabulaire ci-dessous. Référez-vous aux leçons précédentes pour les articulations essentielles d'un essai.

1. L'amour et l'amitié sont-ils incompatibles?
2. L'amitié est plus durable que l'amour.
3. Si l'on ne s'aime pas, on ne peut pas aimer les autres. (Comment est-ce que le rapport qu'on a avec soi-même influence le rapport qu'on peut avoir avec les autres?)

Comment dirais-je?

Qualités
l'affection (f.), un attachement, la tendresse, l'inclination (f.)
être attaché à, s'attacher à, chérir, se dévouer à quelqu'un
se lier d'amitié avec quelqu'un
vouloir le bien d'un autre, la générosité
l'altruisme (m.), la fraternité
l'amour maternel, paternel, fraternel, filial
rapports amicaux, amour platonique ≠ amour érotique = passion, les relations sexuelles
l'amour passager = une amourette, une caprice, une passade
filer le parfait amour = se donner réciproquement des témoignages constants d'un amour partagé
avoir une liaison amoureuse avec quelqu'un, une aventure amoureuse
la fidélité ≠ l'infidélité (f.)

Défauts
la jalousie, l'égoïsme (m.), la possessivité, la domination, l'envie (f.), la colère, l'exigence (f.)
les chagrins (m.), les tortures (f.) de la jalousie
la crainte de perdre l'être aimé
un soupçon
l'arrogance, l'orgueil

Activités

Discutez les questions suivantes après avoir préparé votre point de vue à l'aide du vocabulaire ci-dessus.

1. Peut-on apprendre à aimer?
2. L'amour, sans jalousie, n'est pas l'amour. (Êtes-vous pour ou contre?)
3. Peut-on être jaloux d'une personne qu'on n'aime pas?

Référez-vous au tableau sur *la chirologie*, c'est-à-dire, le classement des individus en fonction de leurs mains. Cet art veut que les lignes de la main évoluent sans cesse. «Tout est pris en compte: la forme, la couleur, la chaleur, l'humidité, les lignes, les empreintes, mais aussi la façon dont on bouge les doigts ou l'on croise ses mains.» En chirologie, les lignes de la main ne prédisent pas l'avenir, mais indiquent vos caractéristiques principales: énergie, vitalité, comportement dans vos relations avec autrui, etc.

En étudiant votre main, ensuite la main d'un camarade de classe, essayez de faire le portrait psychologique de vous-même et de l'autre personne. Ensuite, donnez votre avis sur l'exactitude de vos résultats. Croyez-vous que la chirologie puisse vous aider à comprendre mieux votre personnalité? celle d'autrui?

«L'orientation professionnelle par l'analyse du dermatodigitaloglyphe[2] de l'index qui symbolise le «moi» social et professionnel»

Marie Borrel

1 Ligne de vitalité

Courte: énergie «coup de poing» ne pouvant s'exercer que fortement et ponctuellement.
Longue: énergie moyenne mais de longue durée.

2 Ligne d'intellectualité
Courte: esprit de synthèse.
Longue: esprit d'analyse.
Droite: rigueur, inflexibilité, esprit concret.
Courbe: diplomatie, tolérance, esprit imaginatif.

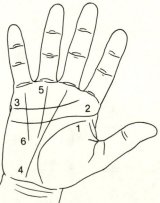

3 Ligne de sentimentalité
Courte: sentimentalité sensualisée.
Longue: sentimentalité intellectuelle ou platonique.
Droite: possessivité, jalousie.
Courbe: tolérance, adaptation.

Extrait de *Psychologies*, juin 1984, page 17.

[2]Empreinte digitale et la texture de la peau.

4 Ligne de destinée

Mesure le degré de liberté dont vous disposez vis-à-vis de votre destin.

5 Ligne d'accomplissement

Mesure le dégré d'harmonie de la personne et du vécu avec sa destinée.

6 Ligne d'intuition

7 Rascettes

Généralement au nombre de trois, ces lignes donnent «l'espérance de vie» d'un point de vue purement biologique.

Tous ces signes sont à replacer dans le contexte des tempéraments qui tiennent compte de la couleur, de la chaleur, de l'**hygrométrie,**   humidité
etc. . . . de la main.

Tourbillon

Besoin de commander, de diriger, d'entreprendre, de considérer et d'être autonome.

Boucle

Besoin d'un contexte de contacts humains, de travail en groupe, de mouvement et d'antiroutine.

Arc

Individualiste ayant besoin de travailler seul dans un contexte collectif, besoin de comprendre, d'analyser, d'apporter des idées et de n'être responsable que de lui-même.

Volutes concentriques allongées

Sédentaire et habitudinaire, besoin d'être pris en charge et de régularité dans un contexte où il ne prendra pas d'initiative.

Mini-théâtre

Il faut deux personnes pour cette scène.

Au lieu de passer son anniversaire avec sa petite amie, un jeune homme le passe avec une amie qu'il dit n'est qu'une copine. Sa petite amie est très blessée car elle ne le croit pas. Ils se disputent.

APPENDICES

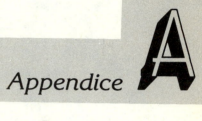
Les prépositions de et à

En français, comme dans toutes les langues, il existe des choses qui ne s'apprennent que par l'usage; c'est le cas de l'emploi des prépositions. Les listes et les phrases suivantes serviront d'aide-mémoire en cas de doute.

Verbes et expressions suivis de la préposition de

abuser de	Il abuse **de** ma patience!
accepter de	J'accepte **de** faire ce travail.
être accompagné de	Madame est accompagnée **de** son mari.
accoucher de	Elle a accouché **d'**un enfant à l'hôpital.
accuser de	Il m'a accusé **d'**avoir abusé de sa confiance.
âgé de	C'est un homme âgé **de** 40 ans.
s'agir de	Dans cet essai, il s'agit **du** nationalisme.
agrémenté de	Le jardin est agrémenté **d'**une belle fontaine.
s'apercevoir de	Je me suis aperçu **de** leur petit jeu.
arrêter de	Arrête **de** faire l'idiot!
bénéficier de qqch.*	Il bénéficie **de** sérieux avantages aux élections.
blâmer qqn. de qqch.*	Il nous a blâmé **d'**avoir négligé notre enfant.
cesser de	On a cessé **de** faire ce bruit intolérable.
charger de	On m'a chargé **de** surveiller les comptes.
choisir de	Elle a choisi **de** faire ce travail.
commander de	Ils nous commandent **de** partir.
commencer de (à)	Il commence **d'**apprécier ses avantages.

*qqch.: abréviation de **quelque chose**; qqn.: abréviation de **quelqu'un**.

conscient de	Il faut être conscient **de** ses limites.
conseiller de	On m'a conseillé **de** reprendre mes études.
se contenter de	Il faut se contenter **de** ce qu'on a dans la vie.
continuer de (à)	Il continue **de** fréquenter cette femme.
convaincre de	Elle l'a convaincu **de** rester jusqu'à minuit.
craindre de	Il craint **de** tomber malade.
décider de	J'ai décidé **d'**aller voir mes parents à Noël.
défendre de	Je te défends **de** lire mon journal intime!
demander de	Il m'a demandé **de** l'accompagner.
se dépêcher de	Dépêche-toi **de** finir ce travail!
dire de	Il m'a dit **de** le rejoindre chez lui.
se douter de	Je me suis douté **de** sa culpabilité quand j'ai vu son petit sourire.
s'efforcer de	Il s'est vraiment efforcé **de** finir l'examen.
empêcher de	Vous m'avez empêché **de** terminer mon devoir!
s'empresser de	Il s'est empressé **de** l'aider.
essayer de	Il faut essayer **de** comprendre.
s'étonner de	On s'étonne **de** voir sa grande réussite.
éviter de	Il a évité **de** me parler.
s'excuser	Il s'excuse **d'**avoir été si gauche.
faire bien de	Tu ferais bien **de** t'excuser!
faire semblant de	Vous faites semblant **de** ne pas être responsable!
féliciter de	Il m'a félicité **d'**avoir reçu mon diplôme.
finir de	Nous avons fini **de** préparer notre examen.
garnir de	Elle a garni la table **de** fleurs.
guérir qqn. de qqch.	Il m'a guéri **de** mes illusions.
avoir hâte de	J'ai hâte **de** te retrouver à Québec.
interdire de	Je t'interdis **de** venir dans ma chambre!
jouir de	Il jouit **de** tous les avantages dans la vie.
manquer de	Il manque **de** courage.
menacer de	Ils l'ont menacé **d'**aller chez le directeur.
mériter de	Cet étudiant mérite **de** réussir.
se moquer de	Je me moque **de** ce qu'il pense!
mourir de	Vite au restaurant ou on va mourir **de** faim!
négliger de	Ne néglige pas **de** fermer la porte à clef.
être obligé de	On est obligé **de** faire son devoir.
s'occuper de	Je dois m'occuper **de** ma correspondance.
ordonner de	Le ministre les a ordonné **de** se taire.
oublier de	J'ai oublié **de** vous dire la suite de cette histoire.
parler de	**De** quoi parlez-vous?
se passer de	Je peux facilement me passer **de** vos observations!
penser de	Que pensez-vous **de** ma proposition?
permettre de	Permettez-moi **d'**ajouter une remarque.
persuader de	Il m'a persuadé **d'**annuler mon rendez-vous.
se plaindre de	**De** quoi plaignez-vous, madame?
prier de	On nous prie **de** répondre au plus tôt.

promettre de	Je te promets **d**'arriver avant les autres.
refuser de	Il a refusé **de** m'aider, le méchant!
regretter de	Nous regrettons **de** vous informer de notre décision.
remercier de	Je vous remercie **de** votre charmante lettre.
	Je vous remercie **de** m'avoir envoyé les renseignements nécessaires.
reprocher de	Sa mère lui a reproché **d**'avoir oublié son anniversaire.
rêver de	Hier soir, j'ai rêvé **de** toi.
risquer de	Les skieurs risquent **de** se casser le cou.
souffrir de	Il souffre **d**'une mauvaise grippe.
se souvenir de	Te souviens-tu **de** moi?
suggérer de	Je te suggère **d**'aller voir un médecin.
tâcher de	Il a tâché **d**'oublier son chagrin.
tenter de	Il a tenté **de** s'enfuir.
venir de	Je n'ai pas faim; je viens **de** manger.

Verbes et expressions suivis de à

être accoutumé à	Je suis accoutumé **à** ne plus le fréquenter.
s'accoutumer à	Il s'est accoutumé **à** se passer de viande.
aider à	Cette liste m'a aidé **à** éviter des erreurs.
s'amuser à	Elle s'amuse **à** raconter des histoires.
s'appliquer à	Il faut s'appliquer **à** apprendre la grammaire.
apprendre à	J'apprends **à** jouer aux échecs.
	La maîtresse d'école a appris **à** lire à cet enfant.
arriver à	Nous n'arrivons pas **à** comprendre le système.
s'attendre à	Il faut s'attendre **à** tout dans la vie.
avoir à	J'ai **à** faire des courses aujourd'hui.
être bon à	Ce vieux pull est bon **à** jeter dans la poubelle.
chercher à	Ne cherche pas **à** me convaincre.
commencer à (de)	Il commence **à** pleuvoir.
consacrer à	Je consacre mon énergie **à** mes études.
se consacrer à	Elle se consacre **à** préparer sa thèse.
consister à	La générosité consiste **à** donner à propos.
continuer à (de)	Il continue **à** neiger.
se décider à	Elle s'est décidée **à** partir en voyage.
encourager à	Je vous encourage **à** consulter une grammaire.
enseigner à	Il m'a enseigné **à** jouer aux cartes.
se faire à	Nous nous sommes faits **à** son comportement.
forcer à	Les événements l'ont forcé **à** faire un compromis.
s'habituer à	Avec le temps, on s'habitue **à** tout.
hésiter à	N'hésite pas **à** consulter le dictionnaire.
inciter à	La publicité incite **à** acheter.
s'intéresser à	Cette femme s'intéresse **à** tout.
inviter à	Ils nous ont invités **à** dîner.

se mettre à	Il se met à grêler.
penser à	Nous pensons à lui rendre visite à Noël.
persister à	Il persiste à croire qu'il est supérieur.
se plaire à	Il se plaît à faire l'idiot.
prendre plaisir à	Elle prend plaisir à taquiner sa petite sœur.
se préparer à	Il se prépare à confronter son adversaire.
renoncer à	Le ministre a renoncé à poursuivre son projet.
se résoudre à	Il s'est résolu à continuer le programme.
réussir à	J'ai réussi à convaincre mon adversaire.
servir à	À quoi sert cet ustensile? Il sert à râper le fromage.
songer à	Nous songeons à partir en Italie.
suffire à	Nous ne pouvons pas suffire à nos besoins.
tenir à	Je tiens à te voir ce soir!
en venir à	J'en suis venu à comprendre de quoi il s'agissait.

Verbes suivis directement de l'infinitif

aimer	J'aime aller au cinéma.
aimer mieux	Mais j'aime mieux aller au théâtre.
aller	Nous allons voir nos parents.
avoir beau	Tu as beau étudier, tu ne réussiras pas.
être censé	Vous êtes censé étudier ce soir! (Vous en avez l'obligation.)
compter	Il compte visiter Paris.
désirer	Je désire faire du cinéma.
détester	Elle déteste aller chez le dentiste.
devoir	On doit rentrer maintenant.
écouter	Écoute chanter les oiseaux!
espérer	Il espère devenir musicien.
faire	Il m'a fait lire son roman.
falloir	Il faut rentrer à minuit.
laisser	Il a laissé aller son travail.
monter	Je suis monté voir les enfants.
oser	Comment osez-vous faire cela?
penser	Ils pensent aller en France cet été.
pouvoir	Pourriez-vous m'aider ce soir?
préférer	Je préfère rester chez moi.
regarder	Il aime regarder danser les filles.
retourner	Je suis retourné voir mon ami.
revenir	Reviens me rendre visite un de ces jours.
savoir	Je sais jouer aux échecs.
sembler	Il semble comprendre la question.
souhaiter	Elle souhaite vous accompagner.
valoir mieux	Il vaut mieux étudier ce soir.
venir	Il vient me voir toutes les semaines.
vouloir	Je voudrais aller au Québec.

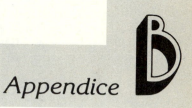

Les proverbes

Les proverbes en disent long sur une civilisation. C'est pour cette raison que nous trouvons utile de présenter un certain nombre qui éclaire quelques aspects de la pensée française.

À chaque jour suffit sa peine.
Supportons les maux d'aujourd'hui sans penser à ceux que l'avenir peut nous réserver.

À cœur vaillant rien d'impossible.
Avec du courage, on vient à bout de tout.

L'appétit vient en mangeant.
Plus on a, plus on veut avoir.

Après la pluie, le beau temps.
La joie succède souvent à la tristesse.

Bien faire et laisser dire.
Il faut faire son devoir sans se préoccuper des critiques.

Les bons comptes font les bons amis.
Pour rester amis, il faut s'acquitter exactement de ce que l'on se doit l'un à l'autre.

C'est en forgeant qu'on devient forgeron.
À force de s'exercer à une chose, on y devient habile.

Le chat parti, les souris dansent.
Quand maîtres ou chefs sont absents, écoliers ou subordonnés mettent à profit leur liberté.

Comme on fait son lit, on se couche.
Il faut s'attendre en bien ou en mal à ce qu'on s'est préparé à soi-même par sa conduite.

Contentement passe richesse.
Le bonheur est préférable à la fortune.

Dis-moi qui tu hantes, je te dirai qui tu es.
On juge une personne d'après la société qu'elle fréquente.

L'enfer est pavé de bonnes intentions.
Les bonnes intentions ne suffisent pas si elles ne sont pas réalisées.

L'habit ne fait pas le moine.
Ce n'est pas sur l'extérieur qu'il faut juger les gens.

Il faut battre le fer pendant qu'il est chaud.
Il faut pousser activement une affaire qui est en bonne voie.

Il n'est pire aveugle que celui qui ne veut pas voir.
On ne peut pas ouvrir les yeux à une personne qui refuse de voir.

Il n'y a que le premier pas qui coûte.
Le plus difficile en toute chose est de commencer.

Mieux vaut tard que jamais.
Il vaut mieux, en certains cas, agir tard que ne pas agir du tout.

La nuit porte conseil.
La nuit est propre à nous inspirer de sages réflexions.

Nul n'est prophète en son pays.
Personne n'est apprécié à sa vraie valeur là où il vit habituellement.

On ne fait pas d'omelette sans casser d'œufs.
On n'arrive pas à un résultat sans peine ni sacrifices.

Petit à petit, l'oiseau fait son nid.
À force de persévérance, on vient à bout d'une entreprise.

Plus on est de fous, plus on rit.
La gaieté devient plus vive avec le nombre de joyeux compagnons.

Qui a bu boira.
On ne se corrige jamais d'un défaut devenu une habitude.

Qui ne dit mot consent.
Ne pas élever d'objection, c'est donner son adhésion.

Qui ne risque rien n'a rien.
Un succès ne peut s'obtenir sans quelque risque.

Qui trop embrasse mal étreint.
Qui entreprend trop de choses à la fois n'en réussit aucune.

Tout nouveau tout beau.
La nouveauté a toujours un charme particulier.

Trop de précaution nuit.
L'excès de précaution tourne souvent à notre désavantage.

Une hirondelle ne fait pas le printemps.
On ne peut rien conclure d'un seul cas, d'un seul fait.

Un tiens vaut mieux que deux tu l'auras.
Posséder peu, mais sûrement, vaut mieux qu'espérer beaucoup,
sans certitude.

Le vin est tiré, il faut le boire.
L'affaire est engagée, il faut en accepter les suites, même
fâcheuses.

Vouloir, c'est pouvoir.
On réussit lorsqu'on a la ferme volonté de réussir.

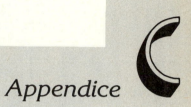

Tableau des nombres

Nombres cardinaux	Nombres ordinaux
1 un, une	premier, première, (l^{er}, l^{ère})
2 deux	deuxième (2e); second, seconde*
3 trois	troisième (3e)
4 quatre	quatrième (4e)
5 cinq	cinquième (5e)
6 six	sixième (6e)
7 sept	septième (7e)
8 huit	huitième (8e)
9 neuf	neuvième (9e)
10 dix	dixième (10e)
11 onze	onzième (11e)
12 douze	douzième (12e)
13 treize	treizième (13e)
14 quatorze	quatorzième (14e)
15 quinze	quinzième (15e)
16 seize	seizième (16e)
17 dix-sept	dix-septième (17e)

*Quand il n'y a que deux.

Nombres cardinaux

18 dix-huit
19 dix-neuf
20 vingt
21 vingt et un
22 vingt-deux
23 vingt-trois . . .

30 trente
31 trente et un
32 trente-deux
33 trente-trois . . .
40 quarante
41 quarante et un
42 quarante-deux . . .
50 cinquante
51 cinquante et un
52 cinquante-deux . . .
60 soixante
61 soixante et un
62 soixante-deux . . .
70 soixante-dix
71 soixante et onze
72 soixante-douze . . .
80 quatre-vingts
81 quatre-vingt-un
82 quatre-vingt-deux . . .
90 quatre-vingt-dix
91 quatre-vingt-onze
92 quatre-vingt-douze . . .

100 cent
101 cent un
102 cent deux . . .
200 deux cents
201 deux cent un
202 deux cent deux . . .
300 trois cents
301 trois cent un
302 trois cent deux . . .
400 quatre cents
401 quatre cent un

Nombres ordinaux

dix-huitième (18e)
dix-neuvième (19e)
vingtième (20e)
vingt et unième (21e)
vingt-deuxième (22e)
etc. (Tous les nombres ordinaux sont formés avec le suffixe **-ième.**)

Nombres cardinaux

402	quatre cent deux . . .
999	neuf cent quatre-vingt-dix-neuf
1 000	mille*
1 001	mille un
1 002	mille deux . . .
1 100	mille cent *ou* onze cents
1 200	mille deux cents *ou* douze cents
2 000	deux mille . . .
9 999	neuf mille neuf cent quatre-vingt-dix-neuf
10 000	dix mille
99 999	quatre-vingt-dix-neuf mille neuf cent quatre-vingt-dix-neuf
100 000	cent mille
100 001	cent mille un
100 100	cent mille cent
101 000	cent un mille
1 000 000	un million
1 000 000 000	un milliard

*mil dans les dates: La Révolution française a commencé en mil sept cent quatre-vingt-neuf.

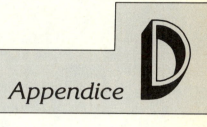
Conjugaisons

VERBES AUXILIAIRES

avoir

Indicatif

Présent

j'	ai
tu	as
il/elle	a
nous	avons
vous	avez
ils/elles	ont

Imparfait

j'	avais
tu	avais
il/elle	avait
nous	avions
vous	aviez
ils/elles	avaient

Passé simple

j'	eus
tu	eus
il/elle	eut
nous	eûmes
vous	eûtes
ils/elles	eurent

Passé composé

j'	ai eu
tu	as eu
il/elle	a eu
nous	avons eu
vous	avez eu
ils/elles	ont eu

Plus-que-parfait

j'	avais eu
tu	avais eu
il/elle	avait eu
nous	avions eu
vous	aviez eu
ils/elles	avaient eu

Passé antérieur

j'	eus eu
tu	eus eu
il/elle	eut eu
nous	eûmes eu
vous	eûtes eu
ils/elles	eurent eu

Futur

j'	aurai
tu	auras
il/elle	aura
nous	aurons
vous	aurez
ils/elles	auront

Futur antérieur

j'	aurai eu
tu	auras eu
il/elle	aura eu
nous	aurons eu
vous	aurez eu
ils/elles	auront eu

Conditionnel

Présent

j'	aurais
tu	aurais
il/elle	aurait
nous	aurions
vous	auriez
ils/elles	auraient

Passé

j'	aurais eu
tu	aurais eu
il/elle	aurait eu
nous	aurions eu
vous	auriez eu
ils/elles	auraient eu

Impératif

(tu)	aie
(nous)	ayons
(vous)	ayez

Subjonctif

Présent

que j'	aie
que tu	aies
qu'il/elle	ait
que nous	ayons
que vous	ayez
qu'ils/elles	aient

Imparfait

que j'	eusse
que tu	eusses
qu'il/elle	eût
que nous	eussions
que vous	eussiez
qu'ils/elles	eussent

Passé composé

que j'	aie eu
que tu	aies eu
qu'il/elle	ait eu
que nous	ayons eu
que vous	ayez eu
qu'ils/elles	aient eu

Plus-que-parfait

que j'	eusse eu
que tu	eusses eu
qu'il/elle	eût eu
que nous	eussions eu
que vous	eussiez eu
qu'ils/elles	eussent eu

Infinitif

Présent

avoir

Passé

avoir eu

Participe

Présent	Passé
ayant	eu (eue)

Antérieur

ayant eu

être

Indicatif

Présent

je	suis
tu	es
il/elle	est
nous	sommes
vous	êtes
ils/elles	sont

Imparfait

j'	étais
tu	étais
il/elle	était
nous	étions
vous	étiez
ils/elles	étaient

Passé simple

je	fus
tu	fus
il/elle	fut
nous	fûmes
vous	fûtes
ils/elles	furent

Passé composé

j'	ai été
tu	as été
il/elle	a été
nous	avons été
vous	avez été
ils/elles	ont été

Plus-que-parfait

j'	avais été
tu	avais été
il/elle	avait été
nous	avions été
vous	aviez été
ils/elles	avaient été

Passé antérieur

j'	eus été
tu	eus été
il/elle	eut été
nous	eûmes été
vous	eûtes été
ils/elles	eurent été

Futur

je	serai
tu	seras
il/elle	sera
nous	serons
vous	serez
ils/elles	seront

Futur antérieur

j'	aurai été
tu	auras été
il/elle	aura été
nous	aurons été
vous	aurez été
ils/elles	auront été

Conditionnel

Présent

je	serais
tu	serais
il/elle	serait
nous	serions
vous	seriez
ils/elles	seraient

Passé

j'	aurais été
tu	aurais été
il/elle	aurait été
nous	aurions été
vous	auriez été
ils/elles	auraient été

Impératif

(tu)	sois
(nous)	soyons
(vous)	soyez

Subjonctif

Présent

que je	sois
que tu	sois
qu'il/elle	soit
que nous	soyons
que vous	soyez
qu'ils/elles	soient

Imparfait

que je	fusse
que tu	fusses
qu'il/elle	fût
que nous	fussions
que vous	fussiez
qu'ils/elles	fussent

Passé composé

que j'	aie été
que tu	aies été
qu'il/elle	ait été
que nous	ayons été
que vous	ayez été
qu'ils/elles	aient été

Plus-que-parfait

que j'	eusse été
que tu	eusses été
qu'il/elle	eût été
que nous	eussions été
que vous	eussiez été
qu'ils/elles	eussent été

Infinitif

Présent
être

Passé
avoir été

Participe

Présent
étant

Passé
été

Antérieur
ayant été

PREMIÈRE CONJUGAISON

Verbes réguliers en -er

Modèle: chanter

Indicatif

Présent
je	chante
tu	chantes
il/elle	chante
nous	chantons
vous	chantez
ils/elles	chantent

Passé composé
j'	ai	chanté
tu	as	chanté
il/elle	a	chanté
nous	avons	chanté
vous	avez	chanté
ils/elles	ont	chanté

Imparfait
je	chantais
tu	chantais
il/elle	chantait
nous	chantions
vous	chantiez
ils/elles	chantaient

Plus-que-parfait
j'	avais	chanté
tu	avais	chanté
il/elle	avait	chanté
nous	avions	chanté
vous	aviez	chanté
ils/elles	avaient	chanté

Passé simple
je	chantai
tu	chantas
il/elle	chanta
nous	chantâmes
vous	chantâtes
ils/elles	chantèrent

Passé antérieur
j'	eus	chanté
tu	eus	chanté
il/elle	eut	chanté
nous	eûmes	chanté
vous	eûtes	chanté
ils/elles	eurent	chanté

Futur
je	chanterai
tu	chanteras
il/elle	chantera
nous	chanterons
vous	chanterez
ils/elles	chanteront

Futur antérieur
j'	aurai	chanté
tu	auras	chanté
il/elle	aura	chanté
nous	aurons	chanté
vous	aurez	chanté
ils/elles	auront	chanté

Conditionnel

Présent
je	chanterais
tu	chanterais
il/elle	chanterait
nous	chanterions
vous	chanteriez
ils/elles	chanteraient

Passé
j'	aurais	chanté
tu	aurais	chanté
il/elle	aurait	chanté
nous	aurions	chanté
vous	auriez	chanté
ils/elles	auraient	chanté

Impératif

(tu)	chante
(nous)	chantons
(vous)	chantez

Subjonctif

Présent
que je	chante
que tu	chantes
qu'il/elle	chante
que nous	chantions
que vous	chantiez
qu'ils/elles	chantent

Passé composé
que j'	aie	chanté
que tu	aies	chanté
qu'il/elle	ait	chanté
que nous	ayons	chanté
que vous	ayez	chanté
qu'ils/elles	aient	chanté

Imparfait
que je	chantasse
que tu	chantasses
qu'il/elle	chantât
que nous	chantassions
que vous	chantassiez
qu'ils/elles	chantassent

Plus-que-parfait
que j'	eusse	chanté
que tu	eusses	chanté
qu'il/elle	eût	chanté
que nous	eussions	chanté
que vous	eussiez	chanté
qu'ils/elles	eussent	chanté

Infinitif

Présent chanter

Passé avoir chanté

Participe

Présent chantant

Passé chanté (chantée)

Antérieur ayant chanté

Verbes qui présentent des changements orthographiques

appeler, appelant, appelé(e), j'appelle, j'appelai

Indic. Prés.	Imparfait	Passé simple	Futur	Cond. Prés.	Impératif	Subj. Prés.	Subj. Impar.*
appelle	appelais	appelai	appellerai	appellerais		appelle	appelasse
appelles	appelais	appelas	appelleras	appellerais	appelle	appelles	appelasses
appelle	appelait	appela	appellera	appellerait		appelle	appelât
appelons	appelions	appelâmes	appellerons	appellerions	appelons	appelions	appelassions
appelez	appeliez	appelâtes	appellerez	appelleriez	appelez	appeliez	appelassiez
appellent	appelaient	appelèrent	appelleront	appelleraient		appellent	appelassent

créer, créant, créé(e), je crée, je créai (et tous les verbes terminés par -éer)

Indic. Prés.	Imparfait	Passé simple	Futur	Cond. Prés.	Impératif	Subj. Prés.	Subj. Impar.*
crée	créais	créai	créerai	créerais		crée	créasse
crées	créais	créas	créeras	créerais	crée	crées	créasses
crée	créait	créa	créera	créerait		crée	créât
créons	créions	créâmes	créerons	créerions	créons	créions	créassions
créez	créiez	créâtes	créerez	créeriez	créez	créiez	créassiez
créent	créaient	créèrent	créeront	créeraient		créent	créassent

employer, employant, employé(e), j'emploie, j'employai (et tous les verbes terminés par -oyer ou -uyer)

Indic. Prés.	Imparfait	Passé simple	Futur	Cond. Prés.	Impératif	Subj. Prés.	Subj. Impar.*
emploie	employais	employai	emploierai	emploierais		emploie	employasse
emploies	employais	employas	emploieras	emploierais	emploie	emploies	employasses
emploie	employait	employa	emploiera	emploierait		emploie	employât
employons	employions	employâmes	emploierons	emploierions	employons	employions	employassions
employez	employiez	employâtes	emploierez	emploieriez	employez	employiez	employassiez
emploient	employaient	employèrent	emploieront	emploieraient		emploient	employassent

envoyer,* envoyant, envoyé(e), j'envoie, j'envoyai

Indic. Prés.	Imparfait	Passé simple	Futur	Cond. Prés.	Impératif	Subj. Prés.	Subj. Impar.*
envoie	envoyais	envoyai	enverrai	enverrais		envoie	envoyasse
envoies	envoyais	envoyas	enverras	enverrais	envoie	envoies	envoyasses
envoie	envoyait	envoya	enverra	enverrait		envoie	envoyât
envoyons	envoyions	envoyâmes	enverrons	enverrions	envoyons	envoyions	envoyassions
envoyez	envoyiez	envoyâtes	enverrez	enverriez	envoyez	envoyiez	envoyassiez
envoient	envoyaient	envoyèrent	enverront	enverraient		envoient	envoyassent

*Subj. Impar.: Ce verbe est irrégulier au futur et au conditionnel.

*Ce verbe est irrégulier au futur et au conditionnel.

Verbes qui présentent des changements orthographiques

Indic. Prés.	Imparfait	Passé simple	Futur	Cond. Prés.	Impératif	Subj. Prés.	Subj. Imparf.
espérer, espérant, espéré(e), j'espère, j'espérai (et tous les verbes ayant è à l'avant-dernière syllabe de l'infinitif)*							
espère	espérais	espérai	espérerai	espérerais		espère	espérasse
espères	espérais	espéras	espéreras	espérerais	espère	espères	espérasses
espère	espérait	espéra	espérera	espérerait		espère	espérât
espérons	espérions	espérâmes	espérerons	espérerions	espérons	espérions	espérassions
espérez	espériez	espérâtes	espérerez	espéreriez	espérez	espériez	espérassiez
espèrent	espéraient	espérèrent	espéreront	espéreraient		espèrent	espérassent
jeter, jetant, jeté(e), je jette, je jetai (et la plupart des verbes en -eter)							
jette	jetais	jetai	jetterai	jetterais		jette	jetasse
jettes	jetais	jetas	jetteras	jetterais	jette	jettes	jetasses
jette	jetait	jeta	jettera	jetterait		jette	jetât
jetons	jetions	jetâmes	jetterons	jetterions	jetons	jetions	jetassions
jetez	jetiez	jetâtes	jetterez	jetteriez	jetez	jetiez	jetassiez
jettent	jetaient	jetèrent	jetteront	jetteraient		jettent	jetassent
lever, levant, levé(e), je lève, je levai (et la plupart des verbes ayant e à l'avant-dernière syllabe de l'infinitif).†							
lève	levais	levai	lèverai	lèverais		lève	levasse
lèves	levais	levas	lèveras	lèverais	lève	lèves	levasses
lève	levait	leva	lèvera	lèverait		lève	levât
levons	levions	levâmes	lèverons	lèverions	levons	levions	levassions
levez	leviez	levâtes	lèverez	lèveriez	levez	leviez	levassiez
lèvent	levaient	levèrent	lèveront	lèveraient		lèvent	levassent
manger, mangeant, mangé(e), je mange, je mangeai (et tous les verbes terminés par -ger).‡							
mange	mangeais	mangeai	mangerai	mangerais		mange	mangeasse
manges	mangeais	mangeas	mangeras	mangerais	mange	manges	mangeasses
mange	mangeait	mangea	mangera	mangerait		mange	mangeât
mangeons	mangions	mangeâmes	mangerons	mangerions	mangeons	mangions	mangeassions
mangez	mangiez	mangeâtes	mangerez	mangeriez	mangez	mangiez	mangeassiez
mangent	mangeaient	mangèrent	mangeront	mangeraient		mangent	mangeassent

*Sauf les verbes comme créer.

†Sauf les verbes comme **jeter** et **appeler** qui doublent la consonne qui suit l'**e** muet.

‡Les verbes en -**ger** intercalent un **e** devant les lettres **a** et **o**.

DEUXIÈME CONJUGAISON

Verbes réguliers en -ir (indicatif présent en -is, part. prés. en -issant)*

Modèle: finir

Indicatif

Présent		Passé composé	
je	finis	j'	ai fini
tu	finis	tu	as fini
il/elle	finit	il/elle	a fini
nous	finissons	nous	avons fini
vous	finissez	vous	avez fini
ils/elles	finissent	ils/elles	ont fini

Imparfait		Plus-que-parfait	
je	finissais	j'	avais fini
tu	finissais	tu	avais fini
il/elle	finissait	il/elle	avait fini
nous	finissions	nous	avions fini
vous	finissiez	vous	aviez fini
ils/elles	finissaient	ils/elles	avaient fini

Passé simple		Passé antérieur	
je	finis	j'	eus fini
tu	finis	tu	eus fini
il/elle	finit	il/elle	eut fini
nous	finîmes	nous	eûmes fini
vous	finîtes	vous	eûtes fini
ils/elles	finirent	ils/elles	eurent fini

Futur		Futur antérieur	
je	finirai	j'	aurai fini
tu	finiras	tu	auras fini
il/elle	finira	il/elle	aura fini
nous	finirons	nous	aurons fini
vous	finirez	vous	aurez fini
ils/elles	finiront	ils/elles	auront fini

Conditionnel

Présent		Passé	
je	finirais	j'	aurais fini
tu	finirais	tu	aurais fini
il/elle	finirait	il/elle	aurait fini
nous	finirions	nous	aurions fini
vous	finiriez	vous	auriez fini
ils/elles	finiraient	ils/elles	auraient fini

Subjonctif

Présent		Passé composé	
que je	finisse	que j'	aie fini
que tu	finisses	que tu	aies fini
qu'il/elle	finisse	qu'il/elle	ait fini
que nous	finissions	que nous	ayons fini
que vous	finissiez	que vous	ayez fini
qu'ils/elles	finissent	qu'ils/elles	aient fini

Imparfait		Plus-que-parfait	
que je	finisse	que j'	eusse fini
que tu	finisses	que tu	eusses fini
qu'il/elle	finit	qu'il/elle	eût fini
que nous	finissions	que nous	eussions fini
que vous	finissiez	que vous	eussiez fini
qu'ils/elles	finissent	qu'ils/elles	eussent fini

Impératif

	Présent	Passé composé
(tu)	finis	
(nous)	finissons	
(vous)	finissez	

Infinitif

Présent	Passé
finir	avoir fini

Participe

Présent	Passé	Antérieur
finissant	fini (finie)	ayant fini

*Le verbe **haïr** a un tréma dans toute sa conjugaison, excepté aux trois personnes du singulier du présent: *Je hais, tu hais, il hait; nous haïssons,* etc., et à la 2e pers. sing. de l'impératif: *hais.*

Verbes réguliers en -ir (indicatif présent en -s)*

Modèle: sentir

Indicatif

Présent
je	sens
tu	sens
il/elle	sent
nous	sentons
vous	sentez
ils/elles	sentent

Passé composé
j'	ai senti
tu	as senti
il/elle	a senti
nous	avons senti
vous	avez senti
ils/elles	ont senti

Imparfait
je	sentais
tu	sentais
il/elle	sentait
nous	sentions
vous	sentiez
ils/elles	sentaient

Plus-que-parfait
j'	avais senti
tu	avais senti
il/elle	avait senti
nous	avions senti
vous	aviez senti
ils/elles	avaient senti

Passé simple
je	sentis
tu	sentis
il/elle	sentit
nous	sentîmes
vous	sentîtes
ils/elles	sentirent

Passé antérieur
j'	eus senti
tu	eus senti
il/elle	eut senti
nous	eûmes senti
vous	eûtes senti
ils/elles	eurent senti

Futur
je	sentirai
tu	sentiras
il/elle	sentira
nous	sentirons
vous	sentirez
ils/elles	sentiront

Futur antérieur
j'	aurai senti
tu	auras senti
il/elle	aura senti
nous	aurons senti
vous	aurez senti
ils/elles	auront senti

Conditionnel

Présent
je	sentirais
tu	sentirais
il/elle	sentirait
nous	sentirions
vous	sentiriez
ils/elles	sentiraient

Passé
j'	aurais senti
tu	aurais senti
il/elle	aurait senti
nous	aurions senti
vous	auriez senti
ils/elles	auraient senti

Subjonctif

Présent
que je	sente
que tu	sentes
qu'il/elle	sente
que nous	sentions
que vous	sentiez
qu'ils/elles	sentent

Passé composé
que j'	aie senti
que tu	aies senti
qu'il/elle	ait senti
que nous	ayons senti
que vous	ayez senti
qu'ils/elles	aient senti

Imparfait
que je	sentisse
que tu	sentisses
qu'il/elle	sentit
que nous	sentissions
que vous	sentissiez
qu'ils/elles	sentissent

Plus-que-parfait
que j'	eusse senti
que tu	eusses senti
qu'il/elle	eût senti
que nous	eussions senti
que vous	eussiez senti
qu'ils/elles	eussent senti

Impératif

Présent
(tu)	sens
(nous)	sentons
(vous)	sentez

Infinitif

Présent	Passé
sentir	avoir senti

Participe

Présent	Passé	Antérieur
sentant	senti (sentie)	ayant senti

*Se conjuguent de même: **mentir, dormir, servir** (auxiliaire **avoir**), **partir, sortir** (auxiliaire **être**).
EXEMPLES: *Je dors, nous dormons; je sors, nous sortons.*

412

TROISIÈME CONJUGAISON

Verbes réguliers en -re (indicatif présent en -s)

Modèle: **vendre**

Indicatif

Présent
je	vends
tu	vends
il/elle	vend
nous	**vendons**
vous	**vendez**
ils/elles	vendent

Imparfait
je	vendais
tu	vendais
il/elle	vendait
nous	vendions
vous	vendiez
ils/elles	vendaient

Passé simple
je	vendis
tu	vendis
il/elle	vendit
nous	vendîmes
vous	vendîtes
ils/elles	vendirent

Futur
je	vendrai
tu	vendras
il/elle	vendra
nous	vendrons
vous	vendrez
ils/elles	vendront

Passé composé
j'	ai vendu
tu	as vendu
il/elle	a vendu
nous	avons vendu
vous	avez vendu
ils/elles	ont vendu

Plus-que-parfait
j'	avais vendu
tu	avais vendu
il/elle	avait vendu
nous	avions vendu
vous	aviez vendu
ils/elles	avaient vendu

Passé antérieur
j'	eus vendu
tu	eus vendu
il/elle	eut vendu
nous	eûmes vendu
vous	eûtes vendu
ils/elles	eurent vendu

Futur antérieur
j'	aurai vendu
tu	auras vendu
il/elle	aura vendu
nous	aurons vendu
vous	aurez vendu
ils/elles	auront vendu

Conditionnel

Présent
je	vendrais
tu	vendrais
il/elle	vendrait
nous	vendrions
vous	vendriez
ils/elles	vendraient

Passé
j'	aurais vendu
tu	aurais vendu
il/elle	aurait vendu
nous	aurions vendu
vous	auriez vendu
ils/elles	auraient vendu

Impératif

(tu)	vends
(nous)	vendons
(vous)	vendez

Subjonctif

Présent
que je	vende
que tu	vendes
qu'il/elle	vende
que nous	vendions
que vous	vendiez
qu'ils/elles	vendent

Imparfait
que je	vendisse
que tu	vendisses
qu'il/elle	vendît
que nous	vendissions
que vous	vendissiez
qu'ils/elles	vendissent

Passé composé
que j'	aie vendu
que tu	aies vendu
qu'il/elle	ait vendu
que nous	ayons vendu
que vous	ayez vendu
qu'ils/elles	aient vendu

Plus-que-parfait
que j'	eusse vendu
que tu	eusses vendu
qu'il/elle	eût vendu
que nous	eussions vendu
que vous	eussiez vendu
qu'ils/elles	eussent vendu

Infinitif

Présent vendre

Passé avoir vendu

Participe

Présent vendant

Passé vendu (vendue)

Antérieur ayant vendu

CONJUGAISON AVEC ÊTRE

Verbes conjugués avec l'auxiliaire être

Modèle: aller (irrégulier)

Indicatif

Présent
je	vais
tu	vas
il/elle	va
nous	allons
vous	allez
ils/elles	vont

Imparfait
j'	allais
tu	allais
il/elle	allait
nous	allions
vous	alliez
ils/elles	allaient

Passé simple
j'	allai
tu	allas
il/elle	alla
nous	allâmes
vous	allâtes
ils/elles	allèrent

Futur
j'	irai
tu	iras
il/elle	ira
nous	irons
vous	irez
ils/elles	iront

Passé composé
je	suis allé
tu	es allé
il	est allé
elle	est allée
nous	sommes allés
vous	êtes allé(s)
ils	sont allés
elles	sont allées

Plus-que-parfait
j'	étais allé
tu	étais allé
il	était allé
elle	était allée
nous	étions allés
vous	étiez allé(s)
ils	étaient allés
elles	étaient allées

Passé antérieur
je	fus allé
tu	fus allé
il	fut allé
elle	fut allée
nous	fûmes allés
vous	fûtes allé(s)
ils	furent allés
elles	furent allées

Futur antérieur
je	serai allé
tu	seras allé
il	sera allé
elle	sera allée
nous	serons allés
vous	serez allé(s)
ils	seront allés
elles	seront allées

Conditionnel

Présent
j'	irais
tu	irais
il/elle	irait
nous	irions
vous	iriez
ils/elles	iraient

Passé
je	serais allé
tu	serais allé
il	serait allé
elle	serait allée
nous	serions allés
vous	seriez allé(s)
ils	seraient allés
elles	seraient allées

Subjonctif

Présent
que j'	aille
que tu	ailles
qu'il/elle	aille
que nous	allions
que vous	alliez
qu'ils/elles	aillent

Imparfait
que j'	allasse
que tu	allasses
qu'il/elle	allât
que nous	allassions
que vous	allassiez
qu'ils/elles	allassent

Passé composé
que je	sois allé
que tu	sois allé
qu'il	soit allé
qu'elle	soit allée
que nous	soyons allés
que vous	soyez allé(s)
qu'ils	soient allés
qu'elles	soient allées

Plus-que-parfait
que je	fusse allé
que tu	fusses allé
qu'il	fût allé
qu'elle	fût allée
que nous	fussions allés
que vous	fussiez allé(s)
qu'ils	fussent allés
qu'elles	fussent allées

Impératif

(tu)	va
(nous)	allons
(vous)	allez

Infinitif

Présent aller

Passé être allé

Participe

Présent allant

Passé allé (allée)

Antérieur étant allé(e)

VERBES IRRÉGULIERS EN -IR

Ind. Prés.	Imparfait	Passé Simple	Futur	Cond. Prés.	Impératif	Subj. Prés.	Subj. Imparf.
acquérir, acquérant, acquis(e), j'acquiers, j'acquis							
acquiers	acquérais	acquis	acquerrai	acquerrais		acquière	acquisse
acquiers	acquérais	acquis	acquerras	acquerrais	acquiers	acquières	acquisses
acquiert	acquérait	acquit	acquerra	acquerrait		acquière	acquît
acquérons	acquérions	acquîmes	acquerrons	acquerrions	acquérons	acquérions	acquissions
acquérez	acquériez	acquîtes	acquerrez	acquerriez	acquérez	acquériez	acquissiez
acquièrent	acquéraient	acquirent	acquerront	acquerraient		acquièrent	acquissent
bouillir, bouillant, bouilli(e), je bous, je bouillis							
bous	bouillais	bouillis	bouillirai	bouillirais		bouille	bouillisse
bous	bouillais	bouillis	bouilliras	bouillirais	bous	bouilles	bouillisses
bout	bouillait	bouillit	bouillira	bouillirait		bouille	bouillît
bouillons	bouillions	bouillîmes	bouillirons	bouillirions	bouillons	bouillions	bouillissions
bouillez	bouilliez	bouillîtes	bouillirez	bouilliriez	bouillez	bouilliez	bouillissiez
bouillent	bouillaient	bouillirent	bouilliront	bouilliraient		bouillent	bouillissent
courir, courant, couru(e), je cours, je courus							
cours	courais	courus	courrai	courrais		coure	courusse
cours	courais	courus	courras	courrais	cours	coures	courusses
court	courait	courut	courra	courrait		coure	courût
courons	courions	courûmes	courrons	courrions	courons	courions	courussions
courez	couriez	courûtes	courrez	courriez	courez	couriez	courussiez
courent	couraient	coururent	courront	courraient		courent	courussent
cueillir, cueillant, cueilli(e), je cueille, je cueillis							
cueille	cueillais	cueillis	cueillerai	cueillerais		cueille	cueillisse
cueilles	cueillais	cueillis	cueilleras	cueillerais	cueille	cueilles	cueillisses
cueille	cueillait	cueillit	cueillera	cueillerait		cueille	cueillît
cueillons	cueillions	cueillîmes	cueillerons	cueillerions	cueillons	cueillions	cueillissions
cueillez	cueilliez	cueillîtes	cueillerez	cueilleriez	cueillez	cueilliez	cueillissiez
cueillent	cueillaient	cueillirent	cueilleront	cueilleraient		cueillent	cueillissent

VERBES IRRÉGULIERS EN -IR

Indic. Prés.	Imparfait	Passé simple	Futur	Cond. Prés.	Impératif	Subj. Prés.	Subj. Imparf.
fuir, fuyant, fui(e), je fuis, je fuis							
fuis	fuyais	fuis	fuirai	fuirais		fuie	fuisse
fuis	fuyais	fuis	fuiras	fuirais	fuis	fuies	fuisses
fuit	fuyait	fuit	fuira	fuirait		fuie	fuit
fuyons	fuyions	fuîmes	fuirons	fuirions	fuyons	fuyions	fuissions
fuyez	fuyiez	fuîtes	fuirez	fuiriez	fuyez	fuyiez	fuissiez
fuient	fuyaient	fuirent	fuiront	fuiraient		fuient	fuissent
mourir, mourant, mort(e), je meurs, je mourus							
meurs	mourais	mourus	mourrai	mourrais		meure	mourusse
meurs	mourais	mourus	mourras	mourrais	meurs	meures	mourusses
meurt	mourait	mourut	mourra	mourrait		meure	mourût
mourons	mourions	mourûmes	mourrons	mourrions	mourons	mourions	mourussions
mourez	mouriez	mourûtes	mourrez	mourriez	mourez	mouriez	mourussiez
meurent	mouraient	moururent	mourront	mourraient		meurent	mourussent
offrir, offrant, offert(e), j'offre, j'offris							
offre	offrais	offris	offrirai	offrirais		offre	offrisse
offres	offrais	offris	offriras	offrirais	offre	offres	offrisses
offre	offrait	offrit	offrira	offrirait		offre	offrit
offrons	offrions	offrîmes	offrirons	offririons	offrons	offrions	offrissions
offrez	offriez	offrîtes	offrirez	offririez	offrez	offriez	offrissiez
offrent	offraient	offrirent	offriront	offriraient		offrent	offrissent
ouvrir, ouvrant, ouvert(e), j'ouvre, j'ouvris							
ouvre	ouvrais	ouvris	ouvrirai	ouvrirais		ouvre	ouvrisse
ouvres	ouvrais	ouvris	ouvriras	ouvrirais	ouvre	ouvres	ouvrisses
ouvre	ouvrait	ouvrit	ouvrira	ouvrirait		ouvre	ouvrît
ouvrons	ouvrions	ouvrîmes	ouvrirons	ouvririons	ouvrons	ouvrions	ouvrissions
ouvrez	ouvriez	ouvrîtes	ouvrirez	ouvririez	ouvrez	ouvriez	ouvrissiez
ouvrent	ouvraient	ouvrirent	ouvriront	ouvriraient		ouvrent	ouvrissent

tenir, tenant, tenu(e), je tiens, je tins

Indic. Prés.	Imparfait	Passé simple	Futur	Cond. Prés.	Impératif	Subj. Prés.	Subj. Imparf.
tiens	tenais	tins	tiendrai	tiendrais		tienne	tinsse
tiens	tenais	tins	tiendras	tiendrais	tiens	tiennes	tinsses
tient	tenait	tint	tiendra	tiendrait		tienne	tînt
tenons	tenions	tînmes	tiendrons	tiendrions	tenons	tenions	tinssions
tenez	teniez	tîntes	tiendrez	tiendriez	tenez	teniez	tinssiez
tiennent	tenaient	tinrent	tiendront	tiendraient		tiennent	tinssent

venir, venant, venu(e), je viens, je vins

Indic. Prés.	Imparfait	Passé simple	Futur	Cond. Prés.	Impératif	Subj. Prés.	Subj. Imparf.
viens	venais	vins	viendrai	viendrais		vienne	vinsse
viens	venais	vins	viendras	viendrais	viens	viennes	vinsses
vient	venait	vint	viendra	viendrait		vienne	vînt
venons	venions	vînmes	viendrons	viendrions	venons	venions	vinssions
venez	veniez	vîntes	viendrez	viendriez	venez	veniez	vinssiez
viennent	venaient	vinrent	viendront	viendraient		viennent	vinssent

VERBES IRRÉGULIERS EN -OIR

Indic. Prés.	Imparfait	Passé simple	Futur	Cond. Prés.	Impératif	Subj. Prés.	Subj. Imparf.
s'asseoir, s'asseyant, assis(e), je m'assieds, je m'assis							
m'assieds	m'asseyais	m'assis	m'assiérai	m'assiérais		m'asseye	m'assisse
t'assieds	t'asseyais	t'assis	t'assiéras	t'assiérais	assieds-toi	t'asseyes	t'assisses
s'assied	s'asseyait	s'assit	s'assiéra	s'assiérait		s'asseye	s'assît
nous asseyons	nous asseyions	nous assîmes	nous assiérons	nous assiérions	asseyons-nous	nous asseyions	nous assissions
vous asseyez	vous asseyiez	vous assîtes	vous assiérez	vous assiériez	asseyez-vous	vous asseyiez	vous assissiez
s'asseyent	s'asseyaient	s'assirent	s'assiéront	s'assiéraient		s'asseyent	s'assissent
devoir, devant, dû (dus, due, dues), je dois, je dus							
dois	devais	dus	devrai	devrais		doive	dusse
dois	devais	dus	devras	devrais		doives	dusses
doit	devait	dut	devra	devrait		doive	dût
devons	devions	dûmes	devrons	devrions		devions	dussions
devez	deviez	dûtes	devrez	devriez		deviez	dussiez
doivent	devaient	durent	devront	devraient		doivent	dussent

Indic. Prés.	Imparfait	Passé simple	Futur	Cond. Prés.	Impératif	Subj. Prés.	Subj. Imparf.
falloir, —, fallu, il faut, il fallut							
il faut	il fallait	il fallut	il faudra	il faudrait		qu'il faille	qu'il fallût
pleuvoir, pleuvant, plu, il pleut, il plut							
il pleut	il pleuvait	il plut	il pleuvra	il pleuvrait		qu'il pleuve	qu'il plût
valoir, valant, valu(e), je vaux, je valus							
vaux	valais	valus	vaudrai	vaudrais		vaille	valusse
vaux	valais	valus	vaudras	vaudrais		vailles	valusses
vaut	valait	valut	vaudra	vaudrait		vaille	valût
valons	valions	valûmes	vaudrons	vaudrions		valions	valussions
valez	valiez	valûtes	vaudrez	vaudriez		valiez	valussiez
valent	valaient	valurent	vaudront	vaudraient		vaillent	valussent
voir, voyant, vu(e), je vois, je vis							
vois	voyais	vis	verrai	verrais		voie	visse
vois	voyais	vis	verras	verrais	vois	voies	visses
voit	voyait	vit	verra	verrait		voie	vît
voyons	voyions	vîmes	verrons	verrions	voyons	voyions	vissions
voyez	voyiez	vîtes	verrez	verriez	voyez	voyiez	vissiez
voient	voyaient	virent	verront	verraient		voient	vissent
vouloir, voulant, voulu(e), je veux, je voulus							
veux	voulais	voulus	voudrai	voudrais		veuille	voulusse
veux	voulais	voulus	voudras	voudrais	veuille	veuilles	voulusses
veut	voulait	voulut	voudra	voudrait		veuille	voulût
voulons	voulions	voulûmes	voudrons	voudrions	veuillons	voulions	voulussions
voulez	vouliez	voulûtes	voudrez	voudriez	veuillez	vouliez	voulussiez
veulent	voulaient	voulurent	voudront	voudraient		veuillent	voulussent

VERBES IRRÉGULIERS EN -RE

battre, battant, battu(e), je bats, je battis

Indic. Prés.	Imparfait	Passé simple	Futur	Cond. Prés.	Impératif	Subj. Prés.	Subj. Imparf.
bats	battais	battis	battrai	battrais		batte	battisse
bats	battais	battis	battras	battrais	bats	battes	battisses
bat	battait	battit	battra	battrait		batte	battît
battons	battions	battîmes	battrons	battrions	battons	battions	battissions
battez	battiez	battîtes	battrez	battriez	battez	battiez	battissiez
battent	battaient	battirent	battront	battraient		battent	battissent

boire, buvant, bu(e), je bois, je bus

Indic. Prés.	Imparfait	Passé simple	Futur	Cond. Prés.	Impératif	Subj. Prés.	Subj. Imparf.
bois	buvais	bus	boirai	boirais		boive	busse
bois	buvais	bus	boiras	boirais	bois	boives	busses
boit	buvait	but	boira	boirait		boive	bût
buvons	buvions	bûmes	boirons	boirions	buvons	buvions	bussions
buvez	buviez	bûtes	boirez	boiriez	buvez	buviez	bussiez
boivent	buvaient	burent	boiront	boiraient		boivent	bussent

conclure, concluant, conclu(e), je conclus, je conclus

Indic. Prés.	Imparfait	Passé simple	Futur	Cond. Prés.	Impératif	Subj. Prés.	Subj. Imparf.
conclus	concluais	conclus	conclurai	conclurais		conclue	conclusse
conclus	concluais	conclus	concluras	conclurais	conclus	conclues	conclusses
conclut	concluait	conclut	conclura	conclurait		conclue	conclût
concluons	concluions	conclûmes	conclurons	conclurions	concluons	concluions	conclussions
concluez	concluiez	conclûtes	conclurez	concluriez	concluez	concluiez	conclussiez
concluent	concluaient	conclurent	concluront	concluraient		concluent	conclussent

conduire, conduisant, conduit(e), je conduis, je conduisis (et tous les verbes en **-uire**, sauf **luire**, **reluire** et **nuire**)

Indic. Prés.	Imparfait	Passé simple	Futur	Cond. Prés.	Impératif	Subj. Prés.	Subj. Imparf.
conduis	conduisais	conduisis	conduirai	conduirais		conduise	conduisisse
conduis	conduisais	conduisis	conduiras	conduirais	conduis	conduises	conduisisses
conduit	conduisait	conduisit	conduira	conduirait		conduise	conduisît
conduisons	conduisions	conduisîmes	conduirons	conduirions	conduisons	conduisions	conduisissions
conduisez	conduisiez	conduisîtes	conduirez	conduiriez	conduisez	conduisiez	conduisissiez
conduisent	conduisaient	conduisirent	conduiront	conduiraient		conduisent	conduisissent

Indic. Prés.	Imparfait	Passé simple	Futur	Cond. Prés.	Impératif	Subj. Prés.	Subj. Imparf.
connaître, connaissant, connu(e), je connais, je connus							
connais	connaissais	connus	connaîtrai	connaîtrais		connaisse	connusse
connais	connaissais	connus	connaîtras	connaîtrais	connais	connaisses	connusses
connaît	connaissait	connut	connaîtra	connaîtrait		connaisse	connût
connaissons	connaissions	connûmes	connaîtrons	connaîtrions	connaissons	connaissions	connussions
connaissez	connaissiez	connûtes	connaîtrez	connaîtriez	connaissez	connaissiez	connussiez
connaissent	connaissaient	connurent	connaîtront	connaîtraient		connaissent	connussent
craindre, craignant, craint(e), je crains, je craignis (et tous les verbes en -indre)							
crains	craignais	craignis	craindrai	craindrais		craigne	craignisse
crains	craignais	craignis	craindras	craindrais	crains	craignes	craignisses
craint	craignait	craignit	craindra	craindrait		craigne	craignît
craignons	craignions	craignîmes	craindrons	craindrions	craignons	craignions	craignissions
craignez	craigniez	craignîtes	craindrez	craindriez	craignez	craigniez	craignissiez
craignent	craignaient	craignirent	craindront	craindraient		craignent	craignissent
croire, croyant, cru(e), je crois, je crus							
crois	croyais	crus	croirai	croirais		croie	crusse
crois	croyais	crus	croiras	croirais	crois	croies	crusses
croit	croyait	crut	croira	croirait		croie	crût
croyons	croyions	crûmes	croirons	croirions	croyons	croyions	crussions
croyez	croyiez	crûtes	croirez	croiriez	croyez	croyiez	crussiez
croient	croyaient	crurent	croiront	croiraient		croient	crussent
dire, disant, dit(e), je dis, je dis							
dis	disais	dis	dirai	dirais		dise	disse
dis	disais	dis	diras	dirais	dis	dises	disses
dit	disait	dit	dira	dirait		dise	dît
disons	disions	dîmes	dirons	dirions	disons	disions	dissions
dites	disiez	dîtes	direz	diriez	dites	disiez	dissiez
disent	disaient	dirent	diront	diraient		disent	dissent

VERBES IRRÉGULIERS EN -RE

écrire, écrivant, écrit(e), j'écris, j'écrivis

Indic. Prés.	Imparfait	Passé simple	Futur	Cond. Prés.	Impératif	Subj. Prés.	Subj. Imparf.
écris	écrivais	écrivis	écrirai	écrirais		écrive	écrivisse
écris	écrivais	écrivis	écriras	écrirais	écris	écrives	écrivisses
écrit	écrivait	écrivit	écrira	écrirait		écrive	écrivît
écrivons	écrivions	écrivîmes	écrirons	écririons	écrivons	écrivions	écrivissions
écrivez	écriviez	écrivîtes	écrirez	écririez	écrivez	écriviez	écrivissiez
écrivent	écrivaient	écrivirent	écriront	écriraient		écrivent	écrivissent

faire, faisant, fait(e), je fais, je fis (et tous les verbes composés de **faire**; **forfaire** et **parfaire** sont rares)

Indic. Prés.	Imparfait	Passé simple	Futur	Cond. Prés.	Impératif	Subj. Prés.	Subj. Imparf.
fais	faisais	fis	ferai	ferais		fasse	fisse
fais	faisais	fis	feras	ferais	fais	fasses	fisses
fait	faisait	fit	fera	ferait		fasse	fît
faisons	faisions	fîmes	ferons	ferions	faisons	fassions	fissions
faites	faisiez	fîtes	ferez	feriez	faites	fassiez	fissiez
font	faisaient	firent	feront	feraient		fassent	fissent

joindre, joignant, joint(e), je joins, je joignis

Indic. Prés.	Imparfait	Passé simple	Futur	Cond. Prés.	Impératif	Subj. Prés.	Subj. Imparf.
joins	joignais	joignis	joindrai	joindrais		joigne	joignisse
joins	joignais	joignis	joindras	joindrais	joins	joignes	joignisses
joint	joignait	joignit	joindra	joindrait		joigne	joignît
joignons	joignions	joignîmes	joindrons	joindrions	joignons	joignions	joignissions
joignez	joigniez	joignîtes	joindrez	joindriez	joignez	joigniez	joignissiez
joignent	joignaient	joignirent	joindront	joindraient		joignent	joignissent

lire, lisant, lu(e), je lis, je lus

Indic. Prés.	Imparfait	Passé simple	Futur	Cond. Prés.	Impératif	Subj. Prés.	Subj. Imparf.
lis	lisais	lus	lirai	lirais		lise	lusse
lis	lisais	lus	liras	lirais	lis	lises	lusses
lit	lisait	lut	lira	lirait		lise	lût
lisons	lisions	lûmes	lirons	lirions	lisons	lisions	lussions
lisez	lisiez	lûtes	lirez	liriez	lisez	lisiez	lussiez
lisent	lisaient	lurent	liront	liraient		lisent	lussent

mettre, mettant, mis(e), je mets, je mis

Indic. Prés.	Imparfait	Passé simple	Futur	Cond. Prés.	Impératif	Subj. Prés.	Subj. Imparf.
mets	mettais	mis	mettrai	mettrais		mette	misse
mets	mettais	mis	mettras	mettrais	mets	mettes	misses
met	mettait	mit	mettra	mettrait		mette	mît
mettons	mettions	mîmes	mettrons	mettrions	mettons	mettions	missions
mettez	mettiez	mîtes	mettrez	mettriez	mettez	mettiez	missiez
mettent	mettaient	mirent	mettront	mettraient		mettent	missent

naître, naissant, né(e), je nais, je naquis

Indic. Prés.	Imparfait	Passé simple	Futur	Cond. Prés.	Impératif	Subj. Prés.	Subj. Imparf.
nais	naissais	naquis	naîtrai	naîtrais		naisse	naquisse
nais	naissais	naquis	naîtras	naîtrais	nais	naisses	naquisses
naît	naissait	naquit	naîtra	naîtrait		naisse	naquît
naissons	naissions	naquîmes	naîtrons	naîtrions	naissons	naissions	naquissions
naissez	naissiez	naquîtes	naîtrez	naîtriez	naissez	naissiez	naquissiez
naissent	naissaient	naquirent	naîtront	naîtraient		naissent	naquissent

peindre, peignant, peint(e), je peins, je peignis

Indic. Prés.	Imparfait	Passé simple	Futur	Cond. Prés.	Impératif	Subj. Prés.	Subj. Imparf.
peins	peignais	peignis	peindrai	peindrais		peigne	peignisse
peins	peignais	peignis	peindras	peindrais	peins	peignes	peignisses
peint	peignait	peignit	peindra	peindrait		peigne	peignît
peignons	peignions	peignîmes	peindrons	peindrions	peignons	peignions	peignissions
peignez	peigniez	peignîtes	peindrez	peindriez	peignez	peigniez	peignissiez
peignent	peignaient	peignirent	peindront	peindraient		peignent	peignissent

plaire, plaisant, plu(e), je plais, je plus

Indic. Prés.	Imparfait	Passé simple	Futur	Cond. Prés.	Impératif	Subj. Prés.	Subj. Imparf.
plais	plaisais	plus	plairai	plairais		plaise	plusse
plais	plaisais	plus	plairas	plairais	plais	plaises	plusses
plaît	plaisait	plut	plaira	plairait		plaise	plût
plaisons	plaisions	plûmes	plairons	plairions	plaisons	plaisions	plussions
plaisez	plaisiez	plûtes	plairez	plairiez	plaisez	plaisiez	plussiez
plaisent	plaisaient	plurent	plairont	plairaient		plaisent	plussent

VERBES IRRÉGULIERS EN -RE

Indic. Prés.	Imparfait	Passé simple	Futur	Cond. Prés.	Impératif	Subj. Prés.	Subj. Imparf.
prendre, prenant, pris(e), je prends, je pris							
prends	prenais	pris	prendrai	prendrais		prenne	prisse
prends	prenais	pris	prendras	prendrais	prends	prennes	prisses
prend	prenait	prit	prendra	prendrait		prenne	prît
prenons	prenions	prîmes	prendrons	prendrions	prenons	prenions	prissions
prenez	preniez	prîtes	prendrez	prendriez	prenez	preniez	prissiez
prennent	prenaient	prirent	prendront	prendraient		prennent	prissent
résoudre, résolvant, résolu(e) ou résous (résoute), * je résous, je résolus							
résous	résolvais	résolus	résoudrai	résoudrais		résolve	résolusse
résous	résolvais	résolus	résoudras	résoudrais	résous	résolves	résolusses
résout	résolvait	résolut	résoudra	résoudrait		résolve	résolût
résolvons	résolvions	résolûmes	résoudrons	résoudrions	résolvons	résolvions	résolussions
résolvez	résolviez	résolûtes	résoudrez	résoudriez	résolvez	résolviez	résolussiez
résolvent	résolvaient	résolurent	résoudront	résoudraient		résolvent	résolussent
rire, riant, ri(e), je ris, je ris							
ris	riais	ris	rirai	rirais		rie	risse
ris	riais	ris	riras	rirais	ris	ries	risses
rit	riait	rit	rira	rirait		rie	rît
rions	riions	rîmes	rirons	ririons	rions	riions	rissions
riez	riiez	rîtes	rirez	ririez	riez	riiez	rissiez
rient	riaient	rirent	riront	riraient		rient	rissent
rompre, rompant, rompu(e), je romps, je rompis							
romps	rompais	rompis	romprai	romprais		rompe	rompisse
romps	rompais	rompis	rompras	romprais	romps	rompes	rompisses
rompt	rompait	rompit	rompra	romprait		rompe	rompît
rompons	rompions	rompîmes	romprons	romprions	rompons	rompions	rompissions
rompez	rompiez	rompîtes	romprez	rompriez	rompez	rompiez	rompissiez
rompent	rompaient	rompirent	rompront	rompraient		rompent	rompissent

*Exemple: *Le brouillard s'est résous en pluie* (sens de *transformé ou changé*).

Indic. Prés.	Imparfait	Passé simple	Futur	Cond. Prés.	Impératif	Subj. Prés.	Subj. Imparf.
suivre, suivant, suivi(e), je suis, je suivis							
suis	suivais	suivis	suivrai	suivrais		suive	suivisse
suis	suivais	suivis	suivras	suivrais	suis	suives	suivisses
suit	suivait	suivit	suivra	suivrait		suive	suivît
suivons	suivions	suivîmes	suivrons	suivrions	suivons	suivions	suivissions
suivez	suiviez	suivîtes	suivrez	suivriez	suivez	suiviez	suivissiez
suivent	suivaient	suivirent	suivront	suivraient		suivent	suivissent
taire, taisant, tu(e), je tais, je tus							
tais	taisais	tus	tairai	tairais		taise	tusse
tais	taisais	tus	tairas	tairais	tais	taises	tusses
tait	taisait	tut	taira	tairait		taise	tût
taisons	taisions	tûmes	tairons	tairions	taisons	taisions	tussions
taisez	taisiez	tûtes	tairez	tairiez	taisez	taisiez	tussiez
taisent	taisaient	turent	tairont	tairaient		taisent	tussent
vaincre, vainquant, vaincu(e), je vaincs, je vainquis							
vaincs	vainquais	vainquis	vaincrai	vaincrais		vainque	vainquisse
vaincs	vainquais	vainquis	vaincras	vaincrais	vaincs	vainques	vainquisses
vainc	vainquait	vainquit	vaincra	vaincrait		vainque	vainquît
vainquons	vainquions	vainquîmes	vaincrons	vaincrions	vainquons	vainquions	vainquissions
vainquez	vainquiez	vainquîtes	vaincrez	vaincriez	vainquez	vainquiez	vainquissiez
vainquent	vainquaient	vainquirent	vaincront	vaincraient		vainquent	vainquissent
vivre, vivant, vécu(e), je vis, je vécus							
vis	vivais	vécus	vivrai	vivrais		vive	vécusse
vis	vivais	vécus	vivras	vivrais	vis	vives	vécusses
vit	vivait	vécut	vivra	vivrait		vive	vécût
vivons	vivions	vécûmes	vivrons	vivrions	vivons	vivions	vécussions
vivez	viviez	vécûtes	vivrez	vivriez	vivez	viviez	vécussiez
vivent	vivaient	vécurent	vivront	vivraient		vivent	vécussent

Verbes pronominaux

Le participe passé des verbes de la liste suivante s'accorde toujours.

s'absenter	s'écrier	se lever
s'abstenir	s'efforcer	se marier avec
s'agenouiller	s'éloigner	se méfier de
s'en aller	s'emparer de	se moquer de
s'amuser	s'endormir	se plaindre
s'apercevoir de	s'enfuir	s'y prendre
s'approcher	s'ennuyer	se presser
s'arrêter	s'entendre	se promener
s'attacher à	s'éprendre de	se raviser
s'attaquer à	s'étonner	se réjouir
s'attendre à	s'évader	se repentir
s'avancer	s'évanouir	se résoudre à
s'aviser de	s'éveiller	se réunir
se cacher	se fâcher contre	se réveiller
se coucher	se faire à	se sentir
se couvrir	s'habiller	se servir de
se dépêcher	s'habituer à	se soucier de
se diriger	se hâter	se souvenir de
se disputer avec	s'inscrire	se taire
se douter de	s'intéresser à	se tromper
s'échapper	se lamenter	se voir

427

TABLEAU D'ABRÉVIATIONS

adj.	adjectif
adv.	adverbe
astron.	astronomie
auto.	automobile
conj.	conjonction
culin.	culinaire
dem.	demonstratif
f.	substantif féminin
fam.	usage familier
impers.	impersonnel
indéf.	indéfini
intr.	intransitif
invar.	invariable
m.	substantif masculin
n.	substantif (nom) *m.* ou *f.*
péj.	péjoratif
pl.	pluriel
pop.	usage populaire
pr.	pronom
prép.	préposition
pron.	pronominal
qqch.	quelque chose
qqn.	quelqu'un
rel.	relatif
subj.	subjonctif
tr.	transitif
v.	verbe
,	devant *h* signale un *h* aspiré, qui empêche la liaison et l'élision

Cartes

Pays de langue française
Le Québec
La France

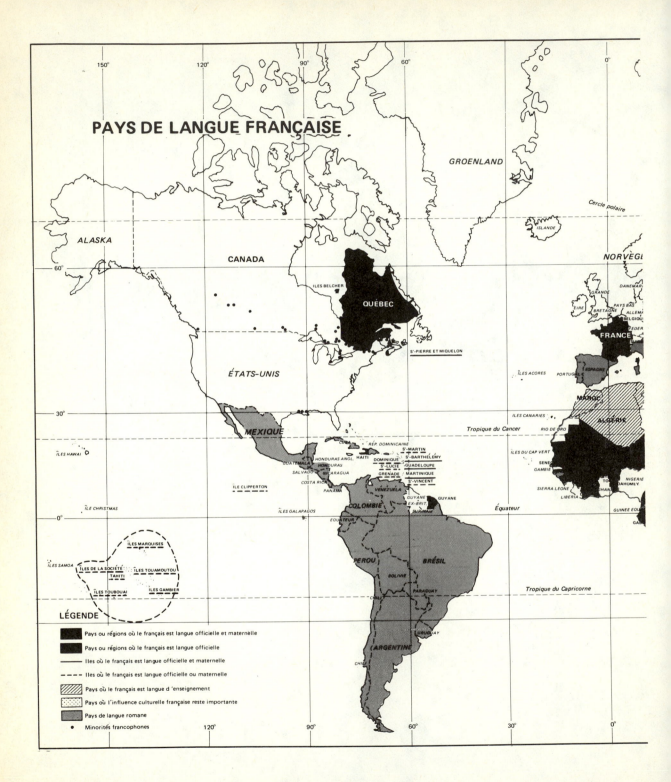

PAYS DE LANGUE FRANÇAISE

GROENLAND

Cercle polaire

ALASKA

CANADA

NORVÈGE

ISLANDE

DANEMARK

GRANDE

EIRE   BRETAGNE   ALLEM.

PAYS BAS

BELGIQUE

FÉDER.

FRANCE

ILES BELCHER

QUÉBEC

Sᵗ-PIERRE ET MIQUELON

ÉTATS-UNIS

ÎLES ACORES

PORTUGAL   ESPAGNE

MAROC

ÎLES HAWAI

MEXIQUE

Tropique du Cancer

ÎLES CANARIES

RIO DE ORO

ALGÉRIE

ÎLES DU CAP VERT

SÉNÉ

GAMBIE

NIGÉRIE

DAHOMEY

GUATEMALA   HONDURAS ANGL.

CUBA   RÉP. DOMINICAINE

HAITI

Sᵗ-MARTIN

Sᵗ-BARTHÉLÉMY

DOMINIQUE   GUADELOUPE

Sᵗ-LUCIE   MARTINIQUE

GRENADE

Sᵗ-VINCENT

SIERRA LEONE

LIBERIA

ILE CLIPPERTON

HONDURAS

SALVADOR   NICARAGUA

COSTA RICA

PANAMA

VENEZUELA

GUYANE

EX-BRIT.

GUYANE

SURINAM

Équateur

GUINÉE ÉQU.

ÎLE CHRISTMAS

ÎLES GALAPAGOS

COLOMBIE

ÉQUATEUR

ÎLES MARQUISES

ÎLES SAMOA

ÎLES DE LA SOCIÉTÉ   ÎLES TOUAMOUTOU

TAHITI

ÎLES TOUBOUAI   ÎLES GAMBIER

PÉROU

BRÉSIL

BOLIVIE

Tropique du Capricorne

PARAGUAY

CHILI

LÉGENDE

Pays ou régions où le français est langue officielle et maternelle

Pays ou régions où le français est langue officielle

Îles où le français est langue officielle et maternelle

Îles où le français est langue officielle ou maternelle

Pays où le français est langue d'enseignement

Pays où l'influence culturelle française reste importante

Pays de langue romane

• Minorités francophones

URUGUAY

ARGENTINE

CHILI

430

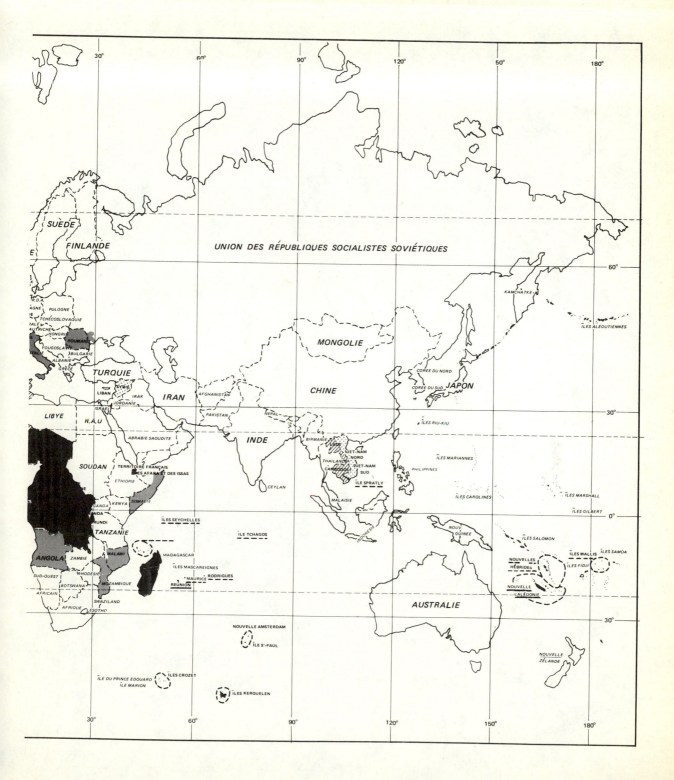

UNION DES RÉPUBLIQUES SOCIALISTES SOVIÉTIQUES

SUÈDE

FINLANDE

R.D.A.
AGNE   POLOGNE
     TCHÉCOSLOVAQUIE
IE
ALE
AUTRICHE   HONGRIE
     ROUMANIE
YOUGOSLAVIE   BULGARIE
ITALIE   ALBANIE
     GRÈCE
TURQUIE

LIBAN   SYRIE
IRAK   IRAN
ISRAËL   JORDANIE

LIBYE   R.A.U.

ARABIE SAOUDITE

AFGHANISTAN

PAKISTAN

NÉPAL

INDE

MONGOLIE

CHINE

KAMCHATKA

CORÉE DU NORD
CORÉE DU SUD   JAPON

ÎLES ALÉOUTIENNES

ÎLES RIU-KIU

BIRMANIE
LAOS
VIET-NAM
NORD
THAILANDE   VIET-NAM
CAMBODGE   SUD
     ÎLE SPRATLY

CEYLAN

MALAISIE

PHILIPPINES

ÎLES MARIANNES

ÎLES CAROLINES

ÎLES MARSHALL

ÎLES GILBERT

INDONÉSIE

NOUV.
GUINÉE

ÎLES SALOMON

ÎLES WALLIS   ÎLES SAMOA
NOUVELLES
HÉBRIDES   ÎLES FIDJI
NOUVELLE
CALÉDONIE

SOUDAN   TERRITOIRE FRANÇAIS
     DES AFARS ET DES ISSAS
ÉTHIOPIE
GANDA   KENYA   SOMALIE
NDA
RUNDI
TANZANIE

ÎLES SEYCHELLES

ÎLE TCHAGOS

ANGOLA   ZAMBIE   MALAWI   MADAGASCAR
     ÎLES MASCAREIGNES
SUD-OUEST   RHODÉSIE
     MOZAMBIQUE   MAURICE   RODRIGUES
AFRICAIN   BOTSWANA   RÉUNION
AFRIQUE   SWAZILAND
     LESOTHO

AUSTRALIE

NOUVELLE AMSTERDAM
ÎLE St-PAUL

NOUVELLE
ZÉLANDE

ÎLE DU PRINCE ÉDOUARD
ÎLE MARION   ÎLES CROZET

ÎLES KERGUELEN

431

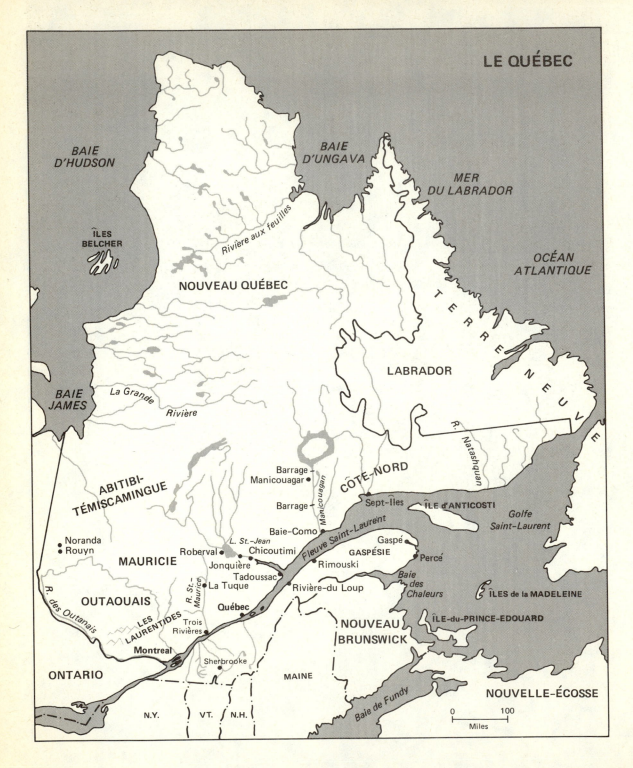

LE QUÉBEC

BAIE
D'HUDSON

BAIE
D'UNGAVA

MER
DU LABRADOR

ÎLES
BELCHER

OCÉAN
ATLANTIQUE

Rivière aux feuilles

NOUVEAU QUÉBEC

T
E
R
R
E

N
E
U
V
E

LABRADOR

BAIE
JAMES

La Grande

Rivière

R. Natashquan

Barrage
Manicouagar

COTE-NORD

ABITIBI-
TÉMISCAMINGUE

Barrage

Manicouagan

Sept-Îles

ÎLE d'ANTICOSTI

*Golfe
Saint-Laurent*

Baie-Como

Noranda
Rouyn

L. St.-Jean

Roberval

Chicoutimi

Fleuve Saint-Laurent

Gaspé

GASPÉSIE

Percé

MAURICIE

Jonquière

Tadoussac

Rimouski

*Baie
des
Chaleurs*

ÎLES de la MADELEINE

OUTAOUAIS

*R. St.-
Maurice*

La Tuque

Rivière-du-Loup

R. des Outanais

LES
LAURENTIDES

Québec

Trois
Rivières

NOUVEAU
BRUNSWICK

ÎLE-du-PRINCE-EDOUARD

Montreal

ONTARIO

Sherbrooke

MAINE

NOUVELLE-ÉCOSSE

Baie de Fundy

0   100

Miles

N.Y.   VT.   N.H.

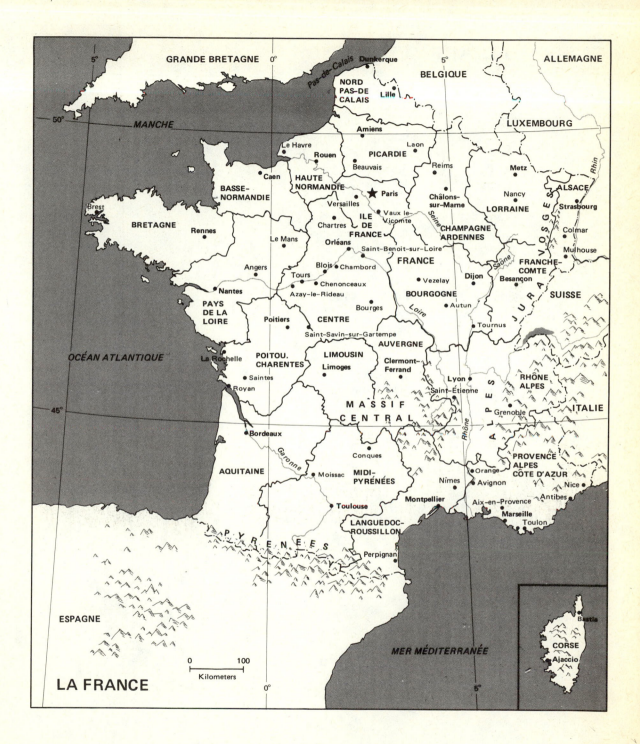

LA FRANCE

GRANDE BRETAGNE

ALLEMAGNE

BELGIQUE

LUXEMBOURG

MANCHE

Dunkerque

Pas-de-Calais

NORD
PAS-DE
CALAIS

Lille

Amiens

Le Havre

Rouen

PICARDIE

Laon

Reims

Metz

Nancy

ALSACE

Strasbourg

Caen

BASSE-
NORMANDIE

HAUTE
NORMANDIE

Paris

Châlons-
sur-Marne

LORRAINE

Colmar

Brest

BRETAGNE

Rennes

Versailles

ILE
DE
FRANCE

Vaux le-
Vicomte

CHAMPAGNE
ARDENNES

Mulhouse

Chartres

Seine

Le Mans

Orléans

Saint-Benoît-sur-Loire

FRANCE

Dijon

FRANCHE-
COMTE

Besançon

Angers

Blois

Chambord

Vezelay

Saône

SUISSE

Tours

Chenonceaux

NANTES

Azay-le-Rideau

BOURGOGNE

Autun

PAYS
DE LA
LOIRE

Poitiers

CENTRE

Bourges

Loire

Tournus

OCÉAN ATLANTIQUE

POITOU.
CHARENTES

Saint-Savin-sur-Gartempe

AUVERGNE

La Rochelle

LIMOUSIN

Limoges

Clermont-
Ferrand

Lyon

RHÔNE
ALPES

Saintes

Saint-Étienne

Royan

MASSIF
CENTRAL

ALPES

Grenoble

ITALIE

Bordeaux

Garonne

Conques

Rhône

PROVENCE
ALPES
CÔTE D'AZUR

AQUITAINE

Moissac

MIDI-
PYRÉNÉES

Nîmes

Orange

Avignon

Nice

Antibes

Toulouse

Montpellier

Aix-en-Provence

Marseille

Toulon

PYRÉNÉES

LANGUEDOC-
ROUSSILLON

Perpignan

ESPAGNE

0   100
Kilometers

MER MÉDITERRANÉE

CORSE

Bastia

Ajaccio

433

TABLEAU D'ABRÉVIATIONS

adj.	adjectif
adv.	adverbe
astron.	astronomie
auto.	automobile
conj.	conjonction
culin.	culinaire
dem.	demonstratif
f.	substantif féminin
fam.	usage familier
impers.	impersonnel
indéf.	indéfini
intr.	intransitif
invar.	invariable
m.	substantif masculin
n.	substantif (nom) *m.* ou *f.*
péj.	péjoratif
pl.	pluriel
pop.	usage populaire
pr.	pronom
prép.	préposition
pron.	pronominal
qqch.	quelque chose
qqn.	quelqu'un
rel.	relatif
subj.	subjonctif
tr.	transitif
v.	verbe
,	devant *h* signale un *h* aspiré, qui empêche la liaison et l'élision

Lexique

Donné le nombre restreint d'entrées que nous offrons, les mots élémentaires ainsi que les mots apparentés ne figureront pas dans ce lexique.

A

abaissement *m.* lowering

abaisser *v.tr.* to lower

abattre *v.tr.* to cut down (*arbre*), to shoot down (*oiseau*); **s'abattre** to swoop down on

abattu(e) *adj.* discouraged, afflicted

abîmer *v.tr.* to ruin, to damage

d'abord *adv.* at first

aborder *v.tr.* to approach

abrité(e) *adj.* sheltered, protected

accablé(e) *adj.* overcome; showered with

accessoire *m.* (*théâtre*) prop

accord *m.* permission; **s'accorder avec** to agree with, to get on well with; **être d'accord** to agree

accouchement *m.* birth

accourir *v. intr.* to come running, to rush toward

accrocher *v.tr.* to hang up, to suspend; to catch on (*qqch.*); **accrocher le regard** to catch the eye

accroissement *m.* growth

s'accroître *v.pron.* to grow

accueillant(e) *adj.* welcoming, friendly

accueillir *v.tr.* to welcome

achat *m.* purchase

acier *m.* steel; **acier inoxydable** stainless steel

acquérir *v.tr.* to acquire

actuel(le) *adj.* present, current; **à l'heure actuelle** at the present time; **le monde actuel** the world today

adoucir *v.tr.* to soften

affaire *f.* matter, business, deal, transaction

affaissé(e) *adj.* collapsed, sunken down, slumped

affairiste *m., adj.* racketeer

s'affaisser *v.pron.* to slump down, to cave in

affectif (affective) *adj.* emotional

affiche *f.* poster

afficher *v.tr.* to post, to bill, to stick up; **défense d'afficher** post no bills

affligé(e) *adj.* afflicted

s'affoler *v.pron.* to lose one's head

s'affranchir de *v.pron.* to free oneself from

affreux (affreuse) *adj.* awful

affronter *v.tr.* to confront, to face, to brave; **s'affronter** to confront each other

afin que *conj.* in order that

agacer *v.tr.* to irritate, to aggravate

s'agenouiller *v.pron.* to kneel

agir *v.intr.* to act; **s'agir de** to be about: **il s'agit de** it is about, it concerns

agréer *v.tr* to accept; **veuillez agréer, Monsieur, l'expression de mes sentiments distingués** yours faithfully (*correspondance formelle*)

aigri(e) *adj.* embittered

aigu(ĕ) *adj.* acute

aile *f.* wing

ailleurs *adv.* somewhere else; **par ailleurs** otherwise, in other respects; **d'ailleurs** besides, moreover

aîné(e) *n., adj.* older, oldest (*d'une famille*)

ainsi *adv.* thus; **il faut procéder ainsi** you have to proceed in this manner; **ainsi de suite** et cetera

aisance *f.* ease; **avec aisance** with ease

aise *n.* ease; **être à l'aise** to be at ease, comfortable; **être bien aise** to be happy

aisément *adv.* easily

ajouter *v.tr.* to add

aliment *m.* food

aller *v.intr.* to go; **s'en aller** to go away

allongé(e) *adj.* stretched out

allumer *v.tr.* to turn on, to light

allure *f.* bearing, look; speed, pace

alourdi(e) *adj.* weighted down

amas *m.* heap, pile, mass

améliorer *v.tr.* to become better, to improve

aménagement *m.* development, improvement

amener *v.tr.* to bring (*qqn.*)

amer (amère) *adj.* bitter

amoindrir *v.tr.* to lessen, to weaken, to diminish, to reduce

amorphe *adj.* shapeless, amorphous; lifeless

ananas *m.* pineapple

angelot *m.* little angel

angine *f.* sore throat, pharyngitis, tonsillitis

angoisse *f.* anxiety

apaisé(e) *adj.* assuaged, appeased

apercevoir *v.tr.* to catch a glimpse of; **s'apercevoir de** to become aware of, to notice (*erreur, complot*)

aplatir *v.tr.* to flatten out, to crush

appareil *m.* apparatus, device; telephone; **appareil de photos, appareil photo** camera

appartenir à *v.tr.* to belong to

apport *m.* contribution

s'apprêter *v.pron.* to ready oneself

approfondir *v.tr.* to examine, explore, penetrate

appuyer *v.tr* to press, to push, to support; **appuyer sur un bouton** to press a button; **appuyer sa thèse** to support one's thesis; **s'appuyer contre le mur** to lean against the wall

d'après *prép.* according to; **d'après moi** in my opinion

araignée *f.* spider

arbrisseau *m.* shrub

arbuste *m.* bush

archi- *préfixe* extremely; **archibondé(e)** chock full; **archiconnu(e)** enormously well known

ardoise *f.* slate

ardu(e) *adj.* arduous, difficult

armoire *f.* wardrobe, cupboard

arpent *m.* Canadian measure equal to 191.8 feet

arpenter *v.tr.* to pace up and down

arracher *v.tr.* to tear away from, to snatch away from

arrêt *m.* stop (*bus, train*)

arrêter *v.tr.* to stop

arroser *v.tr.* to water

ascenseur *m.* elevator

assaisonner *v.tr.* to season

s'assoupir *v.pron.* to nod off

astiquer *v.tr.* to polish (*meubles*)

atelier *m.* workshop

atteindre *v.tr.* to reach, to attain

attendre *v.tr.* to wait for; **s'attendre à** to expect to

attentat *m.* assassination attempt; offense

attente *f.* wait

atterrir *v.intr.* to land (*avion*)

atterrissage *m.* landing

attirance *f.* attraction

attirer *v.tr.* to attract, to entice, to lure

attraper *v.tr.* to catch

attrayant(e) *adj.* attractive

aube *f.* dawn.

aucun(e) *pr.indéf.* not one, none, no

auprès *prép.* with, close by; **rester auprès d'un malade** to stay with an invalid

aussitôt *adv.* right away, immediately

autant *adv.* **autant de** as much; **autant que** as much as; **d'autant que, d'autant plus que** all the more so because

autour *adv.* around

autrefois *adv.* in the past

autrui *pr.* others; **respecter le bien d'autrui** to respect the property of other people

auvent *m.* awning

d'avance *adv.* beforehand

avant *prép.* before (*dans le temps*); **il est parti avant nous** he left before we did

avare *n.* miser; *adj.* stingy

avenir *m.* future

s'avérer *v.pron.* to be authenticated, to be proved; **ce raisonnement s'est avéré juste** this reasoning turned out to be correct

avertir *v.tr.* to inform, to warn

aveugle *n.* blind person; *adj.* blind

aveugler *v.tr.* to blind

avilir *v.tr.* to degrade, to debase, to demean

avilissant(e) *adj.* degrading, shameful, demeaning

aviron *m.* oar; **faire de l'aviron** to paddle; to crew

avis *m.* opinion, warning, point of view

aviser *v.tr.* to notify, to inform; **s'aviser de faire qqch.** to take it into one's head to do something

avocat(e) *n.* lawyer, attorney

avoir *v.tr.* to have; **avoir 20 ans** to be 20 years old; **avoir beau** to do something in vain

avortement *m.* abortion; **se faire avorter** to have an abortion

avouer *v.tr.* to admit

B

badaud(e) *n.* gaping onlooker

badiner *v.intr.* to banter, to jest

bague *f.* ring

baguette *f.* wand; stick; long bread

se baigner *v.intr.* to go swimming

bain *m.* bath

baiser *m.* kiss

se balader *v.pron.* (*fam.*) to take a walk

balai *m.* broom

balance *f.* scale; **Balance** (*astron.*) Libra

balayer *v.tr.* to sweep (away)

bande dessinée *f.* comic strip

banlieue *f.* suburb

bas(se) *adj.* low

bataille *f.* battle

bâton *m.* stick

bégayer *v.intr.* to stammer, to stutter

bélier *m.* ram; **Bélier** (*astron.*) Aries

berge *f.* riverbank
berger (bergère) *n.* shepherd (shepherdess)
besoin *n.* need; **avoir besoin de** to need
bête *f.* animal; *adj.* stupid
béton *m.* concrete
beurrer *v.tr.* to butter
biberon *m.* baby's bottle
biche *f.* doe
bicoque *f.* shack
bien des *adv.* a good many; **bien des gens sont venus** a good many people showed up
bien entendu *adv.* of course
bien-être *m.* well-being
bien que *conj.* although (+ *subj.*)
bienveillant(e) *adj.* well-meaning, well-intentioned
bigarré(e) *adj.* multicolored
bijou *m.* jewel
bilan *m.* list; balance sheet; **faire le bilan** to take stock, to assess
billet *m.* ticket, letter; **billet simple** one-way ticket; **billet aller-et-retour** round-trip ticket
blessant(e) *adj.* wounding
blessé(e) *adj.* wounded, hurt
blesser *v.tr.* to wound, to hurt
bois *m.* wood; **une table de bois** a wooden table; **se promener au bois** to walk in the woods
boisson *f.* drink
boîte *f.* box; **boîte de conserve** can; **boîte de nuit** nightclub
boîter *v.intr.* to limp
boîtiller *v.intr.* to limp slightly, to hobble
bondé(e) *adj.* jammed, full to bursting
bonheur *m.* happiness; **par bonheur** fortunately
bonhomme *m.* **de neige** snowman
borne *f.* limit, bound
bouc *m.* billy goat
bouchée *f.* mouthful
boucher *v.tr.* to stop up, to block, to stuff; **boucher le nez** to hold one's nose
boue *f.* mud
bouffe *f.* (*fam.*) grub, food

bouger *v.intr.* to move (about)
bouillant(e) *adj.* boiling; hotheaded
boulanger (boulangère) baker
boulangerie *f.* bakery
bouleau *m.* birch tree
bouleverser *v.tr.* to upset
bourrer *v.tr.* to stuff, to cram full; **se bourrer** to stuff oneself (**de** with)
bourse *f.* scholarship; purse; stock exchange
bout *m.* end
braillard(e) *adj.* bawling, howling, yelling
brancard *m.* stretcher
brèche *f.* breach, opening, gap
bricoler *v.intr.* to do odd jobs, to putter about
brin *m.* blade (*herbe*); tiny quantity, little bit
brio *m.* brilliance
brisé(e) *adj.* broken
briser *v.tr.* to break
brodé(e) *adj.* embroidered
brouillard *m.* fog
brouillé(e) *adj.* muddled, confused, mixed up; **des œufs brouillés** scrambled eggs; **être brouillé avec qqn.** to be angry with someone; **se brouiller** to have a falling out
brouillon *m.* rough draft
brugnon *m.* nectarine
bruit *m.* noise
brûler *v.tr.* to burn
brume *f.* mist, fog
bruyant(e) *adj.* noisy
buée *f.* steam, condensation, mist
but *m.* aim, objective, purpose
buter *v.intr.* to stumble
buveur (buveuse) *n.* drinker

C

cachottier (cachottière) *adj.* secretive
cadeau *m.* present, gift
cadet(te) *n., adj.* younger, youngest (*d'une famille*)

cadre *m.* frame; framework, context; executive

cahier *m.* notebook

caillou *m.* pebble

câlin(e) *adj.* cuddly, tender, loving

câliner *v.tr.* to fondle, to cuddle

calomniateur (calomniatrice) *n.* slanderer; *adj.* slanderous

calomnie *f.* slander, libel

camion *m.* truck

campagne *f.* country(side); campaign

se cantonner *v.pron.* to isolate oneself

carré *m.* square

case *f.* square, box, compartment; **cases numérotées** numbered squares

casquette *f.* cap

catégoriquement *adv.* flatly, dogmatically

cauchemar *m.* nightmare, bad dream

causer *v.intr.* to chat; *v.tr.* to cause

céder *v.tr.* to give up, to yield

celui (celle) *pr.dém.* the one; **celui-ci (celui-là)** this (that) one, the former (the latter)

cercueil *m.* coffin

cesser *v.tr.* to cease, to stop

chacun(e) *pr.indéf.* each (one)

chahuter *v.intr.* to make a commotion, to create an uproar

chaleur *f.* heat

champ *m.* field

chandail *m.* sweater

chandelier *m.* candlestick, candelabra

chapelure *f.* bread crumbs

chaque *adj.* each

char *m.* tank; car (*Québec*); chariot

charbon *m.* coal

chargé(e) *adj.* loaded, heavy

chasser *v.tr.* to hunt, to chase

chasseur (chasseuse) *n.* hunter (huntress)

chaussure *f.* shoe

chavirer *v.intr.* to capsize, to overturn; to shatter, to crumble

cheminée *f.* fireplace

chêne *m.* oak tree

cher (chère) *adj.* dear; expensive

chère *f.* food, fare; **faire bonne chère** to eat well

chiffre *m.* number

chimère *f.* dream, chimera, illusion

choisir *v.tr.* to choose

choix *m.* choice

chômage *m.* unemployment

chouette *adj.* (*pop.*) great, terrific

choux-fleur *m.* cauliflower

chuchoter *v.intr.* to whisper

chum *m.* boyfriend (*Québec*)

chute *f.* fall

ci-dessous *adv.* below

ci-dessus *adv.* above

ci-inclus(e) *adj.* included

ci-joint(e) *adj.* attached

cible *f.* target

cierge *m.* candle

citadin(e) *n.* city dweller

citoyen(ne) *n.* citizen

citron *m.* lemon

civet *m.* stew

clair(e) *adj.* light

clair *m.* **de lune** moonlight

claque *f.* slap

claquer *v.tr.* to slam, to slap

clef (ou clé) *f.* key; **fermer la porte à clef** to lock the door

climatiseur *m.* air conditioner

clochard *m.* tramp, bum

clou *m.* nail

cloué(e) *adj.* nailed down; rooted to the spot

clouer *v.tr.* to nail down

coche *f.* check mark

cocher *v.tr.* to check (off)

cocotier *m.* coconut palm

coin *m.* corner

colère *f.* anger

colis *m.* package, parcel

combien *adv.* how much, how many

comestible *adj.* edible

comme il faut as one ought (to do something)

commérages *m.pl.* gossip

commerçant(e) *n.* merchant, shopkeeper

commère *f.* gossip

commis *m.* **voyageur** traveling salesman

compagnon (compagne) *n.* friend

comportement *m.* behavior

se comporter *v.pron.* to behave, to act

comprimé *m.* pill, tablet

compte *m.* account; **prendre en compte** to take into account

compter *v.tr.* to count; **compter avec** to deal with, to take into account

concevoir *v.intr.* to conceive

conclure *v.intr.* to conclude

concours *m.* competition

conçu(e) *adj.* conceived

conduire *v.tr.* to drive

se confier à *v.pron.* to confide in

confit(e) *adj.* preserved, candied; **confit(e) en dévotion** steeped in piety

confondre *v.tr.* to confuse, to mix up

confus(e) *adj.* (*personne*) embarrassed, ashamed; (*chose, texte, bruit*) muddled, confused

congé *m.* holiday; **un jour de congé** a day off; **donner congé à un employé** to give an employee notice

conjoint(e) *n.* spouse

conjurer *v.tr.* to avert, to ward off

connaissance *f.* knowledge; **faire la connaissance de qqn.** to make the acquaintance of someone

connaître *v.tr.* to be familiar with, to know (*personne, ville*)

conseil *m.* advice

conseiller *v.tr.* to advise; to recommend (*qqch. à qqn.*)

consonne *f.* consonant

constater *v.tr.* to take note of, to ascertain

conte *m.* tale, story

contingence *f.* everyday occurrence, chance happening

contraindre *v.tr.* to constrain; **se contraindre** to constrain oneself

contre *prép.* against; **par contre** on the other hand

contrevenir à *v.tr.* to violate, to break (*loi, réglement*)

convaincre *v.tr.* to convince

convenable *adj.* appropriate, suitable, fitting; **il convient de** it is advisable to

convier *v.tr.* to invite; to urge someone to do something

copain (copine) *n.* friend, pal

coquillage *m.* seashell; shellfish

cor *m.* horn; **à cor et à cri** with clamoring, with hue and cry

cornichon *m.* pickle; stupid person

corolle *f.* corolla

corps *m.* body

corriger *v.tr.* to correct

corrompre *v.tr.* to corrupt

côté *m.* side; **à côté de** next to

côtoyer *v.tr.* to go along(side)

coucher *m.* act of going to bed; **coucher du soleil** sunset

se coucher *v.pron.* to go to bed

coude *m.* elbow

couler *v.intr.* to flow, run, pour down

coulisse *f.* (*théâtre*) backstage area; **dans les coulisses** backstage, in the wings, behind the scenes

coup *m.* blow, abrupt action, stroke, move; **coup de dés** throw of the dice; **coup de foudre** lightning bolt; love at first sight; **coup de poing** punch; **coup de pied** kick; **coup de soleil** sunburn; **coup de téléphone** (*ou* fil) telephone call

coupable *adj.* guilty

couramment *adv.* fluently

courant *m.* current (*eau, électricité*); draft (*air*)

courir *v.intr.* to run

courrier *m.* mail, correspondence

cours *m.* course (of study); **suivre des cours** to take courses

course *f.* race; errand

court(e) *adj.* short

couteau *m.* knife

coûter *v.intr.* to cost

cracher *v.intr.* to spit

craindre *v.tr.* to fear

crainte *f.* fear; **de crainte que** + *subj.* for fear that

crédule *adj.* credulous

crépuscule *m.* twilight, dusk

cresson *m.* watercress

crevaison *f.* blowout (*pneu*)

crevé(e) *adj.* exhausted, burst; died

crever *v.intr.* to burst (*pneu*); to wear out; (*fam.*) to croak; **crever de faim, de fatigue** to die of hunger, of fatigue

croire *v.tr.* to believe

croiser *v.tr.* to pass, to cross

croix *f.* cross

croquis *m.* sketch

croyant(e) *n., adj.* (person) who believes (in God)

cruche *f.* pitcher; stupid person

cueillir *v.tr.* to gather (*fleurs*)

cuillerée *f.* spoonful

cuir *m.* leather

cuire *v.tr.* to cook

cuisson *f.* cooking; **temps de cuisson** cooking time; **ceci demande une longue cuisson** this needs to be cooked (baked) for a long time

culotte *f.* pants

culpabilité *f.* guilt

cumuler *v.tr.* to accumulate

curer *v.tr.* to clean out, to scrape out

cuvette *f.* basin

D

davantage *adv.* more

débarrasser *v.tr.* to clear (*table*); **se débarrasser de** to get rid of

débat *m.* debate

débattre *v.tr.* to debate

débit *m.* rate of flow; delivery (*élocution*)

débaucher *v.tr.* to debauch, to corrupt

déborder *v.intr.* to overflow

se débrouiller *v.pron.* to get along

début *m.* beginning

débutant(e) *n.* beginner

décapotable *adj.* convertible (*auto.*)

décennie *f.* decade

décevant(e) *adj.* disappointing; deceptive

décevoir *v.tr.* to disappoint; to deceive

déchanter *v.intr.* to become disillusioned

décharné(e) *adj.* emaciated, all skin and bone

déchiffrer *v.tr.* to decipher

déchirer *v.tr.* to tear (up)

déclencher *v.tr.* to set off, to activate, to trigger, to launch, to provoke

déconcertant(e) *adj.* disconcerting

déconcerter *v.tr.* to disconcert; to thwart, to frustrate

déconsidéré(e) *adj.* discredited

dédaigner *v.tr.* to scorn, to disdain

dédicace *f.* dedication, inscription

défaut *m.* flaw, defect; **à défaut de** in the absence of

déferlant(e) *adj.* breaking (*vague*)

défilé *m.* parade

défunt(e) *n.* dead person, deceased

dégager *v.tr.* to disengage, to extricate, to free

dégât *m.* damage

dégonfler *v.tr.* to deflate, to let the air out of

dégoût *m.* disgust

déguiser *v.tr.* to disguise, to mask; **se déguiser** to disguise oneself

dehors *adv.* outside; **en dehors de** outside of

démanger *v.intr.* to itch

démarche *f.* gait, walk; step, procedure

démêlé *m.* dispute, quarrel

déménager *v.intr.* to move (out); **déménager ses meubles** to remove one's furniture

dément(e) *adj.* insane, mad; unbelievable

démesure *f.* excessiveness, immoderation

démesuré(e) *adj.* disproportionate, inordinate

demeuré(e) *adj.* half-witted

dénicher *v.tr.* to unearth, to hunt out

dénouement *m.* ending

dent *f.* tooth

dentelle *f.* lace

départ *m.* departure

se départir de *v.pron.* to separate oneself from

dépaysé(e) *adj.* disoriented, feeling like a fish out of water

dépaysement *m.* disorientation, feeling of strangeness

dépeindre *v.tr.* to depict

dépense *f.* expenditure

déplaire à *v.tr.* to displease

déploiement *m.* unfurling, spreading

déployer *v.tr.* to open out, to unfurl, to spread out

déprimé(e) *adj.* depressed

depuis *prép.* since; **depuis combien de temps** for how long; **depuis quand** since when

dérailler *v.intr.* to derail

déranger *v.tr.* to bother

déraper *v.intr.* to skid

déréglé(e) *adj.* unsettled, dissolute

dernier (dernière) *adj.* last

se dérouler *v.pron.* to unfold, to progress, to develop

dérouté(e) *adj.* disconcerted

dès *prép.* from (*dans le temps*); **dès son retour** as soon as he gets back; **dès maintenant** from now on; **dès sa première année** right from his first year; **dès que** as soon as

désespoir *m.* despair

désormais *adv.* henceforth, from now on

dessin *m.* drawing; **dessin humoristique** cartoon

destin *m.* destiny, fate

destinée *f.* personal destiny

désuet (désuète) *adj.* outdated, antiquated

détendu(e) *adj.* relaxed

détente *f.* relaxation

devenir *v.tr.* to become

dévêtir *v.tr.* to undress

deviner *v.tr.* to guess

devise *f.* motto

dévoiler *v.tr.* to unveil, to disclose, to reveal

devoir *m.* duty; homework

devoir *v.tr.* to owe, to have the obligation (to do something); must

dévouement *m.* devotion

dévouer *v.tr.* to devote; **se dévouer à** to devote oneself to

dictée *f.* dictation

différend *m.* difference of opinion, disagreement

dinde *f.* turkey

dire *v.tr.* to say

directive *f.* instruction, direction

diriger *v.tr.* to direct

diseuse *f.* **de bonne aventure** fortune teller

disponible *adj.* free, available

distraire *v.tr.* to distract

distrait(e) *adj.* absent-minded, inattentive

divers(e) *adj.* diverse, varied, different

se divertir *v.pron.* to have a good time, to amuse oneself

domicile *f.* home, place of residence

dommage *m.* damage, injury; **c'est dommage** it's a pity, too bad

donc *conj.* therefore

dont *pr.rel.* of which, about which, whose, etc.

dorer *v.tr.* (*culin.*) to glaze, to brown; to tan

dos *m.* back; **le dos de la main** the back of the hand

dosage *m.* proportioning, measuring out

douane *f.* board of customs

douanier *m.* customs officer

douche *f.* shower

se doucher *v.pron.* to take a shower

doué(e) *adj.* talented

douleur *f.* pain

douloureux (douloureuse) *adj.* painful

douter de *v.tr.* to doubt, to question; **se douter de** to suspect

dramaturge *m.* playwright, dramatist

se dresser *v.pron.* to stand up straight; to stand on end (*cheveux*)

droit *m.* right; **étudier le droit** to study law

drôle *adj.* funny, comical, strange

durée *f.* duration

durer *v. intr.* to last

E

ébahi(e) *adj.* astounded, dumbfounded
ébloui(e) *adj.* dazzled
s'ébrouer *v.pron.* to shake oneself
écarter *v.tr.* to separate, to push away, to push aside
échange *m.* exchange
échanger *v.tr.* to exchange
échapper à *v.tr.* to escape from
écharpe *f.* scarf
échéance *f.* deadline, settlement date; **à longue (courte) échéance** long-term (short-term); **à longue échéance** in the long run; **à courte échéance** before long
échec *m.* setback, failure; **jeu d'échecs** chess game; **jouer aux échecs** to play chess
échelle *f.* ladder, scale
échouer *v.tr.* to fail
éclair *m.* bolt of lightning
éclairé(e) *adj.* lit up; enlightened
éclat *m.* brilliance
éclater *v.intr.* to break out, to burst, to explode
écolier (écolière) *n.* student (*à l'école primaire*)
écoulement *m.* flow; **écoulement des voitures** flow of traffic
écran *m.* screen
écraser *v.tr.* to squash, to crush
écourter *v.tr.* to shorten
écrit *m.* piece of writing; **mettre par écrit** to put in writing
écume *f.* foam, froth
effacer *v.tr.* to erase
effectivement *adv.* actually, really, in fact
efficace *adj.* effective
efficacité *f.* effectiveness
s'efforcer de *v.pron.* to try hard, to endeavor
effrayant(e) *adj.* frightening
égard *m.* regard, **à l'égard de** regarding, concerning
égarer *v.tr.* to mislead

égoutter *v.tr.* to drain
élan *m.* surge, rush
s'élancer sur (*ou* **vers**) *v.pron.* to throw oneself at
élargir *v.tr.* to widen
élevé(e) *adj.* raised
élever *v.tr.* to raise
éleveur (éleveuse) *n.* breeder
élire *v.tr.* to elect
éloge *m.* praise
éloigner *v.tr.* to take away; to banish, to ward off, to avert
s'emballer *v.pron.* to get carried away
embauche *f.* hiring, taking on
embaucher *v.tr.* to hire
d'emblée *adj.* right away, at the very first
embouteillage *m.* traffic jam
emmener *v.tr.* to take (*qqn*)
émoi *m.* emotion, excitement
émotif (émotive) *adj.* emotional
émouvoir *v.tr.* to affect, to stir, to move, to touch, to rouse
s'emparer de *v.pron.* to seize, to grab; to invade
empêcher *v.tr.* to prevent, to stop
emploi *m.* employment; use
employer *v.tr.* to use
empoisonner *v.tr.* to poison
emporte-pièce *m.* punch; **à l'emporte-pièce** incisive, biting
emporter *v.tr.* to carry off
empreinte de *adj.* tinged with, marked with
empressement *m.* attentiveness
s'empresser *v.pron.* to be attentive
emprunter *v.tr.* to borrow
ému(e) *adj.* touched, moved
enceinte *f.* loudspeaker
enceinte *adj.* pregnant
enclin(e) *adj.* inclined
à l'encontre de *adv.* contrary to, counter to
endormir *v.tr.* to put to sleep; **s'endormir** to fall asleep
endroit *m.* place; **à l'endroit** right side out (*étoffe, vêtement*)
endurci(e) *adj.* hardened

enfer *m.* hell

enfoncer *v.tr.* to drive in, to thrust in (*clou*); **s'enfoncer dans** to plunge into, to sink into

enfreindre *v.tr.* to violate, to break (*loi*)

s'enfuir *v.pron.* to flee, to run away

engeance *f.* (*péj.*) mob, crew

engendrer *v.tr.* to beget, to create, to breed

engouffrer *v.tr.* to devour, to swallow

ennui *m.* trouble, worry, boredom

ennuyer *v.tr.* to bore (*qqn.*); **s'ennuyer** to be bored

enregistrement *m.* recording

enregistrer *v.tr.* to record

enrichir *v.tr.* to enrich

enrichissement *m.* enrichment

enseigner *v.tr.* to teach

ensevelir *v.tr.* to bury

ensevelissement *m.* burial

ensuite *adv.* then, next, afterwards

entaché(e) de *adj.* tainted with

entendement *m.* understanding

entendre *v.tr.* to hear; **s'entendre** to get along, to understand each other

enterrement *m.* burial

en-tête *m.* heading; **papier à en-tête** business stationery

entrailles *f.pl.* entrails, viscera

entrefaites *f.pl.* **sur ces entrefaites** at that moment, in the midst of all this

entreprenant(e) *adj.* enterprising, forward

entretenir *v.tr.* to converse with, to talk about

entretien *m.* formal conversation

entrevoir *v.tr.* to glimpse, to catch sight of

entrevue *f.* interview

envahir *v.tr.* to invade

envers *m.* reverse side, back (*vêtement, pièce de monnaie*)

envers *prép.* toward

envie *f.* desire; **avoir envie de faire qqch.** to feel like doing something

envier *v.tr.* to envy

environ *adv.* about, thereabouts, approximately

envisager *v.tr.* to view, to contemplate, to consider

s'envoler *v.pron.* to fly away

envoyer *v.tr.* to send

épais(se) *adj.* thick

épaisseur *f.* thickness

épanouir *v.intr.* to blossom, to open up, to bloom

épanouissement *m.* blossoming, blooming

épargner *v.tr.* to save, to put aside

épaule *f.* shoulder

épauler *v.tr.* to back up, to support, to help

épeler *v.tr.* to spell

éperdument *adv.* desperately, passionately, madly, frantically

épinards *m.pl.* spinach

éplucher *v.tr.* to peel (*légumes*)

épouser *v.tr.* to marry

épousseter *v.tr.* to dust

épouvante *f.* fright

épouvanter *v.tr.* to frighten, to scare

s'éprendre de *v.pron.* to fall in love with

épreuve *f.* test; (*publishing*) galley proof; (*photo*) proof, print; **à toute épreuve** resistant

éprouver *v.tr.* to feel, to experience

épuisant(e) *adj.* exhausting

épuisé(e) *adj.* exhausted

équilibre *m.* balance; **perdre (garder) son équilibre** to lose (keep) one's balance

équipe *f.* team

équitation *f.* horseback riding

ère *f.* era

ériger *v.tr.* to set up, to establish, to erect

escadrille *f.* (*aviation*) flight

escalade *f.* climbing, scaling

escalader *v.tr.* to climb, to scale

esclave *n.* slave

espèce *f.* type, sort

espérer *v.tr.* to hope

espoir *m.* hope

esprit *m.* mind, spirit

esquisser *v.tr.* to sketch

essor *m.* growth

essouflé(e) *adj.* breathless

essuyer *v.tr.* to wipe dry; **essuyer les assiettes** to dry the dishes; **s'essuyer les mains** to wipe one's hands; **essuyer une injure** to endure an insult

estampiller *v.tr.* to stamp

estomper *v.tr.* to blur, to dim, to soften

établi *m.* work table

étalage *m.* display

étaler *v.tr.* to spread out, to display

étang *m.* pond

étape *f.* stopping place, stage; **brûler les étapes** to take short cuts, to shoot ahead

état *m.* state

éteindre *v.tr.* to turn out, extinguish (*lumière*)

étendre *v.tr.* to spread out, to hang up; **s'étendre** to lie down, to stretch out, to extend

étendu(e) *adj.* stretched out

étincelle *f.* spark

s'étioler *v.pron.* to languish, to decline, to wither

étoffe *f.* material, fabric

étoile *f.* star

étonné(e) *adj.* astonished

étourdissement *m.* dizziness, blackout

étranger (étrangère) *n.* foreigner; *adj.* foreign; **partir à l'étranger** to go abroad

étrangeté *f.* strangeness

être *m.* being; **être humain** human being

être *v.intr.* to be; **être en train de** to be in the midst of

étreindre *v.tr.* to embrace

étroit(e) *adj.* narrow

évanouir *v.intr.* to faint

éviter *v.tr.* to avoid

exaucer *v.tr.* to fulfill, to grant (*voeu*)

exigeant(e) *adj.* demanding, hard to please

exiger *v.tr.* to require

exigu(ë) *adj.* tiny

exprès *adv.* on purpose, intentionally

extrait *m.* excerpt

extraverti(e) *adj.* extroverted ≠ **introverti**

F

fâché(e) *adj.* angry

se fâcher *v.intr.* to become angry (**contre qqn.** with someone)

façon *f.* way, manner

facteur *m.* mailman

factice *adj.* artificial

facture *f.* bill, invoice

facultatif (facultative) *adj.* optional

faible *adj.* weak

faire *v.tr.* to do, to make; **faire de la raquette** to snowshoe; **faire face à** to face up to; **faire la cour** to court, to woo; **faire le point** to evaluate, to sum things up; **faire semblant** to pretend

fait *m.* fact

falaise *f.* cliff

falloir *v.impers.* to be necessary; **il faut le faire** it has to be done

farce *f.* (*culin.*) stuffing

farcir *v.tr.* to stuff

farouche *adj.* shy, timid, unsociable; fierce; unshakable

faucher *v.tr.* to scythe, to mow, to cut

faucille *f.* sickle

se faufiler *v.pron.* to edge one's way in

faute *f.* error

fauteuil *m.* armchair

faux *f.* scythe

faveur *f.* favor; **à la faveur de** thanks to, owing to

fée *f.* fairy

feindre *v.tr.* to feign, to pretend

feinte *f.* pretense

fer *m.* iron; **fer à repasser** iron (*pour vêtement*)

fermer *v.tr.* to close

fêter *v.tr.* to celebrate

feu *m.* fire; **feu vert (rouge)** green (red) light

feuille *f.* leaf; **feuille de papier** sheet of paper

fiable *adj.* trustworthy, reliable

ficeler *v.tr.* to tie up with string

ficelle *f.* string

fidèle *adj.* faithful

fier (fière) *adj.* proud

se fier à *v.pron.* to trust

figé(e) *adj.* fixed, rigid

figure *f.* face

figurer *v.intr.* to appear; **figurer sur une liste, dans l'annuaire** to appear on a list, in the directory

filer *v.intr.* to leave quickly; *v.tr.* to spin; **filer le parfait amour** to spin out love's sweet dream

fils *m.* son

fixer *v.tr.* to determine, to decide; **fixer la date** to set the date

flacon *m.* flask

flambeau *m.* torch

flanquer *v.tr.* to toss

fleur *f.* flower; **la fleur de l'âge** the prime of life

flot *m.* wave; flowing mane

foi *f.* faith

foie *m.* liver

fois *f.* time; **trois fois** three times; **à la fois** at the same time; **il était une fois** once upon a time

fond *m.* bottom; depth; far end (*d'une cour, d'une pièce*)

fonds *m.* fund; assets

forçat *m.* convict

forcerie *f.* hothouse

forfait *m.* fixed sum

fort(e) *adj.* strong; *adv.* very

fougue *f.* passion

fouiller *v.tr.* to search, to go through, to frisk, to scour, to comb, to excavate

fouisseur (fouisseuse) *n.m.* et *adj.* burrower, burrowing

foule *f.* crowd

four *m.* oven

fourneau *m.* furnace, stove

fournir *v.tr.* to provide, to supply

fourrure *f.* fur

fracas *m.* din, crash

framboise *f.* raspberry

frapper *v.tr.* to strike, to hit; **frappé de** struck by

frayer *v.tr.* to open up, to clear (*un chemin*); **frayer le passage à** to clear the way for; **se frayer un chemin** to plough one's way through

fredonner *v.tr.* to hum

frein *m.* brake

frêle *adj.* frail

frémir *v.intr.* to quake, to tremble, to shiver

frire *v.tr.* to fry

frisson *m.* shiver

frissonner *v.intr.* to shiver

froncer *v.tr.* to gather (*tissu*); **froncer les sourcils** to knit one's brow, to frown

fronder *v.intr.* to criticize, to satirize

front *m.* forehead

frottement *m.* rubbing

frotter *v.tr.* to rub

fugace *adj.* fleeting, transient

fuir *v.tr.* to flee

fuite *f.* flight, leak

fumée *f.* smoke

fusil *m.* rifle, gun

G

gâcher *v.tr.* to waste, to spoil, to ruin

gagner *v.tr.* to win, to earn; **gagner de l'argent** to make money

garçonnet *m.* little boy

garder *v.tr.* to keep, to retain; **garder des enfants** to watch children

gâter *v.tr.* to spoil

gauche *f., adj.* left

gavé(e) *adj.* full to bursting

gazon *m.* lawn

geler *v.intr.* to freeze, to ice over

Gémeaux *m.pl.* (*astron.*) Gemini

gêner *v.tr.* to bother
genou *m.* knee
gentil(le) *adj.* nice, kind
germe *m.* seed, source; **en germe** in the seed
germer *v.intr.* to sprout, to germinate
glabre *adj.* clean-shaven, hairless
glacer *v.tr.* to freeze, to chill, to ice
glaçon *m.* ice cube
glapir *v.tr.* to yap
glissant(e) *adj.* slippery
glisser *v.intr.* to slip, to slide
gluant(e) *adj.* sticky
gorgée *f.* mouthful; **boire à petites gorgées** to take little sips; **boire à grandes gorgées** to gulp
gouffre *m.* abyss, chasm
gourbi *m.* shack
se gourer *v.pron.* (*fam.*) to be wrong, to goof
goût *m.* taste
goûter *m.* snack; *v.tr.* to taste
goutte *f.* drop
grand-chose *m.invar.* much; **pas grand-chose** not much
gratin *m.* (*culin.*) cheese (-topped) dish
gratiner *v.tr.* to cook au gratin; to stick to the pan
gratuit(e) *adj.* free of charge
gratuitement *adv.* without motivation, gratuitously
gré *m.* will; **à votre gré** to your liking, as you like; **au gré de sa fantaisie** as the fancy took him; **au gré des événements** according to the way things go, at the mercy of events
griffonner *v.tr.* to scribble
grillade *f.* grilled meat
griller *v.tr.* to grill, to toast
grimé(e) *adj.* in greasepaint
grimper *v.tr.* to climb
grincer *v.intr.* to grate, to scratch, to creak, to gnash
grincheux (grincheuse) *adj.* grouchy
gris(e) *adj.* gray; tipsy

grisaille *f.* grayness, colorlessness, dullness, gloom
griser *v.tr.* to make tipsy, to intoxicate slightly
grogner *v.intr.* to grumble, to moan, to complain, to grunt
gronder *v.tr.* to scold, to reprimand
gros(se) *adj.* fat; large, bulky; **en gros** roughly speaking; wholesale
guère *adv.* hardly, not much
guerre *f.* war
guerrier *m.* warrior

H

habillement *m.* way of dressing, dress
habit *m.* clothing
s'habituer à *v.pron.* to get used to
'hache *f.* axe
hacher *v.tr.* to chop up; **bifteck haché** ground beef
haïr *v.tr.* to hate, to detest
hanter *v.tr.* to haunt
harceler *v.tr.* to harass
hardi(e) *adj.* courageous, audacious
hargneux (hargneuse) *adj.* belligerent, aggressive
haricot *m.* bean
'hasard *m.* chance; **laisser au hasard** to leave to chance; **par hasard** by chance; **un jeu de hasard** a game of chance
hasardeux (hasardeuse) *adj.* risky
'hâte *f.* haste, impatience
'haut(e) *adj.* high; **le haut** the top
'hauteur *f.* height
hebdomadaire *m., adj.* weekly
hérisser *v.tr.* (*chat, porc-épic*) to bristle
heure *f.* hour, time; **heure de pointe** rush hour
'heurter *v.tr.* to strike, to hit, to collide with; to clash with, to upset
'hibou *m.* owl
'honte *f.* shame
'honteux (honteuse) *adj.* shameful
horaire *m.* schedule

horloge *f.* clock; **horloge à poids** weighted clock
hôtel *m.* **de ville** town hall
housse *f.* dust cover
huile *f.* oil
huiler *v.tr.* to oil
hypothèse *f.* hypothesis

I

île *f.* island, isle
imbibé(e) *adj.* saturated
impensable *adj.* unthinkable
importer *v.intr.* to matter; **n'importe** no matter
imprévu(e) *adj.* unexpected
impunément *adj.* with impunity
inaperçu(e) *adj.* unnoticed; **passer inaperçu(e)** to go unnoticed
inatteignable *adj.* unattainable
inattendu(e) *adj.* unexpected
inconvenant(e) *adj.* unseemly, improper
inculte *adj.* uncultivated, uneducated
incursion *f.* foray, incursion
inébranlable *adj.* unshakable, unwavering, steadfast
inépuisable *adj.* inexhaustible
infatigable *adj.* tireless
ingrat(e) *adj.* ungrateful
inlassablement *adv.* untiringly
innombrable *adj.* innumerable, countless
inondé(e) *adj.* flooded
inouï(e) *adj.* unheard-of, unprecedented, incredible
inquiet (inquiète) *adj.* worried
inscrire *v.tr.* to write down; **s'inscrire à l'université** to enroll at the university
insensé(e) *adj.* demented, insane, mad
insolite *adj.* extraordinary, unusual
interdire *v.tr.* to forbid
interligne *m.* double space; between the lines
intervenir *v.intr.* to intervene, to occur, to be reached, to be taken (*décision, mesure)*

intrigue *f.* plot
intriguer *v.intr.* to scheme
ivre *adj.* drunk
ivrogne (ivrognesse) *n.* drunkard; *adj.* addicted to drink

J

jadis *adv.* long ago, of olden days
jaillir *v.intr.* to spout, to gush forth, to spurt
jeter *v.tr.* to throw
jeu *m.* game
jouer *v.intr., v.tr.* to play
joueur (joueuse) *n.* player
jumeau (jumelle) *n.* twin
jument *f.* mare
jupe *f.* skirt
jusqu'à *prép.* until, as far as, up to

L

lâcher *v.tr.* to let go; to blurt out; **attention! tu vas lâcher le verre** be careful! you're going to drop the glass
laid(e) *adj.* ugly
laine *f.* wool
laisser *v.tr.* to leave, to abandon; to let
lait *m.* milk; **produits laitiers** dairy products
lancer *v.tr.* to throw; to launch
languir *v.intr.* to languish, to suffer
larme *f.* tear
lavabo *m.* bathroom sink
lave-vaisselle *m.* dishwasher
lèche-bottes *m.invar.* bootlicker
léger (légère) *adj.* light, slight
légèreté *f.* lightness; frivolity, rashness
léguer *v.tr.* to bequeath, to hand down
lendemain *m.* the next day
lestement *adv.* agilely, nimbly, sprightly
lexique *m.* lexicon, vocabulary
libertin(e) *adj.* dissolute
libre *adj.* free, unrestrained
lien *m.* link, attachment
lier *v.tr.* to link; **lié(e) à** linked to

lieu *m.* place; **avoir lieu** to take place; **au lieu de** instead of

lieue *f.* league (*mesure*)

ligne *f.* line; silhouette, figure; **surveiller sa ligne** to watch one's weight

linge *m.* wash; linen

lisser *v.tr.* to smooth down

litière *f.* litter

livrer *v.tr.* to deliver; to give up; **se livrer** to surrender

locuteur (locutrice) *n.* speaker

loi *f.* law, bill

loin *adv.* far

loisir *m.* leisure; **à loisir** as much as one desires

loque *f.* rag

lorsque *conj.* when

losange *m.* diamond shape

louer *v.tr.* to rent; to praise

lourd(e) *adj.* heavy

loyer *m.* rent

lunettes *f.pl.* glasses, spectacles

lutin *m.* pixie

lys *m.* lily

M

machine *f.* **à écrire** typewriter

magnétoscope *m.* videotape recorder

maigre *adj.* thin

maigrir *v.intr.* to become thin, to lose weight

maille *f.* stitch, mesh

maillot *m.* leotard, jersey; **maillot de bain** bathing suit

maire *m.* mayor

mairie *f.* town hall

majorité *f.* majority; **atteindre sa majorité** to come of age

majuscule *f.* capital letter

mal *m.* (*pl.* **maux**) evil; **le bien et le mal** good and evil; **le mal du pays** homesickness; *adv.* badly; **de mal en pis** from bad to worse

malgré *prép.* despite

malpropre *adj.* dirty

mamelle *f.* breast; udder

Manche *f.* English Channel

manœuvre *m.* laborer

manquer *v.tr.* to miss; to be missing, to lack; **tu me manques** I miss you

maquiller *v.tr.* to make up; **se maquiller** to make oneself up

marchander *v.tr.* to bargain, to haggle

marché *m.* market; **par-dessus le marché** on top of all that

marchepied *m.* running board (*auto.*)

marge *f.* margin; **en marge de** on the fringe of

marin *m.* sailor, seaman

mariner *v.tr.* to marinate (*culin.*)

matelas *m.* mattress

matelot *m.* sailor

matière *f.* subject (*école*); matter; **matière grise** gray matter, brain

maudire *v.tr.* to curse

méduse *f.* jellyfish

méfiance *f.* distrust

méfiant(e) *adj.* distrustful

mêlée *f.* scuffle, free-for-all

mêler *v.tr.* to mix, to mingle, to jumble

même *adj.* same, even; **à même** directly; **buvez à même la cruche** to drink straight from the pitcher; **être à même de** to be in a position to; **de même** in the same way

ménage *m.* married couple; household; housekeeping; **faire le ménage** to do the housework; **femme de ménage** cleaning lady

mendier *v.tr.* to beg

mener *v.tr.* to lead

mensonge *m.* lie; **dire un mensonge** to lie

mensuel(le) *n.,adj.* monthly

mentalité *f.* attitude

mentir *v.intr.* to lie; **tu mens!** you're a liar!

mépris *m.* scorn, disdain

merle *m.* blackbird; **chercher le merle blanc** to seek the impossible, to seek one's dream man or woman

mesquin(e) *adj.* mean, stingy, petty

mesquinerie *f.* meanness, pettiness, stinginess

métier *m.* profession

mettre *v.tr.* to put, to place; **mettre au point** to set the record straight, to clarify; **mettre au supplice** to torture; **se mettre à** to begin to

meuble *m.* piece of furniture; **une chambre meublée** a furnished room

meugler *v.intr.* to moo, to low

mijoter *v.tr.* to simmer

milieu *m.* middle, center

millefeuille *m.* (*culin.*) Napoleon

mince *adj.* slender

mine *f.* expression, look, appearance, air

minuscule *f.* lowercase letter

mise *f.* **en œuvre** implementation

mitrailler *v.tr.* to pelt, to machine-gun

mobile *m.* motive

mœurs *f.pl.* customs, habits

moins *adv.* less; **de moins en moins** less and less; **à moins que** unless

moitié *f.* half

mondain(e) *adj.* wordly

se moquer de *v.pron.* to make fun of; **vous vous moquez!** you're kidding!

mordre *v.tr.* to bite

mot *m.* word

moteur *m.* motor

mou (molle) *adj.* soft, limp, weak

mouchoir *m.* handkerchief

mouette *f.* sea gull

mouiller *v.tr.* to wet

moule *m.* mold

mousse *f.* foam

moyen *m.* way; means

moyenne *f.* average; **en moyenne** on the average

muet(te) *adj.* mute, silent; not pronounced

muraille *f.* thick wall

mûr(e) *adj.* ripe; adult, grown-up; **ayant réfléchi mûrement** after lengthy deliberation

mûre *f.* blackberry

N

nageur (nageuse) *n.* swimmer

naguère *adv.* a short while ago

naissance *f.* birth

naître *v.intr.* to be born

nappe *f.* tablecloth

napper *v.tr.* (*culin.*) to coat: **napper un gâteau de chocolat**

natation *f.* swimming

nature *f.* **morte** still life

navet *m.* turnip

navire *m.* ship

néanmoins *adv.* nevertheless, yet

néant *m.* nothingness, nought

néfaste *adj.* harmful, unlucky

nerf *m.* nerve

net(te) *adj.* clean, neat, precise, clear

netteté *f.* clarity

nettoyer *v.tr.* to clean

ni . . . ni *conj.* neither . . . nor

nier *v.tr.* to deny, to negate

niveau *m.* level

nœud *m.* bow, knot

note *f.* grade; note; bill

noter *v.tr.* to take note of, to remark

nourrice *f.* nurse

nourrir *v.tr.* to nourish, to feed

nouvelle *f.* short story

noyer *v.tr.* to drown

nu(e) *adj.* nude, naked

numéroter *v.tr.* to number

O

objectif *m.* lens

obscurité *f.* darkness, obscurity

occuper *v.tr.* to occupy; **s'occuper de** to take care of

œuf *m.* egg; **œuf à la coque** soft-boiled egg; **œuf sur le plat** fried egg

œuvre *f.* work (*livre, peinture*); works (*production artistique*)

offrir *v.tr.* to offer

oie *f.* goose

oiseau *m.* bird

omettre *v.tr.* to leave out, to omit

onde *f.* wave

onéreux (onéreuse) *adj.* costly, burdensome

optique *f.* perspective; **dans cette optique** in this perspective, from this point of view; **situer un argument dans une optique historique** to situate an argument in a historical perspective

or *m.* gold

ordure *f.* filth; **les ordures** household garbage

oreille *f.* ear

oreiller *m.* pillow

orgueil *m.* pride, hubris

orgueilleux (orgueilleuse) *adj.* proud, conceited

orthographe *f.* spelling

oser *v.tr.* to dare

où que + *subj.* wherever

ours *m.* bear

outil *m.* tool

outre *prép.* in addition to; **en outre** moreover, besides, furthermore; *adv.* beyond; **passer outre** to go beyond, to surmount; **outre-mer** overseas

ouvrage *m.* work, piece of work (*livre, construction, broderie*)

ouvrier (ouvrière) *n.* worker

ouvrir *v.tr.* to open

P

paillasse *f.* straw mattress

paille *f.* straw

paix *f.* peace

pamplemousse *m.* grapefruit

panier *m.* basket

panne *f.* mechanical breakdown; **tomber en panne** to break down

pansement *m.* bandage

panser *v.tr.* to bandage

papier *m.* **à lettres** stationery

pâquerette *f.* daisy

paraître *v.intr.* to appear, to seem; to be published

parapluie *m.* umbrella

parcourir *v.tr.* to cover, to travel

parcours *m.* distance, journey, route, course

pareil(le) *adj.* similar

parer *v.tr.* to decorate, to adorn, to dress

paresseux (paresseuse) *adj.* lazy

parfaire *v.tr.* to perfect, to put the finishing touches on

parfois *adv.* sometimes

parmi *prép.* among

parrainage *m.* patronage, sponsorship

parsemer *v.tr.* to sprinkle, to strew

partager *v.tr.* to share

partir *v.intr.* to leave; **à partir de 18 ans** from the age of 18

parvenir *v.tr.* to reach, to get to; **ma lettre lui est parvenue** my letter reached him

passade *f.* passing fancy, whim, fad

passager (passagère) *adj.* transitory, provisional

passer un examen to take a test; **se passer de** to do without

passoire *f.* sieve, strainer

patelin *m.* village

patin *m.* ice skate; **patins à roulettes** roller skates

paysagiste *n.* landscape painter

peau *f.* skin

pêcher *v.tr.* to fish; **pêcheur (pêcheuse)** *n.* fisher

pécher *v.intr.* to sin; **pécheur (pécheresse)** *n.* sinner

peindre *v.tr.* to paint

peine *f.* trouble, effort, sorrow, sadness; **avoir de la peine** to be upset; **à peine** scarcely; **la peine de mort** capital punishment

peler *v.tr.* to peel

pellicule *f.* film

pendant *adv.* during, for, while

pendant(e) *adj.* hanging down

pendre *v.tr.* to hang; **se pendre** to hang oneself

percé(e) *adj.* pierced

perclus(e) *adj.* paralyzed, frozen

percutant(e) *adj.* percussive, forceful, explosive

périodique *n.,adj.* periodical

permis *m.* **de conduire** driver's license

persifleur (persifleuse) *n.* mocker; *adj.* mocking

persil *m.* parsley

personne *pr.indéf.* no one

pesant(e) *adj.* heavy

peser *v.tr., v.intr.* to weigh

pester *v.intr.* to curse

pétard *m.* bomb

peur *f.* fear; **avoir peur** to be afraid

phallocrate *m.* male chauvinist

piailler *v.intr.* to squeal

pied *m.* foot; **à pied** on foot

piège *m.* trap

piéton(ne) *n.* pedestrian; **rue piétonne** (*ou* **piétonnière**) pedestrian precinct

pilule *f.* pill

piquant *m.* quill, spine, prickle, barb

piqué(e) *adj.* annoyed

piquer *v.tr.* to sting; to stab at

piqûre *f.* insect bite; injection

pire *adv.* worse

placard *m.* closet

plaindre *v.tr.* to pity, to feel sorry for; **se plaindre** to complain, to grumble

plaisanter *v.intr.* to jest, to joke

plan *m.* plane, level; **au second plan** of secondary importance

planche *f.* board, plank; **planche à voile** wind surfboard

plancher *m.* floor

planer *v.intr.* to glide, to soar, to hover; to be lost in a dream world

planifier *v.tr.* to plan

plat *m.* dish; **servir un plat chaud** to serve a hot dish

plat(e) *adj.* flat; boring

plein(e) *adj.* full; **en plein hiver** in the middle of winter

pleurer *v.intr.* to cry

pleurnicher *v.intr.* to whine

pli *m.* fold, pleat, crease

plier *v.tr.* to bend, to fold

plissement *m.* creasing, folding

plisser *v.tr.* to pleat (*jupe*); to fold over, to crease

plomb *m.* (*métal*) lead

plonge *f.* (*fam.*) dishwashing; **faire la plonge** to be a dishwasher

plonger *v.intr.* to dive

plongeur (plongeuse) *n.* diver

plumer *v.tr.* to pluck

plupart *f.* most; **la plupart des gens acceptent** most people accept (*verbe au pluriel*); **la plupart pense que** most (of them) think (*verbe au singulier*); **la plupart de mon temps** most of my time

plusieurs *pr.,adj.invar.* several

plutôt *adv.* rather, instead

pneu *m.* tire

poêle *m.* stove (for heating)

poêle *f.* frying pan

poids *m.* weight; **prendre (perdre) du poids** to gain (lose) weight

poignet *m.* wrist

à point (*viande*) medium; **ne . . . point** not at all

pointe *f.* point; pointed remark

pointer *v.tr.* to point out

pointure *f.* size (*chaussure*)

poisson *m.* fish; **Poissons** (*astron.*) Pisces

poivre *m.* pepper; **poivrer** *v.tr.* to pepper

poli(e) *adj.* polite; polished

polir *v.tr.* to polish

pompon *m.* tassle; **avoir** (*ou* **tenir**) **le pompon** to take the cake; **c'est le pompon** that's the limit, that beats everything

poser *v.tr.* to place; to ask (*une question*); **poser un lapin à qqn.** to stand someone up

poteau *m.* pole

poulain *m.* foal

pourboire *m.* tip

pourrir *v.intr.* to rot

poursuite *f.* pursuit; prosecution

poursuivre *v.tr.* to pursue (*un ennemi, un animal*); to strive for (*un idéal, un rêve*); to prosecute (*un criminel*)

poussière *f.* dust

poussin *m.* chick

pré *m.* meadow

préciser *v.tr.* to specify

prendre *v.tr.* to take, to have; **prendre le déjeuner à midi** to have lunch at noon; **s'y prendre** to set about doing it; **s'y prendre bien (mal) pour faire qqch.** to set about doing something in the right (wrong) way

prescrire *v.tr.* to prescribe, to stipulate

pressé(e) *adj.* rushed, in a hurry

pressentir *v.tr.* to sense, to have a foreboding of

preuve *f.* proof

prévenir *v.tr.* to warn, to let know

prévoir *v.tr.* to foresee, to anticipate

prévoyance *f.* foresight

primesautier (primesautière) *adj.* impulsive

priser *v.tr.* to value, to prize

priver *v.tr.* to deprive; **privé(e) de** deprived of

prix *m.* prize; price; **à prix modique** at a moderate price; **à tout prix** whatever it may cost

procédé *m.* process

prochain(e) *adj.* next; **la semaine prochaine** next week; **la prochaine fois** next time

proche *adj.* near, at hand; **dans un proche avenir** in the near future; **proche de la ville** near the town

prodigue *adj.* extravagant, wasteful, prodigal

proie *f.* prey; **être en proie à la douleur** to be racked with pain

se propager *v.pron.* to spread (*nouvelle, idée, théorie*)

propos *m.* remarks, words

propreté *f.* cleanliness

prosateur *m.* prose writer

prune *f.* plum

pruneau *m.* prune

puer *v.intr.* to stink

puiser *v.tr.* to draw, to take

Q

quant à *adv.* as for, as to, regarding; **quant à moi** as for me

quel(le) *adj.* what; **quelle heure est-il?** what time is it?; **quel que soit** whatever be

quelqu'un *pr.indéf.* someone

queue *f.* line; tail

qui que + *subj.* whomever

quoi que + *subj.* whatever; **quoi qu'il en soit** be that as it may

quoique *conj.* although

quotidien(ne) *n.,adj.* daily (*journal, expérience*)

R

rabâcher *v.tr.* to harp on, to keep repeating, to go over and over

rabattre *v.tr.* to knock down

raccommoder *v.tr.* to mend, to repair

racé(e) *adj.* thoroughbred, purebred, of natural distinction

raconter *v.tr.* to tell

radis *m.* radish

raffoler de *v.tr.* to adore, to be wild about

ralentir *v.intr.* to slow down

ralentissement *m.* slowing down

ramasser *v.tr.* to gather up

ramener *v.tr.* to take (someone) back; **il va me ramener après le concert** he is going to take me home after the concert

rampe *f.* (*théâtre*) footlights

ramper *v.intr.* to crawl, to creep, to slither

rancune *f.* rancor, grudge; **garder rancune à** to hold a grudge against

randonnée *f.* hike; **ski de randonnée** cross-country skiing

rang *m.* rank, row

ranger *v.tr.* to tidy up

rapprocher *v.tr.* to bring closer, nearer

se raser *v.pron.* to shave

rassassié(e) *adj.* satiated, full (*après avoir mangé*)

rater *v.tr.* to misfire, to fail, to mess up, to miss

ravi(e) *adj.* delighted

rayer *v.tr.* to cross out

réagir *v.intr.* to react

se rebiffer *v.pron.* to revolt, to rebel

au rebours *m.* the other way around, contrariwise

récépissé *m.* receipt

recette *f.* recipe, formula

recevoir *v.tr.* to receive

récif *m.* reef

récit *m.* narrative, account, story

réclame *f.* advertisement; **en réclame** on sale, marked down

réclamer *v.tr.* to call for, to demand

récolter *v.tr.* to harvest

réconforter *v.tr.* to comfort

recueil *m.* anthology

recueillir *v.tr.* to gather

se récuser *v.pron.* to decline to accept responsibility, to affirm one's incompetence on a question

rédiger *v.tr.* to compose (*lettre, essai*), to write up

redoutable *adj.* fearsome, fearful

réfléchir *v.intr.* to reflect upon

refoulé(e) *adj.* repressed

refoulement *m.* repression

refouler *v.tr.* to repress; **se refouler** to repress oneself

règle *f.* rule

régler *v.tr.* to settle (*un problème, la note, ses dettes, un compte*)

régner *v.intr.* to reign

regonfler *v.tr.* to reinflate (*pneu*)

rejeter *v.tr.* to reject

rembourser *v.tr.* to reimburse

remplir *v.tr.* to fill (*verre*); to fulfill (*obligation*)

remuer *v.tr.* to move, to stir

rendre *v.tr.* to make, to render; to return; **tu me rends heureux** you make me happy; **rends tes livres** return your books; **se rendre compte de** to realize; **rendre visite à qqn.** to visit someone; **rendre service à qqn.** to do someone a favor

renfermer *v.tr.* to contain, to hold

se renfrogner *v.pron.* to scowl, to put on a sour face

renne *m.* reindeer

renommé(e) *adj.* renowned, famous

renseignement *m.* information

renseigner *v.tr.* to inform; **se renseigner** to inform oneself

rentrée *f.* start of a new school year

rentrer *v.intr.* to go back, to return (*chez soi*)

renvoyer *v.tr.* to send back, to send away, to dismiss

repartie *f.* retort, repartée

repas *m.* meal

repasser *v.tr.* to iron

repentir *m.* repentance, regret

se repentir de *v.pron.* to be sorry for, to regret

repérable *adj.* which can be spotted

repérer *v.tr.* to pick out, to spot

repos *m.* rest, peace of mind, peace and quiet

repu(e) *adj.* full (*après avoir mangé*)

réseau *m.* network

résolu(e) *adj.* resolved

résoudre *v.tr.* to resolve

ressortir *v.tr.* to stand out; **faire ressortir** to make something stand out, to bring out

ressortissant(e) *n.* national, citizen

retenir *v.tr.* to retain, to reserve; **retenir une place au théâtre** to reserve a theater seat

retentir *v.intr.* to ring out, to echo

retouche *f.* touch-up, alteration

retraité(e) *n.* retired person

retrouvailles *f.pl.* reunion

réussir *v.intr.* to succeed; **réussir à un examen** to pass a test

réussite *f.* success

revanche *f.* revenge; **en revanche** on the other hand

rêve *m.* dream

revêche *adj.* surly, foul-tempered

réveille-matin *m.* alarm clock

réveiller *v.tr.* to wake up

réveillon *m.* night before; **le réveillon du jour de l'an** New Year's Eve

revendiquer *v.tr.* to claim (*un droit*)

rêver *v.intr.* to dream

révision *f.* review

revoir *v.tr.* to see again, to have another look at, to revise

revue *f.* magazine

rhume *m.* cold

ricanement *m.* sniggering, giggling

ricaner *v.intr.* to snigger, to giggle

ridé(e) *adj.* wrinkled

rideau *m.* curtain

rien *pr. indéf.* nothing; **rien n'est arrivé** nothing happened

de rigueur *adj.* obligatory

rincer *v.tr.* to rinse

rire *v.intr.* to laugh

riz *m.* rice

robinet *m.* faucet

rôder *v.tr.* to lurk, to prowl about

rôdeur (rôdeuse) *n.* prowler

roman *m.* novel

romancier (romancière) *n.* novelist

rompre *v.tr.* to rupture, to break

ronronnement *m.* purring, whirring

ronronner *v.intr.* to purr, to whir

rosée *f.* dew

rosier *m.* rosebush

rosserie *f.* nastiness, horridness

rôtie *f.* roast; toast (*Québec*)

roue *f.* wheel; **roue de fortune** wheel of fortune

rouge *m.* **à lèvres** lipstick

rougir *v.intr.* to blush

rouleau *m.* roll, cylinder, roller; **rouleau à pâtisserie** rolling pin

royaume *m.* kingdom, realm

rubrique *f.* heading, rubric

rugir *v.intr.* to roar

S

sable *m.* sand

saignant(e) *adj.* bloody; (*viande*) rare

saisir *v.tr.* to grasp, to understand

salaud *m.* (*pop.*) swine, bastard

sale *adj.* dirty

salé(e) *adj.* salty

sang *m.* blood

sanglant(e) *adj.* bloody

sanglot *m.* sob

sanguin(e) *n.* optimist; *adj.* optimistic

sans *prép.* without

santé *f.* health

saoul(e) *ou* **soûl(e)** *adj.* drunk

sapin *m.* pine tree

sardonique *adj.* sardonic, mocking, sarcastic

saucisse *f.* sausage

sauf *prép.* except, but, save; **tout le monde sauf lui** everyone except him

saule *m.* willow; **saule pleureur** weeping willow

sauter *v.tr.* to jump

sauver *v.tr.* to rescue, to save, to redeem; **sauver la vie à qqn.** to save someone's life; **se sauver** to run away (**de** from), to be off

savant(e) *n.* scientist, scholar; *adj.* learned, scholarly

savon *m.* soap

sceptique *adj.* skeptical

schéma *m.* outline, sketch, diagram

scruter *v.tr.* to scrutinize

sec (sèche) *adj.* dry

sécher *v.tr.* to dry; **sécher un cours** to cut a class

secouer *v.tr.* to shake

secours *m.* help; **au secours!** help!

secousse *f.* jolt, shock, jerk

séduire *v.tr.* to seduce

sein *m.* breast, bosom; **au sein de** in the midst of

séjour *m.* stay, sojourn; **faire un séjour d'une semaine à Paris** to stay a week in Paris

selon *prép.* according to

semblable *adj.* similar

sembler *v.impers.* to seem; **il semble que tu sois fatigué** it seems that you are tired, you seem to be tired

semer *v.tr.* to strew, to sow, to scatter

semoncer *v.tr.* to reprimand, to lecture

sens *m.* meaning; direction

sensibilité *f.* feelings, emotions, sensitivity

sentier *m.* path; **sentiers battus** trodden paths

sermonner *v.tr.* to give a lecture, a talking to

serré(e) *adj.* tight, tightly packed

serrer *v.tr.* to press; **il m'a serré dans ses bras** he pressed me in his arms

seuil *m.* threshold, doorstep

sève *f.* sap; vigor

si . . . que + *subj.* no matter how; **si étrange qu'il paraisse** no matter how strange he seems

siècle *m.* century

siège *m.* seat, place, headquarters

siffler *v.intr., v.tr.* to whistle

sillon *m.* furrow

sitôt *adv.* so soon

ski *m.* **alpine** downhill skiing; **ski nordique** cross-country skiing

slip *m.* underpants

soigner *v.tr.* to take care of

soin *m.* care; **avec soin** carefully

sommeil *m.* sleep; **avoir sommeil** to be sleepy

sondage *m.* poll

sonder *v.tr.* to poll, to take a poll

sonner *v.tr.* to ring

sonnerie *f.* ringing

sot(te) *adj.* stupid

sottise *f.* stupidity

sou *m.* cent; **ne pas avoir le sou** not to have a cent

souci *m.* worry; **se faire du souci (des soucis)** to worry; **vivre sans soucis** to live carefree; **soucis d'argent** money problems; **se soucier de** *v.pron.* to care about, to show concern for

soudain(e) *adj.* sudden; *adv.* suddenly, all of a sudden

souffle *m.* breath

souhait *m.* wish; **à souhait** as much as desired

souhaiter *v.tr.* to hope for, to wish

soulager *v.tr.* to relieve, to soothe

soulever *v.tr.* to lift up

souligner *v.tr.* to underline

soumettre *v.tr.* to subject, to subjugate; **se soumettre** to submit

soupçonner *v.tr.* to suspect

soupe *f.* **au lait** person who flies off the handle easily

soupir *m.* sigh

soupirer *v.intr.* to sigh

souple *adj.* flexible, supple

sourcil *m.* eyebrow

sourd(e) *adj.* deaf

soutenir *v.tr.* to sustain, to hold; **soutenir une thèse** to defend a thesis

soutien-gorge *m.* bra

standardiste *n.* telephone operator

statut *m.* status, place in society

store *m.* shade, awning, blind

subir *v.tr.* to be subjected to, to undergo, to suffer

substantif *m.* noun

se succéder *v.pron.* to follow one another, to succeed each other

sueur *f.* sweat

suffire *v.intr.* to be enough, to be sufficient, to suffice; **ça suffit!** that's enough!; **il suffit de s'inscrire pour devenir étudiant** enrolling is all it takes to become a student

suite *f.* continuation, what comes next

suivant(e) *adj.* following
suivre *v.tr.* to follow; **suivre un cours** to take a course
surgir *v.intr.* to spring up, to arise suddenly, to loom up
surmonter *v.tr.* to overcome
surprenant(e) *adj.* surprising
surprendre *v.tr.* to surprise
sursaut *m.* start, jump
surveiller *v.tr.* to watch, to keep an eye on
susceptible *adj.* sensitive, touchy
susurrer *v.tr.* to whisper, to murmur

T

tableau *m.* picture, board, chart, table; **tableau d'affichage** notice board; **tableau d'honneur** list of merit
tâche *f.* task
tâcher de *v.intr.* to try to
taille *f.* height, size; **homme de taille moyenne** man of average height; **la taille 42** size 42
tailler *v.tr.* to cut, to trim, to carve, to slice
se taire *v.pron.* to be silent
talon *m.* heel
tandis que *conj.* while, whereas
tant *adv.* so much; **tant pis** too bad; **tant mieux** so much the better; **tant bien que mal** as well as can be expected
tantôt *adv.* soon; a little while ago; **tantôt à pied, tantôt en voiture** sometimes on foot, sometimes by car
taper *v.tr.* to hit, to rap, to tap; to typewrite; **taper sur les nerfs** to make nervous, to exasperate
taquiner *v.tr.* to tease
tas *m.* heap, pile
tassé(e) *adj.* packed, filled, copious
taureau *m.* bull; **Taureau** (*astron.*) Taurus
taux *m.* rate; **taux d'échange** exchange rate
teindre *v.tr.* to dye

tel(le) *adj.* such, like; **une telle réponse** such an answer; **tel père, tel fils** like father, like son
téléobjectif *m.* long-range lens
témoignage *m.* testimony
témoigner *v.intr.* to testify; to show, to display
témoin *m.* witness
temps *m.* weather; time; **de temps en temps, de temps à autre** from time to time; **plein temps** full-time; **mi-temps** half-time; **temps partiel** part-time; **à temps** in time
tendre *v.tr.* to hang; **tendre une tapisserie** to hang a tapestry; **tendre un piège** to set a trap
ténèbres *f.pl.* shadows, darkness
tenir *v.tr.* to hold; **tenir à** to value, to care about; **tenir en respect** to hold at a distance; **tenir compte de** to deal with, to reckon with; **tenir bon** to hold fast, to resist
tentative *f.* attempt
tenter *v.tr.* to attempt
ténu(e) *adj.* tenuous, thin, flimsy, subtle
tenue *f.* way of dressing, dress, outfit
terme *m.* end, time limit, term
terminaison *f.* ending
ternir *v.tr.* to tarnish
terrassé(e) *adj.* overcome, floored, brought down (*de fatigue, d'émotion*)
tesson *m.* shard, piece of broken glass
têtu(e) *adj.* stubborn
tiède *adj.* lukewarm, tepid
timbre *m.* stamp
tiré(e) *adj.* taken, drawn
tirer *v.tr.* to pull
tiroir *m.* drawer
tissu *m.* fabric
titre *m.* title; **à titre d'exemple** as an example
toile *f.* canvas; piece of cloth
toit *m.* roof
tonnerre *m.* thunder

toque *f.* chef's hat

tordre *v.tr.* to twist

tordu(e) *adj.* twisted

tôt *adv.* early; **tôt ou tard** sooner or later

tour *m.* turn; trip, outing; **faire le tour du parc** to go around the park; **faire un tour** to take a walk

tour *f.* tower

tournant *m.* turning point

tournure *f.* turn

tourtière *f.* pie tin, pie dish, pie plate

tout(e) (*pl.* **tous, toutes**) *pr.,adj., adv.* all; **il a plu toute la nuit** it rained all night; **tous les lundis** every Monday; **il a tout fait** he did everything; **tout épuisé** completely exhausted; **tout à coup** abruptly, all of a sudden; **tout à l'heure** in a little while, a little while ago; **tout à fait** completely; **tout de même** nevertheless, even so; **tout de suite** immediately; **tout le temps** always; **à tout jamais** forever after; **à tout prendre** all things considered; **en tout cas** in any case

traîneau *m.* sled

trajet *m.* journey, distance, route

tranche *f.* slice

trancher *v.tr.* to slice, to cut; to conclude; to settle, to decide (*question, difficulté*); **trancher sur** to contrast strongly against; **dimanche tranche sur une semaine agitée** Sunday forms a sharp contrast to a busy week

à travers *prép.* through

trempe *f.* type, caliber

tremper *v.tr.* to dip, to dunk, to soak

trépied *m.* tripod

tri *m.* selection, sorting

tricher *v.intr.* to cheat

trictrac *m.* backgammon

tromper *v.tr.* to deceive; **se tromper** to be wrong

troquer *v.tr.* to trade

trottoir *m.* sidewalk

trou *m.* hole

troupeau *m.* herd, drove, flock

trousser *v.tr.* to tuck up; to truss (*culin.*); to goose (*fam.*)

truie *f.* sow

tuer *v.tr.* to kill

turbin *m.* (*fam.*) work

tympan *m.* eardrum

U

usine *f.* factory

usure *f.* wearing away, wear and tear

utile *adj.* useful

V

vacarme *m.* racket, din

vague *m.* vagueness; *adj.* vague

vague *f.* wave

vaincre *v.tr.* to conquer

vaincu(e) *n.,adj.* conquered

vainqueur *m.* conqueror, victor

vaisseau *m.* ship, vessel

vaisselle *f.* dishes; **faire la vaisselle** to wash the dishes

valable *adj.* valid, legitimate

valoir *v.intr.* to be worth; **il vaut mieux** it is better to

vanter *v.tr.* to speak highly of, to praise; **se vanter** to boast, to brag

veau *m.* calf; veal

veille *f.* night before

veillée *f.* vigil

veiller *v.intr.* to stay up, to sit up, to watch over

veilleur *m.* night watchman

velléité *f.* vague impulse, desire

venir *v.intr.* to come; **en venir à** to arrive at, to reach, to come to; **où voulez-vous en venir?** what are you getting at?; **venir de** to have just; **il vient de me parler** he just spoke to me

ventre *m.* belly
vérité *f.* truth
verrat *m.* boar
vers *m.* line of poetry
Verseau *m.* (*astron.*) Aquarius
verser *v.tr.* to pour
vertige *m.* vertigo, dizziness
se vêtir *v.pron.* to dress oneself
vêtu(e) *adj.* dressed
veuf (veuve) *n.* widower (widow)
vide *m.* emptiness, space, vacuum;
  adj. empty
vierge *f.* virgin; **Vierge** (*astron.*) Virgo
vif (vive) *adj.* vivacious, lively
virer *v.intr.* to turn
virgule *f.* comma
viser *v.tr.* to aim at

vitesse *f.* speed
vitrail *m.* stained-glass window
vœu *m.* wish; **meilleurs vœux** best wishes
voile *m.* veil
voile *f.* sail; **faire de la voile** to go sailing
voilier *m.* sailboat
voire *adv.* indeed
voisin(e) *n.* neighbor
voisinage *m.* neighborhood
voix *f.* voice
vol *m.* flight
volage *adj.* inconstant, fickle, flighty
volant *m.* steering wheel
volonté *f.* will, willpower
volontiers *adv.* willingly, gladly, with plea-
  sure
voyelle *f.* vowel

Credits

Grateful acknowledgment is given to the individuals and organizations noted below for permission to reprint photographs and drawings on the following pages: *1* © 1985, Peter Menzel; *7* © Stuart Cohen; *21* © Beryl Goldberg; *22* © Beryl Goldberg; *35* © Stuart Cohen; *47* © 1985, Menzel, Stock, Boston; *50* © Stuart Cohen; *54–55* Sempé, © Charillon-Paris; *56* © Stuart Cohen; *58–59* Jeu de l'Oie, Jeux Nathan; *64* © Peter Menzel; *81* © Peter Menzel; *87* Sempé, © Charillon-Paris; *92* Wood, Taurus; *97* Rogers, Monkmeyer; *104* Jean Plantu; *109* Sempé, © Charillon-Paris; *112* © Stuart Cohen; *119* © Stuart Cohen; *131* © Stuart Cohen; *134* © 1985, Peter Menzel; *139* © 1986, Peter Menzel; *140–141* Sempé, © Charillon-Paris; *146* © Stuart Cohen; *161* © Stuart Cohen; *166–167* Sempé, © Charillon-Paris; *170* © Stuart Cohen; *183* © 1983, Peter Menzel; *186–187* Sempé, © Charillon-Paris; *188* © 1986, Peter Menzel; *203* © Stuart Cohen; *209* © 1985, Preuss, Taurus; *211–212* From Raymond Lichet, *Cuisine facile en français facile,* illustrations by Andrée Marquet, Hachette. *215* From Raymond Lichet, *Les Français à table, Textes en français facile,* CIVILISATION, Hachette. *216* © Stuart Cohen; *222* © 1956 Punch/Rothco; *223* © 1954 Punch/Rothco; *226* © Walter, The Picture Cube; *234* © Stuart Cohen; *243* © Stuart Cohen; *249* Sempé, © Charillon-Paris; *253* © 1983, Peter Menzel; *257* © 1985, Menzel, Stock, Boston; *269* Sempé, © Charillon-Paris; *272* © Alper, Stock, Boston; *280* Sempé, © Charillon-Paris; *285* © Stuart Cohen; *287* Sempé, © Charillon-Paris; *291* © Andrew Brilliant; *293* Sempé, © Charillon-Paris; *295* © Stuart Cohen; *300* Sempé, © Charillon-Paris; *301* © 1980, Menzel, Stock, Boston; *307* Sempé, © Charillon-Paris; *315* © Siteman, Taurus; *316* © Fitzgerald, The Picture Cube; *323* Art Resource; *330* © 1983, Peter Menzel; *340* © Stuart Cohen; *342* Y. G. Berges/Sygma; *349* Sempé, © Charillon-Paris; *351* © Delevingne, Stock, Boston; *357* Sempé, © Charillon-Paris; *363* © 1985, Menzel, Stock, Boston; *364* © Beryl Goldberg; *376* © Stuart Cohen; *386* Franken, Stock, Boston.

Indice